प्रकाश-वृत्ति

उदय प्रकाश

एक कवि का कथा-देश

रज़ा फ़ाउण्डेशन | THE RAZA FOUNDATION

उदय प्रकाश
एक कवि का कथा-देश

विनय कुमार मिश्र

वाणी प्रकाशन

प्रकाश-वृत्ति
रज़ा फ़ाउण्डेशन और वाणी प्रकाशन का सह-प्रकाशन

वाणी प्रकाशन

4695, 21-ए, दरियागंज, नयी दिल्ली 110 002

फ़ोन : +91 11 23273167 फ़ैक्स : +91 11 23275710

शाखाएँ

अशोक राजपथ, पटना 800 004, बिहार

कॉफ़ी हाउस कैम्पस, महात्मा गांधी मार्ग, इलाहाबाद 211 001, उत्तर प्रदेश

महात्मा गांधी अन्तरराष्ट्रीय हिन्दी विश्वविद्यालय, वर्धा 442 001, महाराष्ट्र

सुल्तानिया रोड, मोतिया पार्क, भोपाल 462 001, मध्य प्रदेश

www.vaniprakashan.com
marketing@vaniprakashan.in
sales@vaniprakashan.in

Uday Prakash : Ek Kavi Ka Katha-Desh
by Vinay Kumar Mishra

ISBN : 978-93-5518-134-3
Criticism

प्रथम संस्करण 2021

मूल्य : ₹ 495

आर. टेक ऑफ़सेट प्रिंटर्स, दिल्ली-110032 में मुद्रित

वाणी प्रकाशन का लोगो मक़बूल फ़िदा हुसेन की कूची से

मनोज भइया के लिए
जिनकी उँगली थामे दुनिया और
साहित्य को समझना शुरू किया।

आमुख

प्रकाश एक प्रतिभाशाली युवा कवि और अध्यवसायी आलोचक थे। उनकी मृत्यु के बाद रज़ा फ़ाउण्डेशन ने उनकी स्मृति में प्रकाश–वृत्ति की स्थापना की। इस वृत्ति के अन्तर्गत हम युवा कवियों और आलोचकों की पहली पुस्तकें प्रकाशित हो सकें इसकी वित्तीय व्यवस्था करते हैं। इस वृत्ति से युवा आलोचक विनय कुमार मिश्र की यह पहली पुस्तक प्रकाशित करते हुए हमें प्रसन्नता है।

–अशोक वाजपेयी

प्रस्तावना

"जो करेगा लगातार अपराध का विरोध
अपराधी सिद्ध कर दिया जायेगा
*****
जो बोलेगा सच
अफ़वाहों से घेर दिया जायेगा उसे
जो होगा सबसे कमज़ोर और वध्य
उसे बना दिया जायेगा सन्दिग्ध और डरावना।"

इस सन्दिग्ध और डरावने दौर में, उदय प्रकाश जोख़िम की हर क़ीमत पर, यथार्थ–विमुख नहीं होते, बल्कि यथार्थ के बहुस्तरीय और व्यापक परिदृश्य को पूरी साहसिकता, शिद्दत और बेबाकी से अपनी रचनाओं में बयाँ करते हैं। बहुविध प्रतिभा–सम्पन्न उदय प्रकाश की महत्त्वपूर्ण उपलब्धि और ख़ासी लोकप्रियता में कहानियों की महती भूमिका है। उदय प्रकाश की कथा–सृष्टि विगत लगभग चार दशकों के संश्लिष्ट और जटिल यथार्थ की सही, सार्थक, सफल और सृजनात्मक अभिव्यक्ति है।

उदय प्रकाश समसामयिक हिन्दी कहानी के सबसे महत्त्वपूर्ण रचनाकार हैं। हिन्दी कहानी में उदय प्रकाश का प्रवेश एक नये कथा–शिल्प के साथ होता है। इनके हाथों हिन्दी कहानी नये रंग में रंगती और नये ढंग में ढलती है। ये परम्परागत कथा–संरचना के समानान्तर नयी कथा–संरचना ईज़ाद करते हैं। इनके यहाँ हिन्दी कहानी का स्थापत्य नया आकार ग्रहण करता है। ये क़िस्सागोई की नयी लीक पर चलते हुए पाठकों के साथ सीधा, सहज और गहरा अपनापा बना लेते हैं।

उदय प्रकाश की कथा–सृष्टि समसामयिक यथार्थ का सन्धान करने के लिए ताज़ी–टटकी कथा–युक्तियों का प्रयोग करती है। ये युक्तियाँ महज़ चमत्कार या दिखावा भर नहीं है, बल्कि इसके ज़रिये कथ्य और

विषय–विशेष की सरस, सशक्त और प्रभावशाली अभिव्यक्ति होती है। कथागत नवीनता उदय प्रकाश की विशेष पहचान है। इनकी कथा–सृष्टि में निरन्तर परिवर्तित और जटिल होते यथार्थ को एक रोचक गल्प में बदलने की कारीगरी मौजूद है। परम्परा से रस और ऊर्जा ग्रहण कर इनकी कहानियों का तेवर–कलेवर भिन्न, विशिष्ट और महत्त्वपूर्ण है।

इस पुस्तक में उदय प्रकाश की कथा सृष्टि–कथ्य, तथ्य और संरचना का समाहार–की बारीक बुनावट और बनावट तथा उसमें अनुस्यूत उनकी वैचारिकी अर्थात् कथा–दृष्टि को समझने का प्रयास किया गया है। इस पुस्तक में समसामयिक दौर के अनेकानेक सन्दर्भों और मुद्दों को समेटती इनकी कथा–सृष्टि की विशिष्टता और अतिशय लोकप्रियता के कारकों की पहचान की कोशिश है।

उदय प्रकाश की कहानियाँ भारतीय परम्परा और समाज की जड़, ज़मीन और जल के साथ आत्मीयता और दृढ़ता से जुड़ी हैं। हालाँकि इन कहानियों पर कई बार जादुई यथार्थवाद के सीधे प्रभाव का आरोप लगता रहा है। इस पुस्तक में यह देखने की कोशिश है कि उदय प्रकाश की कहानियाँ 'भारतीय आख्यान परम्परा' में पगी हैं या 'जादुई यथार्थवाद' के रंग में रंगी हुई हैं। आख्यान की देशज परम्परा में अनेक जादुई तत्त्व तथा कथा–युक्तियाँ मौजूद हैं। आधुनिक हिन्दी कथा–साहित्य की बात करें तो 'देवकीनन्दन खत्री' के उपन्यास 'चन्द्रकान्ता' और 'चन्द्रकान्ता–सन्तति' में अद्भुत, अतिरंजित और चमत्कारिक शैली मौजूद है। उदय प्रकाश की कहानियों में खत्री जी की इस शैली के प्रभाव को समझने की कोशिश की गयी है। 'आचार्य हजारीप्रसाद द्विवेदी' के विशिष्ट, नवीन और महत्त्वपूर्ण कथा–शिल्प का प्रभाव उदय प्रकाश की कथा–सृष्टि पर स्पष्टता से दृश्यमान है। इस प्रभाव को स्वयं उदय प्रकाश ने भी स्वीकार किया है। 'आचार्य हजारीप्रसाद द्विवेदी' के कथा–शिल्प की सापेक्षता में उदय प्रकाश के कथा–शिल्प को देखने की कोशिश है।

'नया यथार्थ और नया गल्प' उदय प्रकाश की कथा–सृष्टि में विगत तीन दशकों में बदले और बदलते–तकनीकी, आर्थिक, सामाजिक और राजनीतिक यथार्थ की बारीक पड़ताल करता है। उदय प्रकाश की कहानियाँ 'आर्थिक उदारीकरण' की नीति का जन–सामान्य पर पड़ने वाले प्रभाव का विस्तृत और गहन विवरण देती हैं। समसामयिक यथार्थ को हिंस्र और भयावह बनाने में 'सत्ता का त्रिभुज'–मूल्यहीन राजनेताओं, अनैतिक प्रशासकों और भ्रष्ट पूँजीपतियों–की बड़ी भूमिका है।

'स्त्री और दलित उभार' इस दौर का एक प्रमुख मुद्दा है, जिसकी बहुविध छवियाँ और सन्दर्भ उदय प्रकाश के कथाख्यानों में मौजूद हैं। इस नये यथार्थ को गल्प में अभिव्यक्त करने की कौशलता में उदय प्रकाश के 'ज्ञान की भूमिका' महत्त्वपूर्ण है। ये इतिहास, भूगोल, राजनीतिशास्त्र, अर्थशास्त्र, दर्शनशास्त्र, समाजशास्त्र, विज्ञान, कृषि, पर्यावरण, साहित्य और संस्कृति, समसामयिक समाचार के सहारे नये यथार्थ का सन्धान करते हैं।

उदय प्रकाश की कथा–दृष्टि एक वैचारिक प्रतिपक्ष रचती है। इनकी कथा 'प्रतिपक्ष की कथा में प्रतिपक्ष की वापसी' का आख्यान है। इनकी कथा–सृष्टि में 'राजनीति में दूसरा और तीसरा मोर्चा' की निहित स्वार्थपरता और अवसरवादिता के परिप्रेक्ष्य में जनसामान्य की अवस्थिति को रेखांकित किया गया है। उदय प्रकाश की आकांक्षा–'लोकतन्त्र में लोक की वापसी' की है। सत्ता और व्यवस्था द्वारा अपनाया गया विकास का ग़ैर–ज़िम्मेदाराना मॉडल विनाश लीला रचता है। उदय प्रकाश की कहानियाँ बताती हैं कि यह मॉडल वस्तुतः 'विकास बनाम विनाश' का मॉडल है। इनकी कथा–सृष्टि साधारण दीन–हीन, शोषित, पीड़ित, प्रताड़ित सत्ताहीनों से लेकर 'पर्यावरण–संवेदना' की संवेदनशील अभिव्यक्ति है।

उदय प्रकाश की रचनात्मकता को बनाने, निखारने और विकसित करने में कविता और कहानी दोनों की बहुत महत्त्वपूर्ण भूमिका है। उदय प्रकाश की कथा 'एक कवि की कथा' है। इनके कथाख्यानों में काव्य–छवियाँ दृश्यमान हैं, तो कविता में आख्यान की अनुगूँजें सुनी जा सकती हैं। हिन्दी के महत्त्वपूर्ण कवि केदारनाथ सिंह ने एकदम सटीक लक्षित किया है कि 'उदय प्रकाश की कहानियों के जादुई संसार में प्रवेश करने की सबसे विश्वसनीय कुंजी उनकी कविताओं के पास है।' उदय प्रकाश की कविजनोचित संवदेनीयता और साहसिकता 'हाशिये की कहानी केन्द्र में' लाती है। इनकी पारदर्शी रचना दृष्टि में 'मृत्यु' की केन्द्रक अवस्थिति है। इनकी रचना में 'मृत्यु का जन्म' अनेक सन्दर्भों–मनुष्य से लेकर प्रकृति, संस्कृति, परम्परा, स्मृति, सम्बन्ध और मूल्यों के क्षरण–में निश्छल मार्मिकता और गहरी आत्मीयता से होता है।

उदय प्रकाश की कहानियाँ 'कहानी के नये प्रतिमान' रचती हैं। ये बीसवीं सदी के अन्तिम लगभग दो दशकों और इक्कीसवीं सदी के लगभग दो दशकों के जटिल यथार्थ को नये शिल्प में व्यक्त करते हैं। इनकी कथा–सृष्टि सामाजिक संरचना के समानान्तर 'कथा–संरचना' में बदलाव की मताग्रही हैं। इनकी कथा–सृष्टि बदलती 'सामाजिक संरचना और

बदलती कथा–संरचना' का सफल और सार्थक साक्ष्य है। उदय प्रकाश की कथा–सृष्टि में छोटी कहानी, कहानी और लम्बी कहानी जैसा आकारगत वैविध्य है। इनके यहाँ 'कहानी–लम्बी कहानी के निकष' का पुष्ट आधार और आयाम मौजूद है।

उदय प्रकाश जी से मेरी पहली मुलाक़ात कलकत्ता के एक कार्यक्रम में हुई। इसके बाद हिन्दी के वरिष्ठ कवि केदार जी, उदय प्रकाश जी और वेदरमण जी के साथ बोटॉनिकल गॉर्डन और बेलूर मठ के भ्रमण के दौरान उदय जी की कहानियों पर हुई बातें ही इस पुस्तक की प्रेरणा का मूल है।

उदय प्रकाश की रचनाओं पर काम करने के दौरान आदरणीय नामवर जी का बहुमूल्य सुझाव मिला, जो मेरे लिए अत्यन्त सुखद और महती उपलब्धि है। कहानियों पर बहुत–सी बातों के क्रम में, नामवर जी ने उदय प्रकाश को इस दौर का महत्त्वपूर्ण कहानीकार बताया और उनकी 'वारेन हेस्टिंग्स का साँड़' कहानी को विशेष रूप से रेखांकित किया। उन्होंने यह भी बताया कि वे इस कहानी पर एक लम्बा व्याख्यान दे चुके हैं, जो शायद कहीं प्रकाशित भी हुआ है। उनसे हुए संवाद से उदय प्रकाश की रचनाओं को समझने के कई आयाम और दृष्टिकोण मिले, जिसके सहारे इस पुस्तक को मुकम्मल रूप तक पहुँचाने में अत्यन्त सहजता हुई। नामवर जी के रहते यह पुस्तक आ पाती तो उन्हें अत्यन्त प्रसन्नता होती।

अपने प्रिय रचनाकार उदय प्रकाश जी से हुई मुलाक़ातें और बातचीत के सहारे उनकी कहानियों को समझने के अनेक सूत्र मिले। इनके सहज आत्मीय अपनापे ने मेरे मनोबल को निरन्तर सम्बलित किया।

आदरणीय वेदरमण जी के प्रोत्साहन, प्रेरणा और सुझाव से ही इस पुस्तक का लेखन सम्भव हो पाया। वर्षों से इनका साथ और सुझाव सही दिशा प्रदान करता है। योगेश के विशेष सहयोग और विचार सम्बलित संवाद तथा दिनेश एवं कनक का साथ निरन्तर मिलता रहा।

इस पुस्तक का प्रकाशन रज़ा फाउण्डेशन के कारण ही सम्भव हो सका है। 'प्रकाश–वृत्ति' के अन्तर्गत इस पुस्तक का चुना जाना मेरे लिए बेहद महत्त्वपूर्ण है। इसके लिए मैं अशोक वाजपेयी जी और रज़ा फाउण्डेशन का पूरे मन से आभारी हूँ। मैं पीयूष दईया जी का शुक्रगुजार हूँ, जिनके स्नेहिल परामर्श से इस पुस्तक को सुंदर और सुगठित रूप मिला।

–विनय कुमार मिश्र

अनुक्रम

आख्यान की देशज परम्परा का कथाकार

कवि ने कथा गढ़ी, लोक ने बाँची,
कहो भर तो झूठ, जाँचो तो साँची। –अज्ञेय

कथा या कि कहानी में परम्परा से प्राप्त विविध कथा–तत्त्व, कहन–कौशल और कल्पना का जो रंग भरा जाता है, वह पहली नज़र में गप्प या झूठ लग सकता है। लेकिन रचना में इन महत्त्वपूर्ण अवलम्बों के ज़रिये अपने समय के सत्य को प्रसारित किया जाता है। हमारे देश में हज़ारों वर्षों की कथा–आख्यान की समृद्ध परम्परा में तत्कालीन समय का सच कई कोणों से उद्घाटित हुआ है। आख्यान की देशज परम्परा से गहरे जुड़े उदय प्रकाश समसामयिक हिन्दी कहानी के सर्वप्रमुख और कुशल कहानीकार हैं।

कहानी कहने की परम्परा बहुत पुरानी है, जिसका समय निश्चित और निर्धारित करना बहुत कठिन है। इसके बरअक्स कहानी या कि कथा सम्बन्धी, विवेचन का पहला सूत्र–भारतीय परम्परा में–सम्भवतः भामह के 'काव्यालंकार' (श्लोक–25–29) में मिलता है। इस ग्रन्थ में भामह ने 'आख्यायिका' और 'कथा' की अवधारणा पर विचार किया है।

भामह के मतानुसार आख्यायिका गद्यबद्ध, अक्लिष्ट अर्थात् सहज और श्रव्य अर्थात् सुनने और सुनाने वाली रचना है। इसमें नायक अपने वृत्त को स्वयं कहता है, आशय यह कि यह रचना 'मैं शैली' या 'स्व शैली' में लिखी गयी होती है। वहीं 'कथा' 'मैं' शैली की बजाय 'अन्य' शैली में कही जाती है।[1]

'आख्यायिका' में रचयिता अपने घटित वृत्त को स्वयं कहता है सो रचना में सत्य का समावेश अधिक होता है। यथार्थ की मार्मिक अभिव्यक्ति होती है। 'कथा' को भले ही कल्पना के ज़ोर से रोचक और आकर्षक बनाने का प्रयत्न किया जाये लेकिन उसमें यथार्थ की मार्मिक अभिव्यक्ति

नहीं हो पाती है जैसी घटनाओं को प्रत्यक्ष देखकर या अनुभव के बल पर 'आख्यायिका' में होती है।

भामह के विवेचन में सबसे महत्त्वपूर्ण तत्त्व है कि 'आख्यायिका' का कथावाचक स्वयं नायक होता है। इसमें 'मैं' शैली की प्रविधि अपनायी जाती है। यह 'मैं शैली' रचना को अधिक मार्मिक, आत्मीय और विश्वसनीय बनाती है। भामह के इस तर्क पर आचार्य हजारीप्रसाद द्विवेदी लिखते हैं–

> *'भामह ने जब 'कथा' और 'आख्यायिका' में भेद किया था कि एक तो दूसरों की बातचीत के रूप में कही जानी चाहिए और दूसरी स्वयं नायक के द्वारा तो उन्होंने सम्भवतः यह बताना चाहा था कि 'कथा' में कल्पना की गुंजाइश अधिक होती है और आख्यायिका में कम। एक की कहानी काल्पनिक होती है और दूसरे की ऐतिहासिक। ...ऐसा लगता है कि भामह कहना चाहते हैं कि कथा प्रधान रूप में ऐसी कहानी है जिसमें कहानीपन अधिक है।"*[2]

'आख्यायिका' में रचनाकार सच की अभिव्यक्ति के लिए ऐतिहासिक आधार का उपयोग अवश्य करता है, लेकिन यहाँ घटनानुक्रमणिका नहीं सजाता है। महज़ आत्मप्रलाप नहीं करता है, बल्कि प्रतीकों, लक्षणाओं और व्यंजनाओं का सार्थक प्रयोग करता है

संस्कृत के ही आचार्य दण्डी 'काव्यादर्श' (श्लोक– 24–28) में भामह की उपर्युक्त अवधारणा से असहमति व्यक्त करते हैं। दण्डी के विवेचनानुसार आख्यायिका नायक द्वारा कही जाती है जबकि कथा अन्य के द्वारा। आख्यायिका में नायक सत्य घटना को कहता है इसलिए अपने गुण कहना कोई दोष नहीं है। कारण कि नायक कोई आत्मप्रशंसा नहीं करता, अपितु अपने जीवन और समय के यथार्थ को व्यक्त करता है। कई बार आख्यायिका में भी अन्य कथावाचक शैली का प्रयोग होता है। इन्होंने 'कथा' और 'आख्यायिका' दोनों को एक ही माना है, महज़ 'नाम' का ही अन्तर बताया है।[3]

'आधुनिक काल में, हिन्दी साहित्य के सन्दर्भ में, सर्वप्रथम 'गार्सा–द्–तासी' ने 'गोरोसियों' के हवाले से हिन्दी रचनाओं के चार भागों में से एक भाग को 'आख्यान' माना है। वे लिखते हैं, "हिन्दी रचनाएँ चार भागों में विभाजित की जा सकती हैं–

'आख्यान' कहानी, किस्सा। इनसे वे कविताएँ समझी जानी चाहिए, जिनमें लोकप्रिय परम्पराओं से सम्बन्धित विषय रहते हैं और कथाएँ पद्यात्मक कभी फ़ारसी अक्षरों में लिखित छन्दों के रूप में रहता है। यद्यपि लय मसनवियों की भाँति हर एक पद्य में बदलती जाती है।"[4] तासी आख्यान को लोकप्रिय परम्परा की रचना मानते हैं। वे (आख्यान) काव्यात्मक है, गद्यात्मक नहीं।

श्यामसुन्दर दास ने 'साहित्यालोचन' में लिखा है–

"आख्यायिका ऐसे गद्य कथानक को कहते हैं जो घण्टे–दो घण्टे के भीतर ही पढ़कर समाप्त किया जा सके, अर्थात् ऐसी कहानी जो थोड़े से अवकाश के समय एक ही बैठक में पढ़कर समाप्त हो सके। ...प्रायः सभी देशों में वृद्धा स्त्रियाँ सन्ध्या समय घर में बैठकर बालकों को अनेक प्रकार की शिक्षाप्रद अथवा कुतूहलवर्द्धक कहानियाँ सुनाया करती हैं। आजकल की आख्यायिकाएं भी एक प्रकार से उन्हीं कहानियों का संशोधित और परिमार्जित रूप हैं।"[5]

श्यामसुन्दर दास आख्यायिका को पढ़ने वाली रचना के रूप में देखते हैं। पहले आख्यायिका 'श्रव्य' थी। सुनने–सुनाने वाली रचना थी। आधुनिक काल में वह पठ्य (भी) हो गयी। यह एक प्रकार से आख्यायिका के अर्थ का विस्तार है। प्रश्न यह है कि इन कुतूहलवर्द्धक और शिक्षाप्रद कहानियाँ–मसलन क़िस्सा तोता मैना, पंचतन्त्र, कथासरित्सागर आदि का लेखक कौन है? आधुनिक काल में इनमें कितना और किस प्रकार का संशोधन और परिमार्जन किया गया है? इन आख्यायिकाओं के लेखक को निश्चित नहीं किया जा सकता। वे पूरे समाज की साहित्यिक सम्पत्ति हैं।

'हिन्दी साहित्य का इतिहास' में आचार्य रामचन्द्र शुक्ल के विचार इस प्रकार हैं–

"बृहत्कथा, बैतालपचीसी, सिंहासनबत्तीसी इत्यादि घटना चक्र में रमाने वाली कथाओं की पुरानी पोथियाँ हैं। कादम्बरी, माधवानल कामकंदला, सीतबसन्त इत्यादि वृत्त वैचित्र्यपूर्ण होते हुए भी कथा के मार्मिक स्थलों में रमाने वाले भाव–प्रधान आख्यान हैं। इन दोनों कोटि की कहानियों में भिन्न–भिन्न स्थितियों का चित्रण या प्रत्यक्षीकरण भी पाया जाता है।"[6]

आचार्य रामचन्द्र शुक्ल ने 'कादम्बरी' आदि के आधार पर आख्यान में मार्मिकता, भावावेग और स्थितियों के प्रत्यक्षीकरण को रेखांकित किया है। स्थितियों का प्रत्यक्षीकरण के द्वारा रचनाकार विषयवस्तु के यथार्थ चित्रण का आभास कराता है। इन्होंने बृहत्कथा, बैतालपचीसी, सिंहासनबत्तीसी आदि की तुलना में 'कादम्बरी' आदि को मार्मिक और महत्त्वपूर्ण रचना माना है। यह अनायास नहीं है कि भारतीय कथा–साहित्य पर बात करते हुए 'कादम्बरी' को एक आदर्श प्रतिमान के रूप में देखा जाता है।

'हिन्दी साहित्य का इतिहास' में ही आचार्य रामचन्द्र शुक्ल ने पुराने ढंग की कहानियों से आधुनिक कहानियों के अन्तर को भी रेखांकित किया है। वे लिखते हैं–

> *"पुराने ढंग की कथा–कहानियों में कथा का प्रवाह अखण्ड गति से एक ओर चला चलता था जिसमें घटनाएँ पूर्वापर क्रम से जुड़ती सीधी चली जाती थी। पर योरोप में नये ढंग के कथानक नावेल के नाम से चले और बंगभाषा में आकर 'उपन्यास' कहलाये (मराठी में वे कादम्बरी कहलाने लगे)। वे कथा के भीतर की कोई भी परिस्थिति आरम्भ में रखकर चल सकते हैं और उनमें घटनाओं की श्रृंखला लगातार सीधी न जाकर इधर–उधर और श्रृंखलाओं से गुंफित होती चलती है और अन्त में जाकर सबका समाहार हो जाता है। घटनाओं के विन्यास की यही वक्रता या वैचित्र्य उपन्यासों और आधुनिक कहानियों की प्रत्यक्ष विशेषता है जो उन्हें पुराने ढंग की कथा–कहानियों से अलग करती है।"* [7]

पुराने ढंग की कथा–रचनाओं में घटनाओं का क्रमबद्ध प्रवाह रहता था जबकि आधुनिक कथा–रचनाओं में घटनाओं की वैचित्र्यता और वक्रता मिलती है। इस वैचित्र्य और वक्रता को ही आचार्य रामचन्द्र शुक्ल ने आधुनिक कथा–रचनाओं की स्पष्ट विशेषता माना है।

हिन्दी के प्रमुख कथाकार प्रेमचन्द आधुनिक कहानियों की विशेषताएँ रेखांकित करते हुए लिखते हैं–

> *"वर्तमान आख्यायिका मनोवैज्ञानिक विश्लेषण और जीवन के यथार्थ और स्वाभाविक चित्रण को अपना ध्येय समझती है। इसमें कल्पना की मात्रा कम अनुभूतियों की मात्रा अधिक होती है।*

बल्कि अनुभूतियाँ ही रचनाशील भावना से अनुरंजित होकर कहानी बन जाती है।"[8]

यहाँ प्रेमचन्द ने हिन्दी आख्यायिका के जो लक्षण निर्धारित किये हैं, वे हैं–मनोवैज्ञानिक विश्लेषण, जीवन का यथार्थ और स्वाभाविक चित्रण। इन्होंने कल्पना की बजाय अनुभूतियों अर्थात् भावावेग को ज़्यादा महत्त्वपूर्ण माना है। इनका यह विचार आधुनिक कहानियों के लक्षणों का एक ख़ाका प्रस्तुत करता है। ध्यान से देखा जाये तो वे लक्षण आचार्य रामचन्द्र शुक्ल के विचारों के मेल में हैं।

'आख्यान' और 'कथा' पर एक सुचिन्तित विचार आचार्य हजारीप्रसाद द्विवेदी के यहाँ मिलता है। वे लिखते हैं–

> *"पुराने साहित्य में कथा शब्द का व्यवहार स्पष्ट रूप से दो अर्थों में हुआ है। एक तो साधारण कहानी के अर्थ में दूसरा अलंकृत काव्य–रूप के अर्थ में। साधारण कहानी के अर्थ में तो, पंचतन्त्र की कथाएँ भी कथा है, महाभारत और पुराणों के आख्यान भी कथा है, सुबाहु की वासवदत्ता, गुणाढ्य की बृहत्कथा आदि भी कथा है। परन्तु विशिष्ट अर्थ में यह शब्द अलंकृत गद्य–काव्य के लिए प्रयुक्त हुआ है। ...चरित–काव्य को कथा कहने की प्रणाली बहुत बाद तक चलती रही। तुलसीदास का रामचरितमानस चरित तो है ही कथा भी है। उन्होंने कई बार उसे कथा कहा है। विद्यापति ने अपनी छोटी सी पुस्तक 'कीर्तिलता' को काहाणी या कहानी (कथानिका) कहा है 'पुरिस काहाणी हऊँ कहऊँ।' रासो में भी कई बार उस काव्य को कीर्ति–कथा कहा गया है।"*[9]

आधुनिक काल में आकर आख्यान परम्परा प्रेरित होते हुए भी एक विशिष्ट रूप ग्रहण करता है। डॉ. नामवर सिंह ने हेडेन हाइट के हवाले से बताया है कि आख्यान विमर्श के रूप–मात्र नहीं होते, जिन्हें तरह–तरह की वास्तविक अथवा काल्पनिक अन्तर्वस्तु से सुविधानुसार भरा जा सके। सच तो यह है कि उनके पास पहले से ही एक अन्तर्वस्तु होती है, जिसे बोल कर या लिखकर बाद में मूर्त रूप दिया जा सके। वे आगे लिखते हैं–

> *"जिसे हम आख्यान कहते हैं, वह रूप निर्देशित एक पूर्व–निर्धारित अन्तर्वस्तु के साथ आता है। अगर आप उपन्यास को एक रैखिक*

आख्यान के रूप में लें तो आप पायेंगे कि जीवन के प्रति इसका दृष्टिकोण लगभग वैसा ही है जैसा उन्नीसवीं सदी में प्रत्यक्षवादी (पॉजीटिविस्ट) चिन्तकों का था। जैसे ही आप किसी ख़ास रूप को मन्ज़ूर करते हैं, वैसे ही आप उस रूप में निहित अन्तर्वस्तु के गुलाम बन जाते हैं।"[10]

आधुनिक काल के आरम्भिक दौर में, देवकीनन्दन खत्री 'चन्द्रकान्ता' और 'चन्द्रकान्ता–सन्तति' में विशिष्ट कथा–युक्ति, और चमत्कारिक शैली के साथ पाठकों में धूम मचाते हिन्दी कथा–साहित्य के पटल पर प्रवेश करते हैं। अद्भुत, अतिरंजित, आकस्मिक और रहस्यात्मकता से युक्त तिलिस्मी उपन्यासों के निर्माण में प्रकृति के विशिष्ट रूप, विशिष्ट युक्ति, तकनीक, कारीगरी तथा काल्पनिकता का सहारा लिया गया है। चन्द्रकान्ता और सन्तति में जिस प्राकृतिक परिवेश का वर्णन है वह अपने आप में विशिष्ट और गूढ़ात्मक है। अद्भुत, अतिरंजित आकस्मिक घटनाएँ; प्रकृति और स्थान विशेष की डिटेल चित्रण या कहें भौगोलिक वैशिष्ट्य; व्यापक परिदृश्य पर घटनाओं और पात्रों की भरमार के बीच कथा की एकतान सूत्रबद्धता खत्री जी के औपन्यासिक शिल्प की विशेषताएँ हैं। कथा–साहित्य में अद्भुत और जादुई तत्त्वों की परम्परा व्यापक और पुरानी है। "अपने मत के त्वरित प्रसार के लिए अद्भुत तत्त्व काम आता है।"[11]

तिलिस्मी तथा चमत्कारिक शिल्प और संरचना में जीवन जगत् की हलचलें व्यक्त हुई हैं। यही कारण है कि इन उपन्यासों ने विशाल पाठक वर्ग के साथ लेखक भी तैयार किये। डॉ. प्रदीप सक्सेना का तर्क है,

"चन्द्रकान्ता पढ़ने के लिए लाखों लोगों ने जो हिन्दी सीखी उसका कारण कोई भाषा वैज्ञानिक आन्दोलन नहीं था। न ही स्तरीय उपन्यासों की कमी थी। न ही बंगला उपन्यासों के अनुवाद का कोई अभाव था। न ही पुराने क़िस्से अनुपलब्ध थे। उसका कारण यही था कि देवकीनन्दन खत्री में ही उन लाखों लोगों को अपनी स्वाधीनता, संघर्ष, प्रेम, नैतिकता, प्रकृति–प्रेम, जीवन–मूल्य, आत्मिक–मूल्य और सांस्कृतिक–संरचनाएँ प्राप्त हुई थी।"[12]

इसके साथ ही इसकी दूसरी महत्त्वपूर्ण उपलब्धि यह है कि सम्भवतः यहाँ पहली बार ऐसा कथानक है जो सरल रेखीय मार्ग का परित्याग करता है। कई विरोधाभासी घटनाएँ एक–दूसरे की पार्श्ववर्ती और व्यापक

परिदृश्य में उलझती हुई भी कथा–सूत्र को एक सिरे से अन्तिम सिरे तक बाँधे रखती है। इनमें बिखराव नहीं आता है।

खत्री जी के शिल्प वैशिष्ट्य के बहुलांश की समानता, बीसवीं सदी के साठ के दशक में उभरे, विशेषकर लैटिन अमेरिकी देशों के जादुई यथार्थवादी कथा–साहित्य से मिलती है। खत्री जी के चन्द्रकान्ता और 'चन्द्रकान्ता–सन्तति' उपन्यासों की तरह ही जादुई यथार्थवादी कथाओं ने भी धूम मचा दी। यथार्थ और अद्‌भुत का मेल जीवन, समाज और साहित्य की विशेषता है। शुद्ध यथार्थपरक घटनाओं का समावेश रचना को अक्सर रिपोर्टों, तथ्यों या वृत्तों का संग्रह बनाकर रख देता है। रोचक व आकर्षक प्रभाव नहीं उत्पन्न कर पाता। विश्वनाथ काशीनाथ राजवाड़े लिखते हैं–

> *"समाज और समूचे विश्व में भी अद्‌भुत और यथार्थ का मेल अनेकानेक अनुपातों में सम्भव होता है। शुद्ध अद्‌भुत और शुद्ध यथार्थवादी इस संसार में शायद ही कुछ है। हर जगह मिश्रण और मेल ही दिखायी देगा। इस परिस्थिति में अगर कोई शुद्ध यथार्थवादी रचना करने का दावा करे तो उसे निरा पाखण्ड ही समझा जायेगा और अगर पाखण्ड न हो तो वह सरासर ग़लत ही है।"*[13]

खत्री जी की भाषा की सहजता, रोचकता, रोमांस और रोमांच परवर्ती साहित्य के लिए प्रेरणास्पद है। हालाँकि, जैसा कि ऊपर हमने देखा है, अनेक स्थलों पर तत्कालीन परिवेश की हलचलें भी व्यक्त हुई हैं। इनके उपन्यासों 'चन्द्रकान्ता' और 'चन्द्रकान्ता–सन्तति' को साहित्यिक मानने या न मानने पर विद्वानों के ख़ेमे भले बँटे हों, चाहे विवाद अब तक क़ायम रहे, कहना न होगा कि हिन्दी साहित्य के इतिहास में इनकी महत्त्वपूर्ण भूमिका को कोई नज़रअन्दाज़ नहीं कर सकता है।

आचार्य हजारीप्रसाद द्विवेदी अँग्रेज़ी ढंग के 'नॉवेल' के समानान्तर देशज आख्यान परम्परा की शैली, शिल्प और कथ्य का रोचक, रोमांचक और नायाब उदाहरण प्रस्तुत करते हैं। यह महज़ संयोग नहीं है कि द्विवेदी जी अपनी कथा–रचनाओं को उपन्यास न कहकर कथा ही कहते हैं। इन कथाओं में लोक–प्रचलित क़िस्सागोई की अमिट छाप देखी, सुनी और महसूस की जा सकती है। द्विवेदी जी की क़िस्सागोई का यह सलीक़ा उनके उपन्यासों से लेकर निबन्धों तक में गझिनता और गहराई के साथ

पिरोया गया है। यहाँ ज़िन्दादिली सर्वोपरि है। गप्प की सहजता और सरलता के ज़रिये अपने विचार और सन्देश पाठकों तक सम्प्रेषित करते हैं।

परोक्ष शैली, आख्यान की देशज परम्परा, क़िस्सागोई, गप्प के साथ कल्प–सृष्टि, फ़क्कड़ाना मिज़ाजवाली ज़िन्दादिली, पाण्डित्य का सहज और संवेदनशील प्रस्तुतीकरण, कलाओं का बारीक–शाब्दिक रूपायन, प्रकृति का परिवेशानुकूल वर्णन, ऐतिहासिक परिदृश्यों के बीच आधुनिकता का संकेत देनेवाले सूत्र, स्त्री–जीवन का सच और सुलभ प्रेम की पराकाष्ठा के बीच साहित्य–रस को बनाये और बचाये रखने का कौशल द्विवेदी जी के कथा–शिल्प की ही नहीं हिन्दी साहित्य की महनीय उपलब्धि है।

आचार्य द्विवेदी जी का कथाकार अपने कथ्य और शिल्प में देशजता का क़ायल है। 'बाणभट्ट की आत्मकथा' पर कादम्बरी के प्रभाव को स्वयं लेखक ने भी स्वीकार किया है। 'अनामदास का पोथा' क़िस्सागोई की परम्परा की कथा मानी जा सकती है। वहीं 'चारु चन्द्रलेख' एक उपाख्यान की बजाय 'कथा सरित्सागर' जैसा कहानी–क़िस्सों का ख़ज़ाना बन गया है।"[14]

'बाणभट्ट की आत्मकथा' में तत्कालीन भारतीय समाज में व्याप्त जाति भेद और स्तर भेद का बारीक चित्रण मौजूद है। 'चारु चन्द्रलेख' में विविध साधनाओं, अन्धविश्वासों, तान्त्रिकों से सम्बन्धित जो वर्णन है, वह तत्कालीन भारतीय समाज के एक हिस्से की वास्तविकता रही है। 'पुनर्नवा' भारतीय इतिहास का स्वर्णकाल माना जाने वाला गुप्त युग का चित्र प्रस्तुत करता है। 'पुनर्नवा' के देवरात सामन्ती व्यवस्था के भीतर पनपती संस्कृति के उत्कृष्ट रूप के प्रतीक भी हैं। वे कवि, चित्रकार, वादक और गायक भी हैं। यहाँ सामन्ती जीवन के साथ ही सामान्य ग्रामीण जीवन का आत्मीय चित्र भी देखा जा सकता है। 'अनामदास का पोथा' का मूलमन्त्र यही है कि औपनिषदिक या दार्शनिक ज्ञान की उपयोगिता तभी है जब वह सामाजिक हितों के अनुकूल हो। वास्तविक तपस्या या दर्शन समाज के बीच ही सम्भव है उससे अलग हटकर नहीं। "दुखियों का दुख दूर करना ही सच्ची आध्यात्मिक साधना है, यही तप है, यही मोक्ष है।"[15]

द्विवेदी जी के कथाख्यानों में इतिहास का रंगमंच अवश्य चुना गया है पर इनमें चिन्तन का केन्द्र जीवन, समाज और आख्यान की परम्परा है।

> *"द्विवेदी जी को अतीत के इतिहास सामग्री से ज़्यादा चिन्ता परम्परा की–विचार परम्परा के विकास की थी। वे अपने अतीत*

को संग्रहालय में नहीं, बल्कि वास्तविक जीवन सन्दर्भ में देखना चाहते थे। उन्हें चिन्ता इस बात की थी कि परम्परा का स्रोत सूख गया और उसे भुला दिया गया।"[16]

द्विवेदी जी के लिए परम्परा का अर्थ है–

"एक का दूसरे को, दूसरे का तीसरे को दिया जाने वाला क्रम। वह अतीत का समानार्थक नहीं है।"[17]

वे मानते थे कि–

"परम्परा से हमें समूचा अतीत प्राप्त नहीं होता। उसका निरन्तर निखरता, छँटता, बदलता हुआ रूप प्राप्त होता है।"[18]

आख्यान की देशज परम्परा का यह निखरा रूप द्विवेदी जी से होता हुआ समसामयिक हिन्दी–कथा रचना के, महत्त्वपूर्ण कहानीकार उदय प्रकाश के यहाँ मिलता है। द्विवेदी जी के कथा–शिल्प के प्रभाव को स्वीकारते हुए उदय प्रकाश कहते हैं–

"इसकी प्रेरणा मुझे कहीं विदेश से नहीं अपनी ही भाषा के एक अपूर्व और विलक्षण कथाकार हजारीप्रसाद द्विवेदी से मिली।"[19]

जैसा कि माना जाता है कि समसामयिक दौर की बड़ी घटनाओं के मद्देनज़र द्विवेदी जी अपनी कथा–रचनाओं में इतिहास की ओर प्रवृत्त होते हैं। उदय प्रकाश की 'वारेन हेस्टिंग्स का साँड़' कहानी में इतिहास उतना ही है जितना दाल में नमक होता है।[20] यह कहानी सत्रहवीं सदी में भारत आने वाली कम्पनियों की तरह, नब्बे के दशक के बाद भारतीय अर्थनीति, राजनीति और सामाजिक संरचना में होने वाले जटिल बदलाव के फलस्वरूप नयी विदेशी कम्पनियों के हाथों भारत की सम्प्रभुता और स्वतन्त्रता को गिरवी रखने का प्रतिरोध करती है।

उदय प्रकाश की कहानियों पर द्विवेदी जी की आत्मनिस्तार और गप्प–शैली का प्रभाव स्पष्टतः देखा जा सकता है। जैसे 'टेपचू' कहानी में उनका वक्तव्य है–

"मैंने पहले भी अर्ज़ किया था कि यह कहानी नहीं है, सच्चाई है। आप स्वीकार क्यों नहीं कर लेते कि जीवन की वास्तविकता किसी भी काल्पनिक साहित्यिक कहानी से ज़्यादा हैरतअंगेज़

होती है। और फिर ऐसी वास्तविकता जो किसी मज़दूर के जीवन से जुड़ी हुई हो। ...आपको अब भी विश्वास न होता हो तो जहाँ, जब, जिस वक़्त चाहें मैं आपको टेपचू से मिलवा सकता हूँ।"[21]

यह महज़ चौंकाने वाला शिल्प नहीं है। जिन विपरीत और विषाक्त परिस्थितियों में ग़रीब व्यक्ति मज़दूर बनता है वह कटु जीवन का यथार्थ है। जो व्यक्ति हर जगह, हमेशा मौजूद मिले, वह सामान्य सर्वहारा है। यहीं 'टेपचू' एक व्यक्ति के अलावा सर्वहारा के प्रतीक के रूप में नज़र आने लगता है।

'और अन्त में प्रार्थना' कहानी शुरू होते ही उदय प्रकाश लिखते हैं–

"डॉक्टर दिनेश मनोहर वाकणकर किसी कहानी या उपन्यास के पात्र नहीं हैं। उन्हें किसी कहानीकार की कल्पना ने नहीं पैदा किया है। डॉ. वाकणकर किसी कहानीकार या रचनाकार के होने या न होने के बावजूद हैं।"[22]

लेखक का यह आरम्भिक वक्तव्य नये शिल्प की पहचान है। यह उदय प्रकाश के क़था–शिल्प का अनूठापन है।

'मोहन दास' में भी लेखक की टिप्पणी है–

"यह कोई प्रतीक कथा, रूपक या कूटाख्यान नहीं है। यह तो एक बिल्कुल सपाट–सा क़िस्सा है। बल्कि सच तो यह है कि यह क़िस्सा भी नहीं है। ...मोहन दास वास्तव में एक जीता–जागता आदमी है और उसकी ज़िन्दगी इस समय संकट में है।...मोहन दास एक असलियत है। इसकी पुष्टि आप चाहें तो हमारे गाँव ही नहीं, इस देश के किसी भी गाँव के किसी भी बाशिन्दे से पूछकर कर सकते हैं।"[23]

शिल्प का यह अभिनव प्रयोग उदय प्रकाश की अपनी विशेषता है, जिसने हिन्दी साहित्य में उन्हें विशिष्ट स्थान दिलाया है।

सृजनात्मक अनुभव और विचार को व्यक्त करने के लिए साहित्यिक विधाओं का चयन मनमाने ढंग से नहीं किया जा सकता है। विधाओं का चयन सृजनात्मक अनुभव की प्रकृति पर निर्भर करता है, लेखक के मन पर नहीं। इस सन्दर्भ में प्रमुख कथाकार निर्मल वर्मा की अर्थपूर्ण टिप्पणी है–

"लेखक अपने अनुभव का फ़ार्म नहीं चुनता, अनुभव एक ख़ास फ़ार्म में ही लेखक के भीतर उदित होता है, इसलिए हम यह नहीं कह सकते कि किसी अनुभव को कहानी में पकड़ा गया है–कला में पकड़ा कुछ नहीं जाता–यह ज़्यादा सही होगा कि अमुक अनुभव केवल कहानी में ही, कहानी के फ़ार्म में ही रूपायित हो सकता था–अन्य किसी फ़ार्म में नहीं।"[24]

बदले और बदलते समसामयिक यथार्थ के बीच हिन्दी कहानी में उदय प्रकाश नयी कथा–दृष्टि और भिन्न कथा–सृष्टि के साथ प्रवेश करते हैं। उदय प्रकाश की रचनात्मक नवीनता उनकी विशिष्ट पहचान है। इनकी कहानियों पर जादुई यथार्थवाद का आरोप लगता रहा है।

1955 ई. में प्रकाशित एंजेल फ़्लोर्स के निबन्ध 'Magical Realism in Spanish American Fiction' में बोर्खेज को 'जादुई यथार्थवाद' का प्रवर्तक माना गया है। एंजेल फ्लोर्स ने बोर्खेज के कहानी संग्रह 'Universal History of Infamy' को लैटिन अमेरिकी जादुई यथार्थवाद की पहली रचना माना है।[25]

लैटिन अमेरिकी रचनाकारों को ऐसा लगा कि यथार्थवाद को एक ही तरह हर जगह लागू नहीं किया जा सकता है। लैटिन अमेरिकी देशों के जीवन संसार में मौजूद मिथकीय, अद्‌भुत जादुई तत्त्वों से समावृत्त जीवन सत्य को व्यक्त करने के लिए ऐसी शैली अपनायी जो यथार्थवादी उपन्यासों की दस्तावेज़ी विधि से हटकर थी और जिसे 'मैजिकल रियलिज़्म' यानी 'जादुई यथार्थवाद' का नाम दिया गया।[26]

'जादुई यथार्थवाद' का शिल्प विस्मित और आश्चर्यचकित करनेवाला है। इसलिए साठ के दशक में–लैटिन अमेरिकी साहित्य में बूम या ज्वार के काल में–ऐसे कथा–साहित्य की पूरी दुनिया में धूम मची। 'जादुई यथार्थवाद' उत्तर–औपनिवेशिक विश्व की साहित्यिक भाषा रूप में उभरा।

लैटिन अमेरिकी जादुई यथार्थवादी रचनाओं में यूटोपिया, मिथक,फ़ैंटेसी, जादू–टोना, परिकथाएँ, पूर्वाभास, सगुन–असगुन जैसे तत्त्व मौजूद हैं। इन जादुई यथार्थवादी तत्त्वों का सृजनात्मक उपयोग कार्पेंतियर, मार्ख़ेज, इसाबेल अलेंदे आदि लेखकों ने किया। जीवन–संसार के अनुभव और स्मृति को ये लेखक अपनी रचनाओं में लाना चाहते थे, उसमें ये अद्‌भुत और जादुई तत्त्व सहजता से मौजूद हैं। मार्खेज कहते हैं–

"इन बातों को छोड़कर हम दक्षिण अमेरिका के जन–जीवन को प्रामाणिक रूप में व्यक्त नहीं कर सकते।"[27]

अद्‌भुत, अतिरंजित, आकस्मिक, और अतिशयोक्तिपूर्ण घटनाओं का समावेश जादुई यथार्थवाद की प्रमुख विशेषता है। जादुई यथार्थवादी रचना में एक पात्र आसमान में उड़ते हुए ग़ायब हो सकता है। कोई मरकर दुबारा लौट सकता है। लोग दैनन्दिन जीवन से जुड़ी चीज़ों के नाम तक भूल सकते हैं। (मार्खेज)/बोर्खेज की कहानी 'चिरस्मरणीय फुनेस' कहानी में पूरी मानव जाति के पास संचित स्मृतियों से अधिक स्मृतियाँ इरेनियों के पास है। (बोर्खेस)/यहाँ किसी के सत्रह औरतों से सत्रह अवैध बेटे हो सकते हैं, जिनके नाम भी एक हो सकते हैं। बड़ा आश्चर्य यह है कि जनसंहार में तीन हज़ार श्रमिकों की हत्या होती है लेकिन लोगों ने न कुछ देखा, न कुछ सुना। (एकान्त के सौ वर्ष, मार्खेज)

जादुई घटनाओं के समावेश का औचित्य जादुई यथार्थवाद के विमर्श की तार्किकता पर निर्भर करता है। घटनाएँ चाहे कितनी भी अद्‌भुत हैं, उनका एक तर्कसंगत स्पष्टीकरण मौजूद है। जैसे मार्खेज के उपन्यास 'एकान्त के सौ वर्ष' सुन्दरी रेमोदिओस चादर पर उड़ते हुए आसमान में ग़ायब हो जाती है। कथानक में उसका संकेत मौजूद है–

> *"कुछ लोगों का मानना था कि वह किसी मर्द के साथ भाग गयी थी और उसके परिवार द्वारा पेश की गयी कहानी बदनामी से बचने के लिए गढ़ी गयी थी।"*[28]

उपन्यास में परिवार द्वारा प्रस्तुत उसके स्वर्गारोहण की घटना का विस्तार से वर्णन है–यही ब्योरा व्यापक रूप से लोक–स्वीकृत था।

जादुई यथार्थवाद की लेखन शैली एक क़िस्म की 'भूलभुलैया' है, जो एक साथ जटिल और सुगम दोनो है। लेकिन इसका सृजन हर स्थिति में दुर्बोध होता है। किसी जादुई यथार्थवादी रचना में प्रवेश करने पर उसे समझने या न समझने, दोनों स्थिति में रोमांच बना रह सकता है। ऐसी रचना कई बार अजीबोग़रीब लगती है लेकिन एक बार कुंजी पा लेने पर इसका रोमांच और बढ़ जाता है। जादुई यथार्थवाद के ध्रुव पर यथार्थ और भ्रम, वास्तविकता और फ़ैंटेसी, ऐतिहासिक चेतना और मिथकीय चेतना, अभिजन संस्कृति और उसके तर्क तथा लोक–संस्कृति और उसका विश्वास, गुमनाम अतीत और उसका वर्तमान, समकालीन

अनुभव और भविष्यतकालीन अनुमान–जैसे एकदम परस्पर भिन्न पहलू एकत्रित होकर उसकी भूलभुलैया को स्वाभाविक, आकर्षक बनाते हैं। यह आकस्मिक नहीं कि जादुई यथार्थवाद के सर्वप्रमुख रचनाकार बोर्खेज की प्रिय 'इमेज' 'भूलभुलैया' है।

हज़ारों वर्षों की समृद्ध भारतीय आख्यान परम्परा में जादुई यथार्थवाद के प्रायः कई लक्षण पहले से मौजूद हैं। इसलिए यह कहना ज़्यादा संगत है कि जादुई यथार्थवाद ने कई तत्त्व भारतीय आख्यान परम्परा से ग्रहण किया। उदय प्रकाश की कहानियों में–स्मृति का महत्त्व, क़िस्सागोई की शैली, मिथकीय लोक–गाथाओं का सृजनात्मक इस्तेमाल, स्थान–विशेष की भौगोलिकता जैसे लक्षण हैं, जो आख्यान की देशज परम्परा से जुड़ते हैं न कि जादुई यथार्थवाद से। समकालीन हिन्दी कहानी का इस परम्परा से सहज सम्बन्ध रेखांकित करते हुए उदय प्रकाश ने एक बातचीत में कहा भी है–

> *"ईसा से हज़ार साल पहले से ही लिखित न सही मौखिक परम्परा में जिस देश में दुनिया का सबसे जटिल 'मेटानैरेटिव'–रामायण–महाभारत–मौजूद रहा हो वहाँ यह कहना कि आज की कहानी उस परम्परा से विच्छिन यूरोप की देन है, एक गुलाम और औपनिवेशिक मानसिकता का संकेत है। ...हमारे देश में जो असंख्य समुदाय और संस्कृतियाँ हैं, उनकी लोक–गाथाओं के बारे में हम कितना जानते हैं? दुसाधों के महाकाव्य पलहत या यादवों के नायक लोरिक की कथा से क्या हमारी कहानी का कोई वास्ता नहीं? 'चौरासी वैष्णवन' की वार्ता से लेकर बंगमहिला की 'दुलाईवाली' और देवकी नन्दन खत्री की 'चन्द्रकान्ता सन्तति' तक भारतीय लोक एवं क्लासिक गाथाओं की निरन्तरता किसी न किसी रूप में प्रवाहित होती रही है जो प्रेमचन्द से लेकर आज की कहानियों में एक अन्तर्धारा के रूप में मौजूद है।"*[29]

स्मृति और अतीत उदय प्रकाश के लिए बेहद महत्त्वपूर्ण है। 'नेलकटर', 'डिबिया', 'अपराध' जैसी लघुकथाएँ लेखक की स्मृतियों की कारुणिक अभिव्यक्तियाँ हैं। 'वारेन हेस्टिंग्स का साँड़' भारत के अतीत की सुन्दर सांस्कृतिक विरासत को सँजोकर, उससे ऊर्जस्वित होकर, वर्तमान संकट के प्रतिरोध की सृजनात्मक और समर्थ अभिव्यक्ति है। स्मृति के ज़रिये अपने

अतीत और परम्परा को पुनः हासिल करना, प्रकारान्तर से औपनिवेशिक दासता से मुक्ति का प्रयास ही है।

क़िस्सागोई की शैली में उदय प्रकाश की 'टेपचू', 'वारेन हेस्टिंग्स का साँड़', 'पॉल गोमरा का स्कूटर', 'और अन्त में प्रार्थना', 'मोहन दास' जैसी लम्बी कहानियाँ और 'सिर', 'दीवार', 'सायरन', 'आचार्य की कराह', 'सही उत्तर', 'दत्तात्रेय के दुख', 'ख़राब क़लम' जैसी लघु कथाएँ हैं। उदय प्रकाश की कहानियों में भी सत्य के एक से अधिक रूप मौजूद हैं। 'हीरालाल का भूत' कहानी में सामान्य रूप से प्रचलित सत्य के अलावा सत्य का दूसरा पहलू भी मौजूद है। 'मौसाजी' कहानी में भी एक सत्य वह है जो मौसाजी अपनी आत्मसान्त्वना के लिए अतिशय अतिशयता के साथ कहते हैं। तो वहीं दूसरा सत्य भी मौजूद है जिसे उनके आसपास के परिचित लोग जानते हैं। उदय प्रकाश की कथा रचनाओं में सत्य का बहुकोण कई जगह मौजूद है।

उदय प्रकाश की कहानियों में भौगोलिकता या कहा जाये तो स्थान विशेष का डिटेल चित्रण देखने को मिलता है। 'टेपचू', 'तिरिछ', 'दिल्ली की दीवार', 'मोहन दास' आदि में भौगोलिकता का व्यापक, विस्तृत, गहरा और आत्मीय रूप दिखता है।

अद्‌भुत और अतिरंजित घटनाएँ उदय प्रकाश के यहाँ हैं, लेकिन इनका ख़ास तार्किक अर्थ है। वे एक प्रकार की रूपक घटनाएँ 'मेटाफर' हैं। मसलन, 'टेपचू' का असम्भव परिस्थितियों में भी मौत से बचकर निकल जाना। 'वारेन हेस्टिंग्स का साँड़' कहानी में भी 'वह साँड़ अभी मरा नहीं है।' 'मैंगोसिल' कहानी में मैंगोसिल के मरीज़ सूर्यकान्त की मृत्यु के बाद तीसरी दुनिया के ग़रीब अविकसित पिछड़े देशों में वैसे ही कमज़ोर धड़ और बड़े सिर वाले मैंगोसिल ग्रस्त लाखों बच्चों का जन्म होता है।

यह सहज ही रेखांकित किया जा सकता है कि ये लक्षण भारतीय आख्यान की देशज परम्परा में मौजूद हैं। उदय प्रकाश इसी परम्परा से रस और ऊर्जा ग्रहण कर हिन्दी कहानी को एक नया स्थापत्य और आयाम देते हैं। तेवर और कलेवर में भिन्न यह शिल्पगत वैशिष्ट्य हिन्दी कहानी को नयी ऊँचाई प्रदान करता है। उदय प्रकाश की कथा–सृष्टि का आधार और अधिरचना भारतीय आख्यान की देशज परम्परा की ठोस ज़मीन पर दृढ़ता से टिका है।

सन्दर्भ

1. भामह, काव्यालंकार, (भाष्यकार–देवेन्द्रनाथ शर्मा), बिहार राष्ट्रभाषा परिषद्, पटना, संस्करण 1962, पृ. 62
2. हजारीप्रसाद द्विवेदी, हिन्दी साहित्य का आदिकाल, बिहार राष्ट्रभाषा परिषद्, पटना, संस्करण 1980, पृ. 15–16
3. दण्डी, काव्यादर्श, अनु.–ब्रजरत्नदास, बुलानाला, काशी, प्रथम संस्करण संवत् 1988, पृ. 6
4. गार्सा द तासी, हिन्दुई साहित्य का इतिहास, अनु.–लक्ष्मीसागर वार्ष्णेय, हिन्दुस्तानी एकेडेमी, उत्तर प्रदेश, इलाहाबाद, संस्करण 1953, पृ. 20, भूमिका
5. श्यामसुन्दर दास, साहित्यालोचन, साहित्य रत्नमाला कार्यालय, काशी, संस्करण 1984, पृ. 144–145
6. रामचन्द्र शुक्ल, हिन्दी साहित्य का इतिहास, नागरी प्रचारिणी सभा, काशी, संस्करण संवत्–2025 पृ. 479
7. उपर्युक्त, पृ. 479–480
8. प्रेमचन्द, कुछ विचार, लोकभारती प्रकाशन, इलाहाबाद, संस्करण 2003, पृ. 31
9. हजारीप्रसाद द्विवेदी, हिन्दी साहित्य का आदिकाल, बिहार राष्ट्र भाषा परिषद्, पटना, संस्करण 1980, पृ. 57–58
10. नामवर सिंह, प्रेमचन्द और भारतीय समाज, सं.–आशीष त्रिपाठी, राजकमल प्रकाशन, नयी दिल्ली, संस्करण 2010, पृ. 37
11. राजवाड़े, काशी नाथ विश्वनाथ : कादम्बरी (लेख), अनु.–ह.श्री.साने, आलोचना–84, (सम्पादक–नामवर सिंह), जनवरी–मार्च–88, पृ. 15
12. सक्सेना, प्रदीप : तिलिस्मी साहित्य का साम्राज्यवाद–विरोधी चरित्र, शिल्पायन, दिल्ली, संस्करण 2004, पृ. 164
13. राजवाड़े, काशी नाथ विश्वनाथ : कादम्बरी (लेख), अनु.–ह. श्री. साने, आलोचना–84, (सम्पादक–नामवर सिंह), जनवरी–मार्च–88, पृ. 23
14. जैन, नेमिचन्द्र : 'दृष्टिकेन्द्र का स्खलन' (लेख), शान्ति निकेतन से शिवालिक, सं. शिव प्रसाद सिंह, नेशनल पब्लिशिंग हाउस, नयी दिल्ली, संस्करण 1998, पृ. 247
15. द्विवेदी, हजारीप्रसाद : 'अनामदास का पोथा', राजकमल प्रकाशन, नयी दिल्ली, आठवीं आवृत्ति : 2005, पृ. 74
16. सिंह, नामवर : इतिहास की शव साधना (लेख), परम्परा की आधुनिकता : हजारीप्रसाद द्विवेदी, सम्पादक : अशोक वाजपेयी, पूर्वोदय प्रकाशन, दिल्ली, संस्करण 1997, पृ. 149
17. उपर्युक्त, पृ. 155
18. उपर्युक्त, पृ. 155
19. उदय प्रकाश : अपनी उनकी बात, वाणी प्रकाशन, नयी दिल्ली, संस्करण 2008, पृ. 109

20. उदय प्रकाश : पॉल गोमरा का स्कूटर, वाणी प्रकाशन, नयी दिल्ली, संस्करण 2006, पृ. 103
21. उदय प्रकाश : दरियाई घोड़ा, वाणी प्रकाशन, नयी दिल्ली, संस्करण 2006, पृ. 115
22. उदय प्रकाश : और अन्त में प्रार्थना, वाणी प्रकाशन, नयी दिल्ली, संस्करण 2006, पृ. 102
23. उदय प्रकाश : मोहन दास, वाणी प्रकाशन, नयी दिल्ली, संस्करण 2009, पृ. 12
24. वर्मा, निर्मल : ढ़लान से उतरते हुए, राजकमल प्रकाशन, नयी दिल्ली, संस्करण 1988 पृ. 30
25. Bowers, MaggieAnn, Magic (al) Realism, Routledge, London, 2004, p. 16
26. मार्खेज, गेब्रिएल गार्सिया, एकान्त के सौ वर्ष, अनुवाद–सोन्या सुरभि गुप्ता, राजकमल प्रकाशन, नयी दिल्ली, पहला संस्करण 2003, भूमिका
27. मार्खेज, गेब्रिएल गार्सिया, मैनेजर पांडेय द्वारा उद्धृत, साहित्य के समाजशास्त्र की भूमिका, हरियाणा साहित्य अकादमी, पंचकूला, द्वितीय संस्करण 2001, पृ. 272
28. गेब्रिएल गार्सिया मार्खेज, एकान्त के सौ वर्ष, अनुवाद–सोन्या सुरभि गुप्ता, राजकमल प्रकाशन, नयी दिल्ली, पहला संस्करण 2003, भूमिका
29. उदय प्रकाश, अपनी उनकी बात, वाणी प्रकाशन, नयी दिल्ली, 2008, पृ. 75

नया यथार्थ नया गल्प

कवि के बोल खरग हिरवानी,
एक दिसि आग दूसरि दिसि पानी। –जायसी

जायसी की ये बातें आज की हिन्दी कहानी के सन्दर्भ में उदय प्रकाश पर एकदम सही उतरती हैं। निरन्तर बन रहे और बदल रहे नये यथार्थ को गल्प में पिरोना भीषण दुर्गम पथ पर चलने के समान चुनौतीपूर्ण रचनात्मक कर्म है। उदय प्रकाश बदले और बदलते दौर में इस चुनौती से जूझने वाले समसामयिक हिन्दी कहानी के सबसे हुनरमन्द, लोकप्रिय और 'जीनियस' गल्पकार हैं।

विगत तीन दशकों में संसार–समाज–सम्बन्ध और परिवेश अत्यन्त तेज़ गति से बदला है। यथार्थ की समझ और सृष्टि तथा उसे देखने की दृष्टि में भी बदलाव आया है। इन परिवर्तनों के अनेक कारक हैं, जिनकी भूमिकाएँ सरल–सहज न होकर अपने जटिल और संश्लिष्ट रूप में कभी प्रत्यक्ष तो कभी अप्रत्यक्ष ढंग से प्रभावी होती है। द्रुत गति से परिवर्तित होते संसार, समाज, सम्बन्धों और परिवेश के कई आयाम हैं।

बदले नये यथार्थ का पहला महत्त्वपूर्ण आयाम तकनीकी परिवर्तन है। संचार के पारम्परिक उपकरणों में बदलाव आया है। आज प्रिंट मीडिया के साथ ही इलेक्ट्रानिक संचार माध्यमों, कम्प्यूटर, इण्टरनेट आदि के ज़रिये हमारी समझ, स्मृति और सूचनाओं के कोष में आमूल परिवर्तन हुआ है। संसार और ब्रह्माण्ड की अनेक विशेषताएँ उद्‌घाटित हुई हैं। तकनीकी क्रान्ति के इस दौर में सामान्य व्यक्ति अक्सर हतप्रभ और भौचक रह जाता है। 1997 ई. में प्रकाशित उदय प्रकाश की कहानी 'पॉल गोमरा का स्कूटर' में रामगोपाल सक्सेना से पॉल गोमरा बनने वाले व्यक्ति का हाल है कि–

"वर्तमान उनकी समझ में नहीं आता था। बहुत प्रयत्नपूर्वक एकाग्रचित्त होकर वे कभी–कभार वर्तमान को समझने का प्रयत्न करते तब तक वह बदल जाता था। ख़ासतौर पर पिछले दस साल में तो देखते–देखते पूरी दुनिया ही बदल गयी थी। उनका अख़बार मोनोप्रिंटिंग के इतिहास से निकलकर, फ़ोटो कंपोजिंग से होता हुआ अब पूरी तरह कम्प्यूटराइज्ड हो चुका था। सेटेलाइट प्रक्षेपण से पृष्ठ दर पृष्ठ पलक झपकते दिल्ली से बम्बई और अहमदाबाद पहुँच जाते।"[1]

नौ साल बाद, 2006 ई. में प्रकाशित उन्हीं की कहानी 'मैंगोसिल' में प्रदूषित परिवेश और ग़रीबी में भी सूर्यकान्त के सचेतन जीनियस माइंड का विकास होता है, और वह (सूर्यकान्त) इण्टरनेट और टीवी समाचार चैनलों के ज़रिये अपनी सोच, समझ और ज्ञान का विस्तार करता है। फलतः वह बहुत–सी बातें जान जाता है। अमेरिका जैसे विकसित नव–साम्राज्यवादी देश की एक–एक चाल वह समझता है। मसलन, वह जानता है कि–अमेरिका ने इराक़ पर हमला सिर्फ़ तेल के लिए किया है, लेकिन इस बात को छुपाने के लिए जितना रुपया ख़र्च किया गया है, उतने में अमेरिका वैसे भी वहाँ से तेल ख़रीद सकता था। ...अगर इण्डिया में भी उतना तेल निकल आये तो अमेरिका इण्डिया पर भी हमला कर देगा। ...एक दिन ऐसा आयेगा जब दुनिया में या तो सिर्फ़ अमेरिका होगा, या फिर दुनिया में सिर्फ़ अमेरिका नहीं होगा।[2] यहाँ सूर्यकान्त के ज़रिये उदय प्रकाश साम्राज्यवादी चाल, चेहरा और चरित्र को सहजता से बेपर्द करते हैं।

इस दौर का दूसरा महत्त्वपूर्ण आयाम आर्थिक परिवर्तन है। भारत की आज़ादी के क़रीब 44 वर्ष बाद 24 जुलाई, 1991 ई. को भारत सरकार ने नयी आर्थिक नीति की घोषणा की। नयी अर्थव्यवस्था में कोटा–परमिट प्रणाली की जगह खुला विनिवेश, खुली बाज़ार व्यवस्था और बहुराष्ट्रीय कम्पनियों का आगमन हुआ। विश्व बैंक और अन्तरराष्ट्रीय मुद्रा कोष जैसी संस्थाओं के पहल और दबाव से भारत जैसे विकासशील और ग़रीब देशों को विकसित देशों की अर्थव्यवस्था से जोड़ने के लिए भूमण्डलीकरण और आर्थिक उदारीकरण का ताना–बाना बुना गया। इन वैश्विक आर्थिक नीतियों का लक्ष्य दुनिया या भारत में ग़रीबी, भुखमरी और आर्थिक विषमता

मिटाना नहीं है। आज विश्व में अराजकता और अव्यवस्था फैली हुई है। इससे उबरने की कोई उम्मीद नज़र नहीं आती। प्रसिद्ध चिन्तक एरिक हॉब्सबाम लिखते हैं–

> *"शताब्दी का अन्त ऐसी वैश्विक अव्यवस्था के साथ हुआ जिसकी प्रकृति स्पष्ट नहीं थी और न ही कोई स्वाभाविक तन्त्र उपलब्ध था जो इसे समाप्त कर सके या कम से कम इस पर नियन्त्रण रख सके।"*[3]

आर्थिक उदारीकरण के दौर में बक़ौल उदय प्रकाश–

> *"बाज़ार सब चीज़ों का विकल्प बन चुका था। शहर, गाँव, क़स्बे बड़ी तेज़ी से बाज़ार में बदल रहे थे। हर घर दुकान में तब्दील हो रहा था। ...औरत बिकाऊ और मर्द कमाऊ का महान चकाचक युग आ गया था।"*[4]

यहाँ पूँजी ही सबको नियन्त्रित करती है, वही सर्वोच्च है। 'पीली छतरी वाली लड़की' में सत्ता और व्यवस्था को नियन्त्रित करने वाला निखलाणी कहता है–

> *"पावर, आई.टी., फूड, हेल्थ, एजुकेशन...सब! सबको प्राइवेटाइज करो...पब्लिक सेक्टर का शेयर बेचो...डिसएन्वेस्ट करो... । हमको सब ख़रीदना है... ।"*[5]

लगता है निखलाणी जैसे खाऊ, तुन्दियल, कामुक, लुच्चे, जालसाज रईस, अमीर, पूँजीपति के लिए ही इस व्यवस्था का निर्माण किया गया है। शायद ऐसे ही किसी व्यक्ति या तन्त्र के प्रभाव से–

> *"केन्द्र सरकार का वित्त मन्त्री चार–पाँच साल से बिना खाये, बिना पिये, बिना सोये, बिना जागे, बिना सोचे क़र्ज़ों और विदेशी कम्पनियों के तमाम अनुबन्धों पर धड़ाधड़ दस्तख़त करता चला जा रहा था।"*[6]

इस आर्थिक नीति से ग़रीबी निरन्तर बढ़ रही है। देश के बहुसंख्य लोग हाशिये पर चले गये हैं। रजनी कोठारी ने ठीक ही लिखा है–

> *"भूमण्डलीकरण और हाशियाकरण एक ही परिघटना की प्रतिछवियाँ हैं। हाशियाकरण भूमण्डलीकरण का अनिवार्य*

परिणाम है। भूमण्डलीकरण ऐसी परिस्थतियाँ तैयार करता है, जिसके कारण लाखों करोड़ों लोग खुद को हाशिये पर पाकर त्याज्य और अवांछित समझने लगते हैं।"[7]

नयी आर्थिक नीति से सामाजिक असन्तुलन निरन्तर बढ़ता जा रहा है। इस आर्थिक नीति की वास्तविकता की सफल, सार्थक, सृजनात्मक और प्रतीकात्मक अभिव्यक्ति उदय प्रकाश की 'मैंगोसिल' कहानी में हुई है। बेढंगे, अननुपातिक सिरवाला सूर्यकान्त 'मैंगोसिल' का मरीज़ है, फिर भी–

"किसी गुप्तचर की तरह उसकी आँखें सामने वाले के मस्तिष्क में प्रवेश करती और कुछ ही पलों में वह सब कुछ जान जाता। क्या यह सचमुच किसी रोग का लक्षण था...जिसके कारण सूरी का जीवन ख़तरे में था? या फिर यह कोई और ही चीज़ थी।"[8]

दरअसल 'मैंगोसिल' न्यूरोलॉजिकल डिसआर्डर से पैदा हुआ शारीरिक रोग नहीं, बल्कि सोशियो–इकॉनॉमिक डिसआर्डर से जन्मा सामाजिक–आर्थिक रोग है। 'मैंगोसिल' से ग्रस्त सूरी का मस्तिष्क इस सामाजिक–आ. र्क असन्तुलन के एक–एक वायरस को जानता है, जिसका नाम है ग़रीबी।

ऐसी आर्थिक नीति का फ़ायदा उठाकर कुछ लोगों ने बेहिसाब धन एकत्रित कर लिया, जो काला धन है। उदय प्रकाश ने 'दिल्ली की दीवार' कहानी में इसी मुद्दे को रोचक ढंग से उठाया है।

इस दौर का तीसरा महत्त्वपूर्ण आयाम राजनीतिक परिवर्तन है। इस दौर की भारतीय राजनीति में क्षेत्रीय छोटे दलों का वर्चस्व तेज़ी से बढ़ा। सरकार के गठन में दूसरे और तीसरे मोर्चे ने अहम् भूमिका निभायी। बिना किसी ठोस मुद्दे–कार्यक्रम और नीति के गठजोड़ की राजनीति और जोड़–तोड़ की राजनीति ही राजसत्ता का चरित्र बन गया। धर्म, जाति और स्थानीय मुद्दों के सहारे राजनीति में क्षेत्रीय दलों का उभार हुआ। जन–प्रतिनिधि, सांसद और विधायक ख़रीदे जाने लगे। व्यक्तिगत तुच्छ स्वार्थों के कारण राजनेता सरकारें बनाने–गिराने लगे। सरकारी नीतियों को कॉरपोरेट, देशी–विदेशी पूँजीपति घराने तय करने लगे। राजनीति का अपराधीकरण हो गया। माफ़ियाओं का अवैध शिकंजा राजनीति, प्रशासन और दैनिक नागरिक जीवन पर कसता चला गया। इनमें सन्दिग्ध क़िस्म के बिल्डर्स और ठेकेदार हैं, छोटे–बड़े उद्यमी और

उद्योगपति हैं, सटोरिये और प्रॉपर्टी का धन्धा करने वाले दलाल हैं। यही लोग राजनेताओं के चहेते बन गये हैं। ये अनैतिकता, बर्बरता और हिंस्र की किसी भी सीमा को लाँघ सकते हैं। किशन पटनायक ने ठीक लक्षित किया है कि "व्यापारियों, राजनेताओं और अपराधियों का गठजोड़ हमारी राजनीति की मुख्यधारा बन गया है।"[9] प्रश्न है कि राजनीति में क्या शुचिता क़ायम हो सकेगी? सरकारी नीतियों में पूँजीपतियों का हस्तक्षेप कब बन्द होगा?

इस राजनीतिक परिदृश्य का बारीक विवरण उदय प्रकाश के कथाख्यानों में साफ़ देखा जा सकता है। वर्ष 1992 में 'हंस' के अगस्त और सितम्बर अंक में 'और अन्त में प्रार्थना' कहानी प्रकाशित हुई। इसमें उदय प्रकाश ने लिखा है–

> *"ये वे दिन थे जब मध्य प्रदेश ही नहीं देश के अन्य तीन राज्यों में भारतीय जनता पार्टी की सरकार बन गयी थी। डीज़ल से चलने वाले ट्रक के ऊपर रखे गये रथ के मॉडल के साथ एक बूढ़े राजनीतिक हिन्दू नेता ने देश–भर में रथ–यात्रा की थी। अयोध्या में मन्दिर–मस्जिद विवाद से पूरे देश का एक अतार्किक, अमानवीय और डरावना ध्रुवीकरण पैदा हो रहा था।"*[10]

कहना न होगा उदय प्रकाश का डर सही साबित हुआ और दिसम्बर, 1992 में मस्ज़िद ध्वंस के बाद देश भर में साम्प्रदायिक तनाव अनेक दिनों तक क़ायम रहा।

जिस तेज़ी से दुनिया बदल रही थी, राजनीतिक अस्थिरता के कारण भारत में उसी गति से सरकारें भी बदल रही थी। असमय प्रधानमन्त्रियों का आना–जाना लगा रहता।

> *"सरकारें बनती और गिर जाती। कोई प्रधानमन्त्री बनता फिर या तो गिरा दिया जाता या मार दिया जाता।"*[11]

आज़ाद भारत में लोकतान्त्रिक व्यवस्था के नाम पर सत्ताकामी राजनेता, भ्रष्ट नौकरशाह और प्रशासन तथा छल–बल से लैस गुण्डों का तन्त्र विकसित हुआ है। कहने के लिए लोकतन्त्र में सर्वोच्च सत्ता जन और उनके प्रतिनिधियों के हाथ में होती है। लेकिन विडम्बना है कि जन प्रतिनिधि चुने जाने वालों में अधिकांश अपराधी, ठग, व्यापारी, कट्टर धर्मान्ध होते हैं। 'भाई का सत्याग्रह' कहानी में उदय प्रकाश कहते हैं–

"भारतीय लोकतन्त्र का ग्रास रूट या आधार यही अपराधी ठेकेदार होते हैं। बूथ कैप्चरिंग, फ़र्ज़ी मतदान, विरोधी उम्मीदवार की हत्या या अपहरण का अनिवार्य भारतीय लोकतान्त्रिक उत्तरदायित्व यही लोग निभाते हैं।"[12]

कोई भी राजनीतिक दल स्व–रोज़गार, साक्षरता, जल–संग्रहण, भ्रष्टाचार–विरोधी मुहिम, पर्यावरण, मानव–अधिकार जैसे लोक हितकारी अभियान में काम करने वाले ईमानदार–निष्ठावान व्यक्ति को अपना उम्मीदवार नहीं बनाता। सुप्रसिद्ध समाजशास्त्री श्यामाचरण दुबे लिखते हैं–

"आज की राजनीति में दूरदर्शी और दूरगामी नीतियों का अभाव है। तात्कालिक लाभ की दृष्टि से उसमें आसानी से परिवर्तन किया जा सकता है। यही कारण है कि जनसंख्या विस्फोट, पर्यावरण प्रदूषण, पारिस्थितिकीय असन्तुलन, ऊर्जा का प्रश्न, खाद्य सुरक्षा, युद्ध और शान्ति जैसे गम्भीर प्रश्नों पर न तो राष्ट्रीय सहमति है न ही कोई सार्थक कार्यक्रम। जनता की भावनाएँ ग़ैर–ज़रूरी मुद्दों पर भड़कायी जाती है। परिणाम होता है दिशाहीन राजनीति का विस्तार।"[13]

सत्तालोलुप नेता देश को जातिगत, सम्प्रदायगत, भाषागत और क्षेत्रगत खाँचे में बाँट कर अपना मतलब साधते हैं। हमारा लोकतन्त्र चन्द लोगों के हाथों अपहृत कर लिया गया है। हमारा लोकतन्त्र बहुसंख्य लोगों के लिए स्वतन्त्रता, समता और जीवनगत मूलभूत अधिकारों को सुनिश्चित करने के बजाय उनके दमन और यातना में ही सक्रिय रहता है। ऐसी परिस्थितियों के मद्देनज़र 'और अन्त में प्रार्थना' के डॉ. वाकणकर प्रश्न करते हैं–

"कहीं हमारे देश में लोकतन्त्र का असली अर्थ शत्रु व्यवस्था का चुनाव तो नहीं है?"[14]

जैसी लोकतान्त्रिक–समाजवादी व्यवस्था है, उसमें बड़ा प्रश्न यह है कि क्या यह व्यवस्था सत्ता के चक्रव्यूह में फँसे मोहन दास को न्याय दिला पाएगी? क्या योग्य व्यक्ति को उसका हक़ मिल सकेगा?

समसामयिक दौर का चौथा महत्त्वपूर्ण आयाम सामाजिक परिवर्तन है। इस दौर में स्त्रियों, दलितों, पिछड़ों और आदिवासियों के जीवन के नये

पहलू उभरकर सामने आये हैं। स्त्रियाँ शिक्षा और नौकरी में नये मुक़ाम हासिल कर रही हैं। साथ ही इनका शोषण भी कई स्तरों पर कई रूपों में हो रहा है। उभरते नव अमीर वर्ग में भोग–विलास की प्रवृत्ति बढ़ी है। आनन्द, कामुकता, लालच उसकी चेतना के केन्द्र में है। उदय प्रकाश 'पीली छतरी वाली लड़की' में कहते हैं कि–

> *"जिस अनुपात में ब्यूटी–कांटेस्ट और फ़ैशन परेड बढ़ रहे थे, उसी अनुपात में औरतों की ख़रीद–फ़रोख़्त और उन पर ज़ुल्म भी बढ़ रहे थे।"*[15]

'पॉल गोमरा का स्कूटर' में 'औरत बिकाऊ और मर्द कमाऊ के महान् चकाचक युग' में विज्ञापन से सनसनी पैदा करने वाली सुनीला और आशा जैसी मॉडल हैं। जिसमें एक का हश्र एच.आई.वी. पॉजीटिव में होता है तो दूसरे को पर्यटन विभाग के बार्वेक्यू में भून डाला जाता है। लड़कियों की एक बड़ी तादाद प्रदर्शन, पार्ट, विज्ञापन आदि के ग्लैमर में गुम हो जाने के लिए अभिशप्त है। स्त्री का जीवन के हर मोड़ और कोण पर अक्सर शोषण होता है। नाचने, गाने, मनोरंजन के नाम पर उसका यौन दुरुपयोग होता है। अभय कुमार दुबे के अनुसार इस दौर में–

> *"औरतों को अतीत की किसी भी कालावधि के मुक़ाबले एक बिकाऊ जिन्स में बदल दिया गया है।"*[16]

प्रगति और विकास के समसामयिक दौर में स्त्री–श्रम और हुनर की विशेष माँग है। लेकिन विडम्बना यह है कि स्त्रियों की समस्या के समाधान के लिए विशेष क़दम नहीं उठाये जाते हैं। प्रभा खेतान लिखती हैं–

> *"भूमण्डलीकरण में लगी अर्थव्यवस्था को स्त्री–श्रम की ज़रूरत तो है, पर स्त्रियों की बढ़ती समस्याओं पर ध्यान केन्द्रित करना क़र्ज़ में डूबी सरकार और अभिजन नेताओं के लिए सम्भव नहीं।"*[17]

उदय प्रकाश हाशिये पर पड़े दलित, पिछड़े, ग़रीब की व्यथा–कथा कहते हैं। 'मोहन दास' कहानी में मोहन दास बंसहर पलिहा जाति का है। यह जाति नीची मानी जाती है। मोहन दास को आरक्षित जाति का दर्ज़ा नहीं मिला। क्योंकि बंसहर पलिहा अनुसूचित जाति है या आदिवासी या आदिम जनजाति अभी तक सरकारी गजेट में यह स्पष्ट नहीं था। ...दूसरी बात कि "उनकी बिरादरी का कोई आदमी पार्टी और सरकार में था नहीं।"[18]

इस जाति का वोट बैंक नहीं है। यह जाति भले ही सामाजिक श्रेणी में नीची हो, ग़रीब हो लेकिन किसी राजनीतिक पार्टी के काम की नहीं है। देखा जाता है कि वास्तविक आरक्षित श्रेणी के लोगों का जाति प्रमाण पत्र बड़ी मशक़्क़त से बन पाता है। जबकि अनारक्षित श्रेणी के कई लोग इसे तिकड़म से हासिल कर लेते हैं।

उदय प्रकाश के कथाख्यानों में दलितों–पिछड़ों का जीवन पूरी आत्मीयता और संवेदनशीलता के साथ प्रकट हुआ है। ये दलित, पिछड़े, आदिवासी हमारे समय और समाज के प्रतिपक्ष हैं, लेकिन उदय प्रकाश की रचनाओं के केन्द्रीय पक्ष।

'हीरालाल का भूत' कहानी में हीरालाल की यातना भरी ज़िन्दगी और मौत के बाद लोगों को लगता है कि हीरालाल के भूत ने ही हवेली और वहाँ के लोगों को बर्बाद कर दिया। इस पर कथाकार की टिप्पणी है–

> *"पता नहीं पूरी घटना में सच्चाई कितनी है। कुछ लोगों का कहना है कि यह सारी कारिस्तानी गाँव के हरिजनों–मोचियों और भूमिहीनों के लड़कों की है। हीरालाल की मौत के बाद घृणा, ग़ुस्से और बदले की भावना में भरकर उन्होंने ही यह सारा प्रेतों का नाटक खेला है और हवेली को बर्बाद कर डाला। ये लड़के शहर घूम आये हैं, थोड़ा बहुत पढ़–लिख गये हैं और पार्टीबाज़ी करने लगे हैं।"*[19]

यह दलितों में अपने हक़ और सम्मान को पाने की जागरूकता है, अन्याय और अत्याचार का प्रतिरोध और प्रतिशोध है।

समसामयिक दौर का पाँचवाँ महत्त्वपूर्ण आयाम पर्यावरण संकट है। पर्यावरण प्रदूषण गम्भीर चिन्ता का विषय है। औद्योगिक विकास के नाम पर पर्यावरण मानकों की धज्जियाँ उड़ायी गयी हैं। पर्यावरण सन्तुलन नष्ट कर दिया गया है। प्राकृतिक संसाधनों के प्रति ग़ैर–ज़िम्मेदाराना रवैया मानव समाज की विनाश–लीला रच रहा है। पिछले दिनों उत्तरकाशी में आयी प्रलयंकारी बाढ़ इसी का दुष्परिणाम है। बक़ौल उदय प्रकाश–

> *"जब हमारा जीवन किसी समृद्ध नगर या देश की संस्कृति को सुन्दर और विकसित बनाने के लिए उजाड़ा जाता है तो सिर्फ़ हम नहीं–इस धरती से हिरण, तितलियाँ, पक्षी, हाथी, पीपल, पलाश, सागौन, शाल और तमाम वनस्पतियों समेत।"*[20]

परम्परा के अनेक स्तम्भ भी डूब जाते हैं।

'मोहन दास' कहानी में विपत्तियों से घिरे मोहन दास का संकट और बढ़ गया जब "कठिना में बाँध बन जाने से उसकी रोज़ी–रोटी का एक जरिया छिन गया।"[21] कठिना नदी के तट पर मोहन दास खीरा, ककड़ी, तरबूज़ उपजाता था। विकास परियोजनाओं के नाम पर ग़रीबों, दलितों, आदिवासियों, किसानों, मेहनतकशों के जीवन की तनिक भी चिन्ता किये बग़ैर उन्हें प्राकृतिक संसाधनों से बेदख़ल करने का यह आसान तरीक़ा है। 'और अन्त में प्रार्थना' कहानी में प्रधानमन्त्री ढींगर गाँव की यात्रा के दौरान काग़ज़ के कारख़ाने का शिलान्यास करते हैं। विकास के इस प्रारूप पर उदय प्रकाश लिखते हैं–

> *"पेपर मिल तीन साल में बनकर तैयार हो जायेगा।...आसपास के सारे जंगल ख़त्म हो जायेंगे। पीपल, सागौन, शीशम, सरई, महुआ, कोसम, छिउला कुछ नहीं बचेंगे।... पारम्परिक दस्तकारी का कुटीर उद्योग ख़त्म हो जायेगा।...पेपर मिल का वेस्ट प्रोडक्ट यानी रबड़, कचड़ा और कास्टिक सोडा तथा अम्लों से भरा ज़हरीला धुआँ चारों ओर फैल जायेगा। धरती पर आकाश में तीतर–बटेर, साम्भर–छिगरा, रीछ–खरगोश नहीं रहेंगे। वन्य प्राणी समाप्त हो जायेंगे।"*[22]

ऐसा विकास पूरे पर्यावरण को क्षरित करता है, दुर्लभ वन्य प्राणियों और वनस्पतियों को नष्ट करता है। पर्यावरण और परिवेश पर छाया गहरा संकट उदय प्रकाश के कथाख्यानों में मौजूद है।

पिछले तीन दशकों में द्रुत गति से होने वाले तकनीकी, आर्थिक, राजनीतिक, सामाजिक, सांस्कृतिक और पर्यावरण परिवर्तनों को उदय प्रकाश ने अपने कथाख्यानों में बारीकी से बुना है। समाज पर इस बदलते यथार्थ के प्रभावों का सृजनात्मक उपयोग उदय प्रकाश की कथा में मौजूद है। ये कथाख्यान समसामयिक भारत के प्रामाणिक दस्तावेज़ के रूप में पूरी रोचकता और प्रभावान्विति के साथ हमारे सामने आते हैं।

उदय प्रकाश की कथा–सृष्टि में इस बहुआयामी नये यथार्थ की संवेदनशील और प्रभावी अभिव्यक्ति हुई है। ये बदलते नये यथार्थ को व्यक्त करने के लिए ज्ञान के विविध अनुशासनों और रूपों का इस्तेमाल कर गल्प की नयी संरचना का आविष्कार करते हैं। इनके यहाँ समसामयिक, जटिल

और भयावह यथार्थ को समय के तीनों आयामों– अद्यतन निवर्तमान यथार्थ, इतिहास या अतीत और कल्पना या स्वप्न या भविष्य–में अविभक्त रूप से, अपने संवेद्य गल्प में सहजता से बुन दिया गया है। जहाँ कथा, आख्यान और विचार एक–दूसरे में निरन्तर आवाजाही करते हैं, कथा–सृष्टि और कथा–दृष्टि घुली–मिली है। उदय प्रकाश के यहाँ गल्प एक युक्ति है, डिवाइस है, जिसके ज़रिये वे सत्य का, यथार्थ का शल्य–सन्धान करते हैं।

सन्दर्भ

1. उदय प्रकाश : पॉल गोमरा का स्कूटर, वाणी प्रकाशन, नयी दिल्ली, संस्करण 2006, पृं. 36
2. उदय प्रकाश : मैंगोसिल, पेंगुइन बुक्स, नयी दिल्ली, संस्करण 2006, पृ. 154
3. हॉब्सबाम, एरिक : अतिरेको का युग, भाग–2, (अनुवाद : प्रकाश दीक्षित), संवाद प्रकाशन, मुम्बई, संस्करण 2009, पृ. 401
4. उदय प्रकाश : पॉल गोमरा का स्कूटर, वाणी प्रकाशन, नयी दिल्ली, 2006, पृ. 37
5. उदय प्रकाश : पीली छतरी वाली लड़की, वाणी प्रकाशन, नयी दिल्ली, संस्करण 2009, पृ. 13
6. उदय प्रकाश : पॉल गोमरा का स्कूटर, वाणी प्रकाशन, नयी दिल्ली, संस्करण 2006, पृ. 55
7. कोठारी, रजनी : भारत का भूमण्डलीकरण, (सं. अभय कुमार दुबे), वाणी प्रकाशन, नयी दिल्ली, संस्करण 2007, पृ. 91
8. उदय प्रकाश : मैंगोसिल, पेंगुइन बुक्स, नयी दिल्ली, संस्करण 2006, पृ. 136
9. पटनायक, किशन : भारत का राजनीतिक संकट, (सं. राजकिशोर), वाणी प्रकाशन, नयी दिल्ली, संस्करण 1994, पृ. 152
10. उदय प्रकाश : और अन्त में प्रार्थना, वाणी प्रकाशन, नयी दिल्ली, संस्करण 2006, पृ. 173
11. उदय प्रकाश : पॉल गोमरा का स्कूटर, वाणी प्रकाशन, नयी दिल्ली, संस्करण 2006, पृ. 61
12. उदय प्रकाश : पॉल गोमरा का स्कूटर, वाणी प्रकाशन, नयी दिल्ली, संस्करण 2006, पृ. 96
13. दुबे श्यामाचरण : भारत का राजनीतिक संकट, (सं. राजकिशोर), वाणी प्रकाशन, नयी दिल्ली, संस्करण 1994, पृ. 23
14. उदय प्रकाश : और अन्त में प्रार्थना, वाणी प्रकाशन, नयी दिल्ली, संस्करण 2006, पृ. 141
15. उदय प्रकाश : पीली छतरी वाली लड़की, वाणी प्रकाशन, नयी दिल्ली, संस्करण 2009, पृ. 132

16. दुबे, अभय कुमार : भारत का भूमण्डलीकरण, (सं.अभय कुमार दुबे), वाणी प्रकाशन, नयी दिल्ली, संस्करण 2007, पृ. 222
17. खेतान, प्रभा : उपनिवेश में स्त्री, राजकमल प्रकाशन, नयी दिल्ली, संस्करण 2014, पृ. 23
18. उदय प्रकाश : मोहन दास, वाणी प्रकाशन, नयी दिल्ली, संस्करण 2009, पृ. 45
19. उदय प्रकाश : तिरिछ, वाणी प्रकाशन, नयी दिल्ली, संस्करण 2008, पृ. 144
20. उदय प्रकाश : मैंगोसिल, पेंगुइन बुक्स, नयी दिल्ली, संस्करण 2006, पृ. 80
21. उदय प्रकाश : मोहन दास, वाणी प्रकाशन, नयी दिल्ली, संस्करण 2009, पृ. 63
22. उदय प्रकाश : और अन्त में प्रार्थना, वाणी प्रकाशन, नयी दिल्ली, संस्करण 2006, पृ. 152–153

आर्थिक उदारीकरण

पूँजी से जुड़ा हुआ हृदय बदल नहीं सकता। –मुक्तिबोध

एक ध्रुवीय विश्व व्यवस्था, विश्व बैंक, वैश्विक पूँजी और बहुराष्ट्रीय कम्पनियों के प्रभाव तथा आर्थिक संकट के दबाव में अन्य देशों की तरह भारत में 24 जुलाई, 1991 को आर्थिक उदारीकरण की नीति लागू कर दी गयी। इस नीति के पैरोकारों का तर्क कि इसके ज़रिये धनी और ग़रीब देश एक–दूसरे के क़रीब आयेंगे, वास्तविकता की ज़मीन पर टिक नहीं पाया, बल्कि ग़रीब देशों का संकट और गहराता गया। एरिक हॉब्सबाम ने ठीक ही लक्षित किया कि–

> *"यह विश्वास कि निर्बाध अन्तरराष्ट्रीय व्यापार के द्वारा निर्धन देश धनिक देशों के निकट आयेंगे ऐतिहासिक अनुभव की कसौटी पर खरा नहीं उतरा और न ही सहज ज्ञान से इसकी पुष्टि हुई। पीढ़ियों से चली और बढ़ती आ रही इस तरह की असमानताओं के गर्भ में भविष्य के संकट पल रहे थे।"[1]*

आर्थिक उदारीकरण की परिघटना इतनी व्यापक थी कि इससे राष्ट्रवादी पूँजीपतियों, सूचना प्रौद्योगिकी के व्यवसाय से बने नये उद्योगपतियों, नौकरशाहों, राजनेताओं से लेकर आन्दोलनकारियों, शहरी–ग्रामीण ग़रीबों, स्त्रियों, बुद्धिजीवियों सहित समाज का कोई पक्ष शायद ही बचा रह गया हो। वैश्वीकरण, उदारीकरण और निजीकरण के कारण नयी औपनिवेशिक सभ्यता का वर्चस्व क़ायम होने लगा। नब्बे के दशक से शुरू आर्थिक उदारीकरण की नीतियों के फलस्वरूप सामाजिक आर्थिक असमानता, अन्याय, ग़रीबी, बढ़ती बेरोज़गारी, विदेशी विनिवेश, विदेशी वस्तुओं का अत्यधिक आयात, प्राकृतिक संसाधनों का क्षरण, पर्याप्त आधारिक संरचना

के अभाव में जनजीवन पर पड़ने वाले प्रभाव को उदय प्रकाश ने सूक्ष्मता, पारदर्शिता और सहजता के साथ अपने कथाख्यानों में व्यक्त किया है।

'वारेन हेस्टिंग्स का साँड़' कहानी में रूपक के माध्यम से भारत में नव औपनिवेशीकरण की प्रक्रिया को समझने का एक सार्थक प्रयास है। यह कहानी 9वें दशक के बाद होने वाली भारतीय अर्थनीति और राजनीति के साथ पूरी सामाजिक संरचना में आये परिवर्तन को केन्द्र में रखती है। यह कहानी सत्रहवीं सदी में भारत आनेवाली यूरोपीय कम्पनियों की तरह फिर से नयी कम्पनियों द्वारा स्वतन्त्र्य भारत को नयी ग़ुलामी की ओर धकेलने का आख्यान भी है और प्रत्याख्यान भी है। ईस्ट इण्डिया कम्पनी के कारिन्दों और सदस्यों की–

> *"ज़िन्दगी का मक़सद था खाना–कमाना, मौज मस्ती लूटना, अपराध और जालसाज़ी करना और इतनी दौलत इस तरीक़े से इकट्ठी कर लेना, जिसके बारे में वे ख़ुद नहीं जानते थे कि वे इसका करेंगे क्या।"*[2]

यह आज के भी नव धनाढ्य वर्ग के जीवन का उद्देश्य है। 'वारेन हेस्टिंग्स का साँड़' इतिहास, आख्यान, कल्पना और यथार्थ के संश्लेषण में सांस्कृतिक, आर्थिक, राजनीतिक प्रतिरोध की कहानी है।

आर्थिक उदारीकरण के दौर में सब कुछ बाज़ार के हवाले कर दिया गया है। यहाँ बाज़ार का ही बोलबाला है। ऐसा माना जा रहा है कि बाज़ार के पास सारी समस्याओं का हल है। "पॉल गोमरा तेज़ी से बाज़ार में बदल रहे थे। हर घर दुकान में तब्दील हो रहा था।..."[3] इस दौर में सर्वोच्च सत्ता सरकार या राजनेता के पास नहीं, पूँजी या पूँजीपतियों की मुट्ठी में है। 'पीली छतरी वाली लड़की' कहानी में पूरे तन्त्र को अपने इशारों पर चलानेवाला निखलाणी प्रायः सभी क्षेत्रों को प्राइवेटाइज कराकर ख़रीदना चाहता है।[4] प्रतीत होता है कि निखलाणी जैसे कामुक, जालसाज़, रईस, अमीर आदमी ने इस व्यवस्था को अपने लाभ और लोभ की पूर्ति हेतु नियन्त्रित कर लिया है। शायद ऐसे देश में लोकतान्त्रिक राजनीतिक व्यवस्था के बावजूद सरकारी नीतियाँ पूँजीपतियों के प्रभाव में, उनके अनुकूल निर्धारित की जाने लगी हैं। प्रायः सभी प्रमुख राजनीतिक दल या गठबन्धन की सरकार एक समान आर्थिक नीतियाँ ही अपनाती हैं।

इस सन्दर्भ में सच्चिदानन्द सिन्हा लिखते हैं–

"जहाँ तक बुनियादी आर्थिक नीतियों का सवाल है भाजपा और कांग्रेस की नीतियाँ एक हैं। आज देश के सामने सबसे बड़ी चुनौती भूमण्डलीकरण और तथाकथित उदारीकरण की नीति से पैदा हुई है। इस मुद्दे पर भाजपा और कांग्रेस दोनों एक हैं। दोनों ही भूमण्डलीकरण के समर्थक हैं।।"[6]

सम्भवतः पूँजीपतियों के प्रभाव और आर्थिक नीतियों के दबाव के कारण ही, सरकार बिना सोचे–समझे तमाम विदेशी कम्पनियों के अनुबन्धों और क़र्ज़ों की सहर्ष स्वीकृति दे रही है। इन्ही परिस्थितियों के मद्देनज़र प्रतीत होता है कि

"देश के सभी बैंकों का रुपया निकालकर एक विशाल सूटकेस में भर दिया गया था, जो समूचे आकाश पर टँगा था। सूरज भविष्य के साथ उस सूटकेस के पीछे ढँक गया था और लोग अँधेरे में एक–दूसरे को टटोलते, रास्ता पूछते, गड्ढों और खाइयों में गिर रहे थे। एक भयावह रेखा थी जिसके नीचे पहले हर सौ में से छत्तीस लोग गिरे हुए थे। अब यह संख्या बढ़कर बयालीस हो गयी थी।"[6]

सूरज को ढँक दिया जाना जनता के जीवन से रोशनी और ख़ुशियों को छीन लेना है। अँधेरगर्दी का शासन क़ायम करना है। इस आर्थिक नीति की भयावहता है कि ग़रीबी रेखा के नीचे जीवनयापन करने वालों की संख्या निरन्तर बढ़ रही है। आर्थिक उदारीकरण का यथार्थ धीरुभाई सेठ के शब्दों में भी ऐसा ही है–

"राष्ट्रीय अर्थव्यवस्था एक तरफ़ जनता की आर्थिक गतिविधियों को तेज़ी से हड़प ले रही है, और दूसरी तरफ़ ख़ुद को उत्तरोत्तर अन्तरराष्ट्रीय ताक़तों के हवाले किये दे रही है। यह एक ऐसी प्रक्रिया है, जिसमें बहुत ही कम लोग और समुदाय बच पाते हैं। स्थानीय जनता को अपनी ज़मीन से उखड़कर मजबूरन अपनी ज़िन्दगी को फटाफट एक नये दायरे में बसाना पड़ता है। यह नया दायरा उजरती मज़दूरी और उपभोग की तेज़ी से फैलती हुई जन–संस्कृति का दायरा होता है। इसमें कुछ ही लोग टिक पाते हैं, बाक़ी किनारों पर खदेड़ दिये जाने के लिए अभिशप्त होते हैं। जिनके पास ज़मीन, सामाजिक हैसियत और शिक्षा

जैसी सुविधाएँ हैं वे सामाजिक प्रगति की सीढ़ियाँ चढ़ पाते हैं, पर जिनके पास ऐसी पृष्ठभूमि नहीं है उन्हें सामाजिक–आर्थिक वंचितों का जीवन गुज़ारना पड़ता है।"[7]

लालच और लोभ से भरा भोगवाद इस दौर का अन्तिम केन्द्रीय उद्देश्य बनता जा रहा है। 'पीली छतरी वाली लड़की' में सर्वशक्तिमान पूँजीपति ने–

"बीसवीं सदी के अन्तिम दशकों में पूँजी, सत्ता और तकनीक की समूची ताक़त को अपनी मुट्ठियों में भर कर कहा था : स्वतन्त्रता! चीख़ते हुए आज़ादी! अपनी सारी एषणाओं को जाग जाने दो। अपनी सारी इन्द्रियों को इस पृथ्वी पर खुल्ला चरने–विचरने दो। इस धरती पर जो कुछ भी है वह तुम्हारे द्वारा भोगे जाने के लिए है। न कोई राष्ट्र है न देश। समूचा भूमण्डल तुम्हारा है। न कुछ नैतिक है, न कुछ अनैतिक। न कुछ पाप है न पुण्य। खाओ, पियो और मौज करो।"[8]

भोगवाद में डूबी इस संस्कृति का न कोई विजन है, न उद्देश्य, न स्वप्न है, न यूटोपिया है और न ही कोई नैतिक मानवीय मूल्य या आदर्श है। श्यामाचरण दुबे ने सटीक लक्षित किया है कि–

"अर्थव्यवस्था के भूमण्डलीकरण के साथ अपसंस्कृति का भी भूमण्डलीकरण हो रहा है। भोगवादी संस्कृति जंगल की आग की तरह फैल रही है। जीवन–दृष्टि और जीवन–शैलियों को विकृत कर रही है। मूल्य विशृंखलित हो रहे हैं, विघटनकारी शक्तियाँ सामाजिक ढाँचे को जर्जर कर रही है।"[9]

इस आर्थिक नीति का सच यह है कि ग़रीब बेबसी और लाचारी भरा जीवन बिताते हुए और अधिक ग़रीब होता जा रहा है जबकि धनवान और अधिक धनिक। यह बात लगभग हर गाँव, समाज, शहर और देश पर एक समान लागू होती है। उदय प्रकाश लिखते हैं कि–

"एक के बाद दूसरी सरकारों की वह आर्थिक नीति, जो देश के महानगरों को अमेरिका बना रही थी, वहीं देश के गाँवों और पिछड़े इलाक़ों को कंगाल बनाकर वहाँ असंख्य इथियोपिया, रवांडा और घाना पैदा कर रही थी।"[10]

इस नीति ने जैसी सभ्यता का निर्माण किया, उसमें यदि दिल्ली की बात करें तो–

"सड़कें चौड़ी होती गयीं। छोटी–छोटी गलियाँ और लेन ग़ायब होते गये। इतने फ़्लाईओवर्स बने कि उनको गिनना मुश्किल था। ...लाखों कारें तमाम सड़कों पर छा गयी।... कहीं पैदल चलना मुश्किल था। पैदल और साइकिल–स्कूटरसवार हर रोज़ कुचले जाते। ...जहाँगीरपुरी, मंगोलपुरी, लोनी, नज़फगढ, हरिनगर, जियासराय, बेरसराय, कड़कड़डूमा, प्रहलादगढ़ी जैसे सैकड़ों गाँवों का अस्तित्व ही मिट गया। जहाँ–जहाँ वे हुआ करते थे, वहाँ, शॉपिंग मॉल, मल्टीप्लेक्स, होटल, बाज़ार, पार्क, दुकानें, हाउसिंग सोसाइटीज, बैंक, पेट्रोल–डीज़ल पम्प वग़ैरह खुल गये।"[11]

यह परिवर्तन सिर्फ़ दिल्ली में ही नहीं हुआ, बल्कि हर नगर, महानगर और देश में हुआ। कारण यह है कि–

"संसार के हर देश की हर सरकार की अर्थनीति और राजनीति एक जैसी थी, जब अमीरों और ग़रीबों के बीच की खाई इतनी गहरी और चौड़ी हो चुकी थी कि उसे कोई भी प्रायोजित विज्ञापन छिपा नहीं पाता था... ।"[12]

आर्थिक उदारीकरण से समाज में एक भयानक असन्तुलन पैदा हुआ है। इस वास्तविकता की सार्थक और सृजनात्मक अभिव्यक्ति गहन और गझिन रूप में 'मैंगोसिल' कहानी में मौजूद है। चन्द्रकान्त का बेटा सूर्यकान्त या सूरी 'मैंगोसिल' का मरीज़ है। लगातार बड़े होते सूरी के–

"उस बेढंगे, अननुपातिक, रोगग्रस्त सिर के भीतर का मस्तिष्क अपनी तीन साल की उम्र से ज़्यादा बड़ा हो चुका था। ...किसी गुप्तचर की तरह उसकी आँखें सामने वाले के मस्तिष्क के भीतर प्रवेश करते और कुछ ही पलों में वह सब कुछ जान जाता। क्या यह सचमुच किसी रोग का लक्षण था, ऐसा रोग जिसके बारे में डॉक्टरों ने कहा था कि यह लाइलाज है और जिसके कारण सूरी का जीवन ख़तरे में है? या फिर यह कोई और ही चीज़ थी।"[13]

मैंगोसिल न्यूरोलाजिकल डिसआर्डर से पैदा हुआ कोई रोग नहीं, एक असन्तुलन है जो सोशियो–इकॉनॉमिक डिसआर्डर के कारण जन्मा है।

सूरी का मस्तिष्क सामाजिक–आर्थिक असन्तुलन के एक–एक वायरस या कारक को पहचानता है और इसके निदान का उपाय बताता है–

> *"मेरे सिर में इतना ज़्यादा दर्द होता है कि उसे ठीक करने के लिए सूरज जितनी साइज़ की टैबलेट चाहिए।"*[14]

यानी वह औषधि या विचार या समाज–सूर्य की तरह ही आम या ख़ास का भेद किये बग़ैर हर एक को पोषित करे। हरेक के जीवन में रोशनी संश्लेषित करे।

वैश्वीकरण के इस दौर में कोई संगत मानवीय वैश्विक लक्ष्य नहीं है। इसका एकमात्र उद्देश्य है अधिक से अधिक मुनाफ़ा कमाना। किसी भी साध्य या साधन के ज़रिये। जो मुनाफ़ा नहीं दे सकता, वह इसके (वैश्विक अर्थतन्त्र के) काम का नहीं है, चाहे वह कोई देश हो, समाज हो या व्यक्ति हो। एरिक हॉब्सबाम लिखते हैं कि–

> *"वैश्विक अर्थतन्त्र कुछ थोड़े से ग़रीब देशों को आर्थिक दृष्टि से अरुचिकर और अप्रासंगिक मानकर छोड़ सकता है, तो वह ऐसा ही अपने और अन्य देशों की सीमाओं के भीतर अति निर्धनों के साथ भी कर सकता है, तब तक जब तक सक्षम उपभोक्ताओं की संख्या पर्याप्त बड़ी है।"*[15]

दुखद विडम्बना यह है कि इस समय क्षेत्रीय और जातीय उन्माद की तुच्छ ताक़तें मानवता को ख़रीद रही हैं। 'पीली छतरी वाली लड़की' में उदय प्रकाश वाज़िब प्रश्न उठाते हैं–

> *"ये ग्लोबलाइजेशन हो रहा है? पूरी दुनिया एक गाँव बन रही है? सब कुछ अमेरिका हो जायेगा। अगर ऐसा है तो डॉ. वॉटसन यहाँ से चले क्यों जाना चाहते हैं? सापाम तोंबा चुप क्यों है? ...ईसाई पादरी स्टेंस अपने नन्हे–नन्हे बच्चों के साथ अपनी कार के भीतर जल क्यों रहा है? कलकत्ते के ग़ैर–बंगाली और मुम्बई के ग़ैर–मराठी डरे हुए क्यों हैं? कश्मीर के अल्पसंख्यक हिन्दू अपना घर–जायदाद छोड़कर शरणार्थी बने हुए दर–दर क्यों भटक रहे हैं?"*[16]

इस वैश्वीकरण में जनता का एक बड़ा हिस्सा हाशिये पर चले जाने के लिए बाध्य है। भूमण्डलीकरण और हाशियाकरण एक ही

घटना के सम्पूरक हैं। भूमण्डलीकरण ऐसी परिस्थितियाँ तैयार करता है, जिसके कारण लाखों–करोड़ों लोग खुद हाशिये पर जाने के लिए मज़बूर होते हैं। इस आर्थिक नीतियों का अधिकतम लाभ सम्पन्न तबक़ों को ही मिलता है। अर्थशास्त्री कमल नयन काबरा लिखते हैं इन नीतियों और कार्यक्रमों का–

> *"मूल आधार बनाया गया उद्योगपतियों, निर्यातकों, प्रबन्धकों, इंजीनियरों, व्यापारियों और बड़े किसानों को। इन लोगों को आगे बढ़ने की, अपनी आमदनी और सम्पत्ति बढ़ाने की पूरी आज़ादी, सुविधाएँ और समर्थन प्रदान कर, इन तबक़ों और विदेशी पूँजी, वित्त तथा तकनीक में आपसी रिश्ते मज़बूत करके आर्थिक बढ़त को बढ़ाना हमारी नीतियों का मुख्य मक़सद बना रहा।"*[17]

नयी अर्थनीति, भूमण्डलीकरण के नाम पर पिछड़े और विकासशील देशों को विकसित देशों की अर्थव्यवस्था से जोड़ने की बात व्यावहारिक स्तर पर एक छलावा ही है। उदारीकरण के नाम पर विदेशी पूँजी को इन पिछड़े देशों के बाज़ारों से अत्यधिक और सुनिश्चित मुनाफ़ा कमाने की मुहिम है। यह अन्तरराष्ट्रीय स्तर पर पूँजी और श्रम का बँटवारा है, जिसमें एक देश की पूँजी दूसरे देश के श्रम और भूमि को अपना ग़ुलाम बनाती है। यह विदेशी पूँजी कॉल सेंटरों और बहुराष्ट्रीय कम्पनियों में हमारा श्रम और संसाधन ख़रीद कर हमारे ही बाज़ार में हमें ही बेचती है। बहुराष्ट्रीय कम्पनियों ने अपने हितों के अनुरूप एक ऐसी शिक्षित हाइटेक युवा पीढ़ी पैदा की, जिसने आउटसोर्सिंग के ज़रिये अपनी प्रतिभा और श्रम को सस्ते दाम में बेचना शुरू किया। यह भारत का उभरता नया मध्य वर्ग है, सर्विस क्लास है। नयी आर्थिक नीति के बाद इसका जन्म हुआ। भारत का यह नया मध्य वर्ग बहुराष्ट्रीय कम्पनियों के लिए एक विशाल बाज़ार है। उपभोक्ता हैं। नवें दशक के उपनिवेशवादी दौर में सत्ता, सरकार, पूँजी और बहुराष्ट्रीय कम्पनियों के आकर्षण का केन्द्र यही उभरता नया मध्य वर्ग है, ग़रीब, वंचित, पीड़ित, मज़दूर या किसान नहीं। ये ग़रीब तो– सामाजिक, आर्थिक, राजनीतिक, साहित्यिक, संसदीय, सभी विमर्शों से लगभग ग़ायब हैं। 'मैंगोसिल' कहानी में सूरी या सूर्यकान्त, ग़रीब, दलित, पिछड़ा, श्रमशील का प्रतिनिधि चरित्र है तो उसका छोटा भाई अमरकान्त उभरते नये मध्य वर्ग का।

'मैंगोसिल' में चन्द्रकान्त की सुधरी स्थिति का पूरा लाभ छोटे बेटे अमरकान्त को ही मिलता है। अमरकान्त स्कूल पढ़ने जाता है। अमर के पास सूरी की तुलना में ज़्यादा चीज़ें थीं। अमर के पास रेग्ज़ीन का एक सुन्दर–सा बैग, कापियाँ, ढेर सारी आकर्षक किताबें, पेंसिलें, पेन, इरेज़र, कलर बाक्स, एक चौकोर टिफिन बाक्स, एक वाटर बोटल, दो जोड़ी स्कूल यूनिफॉर्म, दो जोड़े मोजे, एक जूता और दो टाइयाँ।[18] शोभा और चन्द्रकान्त भी अमर पर ज़्यादा ध्यान देने लगते हैं। सूरी की बजाय अमर पर विशेष ध्यान, नयी अर्थव्यवस्था के लाभ का विचलन है। यदि सूरी जैसे कमज़ोर आधार और पृष्ठभूमि वाले लोगों को इसका पूरा लाभ मिलता तो इस व्यवस्था का स्वरूप एकदम भिन्न होता। पर विडम्बना यह कि इससे कुछेक लोग ही लाभान्वित हुए। एक नया मध्य वर्ग पनपा है जो अपनी ज़मीन और जड़ से कटकर नयी औपनिवेशिक सत्ता का गुलाम और चाटुकार होता जा रहा है। यह मध्य वर्ग 'अपने चरित्र में उपभोक्तावादी, चटोरा, आनन्दवादी, पर राष्ट्रवादी...है। यह मेधावी और श्रमशील तो है लेकिन अपने नये रूप में

> *'संयम की जगह भोग, बचत और किफ़ायत की जगह ख़र्च, सादगी की जगह विलासिता, विनम्रता की जगह आक्रामकता' को तरजीह देने वाला यह नया मध्य वर्ग हर हाल में कमाई करना और कामयाबी की सीढ़ियाँ चढ़ना चाहता है।'*[19]

संकटग्रस्त परिस्थिति में इस नये मध्य वर्ग की लोभ की लार टपकती रहती है जिससे दुखद हास्यास्पद स्थिति निर्मित होती है। उदय प्रकाश के एक लघु क़िस्सा 'उत्तर–आधुनिक उपभोक्तावाद' का दृश्य है –

> *"एक तरफ़ लालच में कुत्ता हड्डी चबा रहा था, दूसरी तरफ़ पूँछ में बँधे पटाखों के लगातार फूटने की वजह से चीख़–पुकार भी मचा रहा था। एक तरफ़ कुत्ते के मुँह से लार बह रही थी, दूसरी तरफ़ उसके गले से चीख़ निकल रही थी। एक अद्भुत ट्रैजिक–कॉमिक दृश्य था। विनायक दत्तात्रेय हँसे। लोगों ने पूछा, "आप क्यों हँस रहे हैं?" तो उन्होंने जबाव दिया–"देखो इस कुत्ते को। यह बिल्कुल तीसरी दुनिया का उपभोक्तावादी मनुष्य लग रहा है। उत्तर आधुनिक उपभोक्तावाद का दुर्दान्त दृष्टान्त।"*[20]

यह क़िस्सा नये मध्य वर्ग के उपभोक्तावादी लालची चरित्र को सहजता से व्यक्त कर देता है।

आर्थिक उदारीकरण से मिली समृद्धि का लाभ दूरसंचार, सूचना प्रोद्यौगिकी, वित्त, पर्यटन जैसे क्षेत्रों को ही मिला। कृषि जैसा क्षेत्र, जो भारत के करोड़ों लोगों की आजीविका का आधार है, का हाल बदतर ही हुआ।

"गाँव को छोड़–छोड़कर लोग किसी बड़े शहर की ओर भाग रहे थे, जहाँ भूख, बेरोज़गारी और ग़रीबी के डरावने जबड़े हर लौटने वाले आदमी का इन्तज़ार कर रहे थे।"[21]

स्थिति इतनी गम्भीर होती जा रही है कि–

"हर ग़रीब और कमज़ोर आदमी अपने घर और ज़मीन से बेदख़ल हो रहा था। गाँवों में जहाँ किसान और खेतिहर रहते थे, वहाँ विधवाओं की संख्या बहुत बढ़ गयी थी।"[22]

इस वैश्वीकरण का यथार्थ यह कि लोग–

"जिन मकानों और घरों में रह रहे थे, वे उनके अपने नहीं थे। निजी या विदेशी बैंकों या फ़ाइनेंस कम्पनियों के पास हर सम्पत्ति गिरवी रखी हुई थी। इतने सारे लोग दिन–रात बन्धुआ मज़दूरों की तरह ब्याज और क़र्ज़ की किस्तें चुकाने के लिए काम कर रहे थे।"[23]

नयी अर्थव्यवस्था में शिक्षा, स्वास्थ्य जैसे आधारभूत क्षेत्र उपेक्षित ही रहे हैं। ये सुविधाएँ थीं तो अमीरों, पूँजीपतियों के लिए। मोहन दास के–

"बाप काबा दास को पिछले आठ साल से टीबी है। उसकी माँ पुतली बाई, जिसकी आँख किसी मुफ़्त नेत्र शिविर में मोतियाबिन्द के ऑपरेशन कराने के बाद अन्धी हो चुकी हैं।"[24]

'मैंगोसिल' कहानी में दर्ज है कि देश का सबसे बड़ा अस्पताल 'एम्स' "सरकारी होने के कारण वहाँ सोर्स सिफ़ारिश बहुत चलती थी। मन्त्रियों, ऊँचे अफ़सरों या उन तक पहुँच रखने वाले अमीर और साख रसूख़ वालों का इलाज ही वहाँ होता।"[25] *सूर्यकान्त का मस्तिष्क अस्पतालों में महँगे इलाज की हक़ीक़त से परिचित है–*

अस्पताल तो उनके लिए बनते हैं, जिनके लिए, कारें, होटल, हवाई जहाज़ और बिल्डिंगे बनती हैं।"[26]

नयी अर्थनीति के कारण शिक्षित बेरोज़गारों की बड़ी और बढ़ती संख्या देश और समाज के लिए चुनौती भरी समस्या है। साइकिल कहानी में भालू को नौकरी एक लाख रुपये घूस देकर मिलती है तो वहीं मोहन दास का केस लड़ने वाले हर्षवर्द्धन सोनी के बड़े भाई–

"श्रीवर्द्धन सोनी ने बी.ई. की परीक्षा में टॉप किया था और इंजीनियरिंग की डिग्री के बावजूद, छह वर्षों तक खिंची बेरोज़गारी से हताश होकर पाँच साल पहले एक रात अपने कमरे में सिलिंग फ़ैन में रस्सी का फन्दा लगा कर आत्महत्या कर ली थी।"[27]

जिन बहुराष्ट्रीय कम्पनियों और कॉल–सेंटरों में काम करने वाले युवाओं की भरमार है, वे कम्पनियाँ कभी भी बिना किसी पूर्व सूचना के नौकरी से हटा सकती हैं। नौकरी करने वाले लोगों का कोई अधिकार नहीं रह गया है। आये दिन उनकी छँटनी होती रहती है। नयी नीति का एक पहलू यह भी है।

1990 ई. में भारत सरकार ने मण्डल कमीशन की सिफ़ारिशों को लागू किया, जिसके तहत सरकारी नौकरियों में पिछड़े वर्गों के लिए आरक्षण का प्रावधान हो गया। इसके ठीक अगले ही वर्ष 1991 ई. में आर्थिक उदारीकरण की नीति लागू की गयी। शायद यह एक सोची–समझी राजनीति का हिस्सा है जहाँ मण्डल कमीशन से पिछड़े वर्गों को होने वाले फ़ायदे निरस्त होते दिखते हैं। बहुराष्ट्रीय कम्पनियों और विदेशी संस्थाओं के साथ भारत सरकार ने जो समझौता किया उसमें सेवा और श्रम की न तो कोई शर्त रखी गयी न ही आरक्षण का कोई प्रावधान रखा गया। प्रख्यात समाजवादी विचारक सच्चिदानन्द सिन्हा कहते हैं–

"नयी आर्थिक नीति का नतीजा यह होगा कि मुट्ठी–भर लोगों को विलासिता का जीवन उपलब्ध होगा, पर देश की बाक़ी आबादी को बेरोज़गारी, अभाव और भुखमरी की स्थिति में जीवन व्यतीत करना होगा। स्थिति विस्फोटक न हो जाये इसके लिए थोड़ा बहुत अनुदान सबसे ग़रीब वर्गों में बाँटा जायेगा ताकि लोग अकाल से मरने या विद्रोह करने की जगह कुपोषण और अभाव को अपनी नियति समझ जानवरों का जीवन जीते रहें।"[28]

भूमण्डलीकरण के जन–विरोधी चरित्र, सत्ता के विविध अवयवों की आपसी साँठ–गाँठ, शोषण और हिंसा के विविध पक्षों को उजागर कर उदय प्रकाश की कहानियाँ भूमण्डलीकरण का प्रतिरोध और प्रत्याख्यान करती हैं। उदय प्रकाश इस 'समसामयिक यथार्थ को रचने में उसका कायाकल्प' कर डालते हैं। उदारीकरण विकास का वह मॉडल है, जो एक ही वर्ग को सम्पन्न और समृद्ध बनाता है। विकास की यह नीति एक छलावा–मात्र है। उदय प्रकाश की कहानियाँ इस अर्थनीति के रग–रग और रेशे–रेशे को पहचानती हुई विकास के असन्तुलित स्वरूप का विरोध करती हैं। वे सन्तुलित और समग्र विकास की पक्षधर हैं।

सन्दर्भ

1. हॉब्सबाम, एरिक, अतिरेकों का युग, भाग–2, अनुवाद–प्रकाश दीक्षित, संवाद प्रकाशन, मुम्बई, संस्करण 2009, पृ. 411
2. उदय प्रकाश, पॉल गोमरा का स्कूटर, वाणी प्रकाशन, नयी दिल्ली, संस्करण 2006, पृ. 115
3. उपर्युक्त, पृ. 37
4. उदय प्रकाश, पीली छतरी वाली लड़की, वाणी प्रकाशन, नयी दिल्ली, संस्करण 2009, पृ. 13
5. सिन्हा, सच्चिदानन्द, लोकतन्त्र की चुनौतियाँ, वाणी प्रकाशन, नयी दिल्ली, संस्करण 2006, पृ. 103
6. उदय प्रकाश, पॉल गोमरा का स्कूटर, वाणी प्रकाशन, नयी दिल्ली, संस्करण 2006, पृ. 55
7. सेठ, धीरुभाई, बाज़ारोन्मुख या सहभागी लोकतन्त्र (लेख), भारत का भूमण्डलीकरण, सं. अभय कुमार दुबे, वाणी प्रकाशन, नयी दिल्ली, संस्करण 2007, पृ. 120
8. उदय प्रकाश, पीली छतरी वाली लड़की, नयी दिल्ली, संस्करण 2009, पृ. 12
9. दुबे, श्यामाचरण, विकास का समाजशास्त्र, वाणी प्रकाशन, नयी दिल्ली, संस्करण 2010, पृ. 157
10. उदय प्रकाश, मोहन दास, वाणी प्रकाशन, नयी दिल्ली, संस्करण 2009, पृ. 65
11. उदय प्रकाश, मैंगोसिल, वाणी प्रकाशन, नयी दिल्ली, संस्करण 2006, पृ. 148–149
12. उदय प्रकाश, मोहन दास, वाणी प्रकाशन, नयी दिल्ली, संस्करण 2009, पृ. 43
13. उदय प्रकाश, मैंगोसिल, वाणी प्रकाशन, नयी दिल्ली, संस्करण 2006, पृ. 136–137
14. उपर्युक्त, पृ. 155
15. हॉब्सबाम, एरिक, अतिरेकों का युग, अनुवाद–प्रकाश दीक्षित, संवाद प्रकाशन, मुम्बई, संस्करण 2009, पृ. 412
16. उदय प्रकाश, पीली छतरी वाली लड़की, नयी दिल्ली, संस्करण 2009, पृ. 43

17. काबरा, कमल नयन, भूमण्डलीकरण के भंवर में भारत, प्रकाशन संस्थान, नयी दिल्ली, संस्करण 2005, पृ. 85
18. उदय प्रकाश, मैंगोसिल, पेंगुइन बुक्स, नयी दिल्ली, संस्करण 2006, पृ. 157
19. उदय प्रकाश, नयी सदी का पंचतन्त्र, वाणी प्रकाशन, नयी दिल्ली, 2008, पृ. 164–165
20. उदय प्रकाश, दत्तात्रेय के दुख, वाणी प्रकाशन, नयी दिल्ली, संस्करण 2009, पृ. 42
21. उदय प्रकाश, मैंगोसिल, पेंगुइन बुक्स, नयी दिल्ली, संस्करण 2006, पृ. 116
22. उदय प्रकाश, आवरण, पूर्वग्रह–125, अप्रैल–जून 2009, प्रभाकर श्रोत्रिय, पृ. 24
23. उदय प्रकाश, मैंगोसिल, पेंगुइन बुक्स, नयी दिल्ली, संस्करण 2006, पृ. 149–150
24. उदय प्रकाश, मोहन दास, वाणी प्रकाशन, नयी दिल्ली, संस्करण 2009, पृ. 9
25. उदय प्रकाश, मैंगोसिल, पेंगुइन बुक्स, नयी दिल्ली, संस्करण 2006, पृ. 127
26. उपर्युक्त, पृ. 153
27. उदय प्रकाश, मोहन दास, वाणी प्रकाशन, नयी दिल्ली, संस्करण 2009, पृ. 64
28. सिन्हा, सच्चिदानन्द, पश्चिम के संकट का विस्तार(लेख), विनाश को निमन्त्रण, राजकिशोर, वाणी प्रकाशन, नयी दिल्ली, संस्करण –1994, पृ. 29

सत्ता का त्रिभुज

जिनके मुख देखत दुख उपजत। –नाभादास

भक्त कवि नाभादास को अपने समय की राजसत्ता और दरबार को देख दुख और क्षोभ होता था। वहीं आज की सत्ता की षड्यन्त्रकारी क्रूरता का आतंक कई बार साधारण और सामान्य जनों के जीवन में दुख, डर और दहशत को बेतहाशा बढ़ा देता है। समसामयिक दौर में राजनीति, पूँजी और प्रशासन का गठजोड़ सत्ता–तन्त्र को संचालित कर रहा है। तरह–तरह के माफ़ियाओं का अवैध शिकंजा दैनिक नागरिक जीवन पर कसता चला जा रहा है। इनमें सन्दिग्ध क़िस्म के बिल्डर्स और ठेकेदार हैं, छोटे–बड़े व्यापारी और उद्योगपति हैं, सटोरियों और प्रॉपर्टी का धन्धा करने वाले दलाल हैं। ये उच्छृंखल, लम्पट और अनुशासनहीन अमीर हैं। संवैधानिक निर्देशों और नियमों की धज्जियाँ उड़ाना इनके लिए सामान्य बात है।[1] सत्ता के इन 'गणमान्यों' द्वारा समय का ऐसा यथार्थ निर्मित किया गया है जो अनैतिकता, बर्बरता और हिंसकता की किसी भी सीमा को लाँघ सकता है। इस दौर की राजनीति के प्रमुख प्रवृत्ति को रेखांकित करते हुए प्रसिद्ध समाजवादी चिन्तक किशन पटनायक कहते हैं कि–

> *"व्यापारियों, राजनेताओं और अपराधियों का गठजोड़ हमारी राजनीति की मुख्यधारा बन गया है।"[2]*

सत्ता विमर्श उदय प्रकाश की कथा–दृष्टि का एक प्रमुख मुद्दा है। इनकी कथा–सृष्टि में सत्ता के चाल, चलन और चेहरे को बारीकी से उजागर किया गया है। 'मोहन दास' कहानी में समसामयिक सत्ता का बुनियादी लक्षण उदय प्रकाश बताते हैं–

"जिसके पास जितनी मात्रा में सत्ता थी, वह विलोमानुपात के नियम से, उतना ही निरंकुश, हिंसक, बर्बर, अनैतिक और शैतान हो चुका था। ...और यह बात राष्ट्रों, राजनीतिक दलों, जातियों, धार्मिक समुदायों और व्यक्तियों तक एक जैसी लागू होती थी।"[3]

प्रत्येक सत्ता का एक ही वर्ग होता है, उसकी विशेषताएँ एक–सी होती है। प्रायः हर सत्ता सोच, मानसिकता, विचारधारा और कार्य सभी स्तरों पर एक जैसा बर्ताव और व्यवहार करती है। डॉ. वाकणकर भी अपनी डायरी में लिखते हैं–

"मुझे दिखायी दे रहा है कि हमारे देश में हर रोज़ हज़ारों हत्याएँ हो रही हैं–नक़ली दवाओं, ज़हरीली शराब, गुण्डों और अपराधियों के संगठित गिरोहों, पुलिस द्वारा दमन और सरकार द्वारा गोलीबारी से। इस सबका धर्म और सम्प्रदाय से कोई लेना–देना नहीं है। एक पूरा भ्रष्ट और अपराधी तन्त्र बन चुका है, जिसकी हिंसा और लूट के सामने इस चीज़ का कोई मतलब नहीं कि सामने वाला हिन्दू है या मुसलमान या किसी और सम्प्रदाय का।"[4]

सत्ता का ऐसा षड्यन्त्रकारी स्वरूप क़ायम हुआ है जो अपने लाभ और लोभ की आपूर्ति के लिए साधारण ईमानदार नागरिक को बेवजह परेशान, प्रताड़ित किया जा रहा है जिससे वह कई बार हत्या तक कर डालता है। 'और अन्त में प्रार्थना' के डॉ. डी. एन. मिश्रा जैसे "भ्रष्ट और लालची डॉक्टरों की वजह से इस देश में एक नहीं हज़ारों निर्दोष मरीज़ों की मौतें हो रही हैं।"[5] इस कहानी में एक्सपायरी के बाद की और नक़ली दवाओं के कारण सरकारी अस्पताल में ग़रीब पण्डित थूकरा महाराज की मौत, डॉ. वाकणकर के अनुसार, हत्या है। वजह, डॉ. डी. एन. मिश्रा जैसे लोगों का भ्रष्ट कुकृत्य है, जिनकी–

"स्थानीय नेताओं, व्यापारियों, तहसीलदार तथा थानेदार समेत अन्य सरकारी अफ़सरों से ख़ूब पटती थी। इन लोगों ने रात में शराब पीने और ताश खेलने के लिए एक ऑफ़िसर्स क्लब भी बना रखा था। यह एक अलग समाज था। इस समाज की अपनी अलग संहिताएँ थी, जिन्हें भारतीय प्रशासन ने अपने लम्बे इतिहास से अर्जित किया था।"[6]

यह सत्ता–तन्त्र डॉ. डी.एन. मिश्रा जैसे भ्रष्ट लोगों को ही पनाह और प्रश्रय देता है। डॉ. वाकणकर द्वारा इस भ्रष्टचार का विरोध करने पर, उन्हें ईमानदारी और कर्त्तव्यनिष्ठा के पारितोषिक स्वरूप 'काले पानी का दण्ड द्वीप' मिलता है। उनका तबादला सुदूर आदिवासी क्षेत्र ढींगर गाँव में कर दिया जाता है।

'और अन्त में प्रार्थना' में यह सत्ता–तन्त्र इतना निर्दयी, निष्ठुर और क्रूर है कि प्रदूषित पानी से मरती जनता के लिए कुछ नहीं करता, जबकि प्रधानमन्त्री के दौरे की तैयारी में रातों–रात सड़कों और रोशनियों की व्यवस्था करता है। प्रधानमन्त्री की इस टोली में लम्पटनुमा तान्त्रिक, तीसरे दर्जे के बम्बईया एक्टर, उद्योगपति, दलाल, आला अफ़सर और हाकिम हुक्काम शामिल हैं। प्रधानमन्त्री के दौरे के प्रमुख आयोजक ज़िलाधीश खरे की टोली भी ज़िला स्तर के ठेकेदार, गुण्डे और पत्रकार से बनी है। इस व्यवस्था में सत्ता का दबदबा ऊपर से नीचे तक चारों ओर क़ायम है। यहाँ प्रायः हर बिन्दु या मोड़ पर सत्ता का व्यक्ति अपने पद, ताक़त, गरिमा के अनुकूल अपना तन्त्र तैयार करता है। विशाल व्यवस्था के अन्तर्गत सत्ता की हर कड़ी शृंखलाबद्ध होकर आपस में जुड़ी है। हर कड़ी में ऊपर वाले के सामने नीचे वाला झुका रहता है और ऊपर वाला नीचे वाले को झुके रहने के लिए विवश करता है। सभी आपस में मिलकर अपने लाभ और लोभ के लिए साधारण, ईमानदार, कमज़ोर और सत्ताहीन व्यक्ति का निरन्तर दमन करते हैं।

'आउटलुक' पत्रिका के अक्टूबर 2009 अंक में प्रकाशित उदय प्रकाश की 'मठाधीश' कहानी में एक मोटा, तगड़ा व्यक्ति एक मरियल उदास कुत्ते को अनावश्यक ही प्रताड़ित करता है। ईश्वर द्वारा कारण पूछने पर वह व्यक्ति जबाव देता है–

> *"ईश्वर, मैं खुद नहीं जानता कि मेरे साथ क्यों ऐसा होता है। जब भी मैं किसी कमज़ोर, लाचार, अकेले, दीन–हीन, अहिंसक, दरिद्र और सत्ताहीन को देखता हूँ, मेरे भीतर अपने आप हिंसा पैदा हो जाती है। मैं ऐसे किसी जीव को, वह मनुष्य हो या कुत्ता, बर्दाश्त नहीं कर पाता, जो निर्बल, ग़रीब और सत्ताहीन हो। मुझे लगता है ऐसे अशक्त और निरीह प्राणी को इस पृथ्वी पर ज़िन्दा नहीं रहना चाहिए। मेरे भीतर सत्ताहीनता और दीनता के प्रति एक सहजात, बर्बर और तीख़ी नैसर्गिक घृणा और हिंसा है।"*

जबकि सत्तावान के प्रति अपना व्यवहार बताते हुए वही व्यक्ति कहता है–

> *"मैं असल में जब किसी ताक़तवर, अमीर, ओहदेदार, मन्त्री, अफ़सर, व्यापारी–ठेकेदार, ठग, तस्कर को देखता हूँ तो मेरे पीछे, नीचे की तरफ़ स्पाइनल बोन की आख़िरी कड़ी में एक कोई गुद्‌गुद–सा कुछ–कुछ होता है। वह मुझे बहुत अच्छा लगता है। आह! ईश्वर, यह आन्तरिक आयतन...यानी अन्दर का मामला है।"*[8]

यह सत्तालोलुपों का आन्तरिक बुनियादी चरित्र है। 'अवसरवादिता' इनकी दूसरी प्रमुख चारित्रिक विशेषता है, 'जब जैसा तब तैसा'। 'और अन्त में प्रार्थना' में उदय प्रकाश लिखते हैं–

> *"भारतीय प्रशासन, जिसे नौकरशाही कहा जाता था, अपना चरित्र और अपनी वफ़ादारी बदलने में माहिर था। अँग्रेज़ों के जमाने से लेकर आज तक इसने अपनी अवसरवादियों की अद्‌भुत मिसालें क़ायम की थीं।"*[9]

इस दौर में सत्ता–तन्त्र ने जालसाज़ी का इतना गझिन ताना–बाना बुना है कि साधारण–ईमानदार व्यक्ति को साज़िश के तहत अलगाववादी और साम्प्रदायिक घोषित कर दिया जाता है। 'पीली छतरी वाली लड़की' में उदय प्रकाश कहते हैं–

> *"यह एक क्रूर, टुच्चा, अपराधी समय है, जिसमें इस वक़्त हम लोग फँसे हैं। यह ठगों, मवालियों, जालसाज़ों, तस्करों और ठेकेदारों का समय है। और इस वक़्त हर ईमानदार, शरीफ़ और सीधा–सादा हिन्दुस्तानी इस राज में कश्मीरी हैं या मणिपुरी हैं या फिर नक्सलवादी।"*[10]

देश और समाज में भ्रष्टाचार निरन्तर बढ़ता जा रहा है। रामचन्द्र गुहा भी लक्षित करते हैं–

> *"समसामयिक भारत में भ्रष्टचार विधायिका ही नहीं, बल्कि नौकरशाही में भी आम बात है। ...हाल के समय यह उच्च–स्तर के अधिकारियों में भी फैल गया है। यहाँ तक कि सीबीआई ने भारत सरकार के सचिवों और राज्य के मुख्य सचिवों पर भी आय से अधिक सम्पत्ति रखने का आरोप लगाया है।"*[11]

इन अधिकारियों की जीवन–शैली भी कुछ इन्हीं बातों की तरफ़ स्पष्ट संकेत करती है। सत्ता के इस बहुभुज में छोटे–बड़े अफ़सर, ठेकेदार, विधायक से लेकर मन्त्री तक शामिल हैं। भ्रष्टचार का वायरस सत्ता में गहराई से घुस चुका है। इस भ्रष्ट तन्त्र का एक छोटा नमूना विशिष्ट शिल्प वाली कहानी 'थर्ड डिग्री' में है। इसमें अमरीक अच्छी–ख़ासी ट्रांसपोर्ट कम्पनी का मालिक है।

"उसका काम पुलिस और सरकारी महकमों से हर रोज़ पड़ता रहता था। ज़िले का विधायक लखौरी राम अग्रवाल, जो अब राज्य में विधि एवं राजस्व मन्त्री बन गया था, अमरीक उसका यार फ़ाइनेंसर और बॉडीगार्ड माना जाता था। ब्लैक, चोरी के कोयले और गार्टरों की ढुलाई तथा पी.डब्ल्यू.डी. की फ़र्ज़ी ठेकेदारी से उसकी दो नम्बर की लाखों की कमाई होती थी।"[12]

सामाजिक सत्ता और व्यवस्था के समानान्तर कहानी के ढाँचे को बदलने की आग्रही हिन्दी कथाकार उदय प्रकाश की–

"चिन्ता यह है कि इस व्यवस्था में, जहाँ एक रिक्शेवाला चोरी करता है और सोना क़ानून मन्त्री के घर में गलता है, वह व्यवस्था अपने ढाँचे में कैसी है? और क्या यह हमारी सबकी पराजय नहीं है कि हम न तो कहानी का ही ढाँचा बदल पा रहे हैं और न इस व्यवस्था को। क्या यही सच है कि दोनों ही अपरिवर्तनीय हैं?"[13]

भ्रष्ट सत्ता का प्रसार इतना व्यापक हो गया है कि समाज, संगठन, संस्कृति और साहित्य तक उससे अछूता नहीं है। साहित्य के विविध रूपों में यह यथार्थ अभिव्यक्त नहीं हो पा रहा है। कारण कि–

"कोलोनाइजर्स, प्रॉपर्टी डीलर्स, आला पुलिस अधिकारी, प्रोफ़ेसर, विद्वान, दलाल सब क्रान्तिकारी संगठनों और सांस्कृतिक संस्थानों में आ गये थे और जो भी अपने समय के यथार्थ को व्यक्त करता था, उसे वे एकजुट होकर भूखा मार डालते थे।"[14]

दूसरी बात शायद यह कि उन्हें अपनी अनैतिक सत्ता और ताक़त का अहंकार भी है। सत्ता मद और अहंकार की जननी है। तुलसीदास जी ने लिखा है, "अस कोऊ जनमा जग नाहीं, प्रभुता पायी ताहि मद नाहीं।"

भ्रष्टचार सत्ता का सार्वभौम गुण है। दोनों अक्सर एक–दूसरे के पर्याय होते हैं। सत्ता और भ्रष्टचार का अन्योन्याश्रित सम्बन्ध है। उदय प्रकाश लिखते हैं, "सत्ता भ्रष्ट करती ही है। ख़ासतौर पर वह सत्ता जिसमें कोई महान स्वप्न, फ़ैंटेसी, यूटोपिया, मिथक या कोई विराट दर्शन न जुड़ा हो।"[15]

नव पूँजीवादी दौर में सत्ता की निरंकुशता, क्रूरता और ताक़त में विशेष बढ़ोत्तरी हुई है। धन–सम्पत्ति सत्ता की संवर्धक खुराक है। अत्यधिक अवैध पूँजी ने सत्ता के अमानवीय रूप को उजागर किया है। समाज में मानवीयता विरल होती जा रही है।

"फ़ासीवाद एक नये चेहरे के साथ मौजूद था। अवैध पूँजी और अपराधी हिंसा की अपनी ताक़त को उन्नीसवीं सदी की महान विचारधाराओं के परदे के पीछे ढाँकता–छुपाता हुआ। उसने पिछली शताब्दियों के महान आदर्शों को अपनी अनैतिक महत्त्वाकांक्षाओं और वासनाओं की अदम्य आग में जलाकर राख कर डाला था।"[16]

बाज़ार और पूँजी के वर्चस्व वाले दौर में सत्तासीन लोगों के पास बेहिसाब धन एकत्रित हो गया है। 'दिल्ली की दीवार' कहानी में दीवार की खोखल में बेहिसाब दौलत छिपायी गयी थी। कहानी में दर्ज है–

"वह सारा रुपया सी.बी.आई. के छापों और इनकम टैक्स से बचने के लिए वहाँ छुपाया गया था। यानी वह सारी दौलत ऐसी थी, जिसका कोई आलेख कहीं नहीं होता। अनअकांउटेड मनी। इसी को काला धन कहते हैं।"[17]

इस 'काला धन' की ज़रा भनक लगने पर सत्ता के लोग झूठी इन्क्वायरी और फ़र्ज़ी मुठभेड़ का ताना–बाना रचते हैं। रामनिवास जैसे ग़रीब, दलित और वंचित को बलि का बकरा बनाया जाता है। सत्ता के हमाम में खड़े इन ओहदेदारों के पास आय से सैकड़ों गुना अधिक सम्पत्ति है। मौज–मस्ती में डूबे सभी एक ही थैली के चट्टे–बट्टे हैं।

"जहाँ तक उस पुलिस अफ़सर की बात है, जिसकी निगरानी में 'ऑपरेशन रामनिवास' हुआ वह बहुत सम्मानित और ताक़तवर पुलिस अफ़सर है। उसकी कई कोठियाँ और फ़ार्म हाउस हैं, जहाँ वह अक्सर पार्टियाँ देता रहता है। इन पार्टियों में नेता,

अफ़सर, पत्रकार, दिग्गज बुद्धिजीवी और कई वरिष्ठ साहित्यकार आते हैं... ।"[18]

निष्कपट, निष्कवच और निरीह जीवन के प्रति क्रूर हिंसकता आज सत्ता का एक वांछनीय कुकृत्य बन गया है। 'अरेबा–परेबा' कहानी में कथावाचक अपने बचपन की एक मासूम अविस्मरणीय घटना के बारे में सोचता हुआ कहता है–

"वह वनैला, हिंसक और आवारा वन–बिलाड़, जिसे हम बग्घा कहते थे और जो अपने ही बच्चों का गला काट डालता था, वहाँ आया होगा।"

और सुन्दर नर्म भूरी मुलायम पीठ वाले खरगोश के छौनों 'अरेबा–परेबा' को बग्घा ने काट डाला होगा।"[19]

गहरे अर्थों में 'वन बिलाड़' या 'बग्घा' आज का ताक़तवर सत्ताख़ोर है और खरगोश के छौने मासूम मनुष्य हैं। लोकतान्त्रिक व्यवस्था में यह 'वन बिलाड़' जन–प्रतिनिधि भी हो सकता है। यह देखा जाता है कि अधिकतर जन–प्रतिनिधि जनता का हक़ मारते हैं, उनका गला काटते हैं।

बचपन में खरगोश के छौनों का पत्थर में बदलने का रहस्य बड़े होने पर कथावाचक समझ पाता है। 'वन बिलाड़' या बग्घड़' के प्रतीक को स्पष्ट करती लेखकीय टिप्पणी है–

"अब तो बग्घों की संख्या भी बहुत ज़्यादा हो चुकी है। वे अकेले नहीं, अब तो झुंड और गिरोहों में रहते हैं। मैंने उन्हें बडी–बड़ी इमारतों के भीतर, कुर्सियों पर भी बैठे देखा है। संसार का हर कोमल, पवित्र, निष्कवच और सुन्दर जीवन इस समय गहरे ख़तरे के बीच है।"[20]

उदय प्रकाश अपनी कथा–सृष्टि में सत्तासीनों के कृत्यों को उजागर करते हैं और सामान्य जन को सचेत करते हैं।

सत्तासीनों और सत्ताहीनों के लिए इस तरह के प्रतीकों का प्रयोग उदय प्रकाश की कथा–सृष्टि की अपनी विशिष्टता है। 'मोहन दास' कहानी में भी मोहन दास के घर में अलोपी मैना का घोंसला परिवार के लिए शगुन या शुभ संकेत है। सत्ता की बर्बरता इस शगुन को अपशगुन बना देती है। मोहन दास की पत्नी–

"कस्तूरी की कोठरी में बिल्ली ने झपट्टा मारा और अलोपी मैना के जोड़े को खा गयी। मादा मैना के पेट में नये अण्डे आये थे। उनके नुचे हुए पंख और ख़ून के दाग़ कोठरी की मिट्टी की फ़र्श पर बचे रह गये थे।"[21]

ये सत्ता की क्रूरता के निशान हैं, समसामयिक दौर में ऐसे निशान अक्सर देखे जा सकते हैं।

हिंसा, लूट, भय और आतंक का माहौल चारों ओर व्याप्त है। मैंगोसिल का मरीज़ जीनियस माइंड वाला सूरी अपनी डायरी में लिखता है–

"चारों ओर गोलियों और ख़ून के निशान हैं, चारों ओर लोग खा रहे हैं और हँस रहे हैं, क्या उन तक डरावनी ख़बरें नहीं पहुँची है या वे लोग ख़ुद अपराध में शामिल हैं। वे लोग कैमरे के सामने और कैमरे के पीछे लगातार नोट गिन रहे हैं...।"[22]

सत्ता अपनी हिंसकता, बर्बरता और क्रूरता के धब्बों को, अपने काले कारनामों को छिपाती है, प्रमाणों और दस्तावेज़ों को नष्ट करती है। उदय प्रकाश एकदम वाज़िब टिप्पणी करते हैं–

"सत्ता और पूँजी से जुड़ी ताक़तें अचानक किसी बाज़ की तरह झपट्टा मार कर अलोपी मैना के घोसलों को उजाड़ देती हैं और बाहर दिखाई देते हैं चिड़ियों के नन्हें–नन्हें छौनों के पंख और ख़ून के कुछ धब्बे। ये धब्बे किसी भी पार्टी की सरकार के मानव संसाधन मन्त्रालय द्वारा लिखवाये गये इतिहास की पाठ्य–पुस्तक में कभी नहीं दिखाई देते। क्योंकि इतिहासकार का पेशा ही है अपने समय की सत्ता के दामन के दाग़–धब्बों को छिपाना।"[23]

मीडिया का एक बड़ा हिस्सा सत्ता से संचालित और नियन्त्रित होता है। मीडिया भी सत्ता के कुकृत्यों को उजागर नहीं करता। ग़रीब, बेघर और वंचितों के जीवन के–

"हादसों और घटनाओं की कोई ख़बर अख़बारों में नहीं छपती। दरअसल अख़बार होते ही इसलिए हैं कि वे यहाँ की ख़बरों और हादसों को छुपाएँ।"[24]

ईमानदार, कर्त्तव्यपरायण, निष्ठावान और लगनशील व्यक्ति को यह सत्ता–तन्त्र बार–बार परेशान, पीड़ित और प्रताड़ित करता है।

'और अन्त में प्रार्थना' कहानी में हिन्दूवादी संगठन में आस्था और निष्ठा रखने वाले डॉ. वाकणकर की विचारधारा वाली सरकार ही उनकी पेशेगत ईमानदारी पर क्रूर और अनैतिक दबाव बनाती है।

"डॉ. वाकणकर को लगा जैसे वह किसी बहुत पुराने क़िले में फँस गये हैं और बाहर निकलने का रास्ता भूल गये हैं। यही वह तन्त्र था, जिसके वे भी एक हिस्सा थे।"[25]

यह तन्त्र शायद नहीं बदलेगा। व्यक्ति भले इस तन्त्र के अनुरूप स्वयं को बदल ले। इस तन्त्र में हर ईमानदार अनफ़िट होता है। ईमानदार व्यक्ति इस तन्त्र के विरुद्ध निरन्तर संघर्ष करता आख़िरकार पस्त हो जाता है। इस तन्त्र द्वारा "डॉ. वाकणकर को किसी चक्रव्यूह में घेर लिया गया था। वे अब लड़ना नहीं चाहते थे। सिर्फ़ छुटकारा चाहते थे...दुःस्वप्न से"[26] पीछा छुड़ाना चाहते थे।

मोहन दास भी क्रूर सत्ता–तन्त्र से छुटकारा चाहने को विवश है। यह सत्ता–तन्त्र मोहन दास जैसे ईमानदार, परिश्रमी और ग़रीब व्यक्ति की पहचान, अस्तित्व तक हड़प लेता है। शिकायत, विरोध और मुक़दमा करने पर उसे और प्रताड़ित किया जाता है। डर, दहशत, आतंक और भारी विपत्ति से घिरा मोहन दास बार–बार कहता है–

"हमारा नाम मोहन दास नहीं है। ...हम अदालत में हलफ़नामा देने को तैयार हैं। जिसे बनना हो बन जाये मोहन दास। आप लोग किसी तरह हमें बचा लीजिए।"[27]

यह सत्ता के चक्रव्यूह में घिरे सच्चे, ईमानदार, अहिंसक, श्रमशील सामान्य जन की आर्त आवाज़ है।

भ्रष्ट सत्ता बार–बार ईमानदार साधारण जन को ही आरोपी और अपराधी क़रार देती है। जीवन और समाज के स्वरूप को दहशतनाक बनाने में सत्ता की बड़ी और एकमात्र भूमिका है। 'दिल्ल्ली की दीवार' में कथावाचक की सटीक टिप्पणी है–

"मैं इस दुर्भाग्य के लिए जितनी बार अपने भीतर कमियाँ ढूँढ़ने की कोशिश करता, यक़ीन मानिए, मुझे सारी ख़ामियाँ इस समूचे तन्त्र में दिखायी पड़तीं, जिसको बनाने में निश्चित ही किन्हीं शैतानों का हाथ था।"[28]

यही आज वास्तविकता है, आज का यथार्थ है, जिसमें ग़रीब और साधारण जनों के हक़ और अधिकार को सत्ता तन्त्र ने अधिग्रहित कर लिया है।

उदय प्रकाश की कहानियाँ इस सत्ता–तन्त्र की आन्तरिक बनावट को उजागर करती हैं। जनता के पक्ष को व्यक्त करती हैं। सत्ता द्वारा प्रायोजित पुस्तकें, अख़बार, सर्वेक्षण या रिपोर्ट उसके कृत्यों को किस तरह छिपाते हैं। उदय प्रकाश की कथा–सृष्टि इसका प्रत्यक्ष उद्घाटन करती है। उदय प्रकाश की कथा–दृष्टि साधारण, ईमानदार, सत्ताहीन पीड़ितों के पक्ष में, सत्ता के प्रतिपक्ष का आख्यान है।

सन्दर्भ

1. उदय प्रकाश : नयी सदी का पंचतन्त्र, वाणी प्रकाशन, नयी दिल्ली, संस्करण 2008, पृ. 238
2. पटनायक, किशन : तीसरी दुनिया का जनतन्त्र (लेख), भारत का राजनीतिक संकट, (सं. राजकिशोर), वाणी प्रकाशन, नयी दिल्ली, संस्करण 1994, पृ. 152
3. उदय प्रकाश : मोहन दास, वाणी प्रकाशन, नयी दिल्ली, संस्करण 2009, पृ. 37
4. उदय प्रकाश : और अन्त में प्रार्थना, वाणी प्रकाशन, नयी दिल्ली, संस्करण 2006, पृ. 130
5. उपर्युक्त, पृ. 126
6. उपर्युक्त, पृ. 125
7. उदय प्रकाश : मठाधीश (कहानी), आउटलुक, दिल्ली, अक्टूबर : 2009, (सं. नीलाभ मिश्र), पृ. 36
8. उपर्युक्त, पृ. 36
9. उदय प्रकाश : और अन्त में प्रार्थना, वाणी प्रकाशन, नयी दिल्ली, संस्करण 2006, पृ. 174
10. उदय प्रकाश : पीली छतरी वाली लड़की, नयी दिल्ली, संस्करण 2009, पृ. 12
11. गुहा, रामचन्द्र : भारत : नेहरू के बाद, (अनुवाद : सुशान्त झा), पेंगुइन बुक्स, नयी दिल्ली, संस्करण 2012, पृ. 370
12. उदय प्रकाश : और अन्त में प्रार्थना, वाणी प्रकाशन, नयी दिल्ली, संस्करण 2006, पृ. 98
13. उपर्युक्त, पृ. 101
14. उदय प्रकाश : मैंगोसिल, पेंगुइन बुक्स, नयी दिल्ली, संस्करण 2006, पृ. 140
15. उदय प्रकाश : पॉल गोमरा का स्कूटर, वाणी प्रकाशन, नयी दिल्ली, संस्करण 2006, पृ. 144
16. उदय प्रकाश : मैंगोसिल, पेंगुइन बुक्स, नयी दिल्ली, संस्करण 2006, पृ. 115

17. उदय प्रकाश : दत्तात्रेय के दुख, वाणी प्रकाशन, नयी दिल्ली, 2006, पृ. 87
18. उपर्युक्त, पृ. 89
19. उपर्युक्त, पृ. 140–141
20. उपर्युक्त, पृ. 144
21. उदय प्रकाश : मोहन दास, वाणी प्रकाशन, नयी दिल्ली, संस्करण 2009, पृ. 58
22. उदय प्रकाश : मैंगोसिल, पेंगुइन बुक्स, नयी दिल्ली, संस्करण 2006, पृ. 164
23. उदय प्रकाश : मोहन दास, वाणी प्रकाशन, नयी दिल्ली, संस्करण 2009, पृ. 82
24. उदय प्रकाश : दत्तात्रेय के दुख, वाणी प्रकाशन, नयी दिल्ली, 2006 : पृ. 60
25. उदय प्रकाश : और अन्त में प्रार्थना, वाणी प्रकाशन, नयी दिल्ली, संस्करण 2006, पृ. 187
26. उपर्युक्त, पृ. 196
27. उदय प्रकाश : मोहन दास, वाणी प्रकाशन, नयी दिल्ली, संस्करण 2009, पृ. 15
28. उदय प्रकाश : दत्तात्रेय के दुख, वाणी प्रकाशन, नयी दिल्ली, 2006, पृ. 60

उदय प्रकाश के कथाख्यानों का स्त्री-पक्ष

छली गयी बहु बार जगत् से, फिर क्यों अपना हार वरूँगी।

—महादेवी वर्मा

सभ्यता के विकास के साथ स्त्रियाँ शिक्षा में आगे बढ़ रही हैं। छोटी से बड़ी नौकरियों में, व्यवसाय में तथा जीवन के विविध क्षेत्रों में इनकी मौजूदगी दिख रहीं है। बावजूद इसके पुरुष प्रभुत्ववादी समाज के 'विस्तृत नभ' में बार–बार 'छली गयी' स्त्रियों को समानता का हक़, पक्ष और सम्मान कम ही मिला है। स्त्रियों का जीवन निरन्तर जटिल चक्रव्यूह में उलझता दिख रहा है। 73वें–74वें संविधान संशोधन के तहत पंचायत तथा नगर निकायों के चुनाव में स्त्रियों के लिए एक तिहाई आरक्षण का प्रावधान किया गया है, लेकिन सबसे बड़ी विडम्बना कि स्त्रियों के लिए एक तिहाई आरक्षण का विधेयक भारतीय संसद में अभी तक लटका है। तथाकथित आधुनिक और उत्तर आधुनिक दौर में, सदियों से शोषित स्त्रियों के शोषण के तौर तरीकों में काफ़ी बदलाव देखा जा सकता है। स्त्रियों के शरीर एवं मन तथा श्रम एवं सौन्दर्य का शोषण अनेक स्तरों पर अनेक रूपों मे दिख रहा है। उदय प्रकाश की रचनात्मकता का एक महत्त्वपूर्ण पक्ष स्त्रियाँ और उनका जीवन है। इस जीवन की बहुविध छवियाँ उदय प्रकाश के रचना जगत् में पूरी संवेदनीयता से व्यक्त हुई हैं।

समसामयिक दौर में पूँजी और बाज़ार सब कुछ हो गया है। बाज़ार स्त्री को सुन्दर और विशिष्ट स्त्री का प्रलोभन देता है। यही प्रलोभन स्त्री को बाज़ार के शिकंजे में फँसा देता है। 'औरत बिकाऊ और मर्द कमाऊ के महान् चकाचक युग' में विज्ञापन से सनसनी पैदा करने वाली 'सुनीला' और 'आशा' जैसी मॉडल उदय प्रकाश की कहानी 'पॉल गोमरा का स्कूटर' में हैं।

"ब्लेड के विज्ञापन से सनसनी पैदा कर देने वाली सर गंगाराम हॉस्पिटल की सफ़ाई कर्मचारी राम औतार आर्य की सत्रह साल की बेटी सुनीला...को पिछले आठ महीने में तीन बार टर्मिनेशन कराना पड़ा था और दो हफ़्ते पहले एक ख़बर के मुताबिक़ उसे एचआईवी पॉजिटिव पाया गाया था। ...घोड़े की पीठ पर पिघलकर बियर का फेन बन जाने वाली आशा मिश्रा को ...पिछले दिनों राजधानी के पर्यटन विभाग के एक बारबेक्यू में काट–काटकर तन्दूर में भून डाला गया था।"[1]

बाज़ारवाद के दौर में विज्ञापन की दुनिया का यह कटु यथार्थ है। इसी प्रकार 'मैंगोसिल' कहानी में–

"दीप्ति और शालिनी 'सी' ग्रेड मॉडल हैं और सस्ते साबुन, हेयर रिमूवर, अंडरगारमेंट्स के सस्ते विज्ञापनों के अलावा वे रात में होटलों या प्राइवेट पार्टियों में चलती हैं।"[2]

इस दौर में लड़कियों की एक बड़ी तादाद देह–प्रदर्शन, नाइट–पार्टी, विज्ञापन के ग्लै .र में गुम होने के लिए अभिशप्त हैं। यह उत्तर आधुनिक समय है, जहाँ स्त्री का शरीर एक 'पण्य' के रूप में बदला जा चुका है। इस सन्दर्भ में सुधीश पचौरी का मानना है कि–

"स्त्री–विमर्श के जागरण के पीछे दो उत्तर आधुनिक परिदृश्य सक्रिय हैं–एक स्त्री का दृश्य में अधिक होना। और दृश्य में उसकी देह का होना। ये दोनों परिदृश्य उच्च या अति पूँजीवाद के परिणाम ही हैं, जिन्हें हम उपभोक्ता संस्कृति के उपादानों के रूप में, माध्यमों में, विज्ञापनों में पाते हैं।"[3]

कई बार साधारण ग़रीब स्त्रियों के साथ पूँजी, सत्ता और प्रशासन के लोग दर्दनाक दरिन्दगी का खेल खेलते हैं। 'मैंगोसिल' कहानी की शोभा सारणी में रोज़ सामूहिक बलात्कार और शारीरिक हिंसा का शिकार होती थी–'दरोगा, बिल्डर और ब्याहता पति रमाकान्त द्वारा। बिल्डर और दरोगा भ्रष्ट सत्ता के लोग हैं। रमाकान्त वह निम्नवर्गीय चरित्र है जो किंचित् व्यक्तिगत स्वार्थों के लिए भ्रष्ट सत्ता का नौकर दलाल और चापलूस बन गया है। इस सामजिक अमानवीयता और अनैतिकता के प्रति लोगों में सामूहिक विरोध या प्रतिरोध की उत्प्रेरणा नहीं है। सारणी में रमाकान्त के

घर के आसपास के लोग उसके घर में चलने वाली वीभत्स, ख़ूनी और वहशी हिंसा को देखने के लिए रात भर जागते हैं। असहनीय दर्द के बीच बेहोशी टूटने पर–

> *"शोभा जब कराहती हुई अपनी देह से अपना ख़ून और दारोगा, बिल्डर और अपने पति रमाकान्त का थूक, लार और वीर्य धो रही थी, तब उसे अहसास हुआ कि चार बजे के उस धुँधलके में, गली के उस पार से कई मर्द आँखें उसे घूर रही हैं।"*[4]

ख़याल रहे ये आँखें पुरुषों की हैं, स्त्रियों की नहीं। स्त्री का शोषण कई स्तरों पर होता है, जिसका केन्द्र अक्सर उसकी देह होती है, मार–पीट, भ्रूण–हत्या, दहेज–दहन, यौन–दोहन, पोर्नोग्राफ़ी, वेश्यावृत्ति, बलात्कार जैसे मामलों में। हिंसा,बर्बरता और क्रूरता की शिकार ईमानदार–श्रमशील स्त्रियाँ उदय प्रकाश की रचनाओं में प्रमुखता से उपस्थित हैं।

नये साभ्यतिक दौर में अधिकतर पुरुष प्रभुत्व और प्रताड़ना के भाव से भरे हैं। 'पीली छतरी वाली लड़की' में राहुल के अनुसार–

> *"लड़कियाँ दरअसल चोट,पीड़ा–हिंसा और ताक़त को प्यार करती हैं.वे मूर्ख बनाया जाना, उत्पीड़ित होना और निर्ममता से भोग लिए जाने को ज़्यादा पसन्द करती हैं।"*[5]

कथाकार की राहुल के प्रति पूरी सहानुभूति और संवेदना के बावजूद उपर्युक्त विचार पुंसवादी हैं। स्त्रियों के साथ सत्ता, प्रशासन के लोग और पूँजीपति अक्सर दर्दनाक दरिन्दगी भरा खेल खेलते हैं।

यह देखा जाता है कि बलात्कार की शिकार स्त्री परिवार में, समाज में, यहाँ तक कि थाने में, अदालत में, और मीडिया में भी कई बार निरुपाय, असहाय और अकेली पड़ जाती है। स्त्री पर हुई इस बर्बरता का विश्लेषण कई बार इस तरह होने लगता है कि मानो अपने बलात्कार या यौन की शोषण के लिए वह स्वयं ही ज़िम्मेदार है। स्त्री पर बर्बरता और हिंसकता का यह विस्तार दफ़्तरों, विविध संस्थानों शैक्षणिक संस्थानों और परिवार तक ही नहीं फैला है, बल्कि बदलते दौर की अद्यतन तकनीक स्त्री का पता गर्भ में भी ढूँढ़ लेती है। उदय प्रकाश की कविता 'औरतें', की पंक्तियाँ हैं–

> *"एक पोंचा लगा रही है*
> *एक बर्तन माँज रही है*

एक कपड़े पछीट रही है
एक बच्चे को बोरे पर सुला कर रोड़े बिछा रही है
एक फ़र्श धो रही है और देख रही है राष्ट्रीय चैनल पर फ़ैशन परेड
एक पढ़ रही है न्यूज़ की संसद में बढ़ायी जायेगी उनकी तादाद

* * *

हज़ारों लाखों छुपती हैं गर्भ के अँधेरे में
इस दुनिया में जन्म लेने से इनकार करती हुई
वहाँ भी खोज लेती हैं उन्हें भेदिया ध्वनि तरंगें
वहाँ भी भ्रूण में उतरती है हत्यारी कटार।"[6]

यह स्त्री जीवन का सच है। उसे अक्सर जीवन के हर मोड़ और प्रत्येक कोण पर शोषित होने के लिए विवश होना पड़ता है। दास प्रथा के दौर में स्त्रियों के साथ पुरुष भी बिकते थे। आज के समय में स्त्री को नाचने–गाने, मनोरंजन और विज्ञापन में उत्पाद से अधिक कुछ नहीं माना जाता है। इस दौर में "औरतों को अतीत की किसी भी कालावधि के मुक़ाबले एक बिकाऊ जिन्स में बदल दिया गया है"[7] स्त्री–आज़ादी और उन्मुक्तता एक छलावा–मात्र है। स्त्रियों पर अत्याचार की मात्रा बढ़ी है। 'पीली छतरी वाली लड़की' में उदय प्रकाश कहते हैं–

"जिस अनुपात में ब्यूटी–कांटेस्ट और फ़ैशन परेड बढ़ रहे थे, उसी अनुपात में औरतों की ख़रीद–फ़रोख़्त और उन पर ज़ुल्म भी बढ़ रहे थे।"[8]

स्त्री–देह का स्वछन्द प्रदर्शन स्त्रियों की शारीरिक, मानसिक और सामाजिक जकड़बन्दी को और मज़बूत करता प्रतीत हो रहा है।

समसामयिक दौर में कुछ स्त्रियाँ अपने शरीर का उपयोग, निहित तुच्छ स्वार्थों के लिए धन्धे या व्यवसाय के रूप में करती हैं. तथाकथित 'बोल्ड स्त्रियों' के नारीवादी विमर्श का उद्देश्य दमित और पीड़ित स्त्री जाति को एक सकारात्मक दिशा प्रदान करना नहीं, अपितु अपनी व्यक्तिगत हैसियत, रुतबा क़ायम करना है। उदय प्रकाश लिखते हैं–

"एक ऐसा फ़ेमिनिज़्म या नारीवाद आया था, जिसमें जो औरत मेहनत करती थी, वह ज़िन्दगी–भर नर्स, टीचर, स्टेनो, टाइपिस्ट या घरेलू कामकाज करने वाली 'बाई' बनी रह जाती थी. या फिर 'गीता पढ़कर सीता' बनने वाली थकी–पिटी, मैली–कुचैली

पत्नी। लेकिन अगर वह देह का धन्धा करने लगती थी, तो देखते ही देखते उसकी कोठी खड़ी हो जाती थी। वह कार में चलने लगती थी।"[9]

यह भी देखा जाता है कि सिर्फ़ मज़ा, सुख, और दौलत चाहने वाले तथाकथित अभिजन चापलूस, व्यापारी, और सत्ताकामी माता–पिता अपनी बेटियों और परिवार की स्त्रियों का इस्तेमाल भी करते हैं। 'वारेन हेस्टिंग्स का साँड़' कहानी में मोहिनी ठाकुर ऐसे ही परिवार की एक लड़की थी।

"शेक्सपियर के कुछ नाटकों के अंश उसने कण्ठस्थ कर रखे थे। पियानो बजाना उसने सीखा था। बिल्कुल ब्रिटिश उच्चारण के साथ अँग्रेज़ी बोलती थी। उसके पिता को तम्बाकू और मछली के व्यापार का मिदनापुर, कलकत्ता और मालदा का कॉन्ट्रेक्ट ईस्ट इण्डिया कम्पनी से प्राप्त करना था। मोहिनी ठाकुर को अपने परिवार की समृद्धि के लिए यह काम 'होशियारी' से करना था ...वह बहुत होशियार थी। रात में डाउनटन ने बिस्तर पर उसे जाना कि वह अद्‌भुत थी।"[10]

बार–बार कम्पनी के अफ़सरों की सेवा में प्रस्तुत होने से इनकार करने पर उसकी माँ नन्दिनी ठाकुर उसे समझाती है कि–

"मोना दुनिया तेज़ी से बदल रही है। यूरोप में औद्योगिक क्रान्ति हो गयी है। ईस्ट इण्डिया कम्पनी सारी इण्डिया को अपने क़ब्ज़े में करेगी। तुम ज़रा–सा प्रैक्टिकल हो जाओ तो हम ऐश करेंगे।"[11]

यह अनैतिकता और निर्लज्जता की पराकाष्ठा है, यहाँ दौलत सर्वोपरि है। मान–सम्मान सबकी क़ीमत पर।

हनी ट्रैप (honey trap) के लिए स्त्रियों का प्रयोग एक प्रचलित नुस्ख़ा बनता जा रहा है। 'मोहन दास' कहानी में मोहन दास की अस्मिता और अस्तित्व को हड़पकर नौकरी करने वाला बिसनाथ अपनी पत्नी का उपयोग करता है। बिसनाथ अपने कारनामों की इंक्वायरी करने वाले वेलफ़ेयर आफ़िसर ए.के. श्रीवास्तव के लिए अपने फ़्लैट पर ग़ज़ब की व्यवस्था करता है–

"अपने फ़्लैट में उसने श्रीवास्तव जी का सत्कार किया। अपनी पत्नी अमिता को उसने लो कट ब्लाउज और नीची साड़ी में

शरबत का ट्रे लेकर ड्राइंग रूम में आने का निर्देश दे रखा था। ...इंक्वायरी अफ़सर की नज़र बार–बार अमिता की खुली नाभि पर अटक जाती थी। टी.वी. पर इन दिनों दिल्ली–मुम्बई में चलने वाले फ़ैशन शो के कार्यक्रम समाचार चैनलों पर ख़ूब दिखाये जाते थे। लेकिन यहाँ तो बिलकुल ज़िन्दा मॉडल जैसी औरत सामने खडी थी।"[12]

स्त्रियों के ऐन्द्रिक और लुभावने रूप का अक्सर सफल इस्तेमाल होता है। सत्ताकामी लोग स्त्रियों के मादक रूप और उत्तेजक भंगिमाओं के ज़रिये अपने मक़सद में कामयाब होते हैं।

स्त्री जीवन के विविध रूपों में मातृत्व रूप सर्वोपरि है, जिसका विमुग्ध वर्णन उदय प्रकाश के कथाख्यानों में मौजूद है। 'मैंगोसिल' कहानी में–

"शोभा को लग रहा था जैसे उसकी देह की, अनगिनत शिराएँ उसके फूले हुए दोनों स्तनों की ओर बहने वाली असंख्य अदृश्य नदियों में बदल गयी हैं। उसकी देह एक धीमी सनसनाहट में काँप रहीं थीं। उसके शरीर की करोड़ों कोशिकाओं और नाड़ियों में कोई एक ऐसा रहस्यपूर्ण संगीत बज रहा था, जो रक्त के दूध में बदलने का अलौकिक आदिम संगीत होता है। ...और जिसे इस पृथ्वी पर कोई और नहीं, सिर्फ़ स्त्री ही सुनती और जानती है।"[13]

उदय प्रकाश के 'मूँगा धागा और आम का बौर'; 'नेलकटर'; 'अरेबा–परेबा' जैसे कथाख्यानों में मातृत्व की गरिमामयी, आत्मीय और संरक्षणीय उपस्थिति स्वतः–स्फूर्त संवेदनीयता के साथ अभिव्यक्त हुई है।

दाम्पत्य जीवन में भी स्त्रियों की भूमिका बेहद महत्त्वपूर्ण है। मोहन दास की कस्तूरी–

"सुबह से लेकर रात तक, हर रोज़ बिना नागा, हर सुख–दुख, हारी–बीमारी में वह (कस्तूरी) उसके (मोहन दास) साथ खड़ी रही।"[14]

विपत्तियों और हताशा–निराशा के बीच वह मोहन दास का ढाढ़स भी बढाती है. 'मैंगोसिल' में चन्द्रकान्त की शोभा दिन–रात परिश्रम करती है। सुबह मुँह अँधेरे से देर रात तक किया जाने वाला श्रम–गृहकर्म भारतीय

स्त्री के जीवन का सच है। यही नहीं, घर चलाने के लिए "शोभा आसपास के घरों में बड़ियाँ, अचार, मुरब्बा और खाने बनाने का काम करने लगी।"[15]

उदय प्रकाश के कथाख्यानों में श्रमशील स्त्रियों की भूमिका जीवन–संसार में अत्यन्त महत्त्वपूर्ण और प्रभावी है। 'वारेन हेस्टिंग्स का साँड़' कहानी में वारेन हेस्टिंग्स 'सधी कलाकार', 'मेहनती', 'फूलों की गमक बिखेरने वाली', 'हद दरजे की जिमनास्ट', जैसी श्रमशील स्त्रियों से बेहद आकर्षित और प्रभावित होता है। उसने यहाँ रहते हुए पाया था कि–

> *"यहाँ औरतें भी ऐसी ही थीं। वे लकड़ियाँ काटती, भारी बोझ सर पर उठातीं, नदियों से मछलियाँ पकड़ लातीं और अनाज के बदले उन्हें बाज़ार में बेचतीं। वे गन्दी थीं। उनके बच्चे उनकी कमर या पीठ पर बन्दर के बच्चों की तरह चिपके होते थे।"*[16]

ये स्त्रियाँ दलित हैं। श्रमशीलता दलित स्त्रियों की बुनियादी पहचान है।

उदय प्रकाश की रचनात्मक और वैचारिक प्रतिबद्धता स्त्रियों के साथ गहरे अपनापे के साथ जुड़ी है। ये स्त्रियों की जीवनदायिनी शक्ति से गहरे अभिभूत है। ये कहते हैं कि "सिर्फ़ स्त्रियाँ जानतीं हैं कि किसी जीवन को जन्म या पुनर्जन्म कैसे दिया जाता है।"[17] इन्होने अपनी रचनाओं में स्त्री–जीवन के विविध पहलुओं को इस संश्लिष्टता के साथ गूँथ दिया है कि ये प्रसंग जीवन के, सहज स्वाभाविक अंग लगते हैं, ऊपर से आरोपित नहीं। इनकी कथा–सृष्टि में स्त्री जीवन का सच पूरी प्रामाणिकता के साथ अभिव्यक्त हुआ है।

सन्दर्भ

1. उदय प्रकाश, पॉल गोमरा का स्कूटर, वाणी प्रकाशन, नयी दिल्ली, संस्करण 2006 पृ. 44
2. उदय प्रकाश, मैंगोसिल, पेंगुइन बुक्स, नयी दिल्ली संस्करण 2006 पृ. 87
3 पचौरी, सुधीश, ऐसा जो मर्द नहीं लिखते (लेख), औरत उत्तरकथा–सं.–राजेन्द्र यादव अर्चना वर्मा, राजकमल प्रकाशन, नयी दिल्ली संस्करण 2013, पृ. 122
4. उदय प्रकाश, मैंगोसिल, पेंगुइन बुक्स, नयी दिल्ली संस्करण 2006 पृ. 92
5. उदय प्रकाश, पीली छतरी वाली लड़की, वाणी प्रकाशन, नयी दिल्ली, संस्करण 2009 पृ. 9
6. उदय प्रकाश, रात में हारमोनियम, वाणी प्रकाशन, नयी दिल्ली, संस्करण 2009, पृ. 33

7. दुबे अभय कुमार, पितृसत्ता के नये रूप (लेख), भारत का भूमण्डलीकरण–सं–अभय कुमार दुबे, वाणी प्रकाशन, नयी दिल्ली, संस्करण 2007, पृ. 33
8. उदय प्रकाश, पीली छतरी वाली लड़की, वाणी प्रकाशन, नयी दिल्ली, संस्करण 2009 पृ. 132
9. उदय प्रकाश, पीली छतरी वाली लड़की, वाणी प्रकाशन, नयी दिल्ली, संस्करण 2009 पृ. 133
10. उदय प्रकाश, पॉल गोमरा का स्कूटर, वाणी प्रकाशन, नयी दिल्ली, संस्करण 2006 पृ. 122–123
11. उदय प्रकाश, पॉल गोमरा का स्कूटर, वाणी प्रकाशन, नयी दिल्ली, संस्करण 2006 पृ. 125
12 उदय प्रकाश, मोहन दास, वाणी प्रकाशन, नयी दिल्ली संस्करण 2009 पृ. 49
13. उदय प्रकाश, मैंगोसिल, पेंगुइन बुक्स, नयी दिल्ली संस्करण 2006 पृ. 121
14. उदय प्रकाश, मोहन दास, वाणी प्रकाशन, नयी दिल्ली संस्करण 2009 पृ. 24
15. उदय प्रकाश, मैंगोसिल, पेंगुइन बुक्स, नयी दिल्ली संस्करण 2006 पृ. 126
16. उदय प्रकाश, पॉल गोमरा का स्कूटर, वाणी प्रकाशन, नयी दिल्ली, संस्करण 2006 पृ. 106
17. उदय प्रकाश, और अन्त में प्रार्थना, वाणी प्रकाशन, नयी दिल्ली संस्करण 2006 पृ. 11

कला में ज्ञान की भूमिका

चढ़िये हाथी ग्यान को, सहज दुलीचा डारि। –कबीर

ज्ञानानुभव जब सहजता से रचनात्मकता में बुन दिया जाता है, तब अभिव्यंजना का प्रभाव विशिष्ट होता है। ज्ञानानुभव और जीवनानुभव का–समुचित और सन्तुलित–ताना–बाना रचनात्मक कृति को सरस, रोचक और प्रभावशाली बनाता है। ऐसी रचनात्मकता से प्रवाहित होनेवाला 'नाद' और 'अनुनाद' इतना गम्भीर और सम्मोहक होता है कि पाठक के मन और मर्म को आत्मीय स्पर्श देता है। समकालीन कथाकार उदय प्रकाश के कथाख्यानों में ऐसे स्पर्श को सहज ही अनुभूत किया जा सकता है। इनकी विशिष्ट और भिन्न कथा–प्रविधि में जीवनानुभव के साथ ज्ञानानुभव की भी महत्त्वपूर्ण भूमिका है।

उदय प्रकाश की कथा–सृष्टि में क़िस्सा कहने की कला का एक नया आयाम मौजूद है। बहुज्ञता और ज्ञानानुभव इनके कथाख्यानों को बोझिल और उबाऊ न बनाकर सहज और संवेद्य बनाते हैं। वे इतिहास, भूगोल–राजनीतिशास्त्र–अर्थशास्त्र–दर्शनशास्त्र–समाजशास्त्र–विज्ञान–चिकित्साविज्ञान–कृषि–प्रकृति और पर्यावरण–धर्म–चित्रकला–संगीत ज्योतिष–क़ानून–साहित्य–फ़िल्म–संस्कृति, परम्परा और आहार व्यवहार–प्रेम मनोदशाएँ–समसामयिक राष्ट्रीय और अन्तरराष्ट्रीय ख़बरें–जैसी विविधताओं का संयोजन आज के वैश्विक यथार्थ की हिंस्र भयावहता की मार्मिक अभिव्यक्ति के लिए करते हैं। ज्ञान के विविध अन्तः अनुशासनों के समायोजन से इनकी कथा–सृष्टि और कथा–दृष्टि में गुणात्मक परिवर्तन और ताज़गी को अनुभूत किया जा सकता है। यह देखना महत्त्वपूर्ण है कि विविध ज्ञानानुशासन इनकी रचना–दृष्टि में किस प्रकार रूपायित हुए हैं।

उदय प्रकाश अपने कथाख्यानों में इतिहास का सृजनात्मक इस्तेमाल करते हैं।

"असल में जब इतिहास में स्वप्न, यथार्थ में कल्पना, तथ्य में फ़ैंटेसी और अतीत में भविष्य को मिलाया जाता है तो आख्यान लीला शुरू होती है।"[1]

'वारेन हेस्टिंग्स का साँड़' कहानी में ईस्ट इण्डिया कम्पनी के गवर्नर वारेन हेस्टिंग्स और उनके शासनकाल के इतिहास का रचनात्मक प्रयोग नब्बे के दशक (1990 के बाद) में उभर रही नव औपनिवेशिकता की जटिल–भयावह अभिव्यक्ति के लिए किया गया है। "इस कहानी में इतिहास उतना ही है जितना दाल में नमक होता है।"[2] जिस प्रकार नमक के बिना दाल में स्वाद नहीं आता, उसी प्रकार ऐतिहासिक तथ्यों के बिना यह इतनी प्रभावशाली और आस्वादपरक नहीं होती। यह ऐतिहासिक तथ्य है कि वारेन हेस्टिंग्स के शासन काल में एशियाटिक सोसाइटी की स्थापना हुई थी, जिसकी प्राचीन दुर्लभ ग्रन्थों के पुनः प्रकाशन तथा संस्कृति के अध्ययन में विशेष भूमिका रही है। यह भी तथ्य है कि इसी के शासन काल में भयंकर दुर्भिक्ष पड़ा, तो कम्पनी ने यथोचित अनुदान और सहायता नहीं की। सन् 1785 ई. में वारेन हेस्टिंग्स पर इंग्लैण्ड में महाभियोग चला और 1795 ई. में इसे आरोप मुक्त कर दिया गया। वारेन हेस्टिंग्स को–

"सैम्युअल टर्नर ने तिब्बत से एक 'याक' लाकर भेंट किया था... प्रारम्भ में हेस्टिंग्स गौ प्रेमी था। तथ्य यह भी है कि जब वह यहाँ से गया तो पाँच ब्राह्मणी गायें अपने साथ ले गया।"[3]

लेकिन कहानी इन तथ्यों को बताने के लिए नहीं लिखी गयी है। समसामयिक दौर की अराजकता, घूसख़ोरी, भ्रष्टचार को मद्देनज़र रखते हुए लॉर्ड क्लाइव की टिप्पणी पढ़कर उदय प्रकाश कहते हैं–

"यही है वह बिन्दु जहाँ ढ़ाई सौ साल पहले की कहानी आज की कहानी बनती है। इतिहास फिर से निरन्तरता हासिल करता है।"[4]

यही वह देशकाल है जहाँ कहानी के लिए इतिहास का सार्थक इस्तेमाल किया गया है।

'मोहन दास' कहानी के मुख्य पात्र का नाम मोहन दास, पत्नी का नाम कस्तूरी बाई, माँ का नाम पुतली बाई और बेटे का नाम देव दास है।

कथाकार इस कहानी को प्रतीकवादी या कूटकथा मानने में संकोच करने के बावजूद कोष्ठक के तिरछे अक्षरों में कहते हैं–

> *"कस्तूरी बाई का नाम कस्तूरबा की याद दिलाता है, मोहन दास तो ख़ैर एकदम साफ़ है। अगर आप महात्मा गाँधी की 'आत्मकथा' उर्फ़ 'दि स्टोरी ऑफ़ माई एक्सपेरिमेंट्स विद् ट्रुथ' पढ़े तो पता चलेगा कि उनके पिता करमचन्द का दूसरा नाम काबा भी था। और माँ का नाम भी पुतली बाई...फिर उनके बेटे देवदास का क़िस्सा भला कौन नहीं जानता? अगर आप मोहन दास का हुलिया और शारीरिक ढाँचा देखें तो आपको फिर वही इतिहास घेर लेगा। अन्तर बस इतना है कि वह ऐसा मोहन दास दिखाई पड़ता है, जिसे पोरबन्दर, काठियावाड़, राजकोट, विलायत दक्षिण अफ़्रीका या बजाज बिड़ला भवन में नहीं, छत्तीसगढ़ और विन्ध्यप्रदेश के जंगल–पतेरा, खाई–खोह, खेत–बगार में धूप–भूख, रोग–पसीना और अन्याय–अपमान की आँच में पाला–पोसा गया हो। ...एकदम वही..."[5]*

मोहन दास करमचन्द गाँधी ब्रिटिश साम्राज्यवाद के चंगुल से भारत को निकालने में सफल रहे। वे ईमानदार, सत्यवादी और अहिंसक थे। इस कहानी का मोहन दास भी ईमानदार, परिश्रमी और सत्यवादी है। किन्तु आज के नये परिवेश और परिस्थितियों में पनपा सत्ता–तन्त्र जालसाज़ी और बर्बरता में उसकी अस्मिता और अस्तित्व तक हड़प लेता है। कहानी का समापन लेखक इस पंक्ति के साथ करते हैं–

> *"लेकिन सच बताइये, मोहन दास के गाँव पुरबनरा का नाम क्या आपको पोरबंदर की याद नहीं दिलाता?"[6]*

यही वह बिन्दु है जहाँ इतिहास एक बार फिर आख्यान में पहुँचकर निरन्तरता हासिल करता है, जहाँ मोहन दास, मोहन दास करम चंद गाँधी के नये रूप में प्रत्येक ईमानदार, सत्यवादी, अहिंसक किन्तु ग़रीब श्रमशील भारतीय जन का प्रतीक और प्रतिनिधि चरित्र बन जाता है।

उदय प्रकाश एक रोचक लघुकथात्मक क़िस्सा 'गंगू' में इतिहास के सहारे विभ्रम फैलाने वालों पर चुटीला व्यंग्य करते हैं। इस क़िस्से में 'वे' इतिहास के कीड़े और इतिहास लेखक हैं, जिसका दिमाग़ अयोध्या काण्ड

के बाद हुए दंगों के दौरान सनक गया है। वे अक्सर गाते हैं–

> *"हिन्दू पाकिस्तान में, गंगू हिन्दुस्तान में। इस पंक्ति का अर्थ पूछने पर वे बताते हैं कि जिस सभ्यता के लोग सिन्धु नदी के तट पर रहते थे, उन्हें विदेशियों ने हिन्दू नाम दिया। चूँकि, सिन्धु नदी अब पाकिस्तान में है इसलिए अगर विदेशी आज उत्तर–पश्चिमी सीमा पर आते तो पाकिस्तान में रहने वालों को ही हिन्दू कहते और हमारे देश की 'सबसे पुरानी, बड़ी और महत्त्वपूर्ण नदी' गंगा है। इसलिए उस इतिहास अध्येता का अनुमान है कि "वे हमें 'गंगू' कहते।"*[7]

उदय प्रकाश के कथाख्यानों में स्थान विशेष के भूगोल का बारीक और विश्वसनीय विवरण मौजूद है। 'टेपचू' कहानी में वे कहते हैं–

> *"गाँव के लोग सोन नदी में ही डुबकियाँ लगा–लगाकर नहाते हैं। डुबकियाँ लगा पाने लायक़ पानी गहरा करने के लिए नदी के भीतर कुइयाँ खोदनी पड़ती है। नदी की बहती हुई धार के नीचे बालू को अंजुलियों से सरका दिया जाय तो कुइयाँ बन जाती है। गर्मी के दिनों में सोन नदी में पानी इतना कम होता है कि बिना कुइयाँ बनाये आदमी का धड़ ही नहीं भीगता। यही सोन नदी बिहार पहुँचते–पहुँचते कितनी बड़ी हो गयी है। इसका अनुमान आप हमारे गाँव के घाट पर खड़े होकर नहीं लगा सकते।"*[8]

यह सोन नदी की भौगोलिक विशेषता है जो उदय प्रकाश के यहाँ सहजता से व्यक्त हुई है। कई कहानियों में–गाँव, जंगल, नदी और नाले आदि के भूगोल का स्वाभाविक वर्णन है, तो शहरी महानगरीय मुहल्ले और क़स्बे का भी है। 'मैंगोसिल' कहानी में दिल्ली के जहाँगीरपुरी का वर्णन इस प्रकार है–

> *"उत्तर–पश्चिमी दिल्ली में, एशिया में सबसे बड़ी कही जाने वाली फलों और सब्ज़ियों की मण्डी आज़ादपुर के पास ही है, जहाँगीरपुरी। अगर आप भारत और पाकिस्तान के बीच चलायी जा रही 'सद्भावना बस' से जा रहें हों तो बाईपास के ठीक पहले, बायें हाथ की तरफ़ जो रिहाइशी इलाक़ा दिखायी देता है, वही है जहाँगीरपुरी। पानी और दलदल के बीच में से उभरता हुआ।*

राजमार्ग और इस इलाके के बीच के फ़ासले पर फैला हुआ गहरे स्याह रंग का कीचड़, मिट्टी–पानी से बना नहीं लगता। मोबिल, ग्रीस, तेल और प्लास्टिक के घोल के काले गाढ़े द्रव से बना कोई रासायनिक मिश्रण लगता है। इसमें सड़े हुए फलों–सब्ज़ियों का कार्बन भी होगा।"[9]

यह इस क्षेत्र विशेष का बारीक भूगोल है।

उदय प्रकाश अपनी कथा–रचनाओं में राजनीति के व्यापक कलेवर और तेवर को संजीदगी से समेटते हैं। राजनीतिक दर्शन से विमुखता, अवसरवाद, क्षेत्रवाद, साम्प्रदायिकता, लोकतन्त्र की हास्यास्पद स्थिति, भ्रष्ट सत्ता का दमनात्मक रवैया आदि को बारीकी से कथा में बुन देते हैं। 'मोहन दास' कहानी में उदय प्रकाश लिखते हैं–

"राजनीति का कोई भी रूप सत्ता के ऐसे उपकरण में बदल चुका था, जिसका इस्तेमाल प्रजा के उत्पीड़न, दमन और उस पर अन्याय के लिए हो रहा था।"[10]

लोकतान्त्रिक कहे जाने वाले देश में सक्रिय राजनीतिक दलों–सरकारों का उद्देश्य हिंसा, क्रूरता, दमन के बल पर सत्ता हासिल करना ही रह गया है। 'भाई का सत्याग्रह' में वे कहते हैं–

"भारतीय लोकतन्त्र का ग्रास रूट या आधार यही अपराधी ठेकेदार होते हैं। बूथ–कैप्चरिंग, फ़र्ज़ी मतदान, विरोधी उम्मीदवार की हत्या या अपहरण का अनिवार्य भारतीय लोकतान्त्रिक उत्तरदायित्व यही लोग निभाते हैं।"[11]

वर्तमान राजनीति पूरे देश को एक सूत्रबद्ध करने में सफल नहीं है। उत्तर–पूर्व के लोगों को मनचले गुण्डे लोग 'मल्लू' या 'मंकी' कहते हैं। 'पीली छतरी वाली लड़की' कहानी में सापाम के हवाले से कहा गया है–

"मणिपुर में इमरजेंसी की घटनाएँ बढ़ गयी थीं। पूरा मणिपुर सेना और बी.एस.एफ के हवाले था। रोज़–रोज़ काबिंग ऑपरेशंस और एनकाउंटर्स।... मणिपुरी लोग इण्डिया से अलग होना चाहते हैं। अगर आज मत संग्रह हो जाये, तो कश्मीर से ज़्यादा प्रतिशत लोग अलगाव के पक्ष में मणिपुर और नागालैण्ड में वोट डालेंगे।"[12]

उत्तर–पूर्व या हाशिये के अन्य क्षेत्रों की समस्याओं की राजनीतिक दलों के पास न तो कोई सुनिश्चित कार्यसूची है न ही उन्हें सुलझाने की इच्छाशक्ति। राजनीतिक दल और उनकी सरकारें पूँजीपतियों के हक़ और पक्ष में अपनी नीतियाँ और योजनाएँ निर्धारित करते हैं।

उदय प्रकाश अर्थतन्त्र और उसकी नीतियों का समाज पर पड़ने वाले प्रभाव को पूरी समग्रता में रेखांकित करते हैं। जुलाई, 1991 ई. से लागू नयी आर्थिक नीति के तहत विदेशी विनिवेश, विदेशी वस्तुओं का अत्यधिक आयात, आर्थिक उदारीकरण, निजीकरण के कारण नयी औपनिवेशिक सभ्यता का वर्चस्व क़ायम होने लगा। पूँजी सर्वोपरि हो गयी। कॉर्पोरेट, पूँजीपतियों के पीछे–पीछे सरकार चलने लगी। 'पॉल गोमरा का स्कूटर' में उदय प्रकाश कहते हैं–

> *"बाज़ार अब सभी चीज़ों का विकल्प बन चुका था। शहर, गाँव, क़स्बे, बड़ी तेज़ी से बाज़ार में बदल रहे थे। हर घर दुकान में तब्दील हो रहा था।"*[13]

इस बाज़ार के नियम सरकार नहीं, पूँजीपति तय करते हैं। 'पीली छतरी वाली लड़की' में निखलाणी कहता है–

> *"जल्दी करो! पावर, आई.टी., फूड, हेल्थ एजूकेशन...सब...सबको प्राइवेटाइज करो...पब्लिक सेक्टर का शेयर बेचो...डिसइंवेस्ट करो... हमको सब ख़रीदना हैं साई।"*[14]

इस दौर का सत्य और तथ्य है कि शिक्षा, स्वास्थ्य जैसे कल्याणकारी क्षेत्र को भी मुनाफ़ा केन्द्रित–उपक्रम बनाने का कार्यक्रम अन्धाधुन्ध जारी है। इसी सन्दर्भ में उदय प्रकाश लिखते हैं–

> *"केन्द्र सरकार का वित्त मन्त्री चार–पाँच साल से बिना खाये, बिना पिये, बिना सोये, बिना सोचे क़र्ज़ों और विदेशी कम्पनियों के तमाम अनुबन्धों पर धड़ाधड़ दस्तख़त करता चला जा रहा था।"*[15]

इन नीतियों ने दुनिया को बदला है। 'आवरण' कहानी में लेखक कहता है–

> *"बाहर दुनिया थी, जो तेज़ी से बदल रही थी। जहाँ मैं रहता था, उसके आसपास उन्नीस शॉपिंग मॉल बन गये थे।*

मल्टी–प्लेक्सेज, एड–लौब्स का आइमेक्स, फोर–डीवंडरवर्ल्ड, स्काई स्क्रेपर्स,... । मेट्रो रेल चलने लगी थी।"[16]

इस विकसित संरचना का लाभ देश के बहुसंख्य ग़रीबों को नहीं मिला। ग़रीबों की संख्या बढ़ती गयी। इन नीतियों के बावजूद मोहन दास जैसे मेधावी, ईमानदार, श्रमशील, ग़रीब की माली हालत देखकर उदय प्रकाश एकदम सटीक टिप्पणी करते हैं–

> *"एक के बाद दूसरी सरकारों की वह आर्थिक नीति, जो देश के महानगरों को अमेरिका बना रही थी, वही गाँवों और पिछड़े इलाक़ों को कंगाल बनाकर वहाँ असंख्य इथियोपिया, रवांडा और घाना पैदा कर रही थी।"*[17]

यह उदय प्रकाश की कथा–सृष्टि में आर्थिक नीतियों का यथार्थवादी भाष्य है।

उदय प्रकाश ने अपनी कथा–सृष्टि में दर्शनशास्त्र के सूत्रों का भी यथोचित प्रयोग किया है। 'पीली छतरी वाली लड़की' में एक जगह लिखा है–

> *"यह देश एक अद्‌भुत जीता–जागता संग्रहालय है। अनेक सभ्यताएँ, अनेक असंख्य नस्लें, प्रजातियाँ...मानव सभ्यता के कई लाख साल का अतीत यहाँ ज़िन्दा, धड़कता हुआ देखा जा सकता है। और ठीक यही बात यहाँ की धरती पर भी लागू होती है।"*[18]

'विविधता में एकता' भारतीय जीवन–दर्शन की बुनियादी विशेषताएँ हैं। यही जीवन–दर्शन 'और अन्त में प्रार्थना' के डॉ. वाकणकर का भी है, जो अपनी डायरी में लिखते हैं–

> *"शायद मेरी आत्मा यह चाहती है कि यह पृथ्वी ऐसी रहे जिसमें सिर्फ़ विकसित और ताक़तवर प्राणी ही नहीं कमज़ोर, कोमल और अल्प विकसित जीवों का वास हो। एक ऐसी पृथ्वी हो जिसमें तितली, कीट–पतंग, सर्प–मयूर, हिरण–खरगोश, हाथी, शेर, पेड़–पौधे, घास–पात भी रहें और काले–गोरे, पीले, कत्थई, रंग–बिरंगे मनुष्यों की सभी जातियाँ और नस्लों का भी आवास हो।"*[19]

राष्ट्रीय स्वयंसेवक संघ में निष्ठा के बावजूद डॉ. वाकणकर का दर्शन मानवीय संवेदना से लबरेज़ है। इस दौर में बढ़ती क्रूरता, अनैतिकता के कारण सभी दर्शन अप्रासंगिक हो गये हैं। फ़ासीवादी विचारधारा हावी और प्रभावी हो रही है। 'मैंगोसिल' में उदय प्रकाश लिखते हैं—

> *"फ़ासीवादी एक नये चेहरे के साथ सामने मौजूद था। अवैध पूँजी और अपराधी हिंसा की अपनी ताक़त के उन्नीसवीं—बीसवीं सदी की महान् विचारधाराओं को परदे के पीछे ढाँकता—छुपाता हुआ। उसने पिछली शताब्दियों के महान आदर्शों को अपनी अनैतिक महत्त्वाकांक्षाओं और वासनाओं की अदम्य आग में जलाकर राख कर डाला था।"*[20]

उदय प्रकाश की कथा—दृष्टि समाजशास्त्र के विविध पहलुओं का सन्तुलित समायोजन करती है। इनकी कथा—सृष्टि में गाँव—शहर के संरचनागत तथा स्त्री—आन्दोलन, आदिवासी व अन्य वर्गों के जीवनगत विश्लेषण में समाजशास्त्रीय दृष्टि सक्रिय है। 'साइकिल' कहानी की निम्नलिखित पंक्तियाँ बदलती ग्रामीण संरचना का समाजशास्त्रीय विश्लेषण करती हैं :

> *"हमारा गाँव भी पहले वाला, मिट्टी के कच्चे घरों और खपरैलों वाला गाँव नहीं रह गया था। वहाँ कई पक्के मकान बन गये थे। चार—पाँच घरों में टीवी के डिश एंटिना लग गये थे। जुताई के लिए ट्रैक्टर आ गये थे। ...भूमिहीन लोग बड़ी संख्या में गाँव छोड़कर शहर चले गये थे। वहाँ के रिक्शा चलाते या कंस्ट्रक्शन के काम में मज़दूरी करते। कुछ सड़क की पटरियों पर रेहड़ी ठेला लगाते। गाँव में कुछ नहीं बचा था। ...स्कूल की इमारत ढ़ह गयी थी। बच्चे पेड़ के नीचे पढ़ने जाते थे। सरकारी अस्पताल में ढोर डांगर सोते थे।"*[21]

इसी प्रकार शहर भी बदल रहा है। 'मैंगोसिल' में उदय प्रकाश लिखते हैं—

> *"छोटी—छोटी गलियाँ और लेन ग़ायब होते गये। इतने फ़्लाईओवर्स बने कि उनको गिनना मुश्किल था। तरह—तरह के मॉडल और आकार की लाखों कारें तमाम सड़कों पर छा गयीं।...*

शॉपिंग मॉल, मल्टीप्लेक्स, होटल, बाज़ार, पार्क, दुकानें, हाउसिंग–सोसाइटीज, बैंक, पेट्रोज–डीज़ल पम्प वग़ैरह खुल गये। एक महीना न गुज़रने पाता और पूरे इलाक़े का चेहरा इतना बदल जाता कि अपनी स्मृति पर ही सन्देह होने लगता।"[22]

इस दौर में स्त्रियों की स्थिति पर 'पीली छतरी वाली लड़की' में उदय प्रकाश टिप्पणी करते हैं–

"जिस अनुपात में ब्यूटी–कांटेस्ट और फ़ैशन परेड बढ़ रहे थे, उसी अनुपात में औरतों की ख़रीद–फ़रोख़्त और उन पर ज़ुल्म भी बढ़ रहे थे। ...एक ऐसा फ़ेमिनिज़्म या नारीवाद आया था, जिसमें जो औरत मेहनत करती थी वह ज़िन्दगी–भर नर्स, टीचर, स्टेनो, टाइपिस्ट या घरेलू कामकाज करने वाली 'बाई' बनी रह जाती थी।... लेकिन अगर वह देह का धन्धा करने लगती थी, तो देखते–देखते उसकी कोठी खड़ी हो जाती थी। वह कार में चलने लगती थी।"[23]

'मोहन दास' कहानी में मोहन दास बंसहर–पलिहा जाति का है। सामाजिक श्रेणी में नीचे रहने के बावजूद इस जाति को आरक्षण की सुविधा नहीं मिली। उदय प्रकाश लिखते हैं कि बंसहर पलिहा "अनुसूचित जाति के हैं, या आदिवासी या आदिम जनजाति यह सरकारी गजेट में स्पष्ट नहीं था।" यह भी कि "उनकी बिरादरी का कोई भी आदमी पार्टी और सरकार में था नहीं।"[24] यह भारतीय समाज का सत्य है और तथ्य भी। ऐसी घटनाएँ समाज में अक्सर देखने–सुनने को मिलती हैं। जहाँ आरक्षित श्रेणी में आने वाली जाति के अनेक लोगों को आरक्षण का लाभ नहीं मिलता है।

उदय प्रकाश अपने कथाख्यानों में विज्ञान के विविध ज्ञान का प्रयोग भी करते हैं। सूचना प्रौद्योगिकी, कम्प्यूटर और इण्टरनेट से लेकर भौतिक–रसायन और जीवन विज्ञान तक की प्रायोगिक प्रविधि का सहज ज्ञान वे रखते हैं। 'हत्या' कहानी में बन्दूक और गोली की चर्चा करते हुए वे कहते हैं–

"हमारे घर पाँच–छह बन्दूकें थीं। बल्कि अगर बारूद और कण्डे का चूरा गजी से ठूँसकर पोटास की टिकिया या दियासलाई को

छुछछी में छुआकर चलनेवाली देसी भरमार को भी जोड़े, तो यह संख्या और ऊपर जा सकती थी।"[25]

चिकित्सा विज्ञान सम्बन्धी ज्ञान का बारीक प्रयोग 'और अन्त में प्रार्थना' तथा 'मैंगोसिल' में मौजूद है। 'दरियाई घोड़ा', 'मोहन दास', 'आवरण', 'तिरिछ' में भी चिकित्सा और रोग सम्बन्धी ज्ञान को देखा जा सकता है। 'और अन्त में प्रार्थना' में चिकित्सा विज्ञान सम्बन्धी ज्ञान और सूचना का इस क़दर रचनात्मक प्रयोग हुआ है, मानो कोई विशेषज्ञ चिकित्सक ही कहानी लिख रहा हो। बीमारियों के लक्षण से लेकर दवाइयों के नाम तथा उनके प्रयोग सम्बन्धी सूचनाएँ, इसका प्रमाण है। 'मैंगोसिल' कहानी में 'मैंगोसिल' नामक रोग अविकसित असन्तुलित समाज का रूपक बन गया है। 'आवरण' कहानी में 'जल जमनी' का विरल पौधा कैंसर ग्रस्त है। इस पौधे की पत्तियों के रंग से बनाये गये आवरण चित्र में छोटा बालक भी कैंसरग्रस्त प्रतीत होता है। प्रदूषण के दुष्प्रभाव में धीरे–धीरे पूरी प्रकृति और समाज कैंसरग्रस्त होता जा रहा है।

उदय प्रकाश ग्रामीण परिवेश में पले–बढ़े हैं इसलिए उनके यहाँ कृषि सम्बन्धी जानकारी भी दिखती है। 'अरेबा–परेबा' में वे लिखते हैं–

> *"इस गाँव से दस मील दूर, एक–दूसरे गाँव सिहाला में भी हमारे खेत थे। सिहाला पहाड़ी के ऊपर जंगल के पार बसा हुआ एक छोटा–सा गाँव था। हमारे इस गाँव की मिट्टी बलुहान थी, जिससे यहाँ धान, कोदो, कुटकी, तिल जैसी, फसलें ही होती थी। जबकि सिहाला में काली चिकनी मिट्टी वाले खेत थे जहाँ सब कुछ पैदा होता था। गेहूँ, चना, अलसी और धनिया भी।"*[26]

उदय प्रकाश के रचना–संसार में प्रकृति और पर्यावरण की महती भूमिका है। पूरे लक्षणों के साथ विविध वनस्पतियों, पक्षियों, कीट–पतंगों, पशुओं, नदियों, वनों और पर्वतों का सुन्दर तथ्यपरक वर्णन इनकी रचनाओं में मिलता है। कई अवसरों पर इन पक्षियों–वनस्पतियों का सांस्कृतिक महत्त्व भी विस्तार से बताते हैं। 'तिरिछ' कहानी में बहन पूछती है कि–

> *"सामने छिउले की सूखी टहनी पर बैठी उस चिड़िया को क्या कहते हैं? मैं चूँकि सारी चिड़ियों को जानता था इसलिए बता सकता था कि वह नीलकण्ठ है और दशहरे के दिन उसे ज़रूर देखना चाहिए।"*[27]

उदय प्रकाश पर्यावरण के प्रति अत्यधिक संवेदनशील है। विकास की अन्धाधुन्ध आँधी में प्रकृति और पर्यावरण के विनाश से पूरी सृष्टि और समाज पर पड़ने वाले दुष्प्रभाव का वे तार्किक वैज्ञानिक विश्लेषण करते हैं। 'और अन्त में प्रार्थना' में प्रधानमन्त्री द्वारा ढींगर गाँव में काग़ज़ के कारख़ाने के शिलान्यास से पर्यावरण को होने वाले नुक़सान का जायज़ा उदय प्रकाश लेते हैं–

> *"काग़ज़ का कारख़ाना काग़ज़ का उत्पादन करने के लिए ढीगर गाँव के सारे पेड़ों को खा जायेगा। जंगल उसके लिए रॉ मैटीरियल है। कच्चा माल। आसपास के सारे जंगल ख़त्म हो जायेंगे। पीपल, सागौन, शीशम, सरई, कहुआ, महुआ, कोसम और छिउला कुछ नहीं बचेंगे। ...पेपर मिल का वेस्ट प्रॉडक्ट यानी रबड़, कचड़ा और कास्टिक सोडा तथा अम्लों से भरा ज़हरीला धुआँ चारो ओर फैल जायेगा। धरती पर, आकाश में, तीतर–बटेर, साम्भर–छिगरा, रीछ–खरगोश नहीं रहेंगे। वन्य प्राणी समाप्त हो जायेंगे। ...स्योंतार नदी में पेपर मिल का वेस्ट, लुगदी और रसायन फेंक दिये जायेंगे। मछलियां मर जायेंगी। पशुओं में अनेक बीमारियाँ फैलेंगी। वे भी मर जायेंगे। जंगली जानवरों के शिकार और नदी की मछलियों पर निर्भर सेउंता, धनुधर जैसी जनजातियाँ ग़ायब हो जायेंगी।"[28] यह पर्यावरण विज्ञान के तथ्यों पर आधारित सत्य है।*

उदय प्रकाश में बचपन से ही चित्रकारी के प्रति गहरा लगाव है। इसकी प्रेरणा उन्हें अपनी माँ से मिली। चित्र आधारित कथाख्यान का सृजन समकालीन हिन्दी साहित्य में उदय प्रकाश की विरल विशेषता है। 'पीली छतरी वाली लड़की', 'और अन्त में प्रार्थना', 'दत्तात्रेय के दुख' जैसी कहानी पुस्तकों का आवरण चित्र उदय प्रकाश ने ख़ुद अपने हाथों से बनाया है। 'पीली छतरी वाली लड़की' कहानी में कई चित्र हैं, जिन्हें उदय प्रकाश ने ही बनाया है। 'वारेन हेस्टिंग्स का साँड़' जैसी महत्त्वपूर्ण कहानी में दो चित्रों की व्याख्या को अद्भुत तरीक़े से आख्यान में ढाला गया है। सन् 1783 ई. में अँग्रेज़ चित्रकार जॉन जोफ़ेनी द्वारा बनाया गया वारेन हेस्टिंग्स का चित्र, जो कलकत्ता के विक्टोरिया मेमोरियल में संग्रहीत है, कहानी में टाँगते हुए उदय प्रकाश लिखते हैं–

"आप अगर ग़ौर से देर तक इस चित्र को देखें तो आपको पता चलने लगेगा कि उस बरगद के पेड़ के नीचे, वारेन हेस्टिंग्स की पत्नी के पीछे खड़ी उस जवान बंगाली नौकरानी और वारेन हेस्टिंग्स के बीच कोई गहरा अदृश्य और अपरिभाषित सम्बन्ध है। ...धीरे-धीरे आप इस रहस्य को जान जायेंगे कि आख़िर वारेन हेस्टिंग्स और बंगाली लड़की के हाथों में ही हैट क्यों है, जबकि वारेन हेस्टिंग्स की पत्नी के दोनों हाथ ख़ाली हैं। और तब यह चित्र आपके सामने सारे अर्थ संकेतों को खोलने लगेगा और आप जान पायेंगे कि चित्रकार जॉन जोफ़िनी ने यह चित्र वारेन हेस्टिंग्स और उस साँवली नेटिव लड़की के बीच के सम्बन्धों को व्यक्त करने के लिए ही बनाया था, लेकिन वे दोनों अपने अपने हाथों में रखे हैट से उसे लगातार ढाँपने की कोशिश कर रहे हैं।"[29]

यह उदय प्रकाश की कल्प-दृष्टि है जो उनकी कथा-सृष्टि को सम्मोहक और प्रभावशाली बनाती है। 'आवरण' कहानी में कथावाचक अपने प्रकाशित होने वाले कविता-संग्रह के आवरण के लिए अपने चित्रकार दोस्त से एक चित्र माँगता है। चित्रकार मित्र ने

"कविता संग्रह के लिए दीवार से उतारकर चित्र दिया। वह कला पेंटिंग नहीं क़लम से बनाया गया स्केच था। वह स्केच लकड़ी के फ़्रेम के भीतर था। उसमें सात-आठ साल का एक बच्चा था, जिसकी आँखों में एक अजीब सा भय और निरीहता थी।"[30]

यह एक चित्र का संवेदनसिक्त आख्यान है। सम्भवतः यह 'तिरिछ' कहानी संग्रह का आवरण चित्र है, जिसका रेखांकन प्रदत्त सूचना के अनुसार प्रसिद्ध चित्रकार मनजीत बावा ने किया है।

उदय प्रकाश की कथा-सृष्टि में देशी-विदेशी उत्कृष्ट साहित्य, साहित्यकारों के जीवन की घटनाएँ, साहित्यिक गतिविधियों आदि का सृजनात्मक प्रयोग है। 'वारेन हेस्टिंग्स का साँड़' में 'जयदेव' के गीत गोविंद के पदों का प्रसंगानुकूल सुन्दर प्रयोग किया गया है। 'मैंगोसिल' कहानी का कथावाचक ग़रीबी और अभावग्रस्तता के बीच कहता है कि...

"किताबें मेरे जीवन में किसी अभिशाप की तरह आयी थीं। उन्होंने मुझसे सब कुछ छीन लिया था। कभी आइजक बसाविस सिंगर की कहानियाँ पढ़ता या ऑरवेल का 'डाउन एण्ड आउट इन

लन्दन एण्ड पेरिस' या गोर्की की आत्मकथा तो कुछ सान्त्वना मिलती। शायद हर लेखक ऐसा ही गटर का जीवन जीता है। ...मेरे दिमाग़ में बार–बार कभी गिंसबर्ग की कविता 'हाउल' और कभी मुक्तिबोध की 'अँधेरे में' गूँजती।"[31]

उच्च अधिकारियों का अपने पद और हैसियत की वजह से साहित्यकार बनने के प्रचलन पर व्यंग्यात्मक प्रहार उदय प्रकाश ने 'पॉल गोमरा का स्कूटर', 'साइकिल', 'दिल्ली की दिवार' जैसी कहानियों में किया है। समकालीन साहित्यिक हलकों में बढ़ रही इस प्रवृत्ति को उदय प्रकाश 'मोहन दास' में रेखांकित करते हैं–

"वही समय जब हिन्दी का एक बूढ़ा आलोचक एक अफ़सर को मुक्तिबोध और दूसरा खुर्राट दूसरे अफ़सर को प्रेमचन्द और फणीश्वरनाथ रेणु घोषित कर रहा था।"[32]

उदय प्रकाश के यहाँ भारतीय संस्कृति और परम्परा का गहरा तथा बारीक ज्ञान मौजूद है। 'वारेन हेस्टिंग्स का साँड़' में संस्कृति की वह गौरवशाली परम्परा है, जहाँ पशुओं को भी मानवोचित सम्मान और स्नेह मिलता है। जब वारेन हेस्टिंग्स अपने साथ पाँच गायें और साँड़ को लेकर इंग्लैंड लेकर गया तो, वहाँ का परिवेश गायों और साँड़ को रास नहीं आया। वजह कि–

"बर्कशायर का यह बँगला, किसी मालिक के घर का वह आँगन नहीं था, जहाँ एक पूरा परिवार रोज़मर्रा की ज़िन्दगी में उन्हें अपने साथ शरीक रखता। यहाँ दीपावली नहीं मनायी जाती थी, गोवर्धन पूजा नहीं होती थी। गौपूजा का रिवाज़ नहीं था। ...बूढ़े दादा जी नहीं थे, जो एकादशी को पूड़ियाँ देते थे। वे नटखट शैतान प्यारे बच्चे नहीं थे जिनके साथ छेड़खानी, रुठना–मनाना होता था। ...मृत्यु के बाद कोई वैतरणी नहीं थी, जिसे पार करने के लिए गाय की पूँछ पकड़ने की ज़रूरत हो। इसलिए गोदान नहीं होता था।"[33]

कृषि आधारित समाज में गायों और बैलों से लगाव था। 'और अन्त में प्रार्थना', 'मोहन दास' आदि कहानियों में विस्तार से किसी क्षेत्र विशेष की आदिवासी संस्कृति की विशेषताओं को पिरोया गया है।

उदय प्रकाश के कथाख्यानों में आदिवासी जीवन की दिनचर्या, उनका परिवेश, खान–पान, रहन–सहन, वेश–भूषा और मासूमियत का जीवन्त और प्रामाणिक कोलाज मौजूद है। आस्था, विश्वास, शगुन–अपशगुन के ताने–बाने से गुँथा आदिवासी जीवन कई बार अपनी जड़–जंगल और ज़मीन से विस्थापित भी हो जाता है।

उदय प्रकाश में ज्योतिष सम्बन्धी ज्ञान के रचनात्मक इस्तेमाल का हुनर मौजूद है। ख़याल रहे, इस ज्ञान पर, उनकी आस्था नहीं है, लेकिन भारत की एक बड़ी आबादी ज्योतिषीय ग्रह–नक्षत्रों पर विश्वास करती है। लोगों का जीवन ऐसा ही आस्थाओं, विश्वासों, अन्धविश्वासों के बीच व्यतीत होता है। 'दिल्ली की दीवार' कहानी में 'राम निवास' के अचानक धन मिलने और फिर एनकाउंटर किये जाने के बाद ज्योतिष उसकी ग्रह दशा को गिनकर कहता है–

> *"अगर गुरु तीसरे घर में हों और मंगल को निहार रहे हों और छठे घर से मंगल, शुक्र और गुरु को बारी–बारी से निहार रहा हो और अगर महीने का कृष्ण पक्ष चल रहा हो तथा संयोग से तिथि चतुर्थी अथवा नवमी हो ऊपर से धनिष्ठा नक्षत्र लगा हो और विष्टिकरण से बनी हुई सिद्धि अकारण उपस्थित हो तो कुबेर की विशेष कृपा होती है। और अपार धन अथवा गड़ी हुई तिजोरी मिलने की प्रबल सम्भावना होती है। ...अगर संयोग से मिलने वाला धन पाप का काला अपवित्र धन हो तो उसका परिणाम घातक होता है।"*[34]

उदय प्रकाश क़ानून की धाराओं का भी प्रसंगानुकूल प्रयोग करते हैं। मसलन 'मोहन दास' में "विश्वनाथ और उसके पिता नगेन्द्रनाथ को जी.एम. मुक्तिबोध न्यायिक दण्डाधिकारी (प्रथम श्रेणी) के आदेश पर जालसाज़ी, धोखाधड़ी, फ़रेब, चोरी और ग़बन के जुर्म में इण्डियन पैनल कोड की धारा 419 / 420 / 467 / 468 / और 403 के तहत गिरफ़्तार करके जेल भेज दिया।"[35] कई कथाख्यानों की परिस्थितियों और घटनाओं के संचालन में न्याय व्यवस्था के विविध प्रावधानों का इस्तेमाल किया गया है।

उदय प्रकाश राष्ट्रीय–अन्तरराष्ट्रीय समाचारों का उपयोग भी अपनी कथा–सृष्टि में करते हैं। 'मोहन दास' में कई जगह कोष्ठक के भीतर तिरछे अक्षरों में देश–दुनिया के अनेक समाचारों का विवरण है।

'पॉल गोमरा का स्कूटर' में एक अति संवेदनशील ख़बर को कम महत्त्व देकर छापने के तरीक़े पर लेखक की टिप्पणी है–

> *"मुजफ़्फ़रनगर के गेहूँ के खेतों में 2 अक्टूबर, 1994 को जिन पचीसों उत्तराखण्डी महिलाओं को भारतवर्ष की पुलिस ने खदेड़–खदेड़कर रेप किया, वह सिर्फ़ एक सूचना है। फ़िलीपींस के शहर मनीला में दिल्ली के वसन्त कुंज इलाक़े में रहने वाली लड़की सुष्मिता सेन के मिस यूनिवर्स चुने जाने की सूचना के मुक़ाबले निहायत एक फटीचर सूचना, क्योंकि भारत अब भूमण्डलीकरण के कारण अन्तरराष्ट्रीय अर्थतन्त्र का एक उभरता हुआ खुला मालगोदाम और विशाल उपभोक्ता बाज़ार बन गया है। ...2 अक्टूबर की तारीख़ अब कोई भी प्रतीक बनने की पुरानी क्षमता खो चुकी है क्योंकि ईश्वर अब मर चुका है।"*[36]

उदय प्रकाश के कथाख्यानों में प्रेम की बहुविध मनोदशाओं का चित्रण है। 'राम संजीवन की प्रेमकथा' प्रेम और सामाजिक यथार्थ से बनी एक जटिल भावबोध की कहानी है। यह ग्रामीण पृष्ठभूमि के एक ईमानदार, क्रान्तिकारी, रोमांटिक प्रेमी के प्रेम की ट्रेजेडी है। 'छतरियाँ' दो किशोरों के मन में अँखुआते प्रेम का निश्छल आख्यान है। 'पीली छतरी वाली लड़की' एक प्रेमाख्यान है, जिसमें प्रेम मनोविज्ञान के अनेक आरोह–अवरोह मौजूद हैं। उदय प्रकाश की अधिकांश कहानियाँ प्रेमिल मनोभावों को व्यक्त करती हैं।

उदय प्रकाश की कथा–सृष्टि में ज्ञान की महत्त्वपूर्ण भूमिका है। ये अपनी बहुज्ञता का आतंककारी प्रदर्शन नहीं करते, बल्कि इसके ज़रिये कथा को अधिक सहज–सुगम–बोधगम्य तथा रोचक बनाते हैं। इनका ज्ञानानुभव पाठकों के ज्ञान फलक का विस्तार कर उनमें विशेष क़िस्म का आत्मीय लगाव विकसित करता है।

सन्दर्भ

1. उदय प्रकाश, पॉल गोमरा का स्कूटर, वाणी प्रकाशन, नयी दिल्ली, संस्करण 2006, पृ. 103
2. उपर्युक्त, पृ. 103
3. उदय प्रकाश, अपनी उनकी बात, वाणी प्रकाशन, नयी दिल्ली, संस्करण 2008, पृ. 109

4. उदय प्रकाश, पॉल गोमरा का स्कूटर, वाणी प्रकाशन, नयी दिल्ली, संस्करण 2006, पृ. 104
5. उदय प्रकाश, मोहन दास, वाणी प्रकाशन, नयी दिल्ली, संस्करण 2009, पृ. 11–12
6. उपर्युक्त, पृ. 87
7. उदय प्रकाश, और अन्त में प्रार्थना, वाणी प्रकाशन, नयी दिल्ली, संस्करण 2006, पृ. 56
8. उदय प्रकाश, दरियाई घोडा, वाणी प्रकाशन, नयी दिल्ली, संस्करण 2006, पृ. 97
9. उदय प्रकाश, मैंगोसिल, पेंगुइन बुक्स, नयी दिल्ली, संस्करण 2006, पृ. 85
10. उदय प्रकाश, मोहन दास, वाणी प्रकाशन, नयी दिल्ली, संस्करण 2009, पृ. 43
11. उदय प्रकाश, पॉल गोमरा का स्कूटर, वाणी प्रकाशन, नयी दिल्ली, संस्करण 2006, पृ. 96
12. उदय प्रकाश, पीली छतरी वाली लड़की, वाणी प्रकाशन, नयी दिल्ली, संस्करण 2009, पृ. 19
13. उदय प्रकाश, पॉल गोमरा का स्कूटर, वाणी प्रकाशन, नयी दिल्ली, संस्करण 2006, पृ. 37
14. उदय प्रकाश, पीली छतरी वाली लड़की, वाणी प्रकाशन, नयी दिल्ली, 2009, पृ. 13
15. उदय प्रकाश, ऑल गोमरा का स्कूटर, वाणी प्रकाशन, नयी दिल्ली, संस्करण 2006, पृ. 55
16. उदय प्रकाश, आवरण, पूर्वग्रह–अप्रैल–जून 2009, सं.–प्रभाकर श्रोत्रिय, पृ. 23
17. उदय प्रकाश, मोहन दास, वाणी प्रकाशन, नयी दिल्ली, संस्करण 2009, पृ. 65
18. उदय प्रकाश, पीली छतरी वाली लड़की, वाणी प्रकाशन, नयी दिल्ली, संस्करण 2009, पृ. 16
19. उदय प्रकाश, और अन्त में प्रार्थना, वाणी प्रकाशन, नयी दिल्ली, संस्करण 2006, पृ. 120
20. उदय प्रकाश, मैंगोसिल, पेंगुइन बुक्स, नयी दिल्ली, संस्करण 2006, पृ. 115
21. उदय प्रकाश, दत्तात्रेय के दुख, वाणी प्रकाशन, नयी दिल्ली, संस्करण 2006, पृ. 98–99
22. उदय प्रकाश, मैंगोसिल, पेंगुइन बुक्स, नयी दिल्ली, संस्करण 2006, पृ. 149
23. उदय प्रकाश, पीली छतरी वाली लड़की, वाणी प्रकाशन, नयी दिल्ली, संस्करण 2009, पृ. 132–133
24. उदय प्रकाश, मोहन दास, वाणी प्रकाशन, नयी दिल्ली, संस्करण 2009, पृ. 45
25. उदय प्रकाश, दत्तात्रेय के दुख, वाणी प्रकाशन, नयी दिल्ली, संस्करण 2006, पृ. 118
26. उपर्युक्त, पृ. 118
27. उदय प्रकाश, तिरिछ, वाणी प्रकाशन, नयी दिल्ली, संस्करण 2008, पृ. 24
28. उदय प्रकाश, और अन्त में प्रार्थना, वाणी प्रकाशन, नयी दिल्ली, संस्करण 2006, पृ. 151–153

29. उदय प्रकाश, पॉल गोमरा का स्कूटर, वाणी प्रकाशन, नयी दिल्ली, संस्करण 2006, पृ. 128
30. उदय प्रकाश, आवरण, पूर्वग्रह–अप्रैल–जून–2009, सं.–प्रभाकर श्रोतिय, पृ. 20
31. उदय प्रकाश, मैंगोसिल, पेंगुइन बुक्स, नयी दिल्ली, संस्करण 2006, पृ. 110–111
32. उदय प्रकाश, मोहन दास, वाणी प्रकाशन, नयी दिल्ली, संस्करण 2009, पृ. 61
33. उदय प्रकाश, पॉल गोमरा का स्कूटर, वाणी प्रकाशन, नयी दिल्ली, संस्करण 2006, पृ. 151
34. उदय प्रकाश, दत्तात्रेय के दुख, वाणी प्रकाशन, नयी दिल्ली, संस्करण 2006, पृ. 88
35. उदय प्रकाश, मोहन दास, वाणी प्रकाशन, नयी दिल्ली, संस्करण 2009, पृ. 78
36. उदय प्रकाश, पॉल गोमरा का स्कूटर, वाणी प्रकाशन, नयी दिल्ली, संस्करण 2006, पृ. 64

प्रतिपक्ष की कथा में प्रतिपक्ष की वापसी

प्रतिबद्ध हूँ
सम्बद्ध हूँ
आबद्ध हूँ –नागार्जुन

उदय प्रकाश अपने कथाख्यानों में एक वैचारिक प्रतिपक्ष रचते हैं। इनकी कथा–प्रतिपक्ष की कथा है, जिसके प्रति ये प्रतिबद्ध हैं, सम्बद्ध हैं और आबद्ध भी। समृद्धों और सत्तासीनों के बरअक्स साधारण, दीन–हीन, पीड़ित, शोषित,, प्रताड़ित और सत्ताहीनों का यह प्रतिपक्ष उदय प्रकाश की कथा–सृष्टि का केन्द्र है। दलितों, आदिवासियों, पिछड़ों, स्त्रियों, सामान्य सर्वहारा, बेरोज़गार, ग़रीब, उपेक्षित बुज़ुर्ग, निष्ठावान संवेदनशील संस्कृतिकर्मी, साहित्यिकों के साथ प्राकृतिक परिवेश को समेटता यह प्रतिपक्ष उदय प्रकाश की कथा–सृष्टि में पूरी आत्मीयता के साथ व्यक्त हुआ है। उदय प्रकाश के कथा–संसार के व्यापक परिदृश्य में यह प्रतिपक्ष अनेकानेक प्रसंगों, परिस्थितियों और परिवेश के अनुकूल बहुविध रूपों और रंगों में सृजित हुआ है। इनके कथा–ख्यानों में जो प्रतिपक्ष उकेरा गया है उसकी सर्वसामान्य विशेषता 'मैंगोसिल' कहानी के सूरी के शब्दों में इस प्रकार है–

> *"अब तीसरी दुनिया नहीं है। दो ही दुनिया है। और वो हर जगह हैं। एक दुनिया वो, जिसमें अन्याय करने वाले लोग रहते हैं, और दूसरी दुनिया वो, जिसमें बाक़ी वे सारे लोग रहते हैं, जो अन्याय सहते हैं।"*[1]

उदय प्रकाश की वैचारिक प्रतिबद्धता इसी अन्याय सहने वाले लोगों के साथ शिद्दत के साथ जुड़ी हुई है।

उदय प्रकाश के कथा–ख्यानों में मौजूद यह प्रतिपक्ष गम्भीर–दुख,

मुसीबत, विपत्ति और संकट के बीच जीने को विवश है। इस प्रतिपक्ष का एक रूप सामान्य सर्वहारा के रूप में 'टेपचू' कहानी का टेपचू है।

> *"पसीने, मेहनत, भूख, अपमान, दुर्घटनाओं और मुसीबतों की विकट धार को चीर कर वह निकल आया था। कभी उसके चेहरे पर पस्त होने, टूटने या हार जाने का ग़म नहीं उभरा।"*[2]

यह ऐसा प्रतिपक्ष है, जिसके पास जीवन की बुनियादी ज़रूरतें, मसलन–भोजन, आवास, पेय–जल, शौचालय, शिक्षा और स्वास्थ्य सुविधाएँ मुश्किल से ही उपलब्ध हो पाती हैं। यह समृद्धों और सत्तावानों का प्रतिपक्ष है। इसकी असलियत को उजागर करते हुए 'पीली छतरी वाली लड़की' कहानी में उदय प्रकाश कहते हैं–

> *"एक दिन में इस देश के मन्त्री और नौकरशाह जितने का लंच कर जाते थे, सिर्फ़ उतने रुपये से सारे गाँवों में पीने का पानी, स्कूलों में अध्यापक और ब्लैकबोर्ड, खेतों और घरों में बिजली और झुग्गी–झोपड़ियों में रहने वालों के लिए हगने–मूतने का शौचालय लग सकता था।"*[3]

उदय प्रकाश के इस विश्लेषण में अतिशयोक्ति भले हो पर यह आज के दौर का वह यथार्थ है जहाँ सत्ता वर्ग अनाप–शनाप ख़र्च करता है, वहीं आम जनता की बुनियादी ज़रूरतों पर उतना ध्यान नहीं दिया जाता है, जितना दिया जाना चाहिए। 'राम सजीवन की प्रेम कथा' में राम सजीवन अपनी विशिष्ट माप पद्धति में कुछ इसी प्रकार सोचते हैं–

> *"इस देश की सत्तर प्रतिशत जनता को ज़िन्दा रहने के लिए जितने कैलोरी शक्ति की ज़रूरत है, उतना भी अन्न नहीं मिल पाता, और दूसरा साढ़े तीन क्विंटल गेहूँ की शराब एक बैठक में पी जाता है।"*[4]

उदय प्रकाश के यहाँ यह प्रतिपक्ष बहुसंख्यक है। यह ईमानदार, श्रमशील और हुनरमन्द होते हुए भी उपेक्षित, हाशिये पर पड़ा है। पढ़ा–लिखा और मेधावी होते हुए भी बेरोज़गार है। उसको उसका वाज़िब हक़ नहीं मिला। यह वो बेरोज़गार युवा वर्ग है–

> *"जिनकी संख्या करोड़ों में थी। उनमें कोई भी शारीरिक और मानसिक खामी नहीं थी। वे अपार क्षमताओं, सम्भावनाओं और श्रम*

से भरपूर नौजवान थे। चिन्ताओं ने उनकी गाल की हड्डियों को उभार दिया था। उनकी आँखों के नीचे झाँईं पैदा कर दी थी।'[5]

'आचार्य की रजाई' कहानी के विनायक दत्तात्रेय बहुविध प्रतिभा सम्पन्न, मेधावी, जीनियस, ईमानदार और संकोची शोध छात्र है, लेकिन उन्हें नौकरी नहीं मिलती। इसका कारण शायद यह है कि विनायक दत्तात्रेय समयसेवी और चापलूस नहीं बल्कि स्वाभिमानी है।

> *"जैसा कि सब जानते हैं, सुप्रसिद्ध नाटककार और चित्रकार विनायक दत्तात्रेय ने मूँगफली बेच ली, सेकेंड हैंड स्कूटर बेचने का धन्धा किया, अख़बार में कॉलम और टीवी में सीरियल आदि सब लिखे, पर नौकरी के लिए अपनी नाक नहीं रगड़ी।"*[6]

विकट अभावों के बीच भी स्वाभिमान का भाव इस प्रतिपक्ष का बुनियादी स्वभाव है। 'मोहन दास' कहानी का मोहन दास ईमानदार, परिश्रमी, मेधावी, ग़रीब है। उसे उसका वाज़िब हक़ नहीं मिलता है। सत्ता तक पहुँच रखने वाला विसनाथ मोहन दास की पहचान, अस्मिता, अस्तित्व तक हथिया लेता है। अपनी अस्मिता को बचाने के लिए शिकायत, विरोध और मुक़दमा करने पर सत्ता पक्ष उसे इतना प्रताड़ित करता है कि डर, दशहत और आतंक से घिरा मोहन दास विवश होकर गुहार लगाता है–

> *"हमारा नाम मोहन दास नहीं है। ...हम अदालत में हलफ़नामा देने को तैयार हैं। जिसे बनना हो बन जाये मोहन दास। आप लोग हमें किसी तरह बचा लीजिए।"*[7]

यह निरन्तर क्रूर, भयावह, जटिल होते समय में प्रतिपक्ष का दुर्दमनीय रूप है। पहले तो उसका हक़ ही मारा जाता था। अब उसके अस्तित्व तक पर संकट है। वह विरोध न करने के लिए भी विवश होता जा रहा है। इस प्रतिपक्ष के जीवन में ख़ुशी की एक–दो बूँदें दूर से दिखती ज़रूर हैं पर जीवन में उतर नहीं पाती हैं। इस प्रतिपक्ष के 'जीवन में ठूँठ की किसी गाँठ से जो नये कोंपल के कल्ले आश्चर्य की तरह फूटने वाले' होते हैं, विपत्ति में 'दया की जो बूँदें' टपकती है 'उन्हें दुर्भाग्य और भ्रष्टचार की लू झुलसा डालते हैं।'[8]

उदय प्रकाश का प्रतिपक्ष भयावह ग़रीबी के मॉडल मुहल्ले में रहने को विवश है। बेसंध मकानों की कतारें, संकरी गलियाँ, बिजली–पानी की

सर्वाधिक कटौती, अफ़वाहें, यौन–रोग, दंगे, जादू–टोना, अपराध, बिमारियां, प्रदूषित परिवेश इस प्रतिपक्ष के रिहायश की बुनियादी पहचान है। यह प्रतिपक्ष उन ग़रीबों का है, जिसके बारे में एक डरावना आँकड़ा देते हुए उदय प्रकाश कहते हैं–

> *"तीसरी दुनिया के ग़रीब देशों के कितने करोड़ बच्चे हर रोज़ कुपोषण, ग़रीबी और गन्दगी के कारण असंख्य जान लेवा बीमारियों के शिकार होते हैं और मर जाते हैं।"*[9]

कचरे और गन्दगी भरे मुहल्ले में रहने वाले लोग हैं तो झुग्गी–झोंपड़ियों में रहने वाले लोग भी हैं जिनके न तो आवास का ठीक–ठिकाना है न ही जीवन का।

> *"यहाँ हर रोज़ आने वाला आदमी अचानक ही एक दिन अनुपस्थित हो जाता और फिर भविष्य में कभी नज़र न आता। इनमें से अधिकांश लोगों का निश्चित पता नहीं होता था कि उनके बारे में कोई जानकारी हासिल की जाये"*[10]

यहाँ ऐसे भी लोग हैं जिनके लिए झुग्गी–झोपड़ियों तक मयस्सर नहीं हैं। इनमें 'भिखमंगों, पागलों, कैदियों, लूले–लंगड़ों, नशेड़ियों और लावारिस अनागरिक मनुष्यों की आवारा आबादी' है।

> *"सूरज के निकलते–निकलते, समूची राजधानी के कोने–कोने में बिखर जाते हैं। उन्हें आप स्टेशन, बस अड्डे से लेकर दरगाहों, मन्दिरों और शहर के हर चौराहे और पटरियों पर देख सकते हैं। यह आबादी झुग्गियों में रहने वाली आबादी से बिल्कुल अलग है और उसकी जनसंख्या आज़ादी के बाद लगातार बढ़ रही है।"*[11]

आज़ादी के वर्षों बाद भी ऐसी जनसंख्या का बढ़ना उदय प्रकाश जैसे संवेदनशील रचनाकार की चिन्ता का कारण है। इनकी कथा–दृष्टि समसामयिक दौर में प्रतिपक्ष के रूपों और कलेवरों को संजीदगी से देखती–दिखाती अनूठी कथा का सृजन करती है।

ऐसे लोगों का जीवन विषम और विपरीत परिस्थितियों के बीच भी किसी तरह से बचा रहता है तो शायद किसी चमत्कार के कारण ही। 'पीली छतरी वाली लड़की' में राहुल के सन्दर्भ में उदय प्रकाश कहते हैं–

"उसका और उसके जैसे असंख्य लोगों का जीवन उन कमज़ोर पाल वाली नौकाओं की तरह है जो इस समय के हिंसक और उन्मत्त महासमुद्र में, किसी तूफान में फँसकर, पागल और सर्वभक्षी लहरों से किसी तरह, प्राणपन के साथ, अपने अस्तित्व की निर्णायक और अन्तिम लड़ाई में, जूझ रही है, उनकी नियति हर बार उनके जीवन के साथ एक जुआ खेलती है, और किसी संयोग, किसी चमत्कार या किसी अप्रत्याशित करिश्मों से उनका जीवन हर बार बच जाता है।"[12]

प्रतिपक्ष का जीवन प्रायः रोज़ हादसे का शिकार होता है। कभी किसी तरह बचता है, तो कभी मर भी जाता है। यह जीवन खतरों से घिरा हुआ है। पूर्वग्रह–125, में प्रकाशित 'आवरण' कहानी में उदय प्रकाश कहते हैं कि यह–

"जीवन भी एक तरह का 'रियलिटी शो' ही है, ऐसा, जो कहीं प्रसारित नहीं होता। कहीं दिखता–छपता नहीं।"[13]

प्रतिपक्ष का जीवन मीडिया में भी ठीक से नहीं आता। "दरअसल अख़बार होते ही इसलिए हैं कि वे यहाँ की ख़बरों और हादसों को छिपायें।"[14] प्रगति, विकास और रफ़्तार की चकाचौंध में "पैदल और साइकिल–स्कूटर सवार हर रोज़ कुचले जाते। उनका मरना किसी अख़बार या टीवी के समाचार चैनल में ख़बर तक न बन पाता।"[15] जन–सामान्य के रोजमर्रा जीवन की घटनाएँ जो मीडिया में नहीं दिखती–छपती हैं, उदय प्रकाश की कहानियों में प्रमुख स्थान घेरती हैं। जिसे मीडिया जानबूझ कर छिपाता है, उसे उदय प्रकाश साहस के साथ उजागर करते हैं।

प्रतिपक्ष का एक रूप आदिवासी हैं। ये प्रकृति के बीच नैसर्गिक और शान्त जीवन जीते हैं। ये आदिवासी–

"सरकार के नाम पर सिर्फ़ पुलिस, पटवारी और आबकारीवालों को ही जानते थे, जो उनके घर में घुसकर उनकी मुर्गियाँ उठा ले जाते थे, ठर्रा बनानेवाला मटका फोड़ देते थे, औरतों और लड़कियों के पेट में अपना बीज डाल जाते थे और मारते–पीटते थे।"[16]

प्रधानमन्त्री के दौरे और पेपर मिल के शिलान्यास के बाद आदिवासियों को उनके जल, जंगल और ज़मीन से बेदखल करने की पूरी पृष्ठभूमि

तैयार कर ली जाती है। उदय प्रकाश एकदम सटीक लिखते हैं कि पेपर मिल बनने के बाद–

> *"जंगलों पर निर्भर आदिवासी शहरों में बनने वाली इमारतों या ऐसी ही किन्हीं दूसरी परियोजनाओं में सस्ती, दिहाड़ी और फ़र्ज़ी मास्टर रोल पर काम करने वाले लेबर बन जायेंगे। अगरिया, बंसोर, मिम्मा, ढ़ीगर आदि जातियों की पारम्परिक दस्तकारी का कुटीर उद्योग ख़त्म हो जायेगा।।"*[17]

यह आदिवासी समुदाय देश के विभिन्न भागों में मौजूद है। देश को आज़ादी दिलाने में इनकी ऐतिहासिक भूमिका है। विडम्बना यही है कि आज़ादी के सालों बाद भी इनको मुख्य धारा में अब तक नहीं लाया जा सका है। आदिवासियों की विशेषताओं को रेखांकित करते हुए 'पीली छतरी वाली लड़की' में किन्नू दा के हवाले से उदय प्रकाश कहते हैं–

> *"आदिवासियों की सबसे बड़ी विशेषता यह है कि उनकी ज़रूरतें सबसे कम हैं। वे प्रकृति और पर्यावरण का सबसे कम नुक़सान करते हैं। सिंहभूमि, झारखण्ड, मयूरभंज, बस्तर और उत्तर पूर्व में ऐसे आदिवासी समुदाय हैं जो अभी तक छिटवा या झूम खेती करते हैं और सिर्फ़ कच्ची भुनी या उबली चीज़ें खाते हैं। तेल में फ्राई तक वे पसन्द नहीं करते। वे प्राकृतिक मनुष्य हैं। अपनी स्वायत्तता और सम्प्रभुता के लिए उन्होंने भी ब्रिटिश उपनिवेशवाद के ख़िलाफ़ महान संघर्ष किया था। लेकिन इतिहासकारों ने उस हिस्से को भारतीय इतिहास में शामिल नहीं किया। इतिहास असल में सत्ता का एक राजनीतिक दस्तावेज़ होता है।"*[18]

जिस पक्ष को इतिहास में दरकिनार कर दिया गया है वह प्रतिपक्ष के रूप में उदय प्रकाश की रचनाओं में मौजूद है।

इस प्रतिपक्ष में दलित भी हैं। 'पुतला' कहानी का हुनरमन्द कलाकार किशनू पासी चौधरी भीखमदास द्वारा आयोजित रामलीला में दशहरा के अवसर के लिए रावण, मेघनाद और कुम्भकर्ण का पुतला बनाने को बाध्य है। चौधरी भीखमदास द्वारा उत्पीड़ित और अपमानित होते हुए बिना खाए दम–बेदम और निस्पंद होकर भी अपने पिता ठूनू पासी पर क़र्ज़ के एवज में पुतला बनाना उसकी मजबूरी है। इसी प्रकार 'हीरालाल का भूत' कहानी में ठाकुर घराने द्वारा हर पल, हर दिन, हर स्तर पर शोषण और उत्पीड़न

का शिकार हीरालाल काल के गाल में समा जाता है। 'दिल्ली की दीवार' में राम निवास, 'मोहन दास' में मोहन दास 'मैंगोसिल' में चन्द्रकान्त थोराट वे दलित हैं, जो आज के दौर में सत्ता का प्रतिपक्ष रचते हैं।

इस प्रतिपक्ष में सधे प्रवीण किन्तु उपेक्षित कलाकार भी हैं। 'अभिनय' कहानी के फ़क़ीर मोहन सेन का अभिनय कलात्मकता और लोकप्रियता के चरम शिखर पर पहुँचा। अभिनय की सिद्धहस्तता के बावजूद उन्हें अपनी आजीविका हेतु मसखरे का काम करना पड़ा। फ़क़ीर मोहन सेन के दाहिने पैर के तलवे पर एक नासूर था।

> *"जैसे ही वे अपना दाहिना पांव ज़मीन पर रखते और उनके शरीर का बोझ उस पर पड़ता, लगता जैसे कई लाख बिच्छुओं ने वहाँ एक साथ डँक मार दिया है। बहुत कठिन अभ्यास के बाद उन्होंने अपने चेहरे को पहले निर्विकार और बाद में प्रसन्न रखना सीख लिया था।"*[19]

प्रतिभावान कलाकार की यह दुखद परिणति है कि उसे अपना जीवन चलाने की राह भी कठिनाई से मिलती है। बदलते दौर में परम्परागत अभिनय, संगीत, संस्कृति को पाश्चात्य पॉप–पल्प संस्कृति तेज़ी से अपदस्थ कर रही है। उदय प्रकाश की कथाओं में भारतीय सांस्कृतिक परम्परा आत्मीयता और गझिनता से उभरकर आयी है तथा प्रतिपक्ष के रूप में अपनी उपस्थिति दर्ज करती है। यह अनायास नहीं कि बुन्तू के मधुर, जादूभरे और उन्माद से छलकते गीत सुनकर वारेन हेस्टिंग्स विभोर हो उठता है।

> *"बुन्तू जिस भाषा में गाता था, वह मैथिली थी। लगता जैसे किसी झरने के पियानों से पानी के छोटे–छोटे बुलबुल उठ रहे हों और एक–एक कर फूटते हुए ऐसे शब्दों और ध्वनियों को हवा में जन्म दे रहे हों, जिनके अबूझे अर्थ धीरे–धीरे हृदय के भीतर अपने संकेतों को संगीत के साथ किसी जादू भरी लय में खोल रहे हों।"*[20]

उदय प्रकाश की कथा–सृष्टि में पशु–पक्षी संस्कृति और समाज के ही नहीं परिवार के भी अभिन्न अंग हैं। हिन्दुस्तानी गाय–बैलों के स्वभाव और लोगों के साथ उनके भारतीय सम्बन्धों को देखकर वारेन हेस्टिंग्स आश्चर्यचकित होता है।

"मनुष्यों की तरह उनके व्यक्तिवाचक नाम थे और आश्चर्य यह कि वे अपने नाम को जानते भी थे। ...वे गाँवों में रहने वाले लोगों के परिवार के एक सदस्य थे। गायें वहाँ आँगन में बँधी होती थीं। बछड़े घर के बच्चों के साथ खेलते झगड़ते थे। उनमें बकायदा रुठना–मनाना, छेड़–छाड़ और शरारतें हुआ करती थीं। ...ये गायें सब समझती थीं। उसने सुना कि घर में कोई बीमार होता था तो गाय खाना छोड़ देती थी और उपवास करती थी। किसी की मृत्यु या कोई दुर्घटना हो जाये तो परिवार के लोगों के साथ गायें जार–जार आंसू बहाकर रोती थीं। ...ग़रीबी या अकाल में वे खाना नहीं मांगती थीं। सबके साथ बराबर भूखी रहती थीं।"[21]

समसामयिक दौर में मनुष्यों में बढ़ती पाशविक प्रवृत्ति के विपरीत पशुओं की मनवोचित प्रवृत्तियों का रेखांकन उदय प्रकाश के कथा–ख्यानों का एक प्रमुख प्रतिपक्ष है।

विकास और प्रगति के फलस्वरूप क्षरित होती प्रकृति, प्रदूषित होता पर्यावरण और असन्तुलित होते जीवन तन्त्र के प्रति वास्तविक चिन्ता उदय प्रकाश की कथा–दृष्टि की एक मूल विशेषता है। जंगल, पेड़, खेत, गाँव, तालाब, झरने और विलुप्त होते अनेक किस्मों के पशु–पक्षियों की उपस्थिति भी एक प्रतिपक्ष का निर्माण करती है।

'छप्पन तोले का करधन' कहानी की दादी निरन्तर छीजते पारिवारिक सम्बन्धों के बीच उपेक्षित बुज़ुर्गों की एक प्रतिनिधि प्रतीक पात्र हैं। परिवार के सदस्य मानते हैं कि घर की बदहाली को दादी का करधन ही दूर कर सकता है। लेकिन दादी करधन के बारे में कुछ भी नहीं बोलतीं। इसीलिए पूरा परिवार दादी पर खीझ और गुस्सा निकालता है, विषम यातना देता है। करधन पूरे परिवार के लिए एक मिथ है और आशा भी। दादी पूरी कारुणिकता के साथ कहती है–

"अभी तो बेटा, बहू दाल–भात डयोढ़ी पर रख जाती हैं, करधन मैंने दे दिया तो फिर कौन सी आस रह जायेगी? करधन हो कि न हो वह मेरे लिए और तुम सबकी आस के लिए ज़रूरी है बेटा।"[22]

जादू–टोने और अन्धविश्वास के बीच संगठित सेना की तरह परिवार द्वारा दादी पर किया गया यातनादायक व्यवहार जगज़ाहिर है।

"गाँव की औरतें कहतीं कि बुढ़िया को उसके बेटे–बेटी और बहुओं ने रौरव नरक में डाल रखा है। भगवान् किसी को ऐसा बुढ़ापा दिखाने के पहले ही उठा ले।"[23]

दादी के प्रति अवांछित–भयावह व्यवहार को देख, घर के पिताजी (दादी के बड़े पुत्र) भी कभी–कभी सिहर उठते हैं।

"मुझे तो डर लगता है कि अगर मैं बूढ़ा और बीमार हो गया तो इस घर में मेरे साथ क्या किया जायेगा। मैं अभी से बता दूँ कि मेरे पास नहीं है कोई धन। अपना ख़ून बेचकर मैं तुम सबको पाल रहा हूँ, मुझ पर रहम करना..."[24]

उपेक्षित बुढ़ापा भी उदय प्रकाश के यहाँ प्रतिपक्षी भूमिका में है, जिसे वे पूरी संवेदनशीलता और आत्मीयता के साथ अपनी रचनाओं में उभारते हैं।

उदय प्रकाश का प्रतिपक्ष साधारण, अशिक्षित, ग़रीब भले हैं, अपने हक़ और पक्ष को जानता–समझता है। 'टेपचू' कहानी में

"मजदू रों की छँटनी करने का सरकारी फरमान जारी हुआ। मज़दूरों की तरफ़ से माँग की गयी कि पहले उनकी नौकरी का कोई बन्दोबस्त कर दिया जाये, तभी उनकी छँटनी की जाये"[25]

टेपचू का तर्क है–

"छँटनी ऊपर की तरफ़ से होनी चाहिए। जो पचास मज़दूरों के बराबर पगार लेता हो निकालो पहले उसे छाँटों आजमानी साहब को पहले।"[26]

यह कमज़ोर दीन, दलित, ग़रीब की सचेतनता है। ऐसी ही सचेतनता 'मैंगोसिल' कहानी के सूरी में है। वह कहता है–

"अस्पताल तो उनके लिए बनते हैं, जिनके लिए कारें, होटल, हवाई जहाज़ और बिल्डिगें बनती हैं।"[27]

इससे भी आगे वैश्विक घटना क्रम पर चौंका देने वाला तर्क देता है–

"मैं अच्छी तरह से जानता हूँ कि अमेरिका ने इराक़ पर हमला सिर्फ़ तेल के लिए किया है, लेकिन इस बात को छुपाने के लिए जितना रुपया ख़र्च किया गया है, उतने में अमेरिका वैसे भी वहाँ से तेल ख़रीद सकता था। ...अगर इण्डिया में भी उतना

तेल निकल आये तो अमेरिका इण्डिया पर भी हमला कर देगा। ...वैसे एक दिन ऐसा आयेगा जब दुनिया में या तो सिर्फ़ अमेरिका होगा या फिर दुनिया में सिर्फ़ अमेरिका नहीं होगा।"[28]

वह अमेरिकी साम्राज्यवादी तानाशाही मन्सूबे को बारीकी के साथ उजागर करता है।

नवसाम्राज्यवादी दौर में भारत पर साम्राज्यवाद के शिकंजे को पॉल गोमरा भी भाँप लेते हैं। दिल्ली के इण्डिया इण्टरनेशनल सेंटर की उस गोष्ठी में आये सत्तासीन लोग उन्हें साम्राज्यवादी एजेंट लगते हैं। गुस्से और नशे में ऊधम मचाते हुए पॉल गोमरा कहते हैं–

> *"...लार्ड क्लाइव, प्लासी की लड़ाई जीत गया तो सोचता है सारा हिन्दुस्तान जीत लूँगा। सुनो ईस्ट इण्डिया कम्पनी के ऐजेंटों और दलालों, सुनो फिरंगियों के आइ.सी.एस. अफ़सरों...ये हिन्दी तो मोचियों, जुलाहों, नाइयों, धोबियों, फकीरों और साधुओं की ही भाषा है।"*[29]

यह निरा बकवास नहीं, बल्कि अपमानित सामान्य, साधारण जनता का आवेगमय प्रतीकात्मक विरोध है। यह प्रतिपक्ष इस दौर के ठगों, लुटेरों और धोखेबाज़ों को अच्छी तरह से जानता है। 'मोहन दास' कहानी में अपने दुखों को कुछ पल के लिए दोस्तों के साथ रास–रंग में भूलने के बाद

> *"मोहन दास अपने बचपन के संगियों को बताना चाहता था कि तुम लोग सरकारी दफ़्तरों में, शहरों की ऊँची बिल्डिगों और बड़े–बड़े बंगलों–कोठियों में, कोयला खदानों–कारखानों में और लेनिन नगर, गाँधीनगर, अम्बेडकर नगर, शास्त्री नगर जैसी कालोनियों में जाकर पता लगाओ कि वहाँ तुम्हारे नाम, बल्दियत और पता–ठिकाने का कोई दूसरा फ़र्ज़ी जालसाज़ तो नहीं बैठा हुआ है, जिसने तुम्हारा हक़ छीन लिया है। लेकिन नशे के बावजूद उसे लगा रहा था कि ऐसा कहने पर ये सब उससे यही कहेंगे कि उस पर ठर्रा ज़्यादा चढ़ गया है।"*[30]

यह प्रतिपक्ष डर, दहशत, आतंक और विषम परिस्थितियों की वजह से कई बार मानमाफिक विरोध या प्रतिरोध करने की स्थिति में नहीं होता,

लेकिन अपना हक, पक्ष, अस्मिता, अस्तित्व लूटने वालों को अच्छी तरह से जानता है, उनके काले कारनामे पहचानता है।

उदय प्रकाश का यह प्रतिपक्ष अपने घर, परिवार, गाँव, जंगल, ज़मीन से बार–बार विस्थापित, निर्वासित होता है। क़दम–क़दम पर शोषण, दमन, पीड़ा, यातना झेलता हुआ संघर्ष करता है। यह अनथक संघर्षशीलता उसकी जीवटता के कारण है।

> *"ऐसी जिजीविषा, जो करोड़ों अन्याय सहने वाले और कठिन ज़िन्दगी जीने वाले लोगों में अक्सर पायी जाती है।"*[31]

यह जिजीविषा ही उदय प्रकाश के संघर्षशील प्रतिपक्ष की अन्यतम् विशेषता है।

सन्दर्भ

1. उदय प्रकाश, मैंगोसिल, पेंगुइन बुक्स, नयी दिल्ली, संस्करण 2006, पृ. 163
2. उदय प्रकाश, दरियाई घोड़ा, वाणी प्रकाशन, नयी दिल्ली, संस्करण 2006, पृ. 109
3. उदय प्रकाश, पीली छतरी वाली लड़की, वाणी प्रकाशन, नयी दिल्ली, संस्करण 2009, पृ. 95
4. उदय प्रकाश, तिरिछ, वाणी प्रकाशन, नयी दिल्ली, संस्करण 2008, पृ. 91
5. उदय प्रकाश, पीली छतरी वाली लड़की, वाणी प्रकाशन, नयी दिल्ली, संस्करण 2009, पृ. 94
6. उदय प्रकाश, दत्तात्रेय के दुख, वाणी प्रकाशन, नयी दिल्ली, 2006, पृ. 51
7. उदय प्रकाश, मोहन दास, वाणी प्रकाशन, नयी दिल्ली, संस्करण 2009, पृ. 10
8. उदय प्रकाश, मोहन दास, वाणी प्रकाशन, नयी दिल्ली, संस्करण 2009, पृ. 21
9. उदय प्रकाश, मैंगोसिल, पेंगुइन बुक्स, नयी दिल्ली, 2006, पृ. 176
10. उदय प्रकाश, दत्तात्रेय के दुख, वाणी प्रकाशन, नयी दिल्ली, संस्करण 2006, पृ. 57
11. उदय प्रकाश, दत्तात्रेय के दुख, वाणी प्रकाशन, नयी दिल्ली, संस्करण 2006, पृ. 62
12. उदय प्रकाश, पीली छतरी वाली लड़की, वाणी प्रकाशन, नयी दिल्ली, संस्करण 2009, पृ. 118
13. उदय प्रकाश, आवरण, पूर्वग्रह–अप्रैल–जून 2009, प्रधान सम्पादक–प्रभाकर श्रोत्रिय, पृ. 14
14. उदय प्रकाश, दत्तात्रेय के दुख, वाणी प्रकाशन, नयी दिल्ली, संस्करण 2006, पृ. 61
15. उदय प्रकाश, मैंगोसिल, पेंगुइन बुक्स, नयी दिल्ली, संस्करण 2006, पृ. 149
16. उदय प्रकाश, और अन्त में प्रार्थना, वाणी प्रकाशन, नयी दिल्ली, संस्करण 2006, पृ. 137
17. उपर्युक्त, पृ. 151

18. उदय प्रकाश, पीली छतरी वाली लड़की, वाणी प्रकाशन, नयी दिल्ली, संस्करण 2009, पृ. 14
19. उदय प्रकाश, और अन्त में प्रार्थना, वाणी प्रकाशन, नयी दिल्ली, संस्करण 2006, पृ. 75
20. उदय प्रकाश, पॉल गोमरा का स्कूटर, वाणी प्रकाशन, नयी दिल्ली, संस्करण 2006, पृ. 112
21. उपर्युक्त, पृ. 138
22. उदय प्रकाश, तिरिछ, वाणी प्रकाशन, नयी दिल्ली, संस्करण 2008, पृ. 59
23. उपर्युक्त, पृ. 61
24. उपर्युक्त, पृ. 60
25. उदय प्रकाश, दरियाई घोड़ा, वाणी प्रकाशन, नयी दिल्ली, संस्करण 2006, पृ. 110
26. उपर्युक्त, पृ. 111
27. उदय प्रकाश, मैंगोसिल, पेंगुइन बुक्स, नयी दिल्ली, संस्करण 2006, पृ. 153
28. उपर्युक्त, पृ. 154–155
29. उदय प्रकाश, पॉल गोमरा का स्कूटर, वाणी प्रकाशन, नयी दिल्ली, संस्करण 2006, पृ. 71
30. उदय प्रकाश, मोहन दास, वाणी प्रकाशन, नयी दिल्ली, संस्करण 2009, पृ. 57
31. उदय प्रकाश, मैंगोसिल, पेंगुइन बुक्स, नयी दिल्ली, संस्करण 2006, पृ. 165

राजनीति में दूसरा और तीसरा मोर्चा

गहन है यह अन्धकारा। –निराला

पिछले लगभग चार दशकों से भारत की तथाकथित लोकतान्त्रिक राजनीति का स्वरूप पहले से कई मायनों और कई रूपों में बदला है। निहित अतिरिक्त स्वार्थपरकता के कारण आकाशधर्मी लोकतान्त्रिक राजनीति अँधेरगर्दी में भटकती जा रही है। ठोस मुद्दे और कार्यक्रम को एकबारगी दरकिनार कर धर्म, जाति और स्थानीय बातों को मुख्य मुद्दा बनाकर येन–केन–प्रकारेण सत्ता हासिल करना ही राजनीतिक दलों का मुख्य चरित्र बनता जा रहा है। इस दौरान भारतीय राजनीति में कई जगहों पर क्षेत्रीय छोटे दलों का वर्चस्व तेज़ी से बढ़ा है। कई अवसरों पर सरकार के गठन में दूसरे और तीसरे मोर्चे ने अहम् भूमिका निभायी है। राजनेता व्यक्तिगत तुच्छ स्वार्थों के वशीभूत सांसद–विधायकों की ख़रीद–फ़रोख़्त कर सरकारें बनाने–गिराने में लगे रहते हैं। सरकारी नीतियों को कॉरपोरेट, देसी–विदेशी पूँजीपति घराने तय करने लगे हैं। माफ़ियाओं का अवैध शिकंजा, राजनीति, प्रशासन और दैनिक जन–जीवन को अपनी गिरफ़्त में ले रहा है। विभिन्न क्षेत्रों में सक्रिय माफिया और सन्दिग्ध क़िस्म के लोग ही राजनेताओं के चहेते बन गये हैं। ये अनैतिकता, बर्बरता और हिंसकता की किसी भी सीमा को लाँघ सकते हैं। किशन पटनायक ने ठीक रेखांकित किया है "व्यापारियों, राजनेताओं और अपराधियों का गठजोड़ हमारी राजनीति की मुख्यधारा बन गया है।"[1] महत्त्वपूर्ण सवाल है कि क्या राजनीति में नैतिकता क़ायम हो सकेगी? सरकारी कार्यक्रमों और नीति निर्धारण में पूँजीपतियों का स्वार्थपरक हस्तक्षेप रुक सकेगा? उदय प्रकाश की रचनात्मक प्रतिबद्धता ऐसे कई सवालों से रू–ब–रू होती है। इस दौर के राजनीतिक कलेवर और तेवर पर सार्थक, सुचिन्तित,

पारदर्शी, बेबाक और यथोचित टिप्पणी उदय प्रकाश की कथा–दृष्टि की एक महत्त्वपूर्ण विशेषता है।

यह एक प्रधान राजनीतिक लक्षण बन गया है कि राजनीतिक दल अपने वायदों, घोषणाओं या मेनिफेस्टों की बातों को शायद ही पूरा करते हों। इनकी बातें प्रायः खोखली होती हैं। इनकी बातें राजनीतिक लफ़्फ़ाजी से अधिक कुछ नहीं होती हैं। इसी कारण जन–सामान्य के बीच राजनेताओं की विश्वसनीयता निरन्तर घटती जा रही है। रोचक बात यह है कि इस तथ्य से ये राजनीतिक भी पूरी तरह वाक़िफ़ होते हैं। फिर भी आत्मशोधन के बजाय जनमत को प्रभावित करने के लिए कई हथकण्डे अपनाते हैं। इस राजनीतिक विडम्बनाओं पर एक टिप्पणी में उदय प्रकाश लिखते हैं–

> *"मतदाता तो हर बार किसी एक राजनीतिक दल को सज़ा देता है, जिसका फ़ायदा दूसरी राजनीतिक पार्टी को अपने आप मिल जाता है और वह सरकार बना लेता है। यह सच्चाई हर राजनीतिक नेता जानता है कि शायद ही कोई नागरिक उस पर विश्वास करता हो, इसलिए वह स्वयं जनता पर अविश्वास करता है। उसके प्रति सन्देह और शंका से भरा होता है। यही कारण है कि उसे जनता का वोट पाने के लिए सिनेमा, खेल, टीवी, फैशन–ग्लैमर आदि इलाक़ों से उन लोगों को अपने प्रचार में उतारना पड़ता है, जिनकी विश्वसनीयता, साख और लोकप्रियता जनता के बीच उन राजनीतिक पार्टी के नेताओं से ज़्यादा होती है।"*[2]

समाज के विविध क्षेत्रों में सक्रिय मशहूर लोगों का राजनीतिक इस्तेमाल एक प्रचलन सा हो गया है। ऐसे लोग भी भारतीय लोकतन्त्र के प्रति अपेक्षित दायित्व का निवर्हन नहीं कर पाते हैं। इस सन्दर्भ में आशीष नंदी लिखते हैं–

> *"संसद में टीवी और फ़िल्मी दुनिया से आये लोगों की संख्या भी पिछले दिनों काफ़ी बढ़ी है। मशहूर खिलाड़ी, विज्ञान के प्रबन्धक, प्रचार–लोभी कलाकार और ऐसे ही कई ग़ैर–राजनीतिक लोग, राजनीति की बाजारू संस्कृति को गढ़ने में योगदान दे रहे हैं। यही लोग जनता की राय को उत्तरोत्तर अस्थिर करने के कारक भी बनते हैं।"*[3]

राजनीतिक दलों का लक्ष्य देश का सर्वांगीण विकास नहीं रह गया है। राजनीतिक दलों में कई तरह की संकीर्णताएँ भर गयी हैं। सत्ता को येन–केन–प्रकारेण हासिल करना और बचाये रखना ही इनका प्रमुख उद्देश्य बन गया है। राजनीति के इस आयाम पर श्यामाचरण दुबे कहते हैं–

> *"राष्ट्रीयता, सामाजिक एकीकरण, विकास, आत्मनिर्भरता और समता के लक्ष्य आज अर्थहीन हो गये हैं, क्योंकि तात्कालिक राजनीतिक लाभ के लिए उनकी परिभाषाएँ बदली हैं। अवसरवादी राजनीति ने जातीय भावना, क्षेत्रीयता, भाषावाद, साम्प्रदायिकता और जातिवाद का बड़ी बेशर्मी से दोहन किया है। इस दृष्टि से हमारा कोई भी दल बेदाग नहीं है।"[4]*

उदय प्रकाश की कथा–दृष्टि समसामयिक राजनीतिक मन और मंशा को सहजता से भाँप लेती है।

साम्प्रदायिकता आज के राजनीतिक परिदृश्य की एक प्रमुख प्रवृत्ति है। इसका बारीक वृत्तान्त उदय प्रकाश की कथा–सृष्टि में भयावह यथार्थ के साथ मौजूद है। वर्ष 1992 में हंस के अगस्त और सितम्बर अंक में... 'और अन्त में प्रार्थना' कहानी का प्रकाशन होता है। इसमें उदय प्रकाश लिखते हैं–

> *"ये वे दिन थे जब मध्य प्रदेश ही नहीं देश के अन्य तीन राज्यों में भारतीय जनता पार्टी की सरकार बन गयी थी। डीज़ल से चलने वाले ट्रक के ऊपर रखे गये रथ के मॉडल के साथ एक बूढ़े राजनीतिक हिन्दू नेता ने देश भर में रथ यात्रा की थी। अयोध्या में मन्दिर मस्ज़िद विवाद से पूरे देश का एक अतार्किक, अमानवीय और डरावना ध्रुवीकरण पैदा हो रहा था।"[5]*

कहना न होगा उदय प्रकाश का डर सही साबित हुआ और दिसम्बर 1992 ई. में मस्जिद ध्वंस के बाद देश भर में साम्प्रदायिक तनाव अनेक दिनों तक क़ायम रहा।

जातियों का राजनीतिकरण इस दौर के राजनीतिक परिदृश्य की दूसरी प्रमुख प्रवृत्ति है। इसकी शुरुआत दलितों के साथ–साथ पिछड़ी जातियों को नौकरियों और शिक्षण संस्थानों में आरक्षण हेतु मण्डल आयोग की सिफ़ारिश लागू होने से मानी जा सकती है। इस दौरान दलित और

पिछड़ी जातियों का ज़बरदस्त राजनीतिक उभार हुआ। इन वर्गों के लोगों का उत्साह मतदान से लेकर राजनीतिक दलों का सदस्य बनने तक सभी राजनीतिक गतिविधियों में दिखायी देता है। इस उभार का भारतीय समाज पर कोई ख़ास सकारात्मक प्रभाव नहीं पड़ा। योगेन्द्र यादव जैसे राजनीतिक चिन्तक मानते हैं–

"दलितों और पिछड़ों के फलस्वरूप जो आस्थाएँ राजनीति के केन्द्र में आयीं, अपने चरित्र में वे प्रायः सबको जोड़ने वाली न होकर खण्डित थी। उनकी चिन्ताएँ अक्सर एक वर्ग और एक मुद्दे को लेकर रहती थीं।"[6]

इन राजनीतिक दलों ने कभी यह प्रयास नहीं किया कि पिछड़ों, अनुसूचित जातियों, अनुसूचित जनजातियों तथा अन्य दलित वर्गों के साथ तालमेल बिठाकर सभी के सर्वांगीण विकास का एजेण्डा अपनाया जाये। सरकार गठन में इन वर्गों की भूमिका अब नज़रअन्दाज़ नहीं की जा सकती। इस सम्बन्ध में धीरूभाई शेठ कहते हैं–

> *"कांग्रेस, भाजपा और कम्युनिस्ट सरीखे राष्ट्रीय दलों का राजनीतिक समर्थन प्राप्त करने के लिए अन्य पिछड़े वर्गों, अनुसूचित जातियों या जनजातियों के सामाजिक–राजनीतिक संगठनों या इनके द्वारा गठित क्षेत्रजाति–दलों के साथ सीधी बातचीत करना अनिवार्य हो गया।"*[7]

संविधान के 73वें और 74वें संशोधन के तहत पंचायती और स्थानीय निकायों के चुनावों में अनुसूचित जातियों, अनुसूचित जनजातियों और स्त्रियों के लिए आरक्षण का प्रावधान किया गया। फलतः निचले तबके के लोगों की व्यापक स्तर पर राजनीतिक भागीदारी, राजनीतिक संचेतनता और राजनीतिकरण इस दौर की महत्त्वपूर्ण उपलब्धि है। हालाँकि कई जगहों पर इसका विडम्बनात्मक स्वरूप भी दिखाई पड़ता है। निचले तबके के लोगों का महज़ राजनीतिक इस्तेमाल किया जाता है। ये प्रभुत्वशाली वर्ग के मुहरे भर होते हैं। उदय प्रकाश की कहानी 'और अन्त में प्रार्थना' का ढींगर गाँव

> *"आदिवासी जनजातियों के लिए सुरक्षित संसदीय क्षेत्र। लेकिन चुनाव और राजनीति के सारे मोहरे ग़ैर–आदिवासी लोगों द्वारा ही संचालित होते थे। भुलई साधो यहाँ के निर्वाचित सांसद थे, लेकिन इस आदिवासी सांसद के बारे में हर कोई जानता था कि वह ज़िले के माफिया किंग त्रिभुवन सिंह का नौकर है।"*[8]

ऐसे जन प्रतिनिधि जनता और जनतन्त्र के कितने हित साधक हो सकेंगे, इसे आसानी से समझा जा सकता है।

राजनीतिक भ्रष्टचार और अपराधीकरण इस दौर की राजनीति की तीसरी प्रमुख प्रवृत्ति है। प्रायः सभी राजनीतिक दलों में आन्तरिक लोकतन्त्र का अभाव है। ये दल व्यक्तिवाद और परिवारवाद के ऊपर नहीं उठ पाते हैं। दलों के शीर्ष नेताओं के चारों तरफ़ दरबारी परिवेश सामान्य बात हो गयी है। इस परिवेश में आगे बढ़ने के लिए क़ाबिलियत के बजाय नेता के प्रति वफ़ादारी या चाटुकारिता ज़्यादा ज़रूरी है। दूसरी बात यह कि शायद ही कोई दल अपने आय–व्यय का लेखा–जोखा पारदर्शी ढंग से सबके लिए प्रकाशित करता है। क्योंकि ये राजनीतिक दल प्रायः पूँजीपतियों से प्राप्त काले धन पर ही निर्भर रहते हैं। इसीलिए भारतीय राजनीति पर पूँजीपतियों का ही प्रभाव सर्वाधिक है। ये पूँजीपति घराने अपने लाभ के लिए सरकारी नीतियों को परोक्ष रूप से निर्धारित करते हैं। लगातार ख़र्चीली होती चुनाव प्रक्रिया जनतन्त्र को निरन्तर भ्रष्ट बनाती जा रही है। प्रायः सभी दल चुनाव आयोग द्वारा निर्धारित ख़र्च की सीमा और आचार संहिता को तोड़ते रहते हैं। राजनीति भी एक व्यवसाय या धन्धे का रूप लेती जा रही है। जनता और सरकार को अपने पक्ष में करने के लिए राजनेता पूँजीपतियों के अलावा अपराधियों से भी सम्बन्ध बनाते हैं। मतदान के बाद बहुमत न मिलने की स्थिति में सांसदों–विधायकों की ख़रीद–फ़रोख़्त किसी भी दल या दलीय मोर्चों की सामान्य प्रवृत्ति हो गयी है। इस पड़ाव पर कई बार भारतीय संविधान, क़ानून और चुनाव आयोग भी लाचार से दिखते हैं। वर्ष 1996 के आम चुनाव के ठीक बाद ऐसी ही परिस्थिति के मद्देनज़र उदय प्रकाश ने 11 मई, 1996 को 'राष्ट्रीय सहारा' के एक कॉलम में लिखा–

> *"किसी भी राजनीतिक दल को स्पष्ट बहुमत नहीं मिला है और सरकार बनाने के लिए संसदीय इतिहास का सबसे बड़ा पशु मेला या घोड़ा बाज़ार जल्दी ही हमारी आँखों के सामने होगा। यह वह बिन्दु है जहाँ भारतीय मतदाता सिर्फ़ दर्शक की तरह अपने मतदान से निर्मित होने वाली संसद का निर्माण सत्ता के बाड़े के बाहर खड़ा होकर देखेंगे और मुख्य चुनाव आयुक्त टी.एन. शेषन की कोई भी हेकड़ी या कोई भी आतंक वहाँ काम नहीं आयेगा। यह वह दौर है जिसमें नरसिंह राव, अटल बिहारी वाजपेयी,*

ज्योति बसु, लालू यादव, वी. पी. सिंह या नारायण दत्त तिवारी जैसे राजनीतिक दिग्गज कुछ समय के लिए इस महामंच के ग्रीन रूम में छुप गये हैं और जो अभिनेता संसदीय ख़रीद–फ़रोख़्त के घोड़ा बाज़ार मंच पर अवतरति हैं उनके नाम कुछ इस प्रकार हैं : अमर सिंह, जयंत मल्होत्रा, भजनलाल, प्रेम गुप्ता, तिहाड़वासी चन्द्रास्वामी आदि इत्यादि। यानी राजधानी में काले धन और सन्दिग्ध पूँजी की वह काली भूमिका शुरू हो चुकी है।"[9]

यही वजह है कि सरकार बनने के बाद तरह–तरह के घोटालों का सिलसिला शुरू हो जाता है। प्रायः गै़र ज़रूरी मुद्दों पर सरकार संकटग्रस्त होती दिखती है। अपराध का घनत्व इतना बढ़ जाता है कि बड़े–बड़े नेताओं तक की हत्या कर दी जाती है। पॉल गोमरा भी द्रुत गति से परिवर्तित व्यवस्था में देखते हैं–

"सरकारें बनती और गिर जातीं। कोई प्रधानमन्त्री बनता, फिर या तो गिरा दिया जाता या मार दिया जाता। लोगों की स्मृति उस कैसेट की तरह थी, जिसमें हर रोज़ नयी छवियाँ और नयी आवाज़ें टेप की जातीं और रात में उन्हें पोंछ दिया जाता। सुबह वे सबके सब स्मृतिहीन होकर उठते। उन्हें पिछला कुछ याद नहीं रहता।"[10]

स्मृतिहीनता और विकल्पहीनता के कारण ही राजनीतिक दलों द्वारा वायदा पूरा न करने और धोखे खाने के बाद भी जन–सामान्य उन्हीं चुनिन्दा भ्रष्ट नेताओं में से ही किसी को चुनने के लिए विवश होता है।

मौक़ापरस्ती इस दौर की राजनीति का चौथा प्रमुख लक्षण है। कई दल और राजनेता अपने सिद्धान्तों और आदर्शों को दरकिनार कर सुविधानुसार राजनीतिक खेमा बदल लेते हैं। कुछ राजनीतिक चेहरे या छोटे और क्षेत्रीय दल किसी भी मोर्चे (चाहे काँग्रेस के नेतृत्व में पहला मोर्चा या भाजपा के नेतृत्व में दूसरा मोर्चा या ग़ैर काँग्रेस और ग़ैर भाजपाई दलों का तीसरा मोर्चा हो) की सरकार में मन्त्रीमण्डल की शोभा ज़रूर बढ़ाते हैं। चुनाव के दौरान जो दल एक–दूसरे के धुर विरोधी प्रतीत होते हैं, चुनाव के बाद सरकार गठन में वे एक–दूसरे को प्रत्यक्ष या परोक्ष समर्थन देते दिखायी देते हैं। 'और अन्त में प्रार्थना' में कोतमा के विधायक टी.पी. सिंह विधि मन्त्री हैं, जो संघ के पुराने कार्यकर्ता हैं। तौफ़िक़ अहमद की हत्या के बाद अनुकूल पोस्टमार्टम रिपोर्ट लिखवाने के लिए

डॉ. वाकणकर पर दबाव डालने वालों में टी.पी. सिंह और बड़े अफ़सरों के अलावा–

> *"जिले के जाने–माने अपराधी गुण्डू भइया भी मौजूद थे। पार्टी बदलकर वे भी इस दल में आ गये थे और टी.पी. सिंह के दाहिने हाथ माने जाते थे।"*[11]

आज राजनीति में गुण्डू भइया जैसे अवसरवादी–अपराधी तत्त्वों की जमात बढ़ती जा रही है।

गठबन्धन की राजनीति इस दौर के राजनीतिक परिदृश्य पाँचवाँ प्रधान लक्षण है। पिछले तीन दशकों में वर्ष 2014 के चुनाव के पहले किसी एक राजनीति दल को सरकार गठन हेतु पूर्ण बहुमत नहीं मिला है। इस दौरान सरकार गठन हेतु जो गठबन्धन बने उनमें नीति, मुद्दे और कार्यक्रम के प्रति विशेष प्रतिबद्धता का नितान्त अभाव था। ऐसी सरकारें भानुमती के कुनबे की तरह कहीं से ईंट तो कहीं से रोड़ा लेकर बनायी गयीं। गठबन्धन की सरकार में शामिल हर दल का क्षेत्रगत, सम्प्रदायगत, जातिगत, भाषागत अपना–अपना एजेंडा होता है। ये गठबन्धन सशक्त एकता के प्रतीक न होकर, आरम्भ से ही अशक्त और अस्थायी रूप में हमारे सामने आते हैं। बार–बार सरकारें गिरती हैं और मध्यावधि चुनाव होते हैं। विकास की गति मन्थर होने लगती है। पूँजीपति घराने इसे अपने ढंग से संचालित करते दिखायी देते हैं। 'पीली छतरी वाली लड़की' कहानी में सत्ता के शीर्ष पर बैठे निखलाणी द्वारा पावर, आयी. टी. हेल्थ आदि को प्राइवेट करने की माँग पर प्रधानमन्त्री की असहायता साफ़ झलकता है–

> *"बस–बस ज़रा सब्र करें भाई...बन्दा लगा है ड्यूटी पर। मेरा प्राब्लम तो आपको पता है। खिचड़ी सरकार है। सारी दालें एक साथ नहीं गलतीं निखलाणी जी।"*[12]

नौतिक मूल्यों के अभाव में तुच्छ निहित स्वार्थों ने हमारी राजनीति को विश्रृंखल बना दिया है। इस सन्दर्भ में श्यामाचरण दुबे लिखते हैं–

> *"आज की राजनीति में दूरदर्शी और दूरगामी नीतियों का अभाव है। तात्कालिक लाभ की दृष्टि से उसमें आसानी से परिवर्तन किया जा सकता है। ...जनता की भावनाएँ ग़ैर ज़रूरी मुद्दों पर भड़कायी जाती है "परिणाम होता है दिशाहीन राजनीति का विस्तार।"*[13]

वर्ष 1991 में नयी आर्थिक नीति के लागू होने से राजनीतिक परिदृश्य भी प्रभावित हुआ है। उदारीकरण, निजीकरण और भूमण्डलीकरण ने बाज़ार को शीर्ष नियामक के रूप में ला खड़ा किया है। सरकार अपने उत्तरदायित्व से विमुख हो रही है। रजनी कोठारी लक्षित करते हैं--

> *"राज्य की भूमिका में होते ह्रास और नये प्रौद्योगीकीय दबाव में आर्थिक गतिविधियों के बहुराष्ट्रीयकरण की इन दो प्रक्रियाओं के साथ हम जनोन्मुखी राजनीति के युग का पतन भी देख सकते हैं। आर्थिक रूप से यह अराजनीतिककरण और 'राजनीति की गिरती साख' का परिणाम है। ...यह ग़रीब तबके को हाशिये पर फेंके जाने का नतीजा है। भविष्य की तरफ़ बढ़ रही इस व्यवस्था को वंचितों की कोई ज़रूरत नहीं है।"*[14]

इस दौर की राजनीति को पूँजी और कॉरपोरेट घराने ही तय करने लगे हैं। इनका लक्ष्य अपना लाभ है, जन–सामान्य का नहीं।

इस दौर की राजनीतिक बेहद जटिल होती गयी। इस जटिल राजनीति के चक्रव्यूह में घिरा लोकतन्त्र अभी पूर्णतः धराशायी नहीं हुआ है। लोकतन्त्र में जनता की आशा और आस्था अभी बनी–बची है। लोकतन्त्र की विश्वसनीयता को बचाने में चुनाव आयोग और ईमानदार, प्रतिबद्ध चुनाव आयुक्त की भूमिका सर्वाधिक महत्त्वपूर्ण है। टी.एन. शेषन, जे. एम. लिंग्दोह जैसे चुनाव आयुक्तों की मुक्त प्रशंसा उदय प्रकाश करते हैं। उदय प्रकाश वर्ष 2004 के चुनाव पर लिंग्दोह फैक्टर को ही सबसे महत्त्वपूर्ण मानते हैं।

> *"'लिंग्दोह फैक्टर' किसी भूत की तरह पिछले छह साल से, हर बार चुनावों के समय नेताओं के सिर पर मँडराता रहता है। वे हेलिकॉप्टर पर चढ़े हुए हों या अपने राजकाज की उपलब्धियों की सूची के साथ किसी बैनर या कट आउट में दैत्याकार हाथ जोड़े मुस्कुरा रहे हों, 'लिंग्दोह–फैक्टर' का भय उनके सिर पर सवार रहता था। ...'लिंग्दोह फैक्टर' ने भारतीय लोकतन्त्र की लाज बचाकर उसे राजनीतिक वैधता दिलायी।"*[15]

भ्रष्टाचार, क्षेत्रवाद, जातिवाद, अपराध और काले धन से बजबजाती राजनीति में तेज़–तर्रार ईमानदार जन प्रतिबद्ध उच्च अधिकारियों की भूमिका अति महत्त्वपूर्ण है। ऐसे संस्थाओं और अधिकारियों की बदौलत

ही सामान्य लोगों का लोकतन्त्र में विश्वास बरकरार है। साथ ही मीडिया की सक्रियता तथा अनेक घटनाक्रमों पर सर्वोच्च न्यायालय के कारगर हस्तक्षेप से ही लोकतन्त्र की साख बनी और बची हुई है।

सन्दर्भ

1. पटनायक, किशन, तीसरी दुनिया का जनतन्त्र (लेख), भारत का राजनीतिक संकट, सं.– राजकिशोर, वाणी प्रकाशन, नयी दिल्ली, संस्करण 1994, पृ. 152
2. उदय प्रकाश, नयी सदी का पंचतन्त्र, वाणी प्रकाशन, नयी दिल्ली, संस्करण 2008, पृ. 32–33
3. नंदी, आशीष, नयी राजनीतिक संस्कृति (लेख), लोकँतन्त्र के सात अध्याय, सं.– अभय कुमार दुबे, वाणी प्रकाशन, नयी दिल्ली, संस्करण 2005, पृ. 193
4. दुबे, श्यामाचरण, राजनीतिक संस्कृति का आयाम (लेख), भारत का राजनीतिक संकट, सं.–राजकिशोर, वाणी प्रकाशन, नयी दिल्ली, संस्करण 1994, पृ. 22
5. उदय प्रकाश, और अन्त में प्रार्थना, वाणी प्रकाशन, नयी दिल्ली, संस्करण 2006, पृ. 173
6. यादव, योगेन्द्र, कायापलट की कहानी (लेख), लोकतन्त्र के सात अध्याय, सं. अभय कुमार दुबे, वाणी प्रकाशन, नयी दिल्ली, संस्करण 2005, पृ. 55
7. सेठ, धीरु भाई, नये मध्यवर्ग का उदय (लेख), उपर्युक्त, पृ. 110
8. उदय प्रकाश, और अन्त में प्रार्थना, वाणी प्रकाशन, नयी दिल्ली, संस्करण 2006, पृ. 132
9. उदय प्रकाश, नयी सदी का पंचतन्त्र, वाणी प्रकाशन, नयी दिल्ली, संस्करण 2008, पृ. 258
10. उदय प्रकाश, पॉल गोमरा का स्कूटर, वाणी प्रकाशन, नयी दिल्ली, संस्करण 2006, पृ. 61
11. उदय प्रकाश, और अन्त में प्रार्थना, वाणी प्रकाशन, नयी दिल्ली, संस्करण 2006, पृ. 195
12. उदय प्रकाश, पीली छतरी वाली लड़की, वाणी प्रकाशन, नयी दिल्ली, संस्करण 2009, पृ. 13
13. दुबे, श्यामाचरण, राजनीतिक संस्कृति के आयाम (लेख), भारत का राजनीतिक संकट, सं.–राजकिशोर, वाणी प्रकाशन, नयी दिल्ली, संस्करण 1994, पृ. 23
14. कोठारी, रजनी, बहुसांस्कृतिक समाज और मध्यमार्गी राज्य के प्रभाव में गिरावट (लेख), लोकतन्त्र के सात अध्याय, सं.–अभय कुमार दुबे, वाणी प्रकाशन, नयी दिल्ली, संस्करण 2005, पृ. 152
15. उदय प्रकाश, नयी सदी का पंचतन्त्र, वाणी प्रकाशन, नयी दिल्ली, संस्करण 2008, पृ. 54–55

लोकतन्त्र में लोक की स्थिति

अपने यहाँ जनतन्त्र/एक ऐसा तमाशा है,
जिसकी जान/मदारी की भाषा है। –धूमिल

लोकतन्त्र में सर्वोच्च सत्ता लोक प्रतिनिधियों के हाथ में होती है। जनादेश ही निर्धारित करता है कि देश की सत्ता और लोकतान्त्रिक सरकार के अधिकार किस राजनीतिक दल को अधिकृत किये जायेंगे। यह प्रक्रिया मतदान के ज़रिये सम्पन्न की जाती है। तानाशाही या निरंकुश शासन व्यवस्था के बरअक्स लोकतान्त्रिक शासन व्यवस्था वाले प्रत्येक देश के नागरिकों को मतदान का अधिकार प्राप्त है। भारतीय संविधान भी 18 वर्ष से अधिकतम उम्र के हर नागरिक को मतदान का अधिकार प्रदान करता है। हर नागरिक इस अधिकार का प्रयोग स्वच्छ और निष्पक्ष चुनाव के लिए कर सकता है। सर्वोच्च लोकतान्त्रिक सत्ता सम्पन्न देश की लोकतान्त्रिक व्यवस्था लोक की आवश्यकताओं/आशाओं और आकांक्षाओं को कितना परिपूर्ण कर पाती है, यह एक महत्त्वपूर्ण बुनियादी मुद्दा है। तमाशा बनते जा रहे लोकतन्त्र में लोक की स्थिति अक्सर विडम्बनात्मक, उपहासास्पद और अन्तर्विरोधी परिस्थितियों के वशीभूत लाचार–सी दिखती है। उदय प्रकाश के कथा–ख्यानों में लोकतन्त्र की वास्तविकताएँ जटिल यथार्थ की गहन अभिव्यक्ति हुई है।

आज़ाद भारत में लोकतान्त्रिक व्यवस्था के नाम पर सत्तालोलुप राजनेताओं, भ्रष्ट नौकरशाहों और छल–बल से लैस गुण्डों का तन्त्र विकसित हुआ है। 'भाई का सत्याग्रह', कहानी में उदय प्रकाश लिखते हैं–

"भारतीय लोकतन्त्र का ग्रास रूट या आधार यही अपराधी ठेकेदार होते हैं। बूथ कैप्चरिंग, फ़र्ज़ी मतदान, विरोधी उम्मीदवार की हत्या

या अपहरण का अनिवार्य भारतीय लोकतान्त्रिक उत्तरदायित्व यही लोग निभाते हैं। ...भारतीय स्वतन्त्रता का पचास साल पुराना वटवृक्ष। जिसकी जड़ों में मुज़रिम ठेकेदार और व्यापारी तथा शिखर पर तमाम घोटालों और भ्रष्टचार में डूबे हुए लोग बैठे थे।"[1]

हक़ीक़त में यह लोकतन्त्र कुछ लोगों की मुट्ठी में हो गया है। मैंगोसिल कहानी में भी बिल्डर ने शोभा की खूबसूरती देखकर कहा था–

"वह उसे इस साल नगरपालिका का पार्षद बनाएगा। इस मोहल्ले समेत आसपास के इलाक़े के वोट उसकी मुट्ठी में है।"[2]

तमाशा बन चुके लोकतन्त्र की असलियत उद्‌घाटित करते हुए उदय प्रकाश कहते हैं–

"मतदान के दौरान जो मतदाता सचमुच बड़ी गम्भीरता के साथ अपने क्षेत्र या समाज की समस्याओं के हल के लिए इस महत्त्वपूर्ण लोकतान्त्रिक अधिकार का प्रयोग करने गया है, उसकी दुविधाएँ असमंजस और तनाव की यह सबसे उत्तेजक घड़ी है। उस सूची में एक चुका हुआ फ़िल्मी सितारा है, एक कुख्यात अपराधी है, एक ठगी और जालसाज़ी करनेवाला व्यापारी है, एक कोई किसी पार्टी का डमी उम्मीदवार है, एक कट्टर धर्मान्ध है, एक किसी दूसरे प्रान्त या राज्य का निवासी है, जो उस क्षेत्र की समस्याओं के बारे में कुछ नहीं जानता। एक सिर्फ़ अपनी ख़ास पार्टी का भोंपू है, एक पाँच साल में सिर्फ़ एक बार दिखाई देने वाला मन्त्री है और बस वह सूची यही ख़त्म हो जाती है। ...इसका रूपक बनाना चाहें तो वह ऐसा होगा कि एक भूखे आदमी के सामने एक थाली परोस दी गयी है और संविधान ने उस खाने का लोकतान्त्रिक अधिकार दे रखा है। अब समस्या यह है कि वह भूखा आदमी सामने रखी थाली में से क्या खाए, क्योंकि थाली में सेल्युलाइड फ़िल्म, वीडियो कैसेट, क्रिकेट का बल्ला, रिवाल्वर, त्रिशूल, हँसिया–हथौड़ा, क्रीम–साबुन, काग़ज़ और कम्प्यूटर रखा है। थाली के बग़ल में पानी का गिलास तक नहीं है कि भूखा मतदाता पानी ही पीकर उठ जाये वह इनमें से किसे चुने? अगर वह अपनी भूख को सर्वोच्च प्राथमिकता

देते हुए इन सबको ख़ारिज करते हुए रोटी और पानी को वोट देना चाहे तो?[3]

यह ऐसा कटु प्रश्न है, जिसका सही उत्तर दूर–दूर तक नहीं दिखता है। लोकतान्त्रिक व्यवस्था में प्रायः सभी राजनीतिक दल उच्छृंखलता, लम्पटता और भ्रष्टचार क़ायम रखना चाहते हैं। राजनीतिक दलों की इस नीति और नीयत का पर्दाफ़ाश उदय प्रकाश सहजता से करते हैं कि कोई भी राजनीतिक दल समाज के विभिन्न क्षेत्रों–गाँवों को आत्मनिर्भरता, स्वरोज़गार, साक्षरता, जल संग्रहण, वैकल्पिक ऊर्जा की खोज, भ्रष्टचार विरोधी मुहिम, विज्ञान, पर्यावरण, मानवाधिकार आदि से जुड़े सक्रिय व्यक्तियों को अपना उम्मीदवार नहीं बनाती है। एम. एस. स्वामीनाथन, बाबा आमटे, सुनील पाण्डे, अरुन्धती राय, सुनीता नारायण, भंवरी देवी, टी.एन. शेषन, हर्ष मन्दर, लिंग्दोह जैसे लोग चुनावों में उम्मीदवार नहीं बनाये जाते हैं।[4] ऐसे राजनीतिक दलों से विकास या सामाजिक समाधान की आशा नहीं की जा सकती।

सत्ताकामी नेता देश को जातिगत, सम्प्रदायगत, भाषागत, क्षेत्रगत खाँचे में बांटकर अपना मतलब साधते हैं। हमारा लोकतन्त्र चन्द लोगों के हाथों अपहृत कर लिया गया है। 'पीली छतरी वाली लड़की' कहानी में राहुल कहता है–

> *कौन है इण्डियन? क्या दिल्ली, यू. पी. और बिहार के प्रोफेशनल पोलिटीशियंस, व्यापारी, दलाल, करप्ट ब्यूरोक्रेट्स, क्रिमिनल्स और चीटर्स ही इण्डियन हैं? ...इन्होंने आज़ादी को हाइजैक कर लिया है।*[5]

उदय प्रकाश की कथा–दृष्टि लोकतान्त्रिक अधिकारों को वर्ग विशेष तक सीमित नहीं रखती, वह कमज़ोर और सशक्त सभी की उपस्थिति, अवस्थिति और अधिकारों को अपरिहार्य मानती है। डॉ. वाकणकर की डायरी में टीप है–

> *"मेरी आत्मा यह चाहती है कि यह पृथ्वी ऐसी रहे जिसमें सिर्फ़ विकसित और ताक़तवर प्राणी ही नहीं कमज़ोर कोमल और अल्प–विकसित जीवों का वास हो। एक ऐसी पृथ्वी हो जिसमें तितली कीट–पतंग सर्प–मयूर, हिरण–खरगोश, हाथी–शेर,*

पेड़–पौधे, घास–पात भी रहें और काले, गोरे, पीले, कत्थई, रंग–विरंगे मनुष्यों की सभी जातियाँ और नस्लों का भी आवास हो।"[6]

उदय प्रकाश की लोकतान्त्रिक दृष्टि में केवल मनुष्य ही नहीं चर–अचर सभी का एक समान महत्त्व है।

मौजूदा लोकतन्त्र बहुसंख्य लोगों के लिए स्वतन्त्रता, समता और जीवन के मूलभूत अधिकारों को सुनिश्चित करने के बजाय उनके दमन और यातना में ही सक्रिय रहता है। 'और अन्त में प्रार्थना' में डॉ. वाकणकर देखते हैं कि प्रधानमन्त्री के दौरे की तैयारी में बेतहाशा धन और संसाधन ख़र्च किया जा रहा है, वहीं संक्रमित–प्रदूषित पानी से फैल रहे रोग से मरती जनता के बारे में यह तन्त्र कुछ भी नहीं करना चाहता। लोकतन्त्र के सर्वोच्च प्रतिनिधि प्रधानमन्त्री का काफिला–जिसमें दलाल, तस्कर, ऊँचे अधिकारी, उद्योगपति आदि शामिल हैं–लोकतन्त्र पर एक बड़ा सवाल खड़ा करता है। ऐसी परिस्थितियों के मद्देनज़र डॉ. वाकणकर का प्रश्न वाज़िब है–

> *"कहीं ऐसा तो नहीं कि जो तन्त्र या व्यवस्था यहाँ बनी हुई है, वह अपने आप में एक समानान्तर प्रणाली है। वह अपनी ही दुनिया की चिन्ताओं में व्यस्त है। शायद उसका हित ही इसमें जुड़ा हुआ हो तो लोग भूख, ग़रीबी, महामारी आदि से मरें। कहीं हमारे देश में लोकतन्त्र का असली अर्थ जनता द्वारा अपनी शत्रु व्यवस्था का चुनाव तो नहीं है?"*[7]

आज़ादी के इतने वर्षों के बाद भी यह लोकतान्त्रिक व्यवस्था सबको स्वतन्त्रता, समानता और विकास का अवसर उपलब्ध कराने में सफल नहीं है। अमीरों और ग़रीबों के बीच दूरी बढ़ती जा रही है। एक तरफ़ क्रेडिट कार्ड और वीजा सम्पन्न नव धनाढ्यों का ऐसा वर्ग है–जो टी.वी. में, सिनेमा में, फ़ैशन परेडों और दिल्ली–मुम्बई–कलकत्ता–बेंगलूरु से निकलने वाले अँग्रेज़ी के रंगीन अख़बारों में पेप्सी पीता, क्रिकेट खेलता, पॉप म्यूज़िक एलबम में नंगी अधनंगी लड़कियों के साथ हिप्पियों जैसा नाचता या ज़्यादा से ज़्यादा दौलत कमाने के लिए एम.एन.सी. की नौकरियों के लिए माँ–बाप को लतियाता और तमाम परम्पराओं पर थूकता अमेरिका, कनाडा, जर्मनी भाग रहा है। वहीं दूसरी तरफ़ बदहाल और बेहाल लोगों का बहुसंख्यक वर्ग है–

"जिसके माँ–बापों को पिछले पचास सालों में शासकों द्वारा लगातार ठगा गया है और जिसके हाथ में फ़िलहाल हथियार है और जिसे हर रोज़ मुठभेड़ों में मारा जा रहा है।"[8]

हमारे लोकतन्त्र में बहुसंख्यक ग़रीबों के हक़ साज़िश के तहत अल्पसंख्यक अमीरों और सत्ताधारियों द्वारा निरन्तर हड़पा जा रहा है। अपने जल, ज़मीन और जंगल से बेदखल किये जा रहे साधारण दीन–दुखी लोग हिंसात्मक रवैया अपनाने को मज़बूर हुए हैं। नक्सली समूहों में ऐसे ही लोग शामिल हैं। इन लोगों की समस्याओं का अब तक सफल समाधान न कर पाना भारतीय गणतान्त्रिक व्यवस्था की एक बड़ी विफलता मानी जा सकती है।

हमारा लोकतन्त्र, धनतन्त्र या लूटतन्त्र के रूप में परिवर्तित होता जा रहा है। इस तन्त्र के केन्द्र में लोक नहीं दिखाई पड़ रहा है। उदय प्रकाश टिप्पणी करते हैं–

"वह लोकतन्त्र बाहरी मुखौटा भर है। असल में एशियाई देशों में; जिसमें हमारा देश भी शामिल है, प्लूटोक्रेसी है यानी हम एक डेमोक्रेटिक व्यवस्था में नहीं प्लूटोक्रेटिक (धनतान्त्रिक) व्यवस्था के नागरिक हैं। ...यहाँ लोक से ज़्यादा धन का ही तन्त्र है। लोक से ज़्यादा धन की ही तो संस्कृति है।"[9]

लोकतान्त्रिक व्यवस्था का संचालक यानी सत्ताधारी वर्ग जिनमें राजनेता, अफ़सर शामिल हैं, की मूल चारित्रिक विशेषता सामान्य जनता यानी लोक के अधिकार और हक़ को हस्तगत करना ही बनता जा रहा है। उदय प्रकाश की कथा–दृष्टि इसे सहजता से लक्षित करती है। वारेन हेस्टिंग्स का साँड़ के मदारी लड़के की भविष्यवाणी इसी प्रवृत्ति को उजागर करती है–

'दो सौ सालों के बाद जब अँग्रेज़ मालामाल होकर वापस अपने वतन इंग्लैंड लौटेंगे तब भी इण्डिया में उनके जैसे नेटिवों का राज होगा। वे लोग वही खायेंगे, जो अँग्रेज़ खाते हैं। वही पियेंगे जो अँग्रेज़ पीते हैं। वे वही भाषा बोलेंगे जो अँग्रेज़ बोलते हैं। उनके कपड़े, विचार, स्वप्न और आकांक्षाएँ अँग्रेज़ी होंगी, वे हर इण्डियन चीज़ से घृणा करेंगे। वे इण्डिया को उससे भी ज़्यादा लूटेंगे, जितना विदेशी कम्पनियों ने लूटा है।"[10]

यही भारतीय लोकतान्त्रिक व्यवस्था का कड़वा सच है, जिसे हम प्रायः देखते, सुनते और झेलते हैं। लोकतान्त्रिक व्यवस्था में हर सरकार की कुछ बुनियादी ज़िम्मेदारियाँ होती हैं। हर नागरिक की इच्छा–आकांक्षा होती है कि सरकार इन बुनियादी ज़िम्मेदारियों की पूर्ति सुनिश्चित करे। उदय प्रकाश लिखते हैं–

> *"स्वास्थ्य, आवास, रोज़गार, परिवहन और शिक्षा–ये वे पाँच प्राथमिक और मूलभूत उत्तरदायित्व हैं, जिन्हें पूरा करने का वायदा हर राज्य या प्रशासन अपने नागरिकों से करता है। अगर आप किसी भी चुनाव में विभिन्न राजनीतिक पार्टियों के पत्रों या पोस्टरों को देखें तो, उन सबमें, सबसे मोटे, बोल्ड टाइप में छपे हुए यही वायदे होंगे, क्योंकि विश्वास करिये, आम मतदाता आयात–निर्यात में टैक्स कम करने, विदेशी पूँजी निवेश को आसान बनाने, प्रसार भारती विधेयक लाने इत्यादि के नाम पर वोट नहीं देता। आम मतदाता इन्हीं वायदों के पूरा होने की उम्मीद में मत देता है।"*[11]

पर हर सरकार इन ज़िम्मेदारियों की उपेक्षा ही करती है। जनता का हाल निरन्तर बदहाल होता जा रहा है।

हिन्दुस्तानी इवान दानिसोविच की ज़िन्दगी का एक दिन कहानी में इवान या राम सहाय का पूरा परिवार कुपोषण से ग्रस्त और स्वास्थ्य सुविधाओं के अभाव में बेहद त्रस्त है। इवान का मझला लड़का गूंगा और लकवाग्रस्त है। छोटे लड़के को क्रोनिक डिसेंट्री है। सबसे छोटी दो साल की बेटी का पूरा विकास नहीं हो सका है। इवान की पत्नी इतनी कमज़ोर और दुबली थी कि उसकी हड्डियों की खड़खड़ाहट सुनी जा सकती है। स्वयं इवान के दाहिने पैर में काँच का टुकड़ा धँसा था, पर वह उसका ऑपरेशन करवाने की स्थिति में नहीं था। लोकतान्त्रिक देश में रहने वाले इवान या राम सहाय की सबसे बड़ी विडम्बना यह है कि वह सरकारी नियमावली के तहत ग़रीब नहीं है। कारण–

> *"हफ़्ते के सातों दिन खाना मिलता था, रहने के लिए कमरा, ओढ़ने–पहनने के लिए कपड़े थे। बच्चे शिक्षा प्राप्त कर रहे थे और पति–पत्नी दोनों रोज़गार से लगे थे। इस तरह राम सहाय ग़रीबी रेखा के नीचे नहीं आता था। तो इस तरह था इवान के परिवार का मॉडल।"*[12]

लोकतान्त्रिक सरकार द्वारा संचालित स्वास्थ्य केन्द्रों और सुविधाओं की बदहाल स्थिति का बेबाक चित्रण और 'अन्त में प्रार्थना' कहानी में हुआ है।

> *"डॉक्टरों की शहर या क़स्बे के मेडिकल स्टोर्स वालों या दवा कम्पनियों के सेल्स एजेंटों के साथ साँठ–गाँठ थी। वे डॉक्टर सरकारी अस्पताल में सब्सिडी के साथ या मुफ़्त आनेवाली सरकारी दवाइयों को सस्ते दामों में इन केमिस्ट्स को बेच देते थे। अस्पताल आने वाले मरीज़ों को इलाज के लिए अपनी गाँठ से पैसा लगाकर वही दवाइयाँ दुकानों से ऊँचे बाज़ार–भाव में ख़रीदनी पड़ती। कई डॉक्टरों को तो हर महीने सरकारी वेतन के अलावा कुछ केमिस्ट्स और दवा बनानेवाली कुछ कम्पनियों से माहवारी भत्ता भी मिलता था। ये डॉक्टर मरीजों को 'खास' दुकानों या 'खास' कम्पनियों की ख़ास दवाइयाँ ख़रीदने के लिए मज़बूर करते थे। ...ग्रामीण इलाक़ों में तो हालत और भी विचित्र थी। वहाँ कई पी. एच. सी.; प्राइमरी हेल्थ सेंटर्स ऐसे थे, जहाँ नियुक्त होने वाला डॉक्टर महीनों वहाँ नहीं जाता था। ऊपर के अफ़सरों को पटाकर अपना वेतन वह लेता रहता और आराम से अपने शहर में प्राइवेट प्रैक्टिस करता रहता।*[13]

कहानी में व्यक्त विचार और विवरण आज जन–सामान्य के जीवन का यथार्थ है। स्वास्थ्य सुविधाएँ सर्वसुलभ नहीं हैं। हैसियत और पैसे वाले कुछ लोगों के लिए ही ये सुविधाएँ उपलब्ध हैं। वर्तमान परिस्थितियों के बीच लोकतान्त्रिक सरकार द्वारा जन–सामान्य के लिए उपलब्ध कराई जा रही स्वास्थ्य सुविधाओं की दशा के विविध पहलुओं का चित्रण उदय प्रकाश की कई कहानियों, जैसे 'दिल्ली की दीवार', 'साइकिल', 'भाई का सत्याग्रह', 'मोहन दास', 'मैंगोसिल' आदि में मौजूद है।

लोकतान्त्रिक सरकारें सबके लिए आवास की सुविधा उपलब्ध कराने में भी अब तक सफल नहीं है। अधिकतर लोगों के पास रहने का स्थायी ठिकाना नहीं है। जिनके पास घर है, वहाँ स्वच्छ पानी, शौचालय, बिजली आदि नहीं है। 'आचार्य की रजाई' कहानी के विनायक दत्तात्रेय–

> *"बेर सराय नामक मुहल्ले में 10x8 फुट के एक कमरे में, ...सपरिवार रहते थे। उसी कमरे में खाना, उसी कमरे में सोना, उसी कमरे में दरवाज़े के पास नहाना, पेशाब आदि करना।*

दिशाफ़रागत के लिए वे सपरिवार बोतल लेकर दिल्ली की सत्तर प्रतिशत जनता की तरह ही सड़क की पटरियों पर हो आते थे।"[14]

'मैंगोसिल' कहानी में चन्द्रकान्त भी इसी तरह की मियानी या कमरे में रहने को मज़बूर है। लोकतान्त्रिक व्यवस्थाएँ शहरी ग़रीबों को भी सुविधाएँ देने में अभी तक अक्षम हैं। ग्रामीण क्षेत्रों में भी विकास का बुलडोजर्स ग़रीबों, किसानों, पिछड़ों, दलितों, आदिवासियों को जल, जंगल और ज़मीन से बेदख़ल करने पर आमादा है।

'और अन्त में प्रार्थना' कहानी में ढींगर गाँव में कागज़ कारख़ाना बनने के बाद उदय प्रकाश को आशंका है–

> *"जंगलों पर निर्भर आदिवासी शहरों में बनने वाली इमारतों या ऐसी ही किन्हीं दूसरी परियोजनाओं में सस्ती दिहाड़ी और फ़र्ज़ी मास्टर रोल पर काम करने वाले लेबर बन जायेंगे।"*[15]

सबको आवास उपलब्ध कराने के नाम पर योजनाएँ बनायी जाती हैं। किन्तु इन योजनाओं का क्रियान्वयन नहीं हो पाता है। अक्सर योजना पूरी होने की निर्धारित समय सीमा बढ़ा दी जाती है या उसे निरस्त कर पुनः नयी योजना लागू कर दी जाती है।

रोज़गार की सम्भावना भी बेहतर नहीं है। रोज़गार उपलब्ध कराना एक राजनीतिक हथकण्डा बन गया है। रोज़गार योजनाएँ सत्ताधारी सरकारें और उनके चाटुकारों–दलालों के कमाने–खाने का जरिया बन गयी हैं। सबको रोज़गार देना तो दूर है। योग्य और प्रतिभावानों की जगह मिडियाकर लोगों को रोज़गार मिल जाता है। इस व्यवस्था का खुला रहस्य है कि कई सरकारी नौकरियाँ बिकती हैं। स्थायी रोज़गार की जगह अधिकतर लोगों को दिहाड़ी और ठेके पर काम मिल रहा है। प्राइवेट और बहुराष्ट्रीय कम्पनियों के कर्मचारियों का शोषण कई रूपों में कई स्तरों पर हो रहा है। 'आचार्य की रजाई' कहानी में बहुविध प्रतिभा सम्पन्न सुप्रसिद्ध नाटककार और चित्रकार विनायक दत्तात्रेय...आज की ही तरह बेरोज़गार और बदहाल थे।[16] विनायक दत्तात्रेय योग्य–प्रतिभावान व्यक्ति के प्रतीक हैं। एक व्यंग्यात्मक लघु कथा नौकरी में अखिल भारतीय राहुल सांकृत्यायन शोध संस्थान में अनुवादक और ग्रन्थ सम्पादक के पद पर स्वयं राहुल सांकृत्यायन को चुनने की जगह संस्थान और साक्षात्कार तथा चयन समिति के अध्यक्ष अपने पसन्दीदा व्यक्तियों को चुनते हैं।

जाते–जाते दरवाज़े पर अध्यक्ष फिर खड़े हुए और घूमकर मुस्कुराते हुए उन्होंने कहा–

> *"भाई लोकतान्त्रिक प्रणाली है। समिति के आप सब सदस्य सहमत तो हैं न? साक्षात्कार समिति के सदस्य अध्यक्ष के जाने के बाद भी कमरे में हाँ, हाँ, हाँ, हाँ कहते हुए सिर हिला रहे थे।"*[17]

यह लोकतन्त्र के आदर्शों की दुहाई देकर लोकतान्त्रिक प्रक्रिया के साथ क्रूरतम सुलूक के अनेक उदाहरणों में से एक है। 'मोहन दास' कहानी का मोहन दास ऐसी ही क्रूर साज़िश का शिकार होता है। मोहन दास का मुक़दमा लड़ने वाले हर्षवर्द्धन के भाई श्रीवर्द्धन सोनी ने बी.ई. की परीक्षा में टॉप किया था और इंजीनियरिंग की डिग्री के बावजूद छह वर्षों तक खिंची बेरोज़गारी से हताश होकर पाँच साल पहलेए एक रात आत्महत्या कर ली थी। साइकिल कहानी के भालू या बालगोपाल राजोरिया को नौकरी एक लाख रुपये घूस देकर मिलती है। 'भाई का सत्याग्रह' कहानी में मैं की चिन्ता का एक बड़ा कारण है कि भतीजे पढ़–लिखकर बेरोज़गार हो चुके थे।[18] आज के समय में रोज़गार की वस्तुगत स्थिति का बहुआयामी विवरण उदय प्रकाश की कथा–सृष्टि की एक प्रमुख विशेषता है।

हमारी लोकतान्त्रिक सरकारें अब तक सभी नागरिकों के लिए यथोचित परिवहन व्यवस्था उपलब्ध कराने में असमर्थ रही हैं। जन वाहनों में यात्रा करने वाले सामान्य लोगों को अक्सर संघर्ष से गुजरना पड़ता है। 'पॉल गोमरा का स्कूटर' कहानी के पॉल गोमरा को प्रायः रोज़ आते–जाते समय राज्य परिवहन की बस में चार घण्टे किसी तरह धंसकर या अक्सर लटककर "ठसाठस अजनबी मानव शरीरों के दबाब, पसीने और वायु विकार की दुस्सह गन्ध के बीच गुज़ारने पड़ते थे।"[19] यह अतिशयोक्तिपूर्ण विवरण नहीं बल्कि रोज़मर्रा की हालत है। हिन्दुस्तानी इवान दानिसोविच की ज़िन्दगी का एक दिन में साल के पहले दिन, जब एक राजनीतिक दल को ऐतिहासिक चुनावी सफलता मिली थी, इवान या राम सहाय अपने मंझले गूंगे बेटे को एक एन.जी.ओ. द्वारा संचालित प्रशिक्षण केन्द्र में ले जाने के लिए घर से निकल कर सड़क पर आता है। बस स्टॉप पर ख़ासी भीड़ इकट्ठा थी। इसका मतलब यह था कि बस बहुत देर से नहीं आयी थी। ...सवा आठ बजे बस आयी। पहले से ही इतनी ठसाठस थी

कि लोग चमगादड़ों की तरह फुटबोर्ड पर डण्डा पकड़कर झूल रहे थे।"[20] एक तरफ़ कारों, रेलगाड़ियों और हवाई जहाज़ों की तादाद बढ़ रही है, दूसरी तरफ़ जनता मर रही है।

'पीली छतरी वाली लड़की' में मणिपुरी छात्र सापाम तोंबा की दर्दनाक मृत्यु के बाद विश्वविद्यालय पहुँचने के लिए उसके पिता के पास तीन दिनों की ट्रेन यात्रा का ही एकमात्र विकल्प था।

> *"इंफाल से सापाम के पिता जी आयेंगे, नहीं तो सापाम के शव को ट्रेन से इंफाल भेजा जायेगा। सापाम का शव हवाई जहाज़ से भेजे जाने की हैसियत नहीं रखता था।"[21]*

इस निर्मम यथार्थ पर उदय प्रकाश टिप्पणी करते हैं–

> *"सापाम या उसके पिताजी या इस देश के करोड़ों लोग दुर्भाग्य से उन लोगों में से नहीं थे, जिनके लिए इस नयी टेक्नोलॉजी ने दुनिया को छोटा बना डाला था, दूरियाँ मिटा डाली थीं। वे लोग और थे, जिनके लिए अमेरिका, फ्रांस, जर्मनी जैसे देश घर का आंगन हो चुके थे, जहाँ जब दिल करे वे टहलते हुए जाते थे और कुल्ला, पेशाब कर आते थे।"[22]*

इस लोकतान्त्रिक व्यवस्था में विकास का लाभ सामान्य लोगों को कम से कम और चुनिन्दा व्यक्तियों को ही अधिक से अधिक मिलता है।

हमारी लोकतान्त्रिक व्यवस्था में लोक के लिए निर्धारित शिक्षा व्यवस्था सन्तोषप्रद नहीं है। 'सभी के लिए शिक्षा' का सपना अभी तक सच नहीं हो पाया है। 'राष्ट्रीय साक्षरता मिशन' और 'सर्वशिक्षा अभियान' जैसी योजनाओं द्वारा अपेक्षित उद्देश्य प्राप्त नहीं हो सका है। कम उम्र के बच्चे बाल मज़दूर बनने के लिए मज़बूर होते हैं। 'मोहन दास' कहानी में मोहन दास का बेटा–

> *"देवदास सड़क किनारे दुर्गा ऑटो रिपेयरिंग वर्क्स में...हेल्पर का काम करने लगा था। बेटी, शारदा को पिछले एक साल से बाज़ार में 'ऐश्वर्या ब्यूटी पार्लर' में नौकरी मिल गयी थी।"[23]*

ग़रीब परिवारों के बच्चों द्वारा किया जा रहा बाल श्रम जीवन बचाने का बाध्यतापूर्ण उपक्रम है। शिक्षा में भी भ्रष्टचार ऊपर से निचले स्तर तक क़ाबिज़ है। 'मोहन दास' कहानी में शारदा और देवदास बताते हैं कि स्कूल में दोपहर जो दलिया बँटती, उसमें भी भेदभाव होता।[24]

शिक्षा एक तरह का व्यवसाय हो गयी है। उच्च शिक्षा से लेकर प्राथमिक शिक्षा तक का निजीकरण हो रहा है। उदय प्रकाश टिप्पणी करते हैं–

> *"प्राथमिक शिक्षा के 'प्राइवेटाइजेशन' के परिणाम ये पब्लिक स्कूल हैं, जो 'कैपिटेशन फीस', 'कॉशन मनी' और 'डोनेशन' के नाम पर बच्चों के अभिभावकों से मनमाना रुपया निचोड़ते हैं और एक अद्भुत लोकतान्त्रिक सरकार के कन्धे से कन्धा मिलाकर अकूत कमाई की बारामासी फ़सल काट रहे हैं।"*[25]

लोकतान्त्रिक सरकारों द्वारा लोक की बुनियादी ज़रूरतों जैसे–स्वास्थ्य, शिक्षा, रोज़गार, आवास, परिवहन को सन्तोषप्रद बनाने की चिन्ता कम दिखती है। कई बार लगता है कि सरकार इन क्षेत्रों को भी आय का जरिया मान बैठी है। उदय प्रकाश कहते हैं–

> *"राज्य के इन पाँच प्राथमिक उत्तरदायित्वों को निजी हाथों में सौंपने या उनके 'प्राइवेटाइज़ेशन' के मायने ही ये हैं कि सरकार इन वायदों से अपना पल्ला झाड़कर इन्हें ठेकेदारों को उसी तरह सौंप देना चाहती है, जिस तरह भवन, रोड, पुल निर्माण आदि का ठेका दे देती है।"*[26]

इन तमाम विसंगतियों के बावजूद लोक अपने लोकतन्त्र से विमुख नहीं हुआ है। लोकतन्त्र में लोक की आस्था अभी अडिग है। उन्हें उम्मीद है कि एक न एक दिन लोकतन्त्र में ही उनको हक़, अधिकार और न्याय मिलेगा। न्याय की उम्मीद बनी, बची है। पर विडम्बना कि न्याय दिलाने वाले क़ानून की भाषा इतनी जटिल और पेंचदार है कि पढ़े लिखों के भी पसीने छूट जाते हैं। क़ानून की भाषा पर टिप्पणी करते हुए उदय प्रकाश कहते हैं–

> *"पुरानी अँग्रेज़ी, लैटिन, फ़ारसी और अरबी के पदों और पारिभाषिक शब्दावलियों से भरी इस क़ानूनी भाषा में भी जो बहसें होती हैं, कार्रवाई होती है और फ़ैसले लिए जाते हैं, उन्हें देश के चालीस पचास प्रतिशत असाक्षरों की बात तो छोड़िए, पढ़ा–लिखा, शिक्षित मध्य वर्ग भी नहीं समझ सकता। अर्जी लिखने से लेकर जज का फ़ैसला पढ़वाने तक के लिए उसे वकीलों को पैसा देना पड़ता है।*

क़ानून की मौजूदा भाषा की अबूझ अपारदर्शिता में ही क़ानून का सारा गोरखधन्धा चल रहा है।"[27]

आज़ादी की आधी सदी बाद भी क़ानून की पुरानी भाषा का प्रयोग लोक को न्याय की प्रक्रिया से दूर रखने का प्रयत्न ही माना जाना चाहिए। यह लोक के हित और हक़ में होगा अगर कार्यपालिका और न्यायपालिका की भाषा को सहज और जन–सामान्य के लिए बोधगम्य बनाया जायें।

लोकतन्त्र में लोक की स्थिति अक्सर हाशिये पर और कई बार उसके बाहर दिखती है। लोकतन्त्र की विडम्बनात्मक स्थिति की सही तस्वीर सही उत्तर नामक लघु क़िस्से में उदय प्रकाश खींचते हैं–

> *"राष्ट्रपति, माफिया और फ़ौज के द्वारा उसे लागू किया गया। राजधानी में टैंक, मोर्टार, स्पेशल टास्क फोर्स और कमाण्डो बुलाए गये। रॉकेट लांचर से संसद भवन पर मिसाइलें दागी गयीं। कई सौ संसद सदस्यों को गिरफ़्तार कर लिया गया। पूरे देश में इमर्जेंसी की घोषणा कर दी गयी। अख़बारों को सेंसर कर दिया गया। संविधान को निरस्त कर दिया गया। देश का सारा प्रशासन राष्ट्रपति के समय–समय पर जारी होने वाले अध्यादेशों पर चलने लगा। बड़े शहरों में कर्फ़्यू लगा दिया गया। हड़ताल, प्रदर्शन, जुलूस, भाषण आदि ग़ैर–क़ानूनी घोषित कर दिये गये। निर्वाचित पंचायतों, नगरपालिकाओं और क्षेत्रीय इकाइयों को भंग कर उनका प्रशासन सैनिक अधिकारियों अथवा प्रशासनिक अफ़सरों को सौंप दिया गया। सेना और पुलिस द्वारा जो हज़ार–डेढ़ हज़ार लोग मारे गये, जिनमें बूढ़े, बच्चे और महिलाएँ भी शामिल थीं, उनके बारे में कहा गया कि 'कुछ भाड़े के खतरनाक अपराधियों को पकड़ लिया गया है, कुछ मारे गये हैं और देश भर में यहाँ–वहाँ छिपे बाक़ी अपराधियों को पकड़ने के लिए सेना का ऑपरेशन जारी है।' चुनाव टाल दिये गये और रात में राष्ट्रपति ने टेलीविजन और रेडियो द्वारा राष्ट्र के नाम सन्देश दिया। उसके सन्देश का सार था "अब आयात–निर्यात, व्यापार और बाज़ार के विकास के रास्ते से सभी बाधाएँ हटा दी गयी हैं। यह इतिहास का एक महत्त्वपूर्ण अध्याय है। हमने 'उसे' लागू कर दिया है।"*[28]

स्पष्टतः 'उसे' जिसे लागू किया गया है, 'लोकतन्त्र' है। व्यंग्यात्मक लहजे में लोकतन्त्र की वस्तु स्थिति को वेबाक़ी और निर्भीकता से व्यक्त किया गया है। उदय प्रकाश की कथा–सृष्टि लोकतन्त्र में निरन्तर गुम होते लोक के हक़, हित और हैसियत को आत्मीयता से उजागर करती है। उदय प्रकाश की कथा–दृष्टि की यही अपेक्षा है कि लोकतन्त्र में लोक की सम्मानजनक वापसी हो।

सन्दर्भ

1. उदय प्रकाश : पॉल गोमरा का स्कूटर, वाणी प्रकाशन, नयी दिल्ली, संस्करण 2006, पृ. 96–97
2. उदय प्रकाश : मैंगोसिल, पेंगुइन बुक्स, नयी दिल्ली, संस्करण 2006, पृ. 91–92
3. उदय प्रकाश : नयी सदी का पंचतन्त्र, वाणी प्रकाशन, नयी दिल्ली, संस्करण 2008, पृ. 30
4. उपर्युक्त : पृ. 31
5. उदय प्रकाश : पीली छतरी वाली लड़की, वाणी प्रकाशन, नयी दिल्ली, संस्करण 2009, पृ. 63
6. उदय प्रकाश : और अन्त में प्रार्थना, वाणी प्रकाशन, नयी दिल्ली, संस्करण 2006, पृ. 120
7. उपर्युक्त : पृ. 141
8. उदय प्रकाश : पीली छतरी वाली लड़की, वाणी प्रकाशन, नयी दिल्ली, संस्करण 2009, पृ. 66
9. उदय प्रकाश : नयी सदी का पंचतन्त्र, वाणी प्रकाशन, नयी दिल्ली, संस्करण 2008, पृ. 58
10. उदय प्रकाश : पॉल गोमरा का स्कूटर, वाणी प्रकाशन, नयी दिल्ली, संस्करण 2006, पृ. 108–109
11. उदय प्रकाश : ईश्वर की आँख, वाणी प्रकाशन, नयी दिल्ली, संस्करण 1999, पृ. 58
12. उदय प्रकाश : तिरिछ, वाणी प्रकाशन, नयी दिल्ली, संस्करण 2008, पृ. 74
13. उदय प्रकाश : और अन्त में प्रार्थना, वाणी प्रकाशन, नयी दिल्ली, संस्करण 2006, पृ. 112–113
14. उदय प्रकाश : दत्तात्रेय के दुख, वाणी प्रकाशन, नयी दिल्ली, संस्करण 2006 पृ. 47
15. उदय प्रकाश : और अन्त में प्रार्थना, वाणी प्रकाशन, नयी दिल्ली, संस्करण 2006, पृ. 151
16. उदय प्रकाश : दत्तात्रेय के दुख, वाणी प्रकाशन, नयी दिल्ली, संस्करण 2006, पृ. 47

17. उदय प्रकाश : और अन्त में प्रार्थना, वाणी प्रकाशन, नयी दिल्ली, संस्करण 2006 पृ. 61
18. उदय प्रकाश : पॉल गोमरा का स्कूटर, वाणी प्रकाशन, नयी दिल्ली, 2006, पृ. 84
19. उपर्युक्त : पृ. 48
20. उदय प्रकाश : तिरिछ, वाणी प्रकाशन, नयी दिल्ली, संस्करण 2008, पृ. 77–78
21. उदय प्रकाश : पीली छतरी वाली लड़की, वाणी प्रकाशन, नयी दिल्ली, संस्करण 2009, पृ. 60
22. उपर्युक्त, पृ. 60
23. उदय प्रकाश : मोहन दास, वाणी प्रकाशन, नयी दिल्ली, संस्करण 2009, पृ. 63
24. उपर्युक्त, पृ. 54
25. उदय प्रकाश : ईश्वर की आँख, वाणी प्रकाशन, नयी दिल्ली, संस्करण, 1999, पृ. 58
26. उपर्युक्त, पृ. 58
27. उदय प्रकाश : नयी सदी का पंचतन्त्र, वाणी प्रकाशन, नयी दिल्ली, संस्करण 2008, पृ. 116
28. उदय प्रकाश : और अन्त में प्रार्थना, वाणी प्रकाशन, नयी दिल्ली, संस्करण 2006, पृ. 69

विकास बनाम विनाश

तेरा वैभव देखूँ या जीवन का क्रन्दन देखूँ। –महादेवी वर्मा

स्वतन्त्रता के बाद पश्चिमी मॉडल पर आधारित भारत में विकास का जो मार्ग चुना गया, वह ज़्यादातर लोगों के जीवन 'करुण क्रन्दन' का कारण बना। परम्परागत कुटीर उद्योगों को दरकिनार करते हुए कल–कारखानों से युक्त औद्योगिक विकास का रास्ता अपनाया गया। सरकार के नीति नियामक नेताओं और अधिकारियों का उद्देश्य जन–सामान्य के लिए बुनियादी ज़रूरतों–स्वच्छ पेय जल, भोजन, स्वास्थ्य, आवास, शिक्षा आदि को उपलब्ध कराने के बजाय सकल विकास दर हासिल करना ही ज़्यादा रहा।

> *"नेतृत्व को उम्मीद थी कि यह सब फैला कर नीचे तक रिसेगा और हर व्यक्ति, यहाँ तक कि निचले स्तर पर स्थित व्यक्ति भी, राष्ट्रीय उद्यम में हिस्सेदारी करते हुए उससे लाभान्वित हो सकेगा। लेकिन इस धारणा को ज़मीन पर उतारने के लिए कोई व्यवस्थित प्रयास नहीं किया गया।"[1]*

इस विकास का अपेक्षित लाभ सभी वर्गों–लोगों को नहीं मिला। आज़ादी की आधी सदी बाद भी धन और संसाधन से वंचित, ग़रीब सामान्य जनता के जीवन स्तर में कोई सुधार नहीं आया। विकास सरकारी आँकड़ों में ही हुआ। नब्बे दशक के आसपास विविध विकास के विविध मापदण्डों यथा–तकनीक, अर्थव्यवस्था, ढाँचागत संरचना, सेवा क्षेत्र में नयी गति देखी जा सकती है। प्रश्न है कि इस विकास से सर्वसाधारण ग़रीब, वंचित, पिछड़े, दलित, श्रमशील जनों के विषम जीवन स्तर को ऊपर उठाने में कितनी सफलता मिली है। समाजवादी चिन्तक श्यामाचरण दुबे लिखते हैं–

"देश की आन्तरिक समस्याओं पर हमारे पास विराट योजनाएँ और क्रान्तिकारी नारे तो थे, पर कुशल कारगर नीतियाँ नहीं थी। ...न ग़रीबी हटी न धर्म–निरपेक्षता आयी। क्षेत्रीय विषमताएँ बढ़ी। विकास के कार्यक्रम की विराट उपलब्धियाँ बहुत कम हैं, कहीं–कहीं तो वह विनाश के रूप में अभिव्यक्त हुआ।"[2]

विकास का यह ढाँचा ज़्यादातर लोगों–विशेषकर–ग़रीब किसानों, मेहनतकशों, पिछड़ों, आदिवासियों के लिए विनाश का मंज़र साबित होता है। हिन्दी के सर्वाधिक चर्चित समकालीन कथाकार उदय प्रकाश की कथा--दृष्टि इन विकास नीतियों की हक़ीक़त को पारदर्शिता के साथ अपनी कथा–सृष्टि में पिरो देती है।

पिछले तीन दशकों में हुए ग्रामीण विकास का सच 'साइकिल' कहानी में उदय प्रकाश दर्ज करते हैं–

"इस बीच सारी दुनिया पूरी तरह से बदल चुकी थी। हमारा गाँव भी पहले वाला मिट्टी के कच्चे घरों और खपड़ैलों वाला गाँव नहीं रह गया था। वहाँ कई पक्के मकान बन गये थे। चार–पाँच घरों में टी.वी. के डिश एंटिना लग गये थे। जुताई के लिए ट्रैक्टर आ गये थे। हल बैल से जुताई की जगह किसान, अगर अपने पास न हो तो किराये से ट्रैक्टर ले आते। रोपाई, निराई, गहाई और बिनौने का काम औरतें करने से कतराती। खेतों में काम के लिए मज़दूर नहीं तैयार होते थे। कांदों–कीचड़ में कौन दिन भर घुसे? भूमिहीन बड़ी संख्या में गाँव छोड़कर शहर चले गये थे। वहाँ वे रिक्शा चलाते या कांस्ट्रक्शन के काम में मज़दूरी करते। कुछ सड़क की पटरियों पर रेहड़ी–ठेला लगाते। गाँव में कुछ नहीं बचा था। सारी नकदी शहरों में ही सिमट गयी थी। रोज़गार भी वहीं था। कहीं फ्लाइओवर बन रहा होता, कहीं होटल, कहीं कई–कई मंज़िल ऊँचा रिहायशी कांप्लेक्स, कहीं मेट्रो रेल। गाँव में चोर तक नहीं झाँकते थे। सेन्ध मारते तो उन्हें भात के तबेले और कैंथ–करौदा के देसी अचार की हंड़िया के अलावा और कुछ न मिलता। अनाज खेतों में अब भी पैदा होता था, लेकिन बाज़ार में उसका कोई दाम नहीं था। सरकार हल्ला–गुल्ला मचाने पर या किसानों की हालत पर

तरस खाकर कभी–कभी अनाज उनसे ख़रीद कर अपने गोदामों में सड़ा डालती।"[3]

गाँवों में विकास और परिवर्तन के कुछ चिह्न नज़र आने के बावजूद वहाँ से ग़रीबों का शहर की ओर पलायन जारी है। शहर में भी इन ग़रीबों के रहने–जीने का ठिकाना नहीं है। सरकारी नीतियों से इन ग़रीबों की नियति नहीं बदली है।

तकनीकी विकास के फलस्वरूप, इलेक्ट्रानिक क्षेत्र में केबल टी.वी., कम्प्यूटर, इण्टरनेट, सैटेलाइट तथा यान्त्रिक क्षेत्र में मोटर साइकिल, कारें, मेट्रो रेल आदि का विस्तार साफ़ दिखता है। प्रश्न है कि केबल टी.वी. के कार्यक्रमों का उद्देश्य अधिक से अधिक पूँजी उगाहना है या जन–सामान्य की बुनियादी समस्याओं–चिन्ताओं को उजागर करना? वाहनों की बढ़ती संख्या बढ़ती, जनसंख्या के लिए कम है। फलतः परिवहन व्यवस्था अव्यवस्थित हो गयी है। इसका एक नमूना 'पॉल गोमरा का स्कूटर' में है–

"बस में दूधवाले, सब्ज़ी वाले और रोज़ाना दिल्ली–गाजियाबाद के बीच अप डाउन करने वाले बाबुओं की तादाद इतनी बढ़ गयी थी कि लोग बस के भीतर ही नहीं, दरवाज़ों, छतों, पायदान, पीछे की जाली और डंफर पर भी लटके रहते थे।"[4]

एक ओर कुछ लोग महँगी गाड़ियों में घूमते हैं। दूसरी ओर बहुसंख्य लोगों को परिवहन की समुचित सुविधा भी नहीं मिलती। पर्व–त्यौहारों और विवाह लगन के दिनों में तथा स्कूल की छुट्टियों के दौरान यात्रा करना दुष्कर हो जाता है। रेलवे स्टेशनों तथा बस अड्डों पर अक्सर होने वाली दुर्घटनाओं में बहुतेरे लोग मारे जाते हैं।

वर्ष 1991 में भारत में नयी आर्थिक नीति लागू होने से जीडीपी (सकल घरेलू उत्पाद) विकास दर में बढ़ोतरी हुई है। इस नीति के तहत देश के आर्थिक विकास को विश्व के विकसित देशों की अर्थव्यवस्थाओं से जोड़ने के लिए आर्थिक उदारीकरण और भूमण्डलीकरण का ताना–बाना बुना गया। सरकार इन नीतियों को विकास के सुदृढ़ मॉडल के तौर पर पेश कर रही है। बढ़ती विकास दर के बावजूद लाखों–करोड़ों लोग (देश की आधी आबादी से अधिक) हाशिये पर हैं। रजनी कोठारी के अनुसार–

"भूमण्डलीकरण के कारण 'विकास' का बिना सोचे–समझे बनाया गया मॉडल धरती को रेगिस्तान में बदलता जा रहा है

और ग्लोबल वार्मिंग की परिघटना तेज़ी से बढ़ती जा रही है। महिलाओं और बच्चों का सम्मान तथा गरिमा से जीना तकरीबन असम्भव हो गया है।"[5]

विकास का यह ढाँचा अमीरों को और सम्पन्न तथा ग़रीबों को और विपन्न बना रहा है। 'मोहन दास' में उदय प्रकाश लिखते हैं–

"एक के बाद दूसरी सरकारों की वह आर्थिक नीति, जो देश के महानगरों को अमेरिका बना रही थी, वही देश के गाँवों और पिछड़े इलाक़ों को कंगाल बनाकर वहाँ असंख्य इथियोपिया, रवांडा और घाना पैदा कर रही थी। दिल्ली–लखनऊ, मुम्बई–भोपाल, कोलकाता–पटना में जब हर राजनीतिक पार्टी और विचारधारा के प्रोफ़ेसर चालीस–पचास हज़ार महीने का वेतन ले रहे थे और मामूली से मामूली फ्रीलांसर तक दो पन्नों की रपट पर पाँच सौ से हज़ार रुपये पा रहे थे, तब गाँवों और छोटे क़स्बों में, मेहनत–मशक़्क़त का काम करने वाले मोहन दास जैसे लोगों को चार सौ रुपये की नगदी जुगाड़ने में महीना लग जाता था।"[6]

नयी आर्थिक नीति जीविकोपार्जन हेतु जनता की आर्थिक गतिविधियों को ठप कर रही है। देश की अर्थव्यवस्था पर बहुराष्ट्रीय कम्पनियों और अन्तरराष्ट्रीय संस्थाओं का क़ब्ज़ा बढ़ता जा रहा है। नयी आर्थिक नीति के प्रभाव से बहुत ही कम लोग या समुदाय बच सके हैं। जनता को अपनी ज़मीन से अनजानी जगह पर विवश होकर विस्थापित होना पड़ता है।

"यह नया दायरा उजरती मज़दूरी और उपभोग की तेज़ी से फैलती हुई जन संस्कृति का दायरा होता है। इसमें कुछ ही लोग टिक पाते हैं, बाक़ी किनारों पर खदेड़ दिये जाने के लिए अभिशप्त होते हैं। जिनके पास ज़मीन, सामाजिक हैसियत और शिक्षा जैसी सुविधाएँ हैं, वे सामाजिक प्रगति की सीढ़ियाँ चढ़ पाते हैं, पर जिनके पास ऐसी पृष्ठभूमि नहीं है, उन्हें सामाजिक–आर्थिक वंचितों का जीवन गुज़ारना पड़ता है।"[7]

सामाजिक विकास का दायरा स्त्रियों, पिछड़ों, दलितों, आदिवासियों एवं ग्रामीण जीवन से विशेषकर जुड़ा है। ये समुदाय भी अब शिक्षा, नौकरी और व्यवसाय में आगे बढ़ रहे हैं, लेकिन इनका शोषण भी कई रूपों और

कई स्तरों पर हो रहा है। गाँव और आदिवासी क्षेत्रों तथा पिछड़ों, दलितों और आदिवासियों के नाम पर तरह–तरह की परियोजनाएँ शुरू की जाती हैं। इन परियोजनाओं का मूल मक़सद मानव, प्राकृतिक और आर्थिक संसाधन का दोहन कर अधिक से अधिक लाभ कमाना होता है, उस क्षेत्र विशेष के लोगों का सर्वांगीण विकास करना नहीं। 'और अन्त में प्रार्थना' कहानी में प्रधानमन्त्री सुदूर आदिवासी क्षेत्र ढींगर गाँव का दौरा करते हैं ताकि 'एशिया के सबसे बड़े, अमेरिका के सहयोग से विश्व बैंक के क़र्ज़ और कार्पोरेट किंग फ़िरोजलाल मलकानी की पूँजी से बनने वाले काग़ज़ के कारख़ाने का शिलान्यास करें।' पहली नज़र में यह विकास की ओर बढ़या गया सुदृढ़ क़दम लगता है, लेकिन इस विकास की असलियत उदय प्रकाश के अनुसार–

> *"काग़ज़ का कारख़ाना काग़ज़ उत्पादन करने के लिए ढींगर गाँव के सारे पेड़ों को खा जायेगा। जंगल उसके लिए रॉ मैटीरियल है। कच्चा माल। आसपास के सारे जंगल ख़त्म हो जायेंगे। ...अगरिया, बंसोर, मिम्मा, ढींगर आदि जातियों की पारम्परिक दस्तकारी का कुटीर उद्योग ख़त्म हो जायेगा। यहाँ के असली और बहुत पुराने बाशिन्दों के खेत–बारी कारख़ाने के विस्तार के लिए ले लिए जायेंगे।"*[6]

विकास का ढाँचा स्थानीय आवश्यकताओं, परिस्थितियों और परिवेश के अनुकूल नहीं बनाया गया है। इन परियोजनाओं के फलस्वरूप विकास का एक समरूप 'मॉडल' नहीं बन सका है, बल्कि बड़ी–बड़ी सामाजिक, सांस्कृतिक और आर्थिक दरारें बन गयी हैं। ये दरारें महानगरीय और ग्रामीण जीवन के बीच, अभिजन और आम जनता के बीच दिखती हैं।

लोकतान्त्रिक सचेतनता देश की स्वतन्त्रता से लेकर अब तक अक्षुण्ण है। राजनीतिक दलों और सरकारी अधिकारियों की निष्ठुरता व मनमानेपन तथा लोकतान्त्रिक संस्थाओं के नकारेपन के बावजूद ग़रीबों, श्रमशीलों तथा कमज़ोर वर्गों का लोकतान्त्रिक प्रक्रिया में विश्वास क़ायम है। मतदान के दौरान बहुत बड़ी तादाद में अपने मताधिकार के ज़रिये वे लोकतान्त्रिक सरकार का चयन करते हैं। पिछले दशकों में मतदान का प्रतिशत बढ़ा है। लेकिन विडम्बना है कि चुनी गयी लोकतान्त्रिक सरकारें अपनी जनता को जीवन जीने के लिए स्वच्छ पेय जल, भोजन, आवास, शिक्षा, स्वास्थ्य,

रोज़गार जैसी बुनियादी ज़रूरतें उपलब्ध कराने में असमर्थ रही हैं। उलटे जनता का कई स्तरों पर शोषण किया जाता है। 'मोहन दास' में उदय प्रकाश की टिप्पणी है–

> *"संसार के हर देश की हर सरकार की अर्थनीति और राजनीति एक जैसी थी, जब अमीरों और ग़रीबों के बीच खाई इतनी गहरी और चौड़ी हो चुकी थी कि उसे कोई भी प्रायोजित विज्ञापन छिपा नहीं पाता था। ...बीसवीं सदी की शुरुआत में उत्पीड़ित शक्तियाँ, साझा सरकार बनाने, पेट्रोल की क़ीमत कम करने और ग़रीबों पर राज करने का शतरंज खेल रही थी...राजनीति का कोई भी रूप सत्ता के ऐसे उपकरण में बदल चुका था, जिसका इस्तेमाल प्रजा के उत्पीड़न, दमन और उस पर अन्याय के लिए हो रहा था।"*[9]

सरकार अपने बुनियादी उत्तरदायित्व से पल्ला झाड़ रही है। स्वास्थ्य और शिक्षा जैसे लोककल्याणकारी क्षेत्रों को भी निजी कम्पनियों और कॉरपोरेट ⁻ाथों में सौंपा जा रहा है। संसाधनों से भरपूर इस देश में लोकतान्त्रिक सरकार के बावजूद ग़रीबों की संख्या लगातार बढ़ रही है। उदय प्रकाश कहते हैं–

> *"हमारे देश में भी ग़रीबी लगातार बढ़ रही है। शहर में स्लम्स बढ़ रहे हैं। बार–बार शहर को सुन्दर बनाने या होटल आदि बनाने के लिए बुल्डोजर्स और पुलिस भेजकर इन ग़रीबों को वहाँ से भगा दिया जाता है..."*[10]

विकास की विविध नीतियों और परियोजनाओं से समाज और देश का समग्र एवं सन्तुलित विकास नहीं हो पाया है। यदि कृषि की बात करें तो भारत में क़रीब 90 प्रतिशत लोग कृषि सम्बन्धित कार्यों से जुड़े हैं। लेकिन कृषि को अत्याधुनिक, वैज्ञानिक और लाभकारी बनाने की ओर विशेष ध्यान नहीं दिया गया। बिना सोचे–समझे विकास की तमाम योजनाएँ कृषि को नष्ट और तबाह कर रही हैं। भयावह हादसों और कुकृत्यों का शिकार 'मोहन दास' के जीवन में एक हादसा होता है जब–

> *"पुरबनरा की कठिना नदी का पानी एक कागज़ के कारख़ाने के लिए लकड़ी सड़ाने के लिए बाँध में बदला जा रहा था और वह*

सारा हिस्सा पानी में डूब गया था, जहाँ मोहन दास पलिया बना कर तरबूज, ककड़ी, खरबूज, लौकी उगाता था।"[11]

यह विकास परियोजनाओं के नाम पर ग़रीबों, मेहनतकशों, आदिवासियों को उनके जीवन संसार से बेदखल करने का सबसे आसान तरीक़ा है। यह विकास के नाम पर पर्यावरण, दुर्लभ वन्य प्राणियों और वनस्पतियों को डुबो देना और नष्ट कर देना है। कृषि के साथ ही गाँवों का अस्तित्व भी ख़त्म हो रहा है। 'मैंगोसिल' में दिल्ली के विकास का हश्र यह है कि–

> *"जहाँगीरपुरी, मंगोलपुरी, लोनी, नजफ़गढ़, हरिनगर, जियासराय, बेरसराय, कड़कड़डूमा, प्रहलादगढ़ी जैसे सैकड़ों गाँवों का अस्तित्व ही मिट गया। जहाँ–जहाँ वे हुआ करते थे, वहाँ शॉपिंग मॉल, मल्टीप्लेक्स, होटल, बाज़ार, पार्क, दुकानें, हाउसिंग सोसाइटिज, बैंक, पेट्रोल–डीज़ल पम्प वग़ैरह खुल गये।"*[12]

इस विकास से लघु कुटीर उद्योगों का नाश हुआ है, बेरोज़गारी बढ़ी है।

विकास के इस दौर में रोज़गार की स्थिति गम्भीर है। शहरों में नये भवन, पुल, मेट्रो आदि के बाद भी रोज़गार में अपेक्षित वृद्धि नहीं दिख रही है। जिन्हें रोज़गार मिला भी है, वह ठेकेदारों के जरिये। कार्यस्थल पर मज़दूर की मृत्यु हो जाने पर उचित मुआवज़ा नहीं मिलता है। कारण वे नियमित नहीं हैं। नयी विकास नीतियों का लाभ दूरसंचार, सूचना प्रौद्योगिकी, मनोरंजन, पर्यटन तथा भवन निर्माण को मिला है। किन्तु इन क्षेत्रों में बहुत कम लोगों को रोज़गार का अवसर मिला है। इस विकास का यथार्थ है कि लोग–

> *"जिन मकानों और घरों में रह रहे थे। वे उनके अपने नहीं थे। निजी या विदेशी बैंकों या फाइनेंस कम्पनियों के पास हर सम्पत्ति गिरवी रखी हुई थी। इतने सारे लोग दिन–रात बन्धुआ मज़दूरों की तरह ब्याज और क़र्ज़ की किस्तें चुकाने के लिए काम कर रहे थे।"*[13]

90 दशक की नवउदारतावादी नीतियों ने बड़े पैमाने पर ग्रामीण रोज़गारों को ख़त्म कर, किसानों को अधिकाधिक मात्रा में क़र्ज़दार बनाया है। भयावह मानसिक आपाधापी में वह शहर जाने को विवश है। 'आवरण' कहानी में उदय प्रकाश लिखते हैं–

"हर ग़रीब और कमज़ोर आदमी अपने घर और ज़मीन से बेदख़ल हो रहा था। गाँवों में जहाँ किसान और खेतिहर रहते थे विधवाओं की संस्था बढ़ गयी थी। गाँव छोड़–छोड़ कर लोग पता नहीं कहाँ भाग रहे थे।"[14]

बदहाल होते गाँवों से ग्रामीणों का जीवन बचाने के लिए शहर की ओर पलायन की बाध्यता है। गाँव निरन्तर संकटग्रस्त हो रहे हैं। गाँवों पर संकट प्रकारान्तर से पत्थरों और पाण्डुलिपियों में बसे हमारे मिथकों और इतिहास पर संकट है।

अपनी जड़ और ज़मीन से बेदखल ग़रीबों के लिए 'आवास' एक बड़ी समस्या है। ये ग़रीब अपने परिवार के साथ रहने की चाहत में किसी झुग्गी बस्ती या अवैध कही जाने वाली कालोनी में रहने का निर्णय लेते हैं। इन जगहों पर रहने के लिए उन्हें निगम कर्मचारियों तथा पुलिस को घूस देना पड़ता है। इन बस्तियों में न स्वच्छ पेय जल मिलता है, न शौचालय की सुविधा होती है और न ही बिजली की नियमित आपूर्ति। ऐसी जगहों को भी परियोजनाओं के नाम पर रौंद दिया जाता है। 'मैंगोसिल' में उदय प्रकाश कहते हैं–

"पुलिस म्यूनिस्पलिटी, आँसूगैस, बुल्डोज़र्स, प्रशासन, राजनीति– सब के सब बड़ी ईमारतों और बाज़ारों के पक्ष में थे। छोटे–छोटे घरों और मामूली ग़रीब लोगों को राजधानी के हर इलाक़े से साफ़ किया जा रहा था।"[15]

इस दौर में कई बड़े–बड़े अस्पताल खुल रहे हैं, लेकिन ग़रीबों के लिए समुचित चिकित्सा व्यवस्था का अभाव है, जबकि सरकार निजी अस्पतालों को सस्ती दर पर ज़मीन उपलब्ध कराती है तथा झूठी दिलासा हेतु शर्त होती है कि यहाँ ग़रीबों का मुफ़्त इलाज होगा। प्राइवेट अस्पताल तो दूर सरकारी चिकित्सा व्यवस्था में भी ग़रीबों को सुविधाएँ नहीं मिलती। 'और अन्त में प्रार्थना' में डॉ. वाकणकर देखते थे कि कई सरकारी डॉक्टर स्वास्थ्य केन्द्र पर आने वाले मरीज़ों को टाल कर प्राइवेट प्रैक्टिस करते हैं तथा ऊपरी कमाई करते हैं। साथ ही–

"वे डॉक्टर सरकारी अस्पताल में सब्सिडी के साथ या मुफ़्त आने वाली सरकारी दवाइयों को सस्ते दामों में इन केमिस्ट्स

को बेच देते थे। अस्पताल आने वाले मरीज़ों को इलाज के लिए अपनी गाँठ से पैसा लगाकर वही दवाइयाँ दुकानों से ऊँचे बाज़ार भाव में ख़रीदनी पड़ती।"[16]

विकास के इस ढाँचे में सामान्य ग़रीबों के लिए स्वास्थ्य सुविधाएँ नाम मात्र की हैं। 'मोहन दास' की माँ–

"पुतली बाई, जिसकी आँख किसी मुफ़्त नेत्र शिविर में मोतियाबिन्द का ऑपरेशन कराने के बाद अन्धी हो चुकी हैं और अब उसे चारों ओर सिर्फ़ अँधेरा दिखायी देता है।"[17]

'मैंगोसिल' से ग्रस्त सूर्यकान्त के माता–पिता देश के बड़े सरकारी अस्पतालों में से एक 'एम्स' में उसे–

"गोद में उठाये घण्टों–घण्टो वहाँ ओपीडी में खड़े रहते। या तो उनका नम्बर न आता और अगर आता भी तो डॉक्टर उस भीड़ में सूर्यकान्त को लापरवाही से देखकर उन्हें अगली तारीख़ दे देता।"[18]

यह जगज़ाहिर है कि बड़े सरकारी अस्पतालों में पैरवी–सिफ़ारिश चलती है। मन्त्रियों, ऊँचे अधिकारियों, उनके रिश्तेदारों और पहुँच वालों का इलाज यहाँ आसानी से होता है। ग़रीब मरीज़ के इलाज पर ध्यान नहीं दिया जाता। चिकित्सा क्षेत्र का यही यथार्थ है।

'सबको समान शिक्षा का लक्ष्य' दिखावा मात्र है। शिक्षा में ग़रीब और अमीर के बीच साफ़ अन्तर दिखता है। प्राथमिक शिक्षा से लेकर उच्च, तकनीकी, पेशेवर शिक्षा तक का प्राइवेटाइजेशन हो रहा है। ये संस्थान मनमाना रुपया निचोड़ते हैं और एक अद्भुत लोकतान्त्रिक सरकार के कन्धे से कन्धा मिलाकर अकूत कमाई की बारामासी फ़सल काट रहे हैं। ग़रीब बच्चों के लिए सरकारी स्कूल है, जहाँ साधन का पर्याप्त अभाव है। कहीं शिक्षक नहीं है तो कहीं स्कूल की छप्पर ही नहीं है। 'साइकिल' कहानी में उदय प्रकाश कहते हैं–

"तरक़्क़ी तो हुई थी। ...एम. एल. ए त्रिपाठी अब लोक निर्माण मन्त्री बन गये थे। सरपंच ठेकेदार बन गया था और उसके घर में टाटा 407, कमांडर जीप और एस्कॉर्ट का ट्रैक्टर खड़े हो गये थे। हाँ, स्कूल की इमारत ढह गयी थी और बच्चे पेड़ के नीचे पढ़ने जाते थे। सरकारी अस्पताल में ढोर–डांगर सोते थे।"[19]

कई बच्चे ग़रीबी और अभाव के चलते बाल श्रम करने पर मज़बूर होते हैं। 'मोहन दास' कहानी में कठिना नदी पर बाँध बनने के बाद दस साल का देवदास 'दुर्गा ऑटो रिपेयरिंग वर्क्स' में हेल्पर का काम करने लगा और आठ साल की शारदा 'ऐश्वर्या ब्यूटी पार्लर' में नौकरी करने लगी।[20] यह बालश्रमिकों द्वारा अपने जीवन को बचाने के लिए किया गया विवशतापूर्ण श्रम है, जिसका विकल्प बाल श्रम अधिनियम बनाने वाले तन्त्र के पास नहीं है।

यह विकास सबके लिए समान अवसर लेकर नहीं आया है। इसका लाभ कुछ लोगों तक ही पहुँचा है। बहुसंख्य ग़रीब जनता के लिए यह विकास प्रलयंकारी भूमिका ही निभाता है। ग़रीब जनता इस विकास में कहीं नहीं है। यदि दिख भी जाये तो उसे वहाँ से साफ़ कर दिया जाता है। इन विकास नीतियों से असंख्य जीवन ही विस्थापित या नष्ट नहीं होते, बल्कि एक संस्कृति और परम्परा भी नष्ट हो जाती है। 'मैंगोसिल' में उदय प्रकाश ने 'प्रलय का प्राक्कथन' में लिखा है–

> *"जब हमारा जीवन किसी समृद्ध नगर या देश की संस्कृति को सुन्दर और विकसित बनाने के लिए उजाड़ा जाता है या ऊर्जा और ईंधन के लिए डुबा दिया जाता है तो सिर्फ़ हम नहीं–इस धरती से हिरण, तितलियाँ, पक्षी, हाथी, पीपल, पलाश, सागौन, शाल और तमाम वनस्पतियों समेत बहुत से ऐसे देवी–देवता भी डूब जाते हैं, जो हज़ारों वर्ष पहले किसी त्रेता या द्वापर में, स्वर्ग से उतर कर, पत्थरों और पाण्डुलिपियों में इसलिए बस गये थे कि वे हमारी पीड़ाओं को कम करें कि हमारे उत्पीड़न और विनाश को सह्य बनायें।"*[21]

यह विकास जन–सामान्य के लिए एक विडम्बना है। इससे इनकी समस्याएँ ही नहीं बढ़ी बल्कि जीवन पर ही संकट छा गया है। लेकिन कोई समाधान नहीं दिखता। उदय प्रकाश के शब्दों में–

> *"समृद्ध और विकसित संस्कृतियों की वे औषधियाँ, जो पीड़ाओं से राहत देती हैं, या वह ऊर्जा, जो रोशनी या हवा या शब्दों और ध्वनियों की माया पैदा करती हैं, वे हमारे लिए नहीं होतीं। बड़े–बड़े अस्पताल, बैंक, संस्थान, संसद, न्यायालय, हवाई अड्डे*

और चौड़ी सड़कें हमारे लिए नहीं हैं। वहाँ से तो हम भगा दिये जाते हैं या कुचल दिये जाते हैं।"[22]

यह उदय प्रकाश की क़लम से निकली देश की करोड़ों दबी–कुचली जनता की आवाज़ है। यह विकास भारतीय समाज में असन्तुलन लेकर आया है। इस असन्तुलित विकास की सृजनात्मक अभिव्यक्ति 'मैंगोसिल' कहानी में हुई है। सूर्यकान्त के निरन्तर बड़े और विकसित होते सिर और मस्तिष्क की दर्दनाक पीड़ा, प्रकारान्ततर से इस असन्तुलित विकास से उपजी पीड़ा है। इसमें एक पक्ष–मस्तिष्क, बड़ा और विकसित हो रहा है, जबकि दूसरा पक्ष–धड़, निष्क्रिय और अविकसित। 'मैंगोसिल' के दर्द से निजात पाने की दवा सूरी बताता है–

"मेरे सिर में इतना ज़्यादा दर्द होता है कि उसे ठीक करने के लिए सूरज जितनी साइज़ का टैबलेट चाहिए।"[23]

अर्थात् वह औषधि, विचार, विकास नीति सूर्य की तरह ही आम और ख़ास का भेद किये वगैर, हर किसी को पोषित कर हर एक के जीवन में प्रकाश संश्लेषित करे। यही उदय प्रकाश की कथा–सृष्टि की प्रतिबद्धता है।

सन्दर्भ

1. कोठारी, रजनी : बहुसांस्कृतिक समाज और मध्यमार्गी राज्य के प्रभाव में गिरावट (लेख), लोकतन्त्र के सात अध्याय, सं. अभय कुमार दुबे, वाणी प्रकाशन, नयी दिल्ली, संस्करण 2005, पृ. 159
2. दुबे, श्यामाचरण : राजनीतिक संस्कृति के आयाम (लेख), भारत का राजनीतिक संकट, सं. राजकिशोर, वाणी प्रकाशन, नयी दिल्ली, संस्करण 1994, पृ. 22
3. उदय प्रकाश : दत्तात्रेय के दुख, वाणी प्रकाशन, नयी दिल्ली, संस्करण 2006, पृ. 98–99
4. उदय प्रकाश : पॉलगोमरा का स्कूटर, वाणी प्रकाशन, नयी दिल्ली, संस्करण 2006, पृ. 48
5. कोठारी, रजनी : जनता से डरते अभिजन और कमज़ोर होता राष्ट्र राज्य (लेख), भारत का भूमण्डलीकरण, सं.–अभयकुमार दुबे, वाणी प्रकाशन, नयी दिल्ली, संस्करण 2007, पृ. 96
6. उदय प्रकाश : मोहन दास, वाणी प्रकाशन, नयी दिल्ली, संस्करण 2009, पृ. 65
7. दुबे, अभय कुमार : साकार राष्ट्र निराकार यात्रा (लेख), भारत का भूमण्डलीकरण, सं. अभयकुमार दुबे, वाणी प्रकाशन, नयी दिल्ली, संस्करण 2007, पृ. 12

8. उदय प्रकाश : और अन्त में प्रार्थना, वाणी प्रकाशन, नयी दिल्ली, संस्करण 2006, पृ. 151–152
9. उदय प्रकाश : मोहन दास, वाणी प्रकाशन, नयी दिल्ली, संस्करण 2009, पृ. 43
10. उदय प्रकाश : ईश्वर की आँख, वाणी प्रकाशन, नयी दिल्ली, संस्करण 1999, पृ. 30
11. उदय प्रकाश : मोहन दास, वाणी प्रकाशन, नयी दिल्ली, संस्करण 2009, पृ. 61
12. उदय प्रकाश : मैंगोसिल, पेंगुइन बुक्स, नयी दिल्ली, संस्करण 2006, पृ. 149
13. उपर्युक्त, पृ. 149–150
14. पूर्वग्रह, सं. प्रभाकर श्रोत्रिय, अप्रैल–जून–2009, में प्रकाशित उदय प्रकाश की कहानी–आवरण, पृ. 24
15. उदय प्रकाश : मैंगोसिल, पेंगुइन बुक्स, नयी दिल्ली, संस्करण 2006, पृ. 149
16. उदय प्रकाश : और अन्त में प्रार्थना, वाणी प्रकाशन, नयी दिल्ली, संस्करण 2006, पृ. 112
17. उदय प्रकाश : मोहन दास, वाणी प्रकाशन, नयी दिल्ली, संस्करण 2009, पृ. 9
18. उदय प्रकाश : मैंगोसिल, पेंगुइन बुक्स, नयी दिल्ली, संस्करण 2006, पृ. 127
19. उदय प्रकाश : दत्तात्रेय के दुख, वाणी प्रकाशन, नयी दिल्ली, संस्करण 2006, पृ. 99
20. उदय प्रकाश : मोहन दास, वाणी प्रकाशन, नयी दिल्ली, संस्करण 2009, पृ. 63
21. उदय प्रकाश : मैंगोसिल, पेंगुइन बुक्स, नयी दिल्ली, संस्करण 2006, पृ. 80
22. उपर्युक्त, पृ. 80
23. उपर्युक्त, पृ. 155

पर्यावरण-संवेदना

तब ये लता लगति अति सीतल
अब भई बिसम ज्वाल की पूंजै। –सूरदास

कृष्ण के विरह में सूरदास की गोपियों को ब्रज की लताओं–गुल्मों में विषम तपिश का आभास–सा होता है, लेकिन निरन्तर बढ़ रहा 'भूमण्डलीय तापन' हमारे समय का संकटपूर्ण यथार्थ है। पृथ्वी पर मौजूद सभी जैविक, अजैविक, प्राकृतिक, मानविक, सामाजिक, सांस्कृतिक तत्त्वों से पर्यावरण बनता है। प्रकृति और मनुष्य का सम्बन्ध अनादिकाल से है। स्वच्छ अनुकूल पर्यावरण ही व्यक्ति को बचाये रख सकता है। सभ्यता के विकास में प्राकृतिक संसाधनों का अन्धाधुन्ध दोहन हो रहा है। वनों की कटाई, औद्योगीकरण, शहरीकरण, भूतल जल का घटता स्तर, आणविक ऊर्जा के विध्वंसात्मक प्रयोग से प्राकृतिक असन्तुलन बढ़ रहा है। यह पर्यावरण संकट अदूरदर्शी सरकारी नीतियों की देन है। आज प्रदूषित संकटग्रस्त पर्यावरण गम्भीर चिन्ता का विषय है। उदय प्रकाश के कथाख्यानों में पर्यावरण के प्रति एक आत्मीय–संवेदनशील रवैया मौजूद है।

समसामयिक दौर में औद्योगिक विकास के नाम पर पर्यावरण मानकों को एकबारगी दरकिनार किया गया है। पर्यावरण और पारिस्थितिकीय तन्त्र असन्तुलन के कगार पर पहुँच गया है। प्राकृतिक संसाधनों के दोहन में अविवेकपूर्ण रवैया जीवन–संसार की विनाश लीला रच रहा है। इसके अनेक भीषण दुष्परिणाम–बाढ़, सूखा, भूकम्प आदि के रूप में झेलने को विवश होते हैं। उदय प्रकाश कहते हैं–"जब हमारा जीवन किसी समृद्ध नगर या देश की संस्कृति को सुन्दर और विकसित बनाने के लिए उजाड़ा जाता है तो सिर्फ़ हम नहीं–इस धरती से हिरण, तितलियाँ, पक्षी, हाथी, पीपल, पलाश, सागौन, साल और तमाम वनस्पतियों समेत"[1] परम्परा के अनेक

स्तम्भ डूब जाते हैं। कई बार किसी क्षेत्र विशेष की संसाधन सम्पन्नता ही उसका अभिशाप बन जाती है। सत्ताधारियों और उद्योगपतियों की लोलुप दृष्टि से ऐसे क्षेत्र बचे नहीं रह सकते।

उर्वर, समृद्ध, भरे अंचल को नासमझी और निर्ममता के साथ जब उजाड़ा जाता है तब उसका भयावह असर मनुष्य के साथ पूरे परिवेश पर होता है। सुप्रसिद्ध चिन्तक और कथाकार निर्मल वर्मा कहते हैं–

> *"विकास और प्रगति के नाम पर जब इतिहास लोगों को उन्मूलित करता है, तो वे फिर कभी अपने घर वापस नहीं लौट सकते। आधुनिक औद्योगीकरण की आँधी में सिर्फ़ मनुष्य ही नहीं उखड़ता बल्कि उसका परिवेश और आवासस्थल भी हमेशा के लिए नष्ट हो जाते हैं।"*[2]

सवाल है कि क्या औद्योगिक विकास के बिना देश की आवश्यकताओं की पूर्ति नहीं हो सकती? क्या विकास का भारतीय मॉडल नहीं अपनाया जा सकता था? इस पर निर्मल वर्मा लिखते हैं–

> *"स्वातन्त्र्योत्तर भारत की सबसे बड़ी ट्रेजडी यह नहीं है कि शासक वर्ग ने औद्योगीकरण का मार्ग चुना, ट्रेजेडी यह रही है कि पश्चिम की देखा–देखी और नक़ल में योजनाएँ बनाते समय प्रकृति–मनुष्य और संस्कृति के बीच का नाजुक सन्तुलन किस तरह नष्ट होने से बचाया जा सकता है, इस ओर हमारे पश्चिम–शिक्षित सत्ताधारियों का ध्यान कभी नहीं गया। हम बिना पश्चिम को मॉडल बनाए–अपनी शर्तों और मर्यादाओं के आधार पर–औद्योगिक विकास का भारतीय स्वरूप निर्धारित कर सकते थे, कभी इसका ख़याल भी हमारे शासकों को आया हो, ऐसा नहीं जान पड़ता।"*[3]

भारत में प्रकृति–संस्कृति और मानव का सन्तुलन बहुत ही नाजुक और मूल्यवान् है। इस पर लोलुप अतिरिक्त आघात समूची जीवन प्रणाली को विकृत और नष्ट कर देता है।

मनुष्य प्रकृति का अभिन्न अंग है। सभ्यता के आरम्भ से ही, मनुष्य का जीवन प्रकृति की गोद में ही बीतता गया है। मनुष्य का जीवन प्रकृति पर निर्भर है। हालाँकि सभ्यता के विकास ने प्रकृति और मनुष्य के बीच दूरी बढ़ाई है। 'कविता क्या है' निबन्ध में आचार्य रामचन्द्र शुक्ल ने लिखा है–

"वन्य और ग्रामीण दोनों प्रकार के जीवन प्राचीन हैं; दोनों पेड़—पौधों, पशु—पक्षियों, नदी—नालों और पर्वत—मैदानों के बीच व्यतीत होते हैं, अतः प्रकृति के अधिक रूपों के साथ सम्बन्ध रखते हैं। हम पेड़—पौधों और पशु—पक्षियों से सम्बन्ध तोड़कर बड़े—बड़े नगरों में आ बसे, पर उनके बिना रहा नहीं जाता। हम उन्हें हर वक़्त अपने पास न रखकर एक घेरे में बन्द करते हैं और कभी मन बहलाने के लिए उनके पास चले जाते हैं।"[4]

प्रायः हर संवेदनशील व्यक्ति का अपने परिवेश और प्रकृति से गहरा लगाव होता है। आचार्य रामचन्द्र शुक्ल ने तो यहाँ तक कह दिया कि जो व्यक्ति अपने देश के पशु—पक्षियों, पेड़—पौधों से प्रेम नहीं करता, वह देश—प्रेम क्या ख़ाक करेगा। हर बड़ा और महत्त्वपूर्ण रचनाकार प्रकृति सौन्दर्य से अभिभूत होता है। प्रकृति उसे लुब्ध करती है और प्रकृति पर गहराता मानव निर्मित संकट उसे क्षुब्ध करता है। उदय प्रकाश की कथा—सृष्टि वन्य और गंवई परिवेश से घिरी है।

उदय प्रकाश के कथाख्यानों में प्रकृति का सौन्दर्य प्रकृति, संस्कृति और परम्परा के रंगों से भरपूर है। 'नेलकटर' में वे लिखते हैं—

"सावन में घास और वनस्पतियों के हरे रंग में हल्का अँधेरा—सा घुला होता है। हवा भारी होती है और तरल। वर्षा के रवें पर्तों में तैरते हैं। ...इसी महीने राखी बँधती है। कजलौयाँ होती हैं। नाग पंचमी में गोबर की सात बहनें बनायी जाती है। धान की लायी और दूध दोने में भरकर हम साँपों की बाम्बियाँ खोजते—फिरते हैं। ...हरियरी अमावस भी इसी महीने होती है।"[5]

उदय प्रकाश में प्राकृतिक पर्यावरण की गहरी समझ है। वे 'आत्मकथ्य' में लिखते हैं—

"कार्तिक का महीना था। ऋतुओं की शीतलता सबसे पहले पानी में उतरती है, फिर शायद हवा या पेड़ों की छाँह में। हमारा घर नदी के बिल्कुल तट पर है। तट के इतना पास कि दीवाल और मुंडेर का प्रतिबिम्ब नदी की धार में डूबता—उतराता है और बरसात के दिनों में अज्ञात जंगलों से बहकर आने वाले सांप अक्सर हमारे घर में घुस आते हैं।"[6]

गाँव से शहर की ओर जाने वालों के चेतन–अवचेतन मन पर अपना ग्रामीण परिवेश निरन्तर हावी रहता है। 'राम सजीवन की प्रेम कथा' में दिल्ली के एक विश्वविद्यालय में पढ़ने वाले राम सजीवन गाँव के प्रति अक्सर नास्टेल्जिक हो वहाँ पहुँच जाते–

> *"जहाँ कई वर्ष पहले गाँव था और जहाँ बैलों के तेल चुपड़े भोले–काले सींग थे, दोपहर जंगल में पत्तों की गहरी हरी गन्ध थी और कच्चे आम के ताजा कटे फाँक के साथ नमक–मिर्च का स्वाद था, धान के महकते हरे खेत थे, जहाँ अन्धी बुढ़िया महराजिन थी जिसकी बारी से लड़के खीरा और भुट्टा चुरा लाते थे।"*[7]

यह गाँव का स्वाभाविक नैसर्गिक दृश्य है।

वन–प्रान्तर, नदी–नालों से भरी प्रकृति अपने आप में आकर्षक और रहस्यपूर्ण है। उदय प्रकाश का बचपन ऐसे ही प्राकृतिक परिवेश में बीता है। प्रकृति के रूप और रहस्य के बारे में वे अत्यन्त राग से कहते हैं–

> *"गाँव के एक ओर नदी थी और बाक़ी तीन तरफ़ छोटे–बड़े जंगली नाले, पहाड़ियाँ, डोंगरी और जंगल। ...वह नदी तो ख़ैर तमाम रहस्यों से भरी थी ही, ये जंगली पहाड़ी नाले भी कम रहस्य भरे नहीं थे। ये नाले चट्टानों की खोह से, जंगल के भीतर की खाइयों से, और वनस्पतियों–पौधों की नमी से भरे अन्धकार के बीच में से बहते थे। ...और वहीं उन्हीं अबूझ गहराइयों से उनका पानी तरह–तरह से बोलता था। जो लोग अलग–अलग ऋतुओं में दिन और रात के अलग–अलग पहर में पानी की आवाज़ सुनने के आदी हैं, वे थोड़ा बहुत इन पहाड़ी वनैले नालों के रहस्य में उतर सकते हैं।"*[8]

भारत के उत्तर–पूर्व क्षेत्र की प्रकृति संसाधन सम्पन्न, आकर्षक और रहस्य भरी है। 'पीली छतरी वाली लड़की' कहानी में मणिपुरी सापाम तोंबा कहता है–

> *"घर के पीछे जंगल था और पहाड़ियाँ, जिनका रंग दिन में सूरज और बादलों की धूप–छाँह में बार–बार बदलता रहता था। जो पहाड़ी सुबह नीली होती वह दोपहर आते–आते सलेटी या भूरी हो जाती, फिर किसी बादल की परछाई पड़ते ही वह एकदम*

हरी हो जाती। आश्चर्य तब होता जब वे पहाड़ियाँ देखते–देखते एकदम अदृश्य हो जातीं। उनका नामोनिशान न दिखता। सिर्फ़ बदलियों का कोहरा वहाँ टंगा हुआ दिखाई देता। भाई बताता था "सापाम, ऐसे में ही हवाई जहाज़ क्रैश कर जाते हैं। पायलट सोचता है कि यहाँ सिर्फ़ कोहरा है, जबकि वहाँ होता है एक ऊँचा–पूरा पहाड़।"[9]

भारतीय प्राकृतिक परिवेश से गर्वनर जनरल वारेन हेस्टिंग्स भी बेहद अभिभूत था।

"वारेन हेस्टिंग्स ने चारो ओर फैली प्रकृति के असंख्य रंगों के उस अभूतपूर्व दृश्य पर मुग्ध होकर नज़रे डालीं और फिर उसने एक लम्बी साँस खींची। यह हवा यूरोप ही नहीं, संसार की सारी हवाओं से बिल्कुल अलग थी। उसका पूरा शरीर एक अनोखे स्फुरण से सिहर उठा। लगा जैसे इस हवा को अनगिनत नदियों और झरनों ने अपने निर्मल जल से धो डाला है। घने जंगलों के करोड़ों वृक्षों ने अपनी अगण्य पत्तियों से छान डाला है और लाखों तरह के फूलों ने उसमें अपनी गन्ध भर दी है।"[10]

यह प्रकृति अनेकानेक विशिष्टताओं से सम्पन्न, सुन्दर, शीतल और सुकूनदायक है।

वन्य और आदिवासी जीवन प्रकृति पर पूरी तरह अवलम्बित है। 'और अन्त में प्रार्थना' का 'ढींगर गाँव', जहाँ दण्डस्वरूप डॉ. वाकणकर का तबादला किया गया, भी एक वन्य आदिवासी क्षेत्र है। वहाँ जाकर भी डॉ. वाकणकर ख़ुश हैं।

"ढींगर गाँव सतपुड़ा की पर्वत श्रेणियों में से एक की चोटी से लेकर तलहटी तक बसा हुआ एक चित्रात्मक–सा सुन्दर कस्बा था। सड़कें वहाँ ठीक नहीं थीं। आवागमन के साधन कम थे और शहरों में मिलने वाली नयी–नयी उपभोक्ता चीज़ें वहाँ की दुकानों में नज़र नहीं आती थीं। ...लेकिन ढींगर गाँव में तरोई, अमरूद, कुम्हड़ा, लौकी, पालक जैसी तमाम सब्ज़ियाँ ख़ूब ताज़ा मिलती थीं। दूध और घी महँगा था लेकिन शुद्ध होता था। चावल की तमाम किस्में थीं और भात बहुत स्वादिष्ट बनता था।

अपराध वहाँ के ग्रामीण इलाक़ों में नहीं के बराबर थे। एक ख़ास तरह की सुस्त, शान्त और बहुत नौसर्गिक जीवन की गति थी।"[11]

आदिवासी प्रकृति को सर्वाधिक सुरक्षित और संरक्षित रखते हैं तथा ख़ुद भी प्रकृति की छाँव में सहज और सुरक्षित महसूस करते हैं। 'पीली छतरी वाली लड़की' में किन्नू दा के हवाले से उदय प्रकाश कहते हैं–

> *"आदिवासियों की सबसे बड़ी विशेषता यह है कि उनकी ज़रूरतें सबसे कम हैं। वे प्रकृति और पर्यावरण का कम से कम नुक़सान करते हैं। सिंहभूमि, झारखण्ड, मयूरभंज, बस्तर और उत्तरपूर्व में ऐसे आदिवासी समुदाय हैं जो अभी तक छिटवा या झूम खेती करते हैं और सिर्फ़ कच्ची, भुनी या उबली चीज़ें खाते हैं। तेल में फ्राई करना तक वे पसन्द नहीं करते। वे प्राकृतिक मनुष्य हैं।"*[12]

प्रगति और विकास के आधुनिक उपभोक्तावादी दौर में डॉ. वाकणकर ने देखा–

> *"टी.वी. ढींगर गाँव में छह साल पहले आ गया था। लेकिन टी.वी. के पर्दे पर दिखायी देने वाली चीज़ नहीं आयी थी। मैंगी नूडल्स नहीं थे, सौमुराई और अटारी के विडियो गेम्स नहीं थे। पामऔलिव का केयर सोप नहीं था। वहाँ गार्डेन बरेली की साड़ी के ज़रिये अपनी छाती, पीठ, कमर और बग़लों का चिकना नंगापन दिखाती औरतें नहीं थीं। वे लड़कियां नहीं थीं जो लिरिल या पोंड्स लेवेंडर सोप के झाग में झरने या शॉवर के नीचे लाखों लोगों के सामने नंगी नहाती थी।"*[13]

ये चीज़ें प्राकृतिक–नैसर्गिक जीवन में कृत्रिमता को बढ़ावा देती हैं। ये ब्रांडेड कम्पनियाँ सिर्फ़ मुनाफ़ा कमाना जानती हैं। जब वन्य प्राकृतिक क्षेत्रों में भी कृत्रिमता और अपसंस्कृति की हवा बहने लगे तो संकट बढ़ जाता है। 'वारेन हेस्टिंग्स का साँड़' में आशंका जाहिर की गयी है–

> *"जब अँग्रेज़ मालामाल होकर अपने वतन इंग्लैण्ड लौट जायेंगे और इण्डिया में उनके जैसे नेटिवों का राज होगा तो क्या ये नेटिव शासक इण्डिया को लूटने और बेचने के साथ–साथ इस हवा को भी बेच डालेंगे और ख़त्म कर डालेंगे।"*[14]

आज यथार्थ में प्राकृतिक संसाधनों को औने–पौने दामों में अन्धी दृष्टि से नीलाम किया जा रहा है।

'और अन्त में प्रार्थना' में प्रधानमन्त्री द्वारा कॉरपोरेट किंग फ़िरोजलाल मलकानी की पूँजी से बनने वाले काग़ज़ कारख़ाने के शिलान्यास पर उदय प्रकाश लिखते हैं–

> *काग़ज़ का कारख़ाना काग़ज़ का उत्पादन करने के लिए ढींगर गाँव के सारे पेड़ों को लील जायेगा। आसपास के सारे जंगल ख़त्म हो जायेंगे। यहाँ के आदिवासी शहरों में दिहाड़ी पर काम करने वाले मज़दूर बन जायेंगे। दस्तकारी का कुटीर उद्योग ख़त्म हो जायेगा।" यहाँ के असली और पुराने बाशिन्दों की खेती–बाड़ी कारख़ाने के विस्तार के लिए लिए जायेंगे। पेपर मिल का वेस्ट प्रोडक्ट यानी रबड़, कचड़ा और कास्टिक सोडा तथा अम्लों से भरा ज़हरीला धुआँ चारो ओर फैल जायेगा। धरती पर, आकाश में, तीतर–बटेर, सांभर–झिगरा, रीछ–खरगोश नहीं रहेंगे। वन्य प्राणी समाप्त हो जायेंगे। सिर्फ़ गिने–चुने सियार बचेंगे, जो ढींगर गाँव शहर के पिछवाड़े रोयेंगे।"*[15]

यह आधुनिक औद्योगिक विकास के लिए लगाई गयी अंधी छलांग है। ऐसे विकास से क्षेत्र विशेष की पूरी परम्परा, संस्कृति, जंगल, जल, जीवन सभी पर गहरा संकट छा जाता है। यह आज के दौर का भयावह सच है कि ऐसे विकास से पूरी मानव जाति पर ही ख़तरा है। हाँ, इसका शिकार सबसे पहले ग़रीब, श्रमशील लोग होते हैं, जबकि उद्योग का लाभ पूँजीपतियों को मिलता है। पूँजीपतियों सत्ताधारियों की लोलुपता शान्त नहीं होती, बल्कि और बढ़ती है। वे काग़ज़ का उत्पाद बढ़ाने के लिए जल्दी बढ़ने वाले यूक्लिप्टस के पेड़ों को बड़ी मात्रा में लगाते हैं। जब–

> *"काग़ज़ बनेगा, लोग भूल जायेंगे यहाँ पहले कौन–कौन से वृक्ष होते थे। यूक्लिप्टस के जंगल ज़्यादा पानी खीचेंगे। ढींगर गाँव की धरती का जल स्तर नीचे खिसकता जायेगा। कुओं में पानी नहीं होगा। ...खेत अनुपजाऊ, ज़मीन परती होती जायेगी। वनस्पति जगत् और ऋतुओं के बीच अब तक चला आता पर्यावरण सन्तुलन बदल जायेगा। वर्षा नहीं होगी। ...लोगों के फेफड़े कास्टिक सोडा और दूसरे केमिकल्स के कणों से भरी हवा को*

खींचते–खींचते बीमार हो जायेंगे। मिट्टी के क्षरण की रफ़्तार बढ़ जायेगी। स्योंतार नदी में बारिश के दिनों में बाढ़ आया करेगी और गर्मियों में वह सूख जाया करेगी। निचाट रेत और कंकड़ पत्थर। आदिवासी–जनजातियों की पारम्परिक औषधियाँ, जड़ी–बूटियाँ... ख़त्म हो जायेंगी। ...स्योंतार नदी में पेपर मिल का वेस्ट, लुगदी और रसायन फेंक दिये जायेंगे। मछलियाँ मर जायेंगी, पशुओं में अनेक बिमारियाँ फैलेंगी। वे भी मर जायेंगे। जंगली जानवरों के शिकार और नदी की मछलियों पर निर्भर सेउता, धनुहार जैसी जनजातियाँ ग़ायब हो जायेंगी। ...ढींगर गाँव में आदिवासी बटेर, महुआ नहीं रह जायेंगे। इसका विकास हो जायेगा।"[16]

बिना सोचे–समझे किया गया ऐसा विकास पूरी प्रकृति और पर्यावरण को नष्ट कर देता है। यह विकास नहीं एक प्रकार से विनाश है। 'सिंगरौली : जहाँ कोई वापसी नहीं' संस्मरण में निर्मल वर्मा ने लिखा है–

"यदि औद्योगीकरण के नशे में शासन–सत्ता अपने देश के जीवंत, हाड़–मांस के लोगों के प्रति इतनी सनकी और 'सिनिकल' हो सकती है, तो इस देश के प्राकृतिक जीवन–पानी, हवा, जंगलों के प्रति–वह कोई समझ, सूझ–बूझ और सहानुभूति बरतेगी, इसकी आशा करना ही व्यर्थ है।"[17]

औद्योगिक विकास जब गाँवों की ओर बढ़ता है, तब उसका प्रबन्धन विशिष्ट तरीक़े से होता है। ग्रामीण क्षेत्रों की कृषि व्यवस्था, वन सम्पदा, सूखी और परती ज़मीन के नये तरीक़े से शोषण तथा पानी, बिजली और ऊर्जा के स्रोतों के दोहन के लिए नयी परियोजनाओं पर ज़ोर दिया जाता है। नयी आर्थिक नीतियों से नव औपनिवेशिकता का दौर शुरू हो गया है। रजनी कोठारी लिखती हैं–

"ज़मीन, जंगल, परती और पहाड़ी इलाक़ों के पारम्परिक संसाधनों का नये सिरे से आकलन किया जा रहा है। इसी वजह से सामुदायिक संसाधनों जैसे गाँव की साझा जमीन, वग़ैरह के उदारीकरण, निजीकरण और अधिग्रहण की प्रक्रिया के माध्यम से उपनिवेशीकरण का दौर एक बार फिर चल निकला है।"[18]

इस नव उपनिवेशवादी दौर में लोग ग़ुलाम नहीं बनाये जाते बल्कि

अपनी ज़मीन से विस्थापित किये जाते हैं। 'मोहन दास' में भी तिरछे अक्षरों में उस दौर की एक महत्त्वपूर्ण सूचना है कि उसी समय–

> *"जब दो स्त्रियाँ सरदार सरोवर में 40,000 दलितों और आदिवासियों के घर–जमीन–जायदाद को पानी में डुबा देने वाली योजना के ख़िलाफ़ लड़ाई हार गयी थीं और जल प्लावन में वन्य प्राणियों, वनस्पतियों–वृक्षों समेत बहुत कुछ डूब गया था।"*[19]

विस्थापित लोगों को मुआवज़ा, पुनर्वास और नौकरी पाने का क़ानूनी अधिकार भले होता है, उन्हें विशेषकर–आदिवासियों को इसका लाभ नहीं मिल पाता। निर्मल वर्मा लिखते हैं–

> *"जब आदिवासियों को जंगलों से निकाला जाता है, तो उन्हें यह मुआवज़ा भी नहीं मिलता। चूँकि शताब्दियों से वे जंगलों पर आश्रित रहते आये हैं और लगान नहीं देते थे, इसलिए मुआवज़ा पाने का उन्हें कोई क़ानूनी अधिकार नहीं है। अधिकांश आदिवासी इस सुविधा से वंचित रह जाते हैं।"*[20]

सत्ताधारी और अधिकारी अक्सर नियम–क़ानून की खाना–पूर्ति करते हैं, उसे अमल में लाने के लिए कोई ठोस क़दम नहीं उठाते हैं।

सदियों से प्रकृति के प्रति संवेदनशील यह देश प्रकृति और पर्यावरण की रक्षा हेतु पश्चिमी विशेषज्ञों से परामर्श ले रहा है। यहाँ पर्यावरण को बचाने के लिए नियम तो हैं लेकिन उनका पालन नहीं होता है। मन्त्री से सन्त्री तक को घूस देकर पूरे जंगल को कारखानों में झोंका जा सकता है। 'अरेबा–परेबा' कहानी में उदय प्रकाश लिखते हैं–

> *"अब तो उस रास्ते के सारे नाले सूख गये हैं। जंगल भी उतना घना नहीं रहा। सरकारी फॉरेस्ट ऑफ़िसर और ठेकेदारों ने मिलकर काट डाला।"*[21]

पर्यावरण के नष्ट होने की चिन्ता प्रसिद्ध कवि–उपन्यासकार विनोद कुमार शुक्ल के यहाँ भी दर्ज है। एक कविता में वे लिखते हैं–

> *"एक हरे पेड़ को/देखने में लगता है डर पूरा/दस हरे पेड़ को देखूँ तो दस गुना/डर एक एक पेड़ के कट जाने का इस वक़्त/"*[22]

पर्यावरण को बचाने और संजोने के संवैधानिक और क़ानूनी नियम अनेक हैं। विडम्बना है कि इन नियमों को बड़े–बड़े उद्योगपतियों से लेकर छोटे–मोटे ठेकेदार तक बड़ी सहजता से अक्सर तोड़ते रहते हैं। 'और अन्त में प्रार्थना' कहानी में प्रधानमन्त्री के लिए बनने वाले भोजन में ऐसे अनेक नियमों की धज्जियाँ उड़ाई जाती हैं।

> *"तीतर और बटेर देश की विलुप्त होती पक्षी–प्रजातियाँ थीं, लेकिन प्रधानमन्त्री के लंच के लिए प्रशासन ने इस तथ्य को अनदेखा किया था। बटेर का शोरबा बहुत ही स्वादिष्ट होता है।"*[23]

क्या इस तरह के क़ानून नियामकों और क़ानून–पालकों से पर्यावरण की रक्षा हो सकती है? हमारा परिवेश और पर्यावरण सुरक्षित–सन्तुलित रह सकता है?

पर्यावरण के अतिरिक्त–असन्तुलित दोहन से जीवन्त प्रकृति मृत हो जाती है। 'आवरण' कहानी में उदय प्रकाश लिखते हैं–

> *"मेरे गाँव में घर के पास जो नदी बहती थी, वह सूख चुकी है और उसकी रेत के लिए ठेकेदारों के बीच गोलियाँ चलती हैं। मेरी मरी हुई नदी की रेत कांस्ट्रक्शन के लिए, सीमेंट में मिलाई जाने लगी, गंगा की रेत से भी बेहतर मानी जाती है।"*[24]

समाज के असामाजिक, भ्रष्ट, हिंसक तत्त्व प्राकृतिक संसाधन पर क़ब्ज़ा जमाने के लिए ख़ूनी खेल खेलते हैं।

पर्यावरण प्रदूषण को उदय प्रकाश कैंसर के समान मानते हैं। 'आवरण' कहानी का चित्रकार दोस्त एक विरल पौधे के पत्तों के रंगों से चित्र बनाता है। यह विरल पौधा, जो भयानक रोगग्रस्त है, मुश्किल से मिलता है।

> *"किंडूरी की पहाड़ियों की तलहटी में जिस जल–ज़मीन का पौधा हमने देखा था, जो कैंसर से अकेला लड़ रहा था। कल उसकी मृत्यु हो गयी। वह सूख चुका था। उसे दर्द बहुत रहता था। बुखार उतरता ही नहीं था।"*[25]

'कैंसर' पूरे पर्यावरण पर गहराता संकट है। निरन्तर क्षरित और विनष्ट होती प्रकृति है। प्रदूषित और असन्तुलित पर्यावरण से जानलेवा रोगों का जन्म होता है। ये रोग अक्सर ग़रीब, आदिवासी और पिछड़े लोगों

में ही होते हैं। डॉ. वाकणकर जैसा ईमानदार, जनप्रतिबद्ध, कर्त्तव्यनिष्ठ व्यक्ति ही इन रोगों पर सोचता और शोध करता है–

> *"मध्य प्रदेश और ओडिशा के आदिवासी क्षेत्रों में कुपोषण, अपर्याप्त और विकृत आहार और कंटिमिनेटेड पानी के पीने से पैदा होने वाले कुछ अब तक अपरिभाषित त्वचा रोगों पर उन्होंने विस्तृत और महत्त्वपूर्ण काम किया है। उनके अनुसार ये त्वचा रोग 'फैटल' हो सकते हैं और इन इलाक़ों के आदिवासियों के लिए वे कैंसर की तरह हैं। उनका कहना है कि चूँकि ये रोग शहरी क्षेत्र के लोगों या ग़ैर–आदिवासियों में नहीं पाए जाते इसलिए इन पर सरकार या कोई संस्था बहुत ध्यान नहीं देती।"*[26]

उदय प्रकाश की रचनात्मक प्रतिबद्धता ऐसे ही मुद्दों और लोगों के साथ है।

पर्यावरण के प्रति गहरी संवेदना और लगाव उदय प्रकाश की कथा–दृष्टि की एक प्रमुख विशेषता है। स्वच्छ–सुन्दर–नैसर्गिक प्रकृति इनकी स्मृति में भी है और आकांक्षा में भी। विनष्ट, विकृत और प्रदूषित पर्यावरण को देखकर वे चिन्तित, दुखित तथा भयाक्रांत होते हैं। इनकी कथा–सृष्टि में मनुष्य प्रकृति से ऊपर नहीं है। उदय प्रकाश की कथा–सृष्टि में प्रकृति और मनुष्य का निश्छल और सन्तुलित सम्बन्ध है, जहाँ दोनों एक–दूसरे के प्रतिद्वन्द्वी नहीं, पोषक हैं।

सन्दर्भ

1. उदय प्रकाश, मैंगोसिल, पेंगुइन बुक्स, नयी दिल्ली, संस्करण 2006, पृ. 80
2. निर्मल वर्मा, धुन्ध से उठती धुन, राजकमल प्रकाशन, नयी दिल्ली, संस्करण 2000, पृ. 124
3. उपर्युक्त, पृ. 126
4. शुक्ल, आचार्य रामचन्द्र, चिन्तामणि–1, लोकभारती प्रकाशन, इलाहाबाद, संस्करण 2007, पृ. 87
5. उदय प्रकाश, तिरिछ, वाणी प्रकाशन, नयी दिल्ली, संस्करण 2008, पृ. 11
6. उदय प्रकाश, और अन्त में प्रार्थना, वाणी प्रकाशन, नयी दिल्ली, संस्करण 2006, पृ. 9–10
7. उदय प्रकाश, तिरिछ, वाणी प्रकाशन, नयी दिल्ली, संस्करण 2008, पृ. 89
8. उदय प्रकाश, और अन्त में प्रार्थना, वाणी प्रकाशन, नयी दिल्ली, संस्करण 2006, पृ. 39

9. उदय प्रकाश, पीली छतरी वाली लड़की, वाणी प्रकाशन, नयी दिल्ली, संस्करण 2009, पृ. 30
10. उदय प्रकाश, पॉल गोमरा का स्कूटर, वाणी प्रकाशन, नयी दिल्ली, संस्करण 2006, पृ. 116
11. उदय प्रकाश, और अन्त में प्रार्थना, वाणी प्रकाशन, नयी दिल्ली, संस्करण 2006, पृ. 132–134
12. उदय प्रकाश, पीली छतरी वाली लड़की, वाणी प्रकाशन, नयी दिल्ली, संस्करण 2009, पृ. 14
13. उदय प्रकाश, और अन्त में प्रार्थना, वाणी प्रकाशन, नयी दिल्ली, संस्करण 2006, पृ. 133–134
14. उदय प्रकाश, पॉल गोमरा का स्कूटर, वाणी प्रकाशन, नयी दिल्ली, संस्करण 2006, पृ. 116
15. उदय प्रकाश, और अन्त में प्रार्थना, वाणी प्रकाशन, नयी दिल्ली, संस्करण 2006, पृ. 151–152
16. उपर्युक्त, पृ. 152–153
17. वर्मा, निर्मल, धुन्ध से उठती धुन, राजकमल प्रकाशन, नयी दिल्ली, 2000, पृ. 131
18. कोठारी, रजनी, बहु सांस्कृतिक समाज और मध्यमार्गी राज्य के प्रभाव में गिरावट (लेख), लोकतन्त्र के सात अध्याय, सं.–अभयकुमार दुबे, वाणी प्रकाशन, नयी दिल्ली, 2005, पृ. 151
19. उदय प्रकाश, मोहन दास, वाणी प्रकाशन, नयी दिल्ली, संस्करण 2009, पृ. 73
20. वर्मा, निर्मल, धुन्ध से उठती धुन, राजकमल प्रकाशन, नयी दिल्ली, संस्करण 2000, पृ. 130
21. उदय प्रकाश, दत्तात्रेय के दुख, वाणी प्रकाशन, नयी दिल्ली, संस्करण 2006, पृ. 119
22. शुक्ल, विनोद कुमार, सब कुछ होना बचा रहेगा, राजकमल प्रकाशन, नयी दिल्ली, संस्करण 1998, पृ. 44
23. उदय प्रकाश, और अन्त में प्रार्थना, वाणी प्रकाशन, नयी दिल्ली, संस्करण 2006, पृ. 148
24. उदय प्रकाश, आवरण, पूर्वग्रह, सम्पादक– प्रभाकर श्रोत्रिय, अप्रैल–जून 2009
25. उपर्युक्त, पृ. 22
26. उदय प्रकाश, और अन्त में प्रार्थना, वाणी प्रकाशन, नयी दिल्ली, 2006, पृ. 103

एक कवि की कथा

...कटघरे में खड़े बेक़सूर आदमी का/हलफ़नामा... –धूमिल

उदय प्रकाश की रचनात्मकता को बनाने, निखारने और विकसित करने में कविता और कहानी दोनों का योग है। इनके यहाँ कविता और कहानी, दोनों में गहरा और विशिष्ट तालमेल है। इनकी कविताओं में क़िस्सागोई की प्रभावशाली अनुगूँजे हैं तो कहानियों में काव्य–संवेदना की पारदर्शी बिम्बात्मकता दृश्यमान है। इनके पास आख्यान को कविता में बुन देने का कौशल है–जैसे–'चंकी पाण्डे मुकर गया है', 'बिरजित ख़ान', 'तानाशाह की खोज' आदि कविताएँ। तो वहीं कई कहानियाँ अपने सम्पूर्ण प्रभाव में कविता की तरह हैं, गद्य में लिखी गयी कविता की तरह, जैसे 'नेलकटर', 'डिबिया', 'छतरियाँ' आदि कहानियाँ।

उदय प्रकाश की कथा एक कवि की कथा है। वे स्वयं को मूलतः कवि मानते हैं। अक्सर उदय प्रकाश कहते हैं–

> *"मैं एक ऐसा कुम्हार हूँ, जिसने धोखे से या ज़रूरतवश कभी एक क़मीज सिल दी और सब उसे दर्जी कह रहे हैं। सच यह है कि मैं दरअसल कुम्हार ही हूँ।"*[1]

इनकी कविताओं के पाठक और प्रशंसक काफ़ी तादाद में हैं। कविता और चित्र बचपन से ही इनके जीवन में रचे–बसे हैं। वे लिखते हैं–

> *"बचपन से, जब से मैं कुछ जानने–समझने लायक़ हुआ, चित्र और कविता ही बाहरी संसार और समाज के साथ मेरे सम्बन्ध और संवाद का जरिया थे। बाहरी संसार ही नहीं शायद मैं अपने भीतर की दुनिया को भी इन्हीं दो माध्यमों के द्वारा जान–समझ पाता था।"*[2]

कविता उदय प्रकाश के सबसे निकट रही है। उदय प्रकाश कविता को छद्मरहित, निश्छल मानते हैं। एक साक्षात्कार में उदय प्रकाश कहते हैं–

"किसी व्यक्ति और समुदाय के सुख–दुख में सबसे निकट की विधा कविता ही है। उसमें बेईमानी की गुंजाइश नहीं है। आदमी के सबसे बड़े संकटों में कविता ही पास होती है। आप विश्व के इतिहास और रचना के इतिहास को सामानान्तर रख कर देख लें। सभ्यता और संस्कृति के महासंक्रान्तियों में गद्य–वद्य लगभग ग़ायब हो जाते हैं तब कविता में पूरा युग बोलने लगता है।"[3]

कविता और गद्य में उदय प्रकाश अन्तर करते हैं–

"गद्य प्रश्रय देता है जबकि कविता आश्रय देती है। कविता माँ की गोद है तो गद्य पिता का संरक्षण। गद्य आदमी का क़द है तो कविता आदमी की परछाई।"[4]

दरअसल, **उदय प्रकाश** कविता और गद्य के **बीच** सेतु **हैं**। इनके यहाँ कविता और गद्य अलग भी हैं और एक साथ भी। इनकी कविता में गद्य है तो गद्य में कविता है। यह अनायास नहीं कि समकालीन दौर के बड़े और वरिष्ठ कवि केदारनाथ सिंह का मत है–

"उदय प्रकाश की कहानियों के जादुई संसार में प्रवेश करने की सबसे विश्वनीय कुंजी उनकी कविताओं के पास है।"[5]

उदय प्रकाश की कहानी 'नेलकटर' अपने आन्तरिक स्वरूप में एक मार्मिक कविता की तरह है। यह कहानी कैंसरग्रस्त माँ की स्मृति में लिखी गयी है। निरन्तर शिथिल, कमज़ोर होती माँ को देख कथावाचक कहता है–

"उनकी सिर्फ़ आँखें बची थीं, जिन्हें देखकर मुझे उम्मीद बंधती थी कि माँ कहीं जायेंगी नहीं। मेरे पूरे जीवन भर रही आयेंगी। मैं हमेशा के लिए उनकी उपस्थिति चाहता था। चाहे वे चित्र की तरह या मूर्ति की तरह ही रहीं आयें। और न बोलें। लेकिन उनके जीवित होने का विश्वास भी रहा आये, जैसा कि चित्रों के साथ नहीं होता।"[6]

'नेलकटर' से माँ की उँगलियों को घिसते हुए लगता कि माँ की उँगलियाँ बहुत पतली, बेजान चीज़ों की तरह ठंडी और हल्की हो गयी हैं।

"वह भार शायद जीवन का होता है, जिसे पृथ्वी अपने चुम्बक से अपनी ओर खींचा करती है। जो अब माँ के पास बहुत कम बचा था। उन्हें पृथ्वी खींचना छोड़ रही थी।"[7]

उसी रात माँ की मृत्यु होती है और नेलकटर भी खो जाता है। कथावाचक कहता है–

"हो सकता है कि वह किसी आसन–सी जगह पर रखा हुआ हो और सिर्फ़ मेरे भूल जाने के कारण वह मिल नहीं पा रहा हो। मैं अक्सर उसे खोजने लगता हूँ...क्योंकि चीज़ें कभी खोती नहीं हैं। वे तो रहती ही हैं। अपने अस्तित्व और वजन के साथ। सिर्फ़ हम उनकी वह जगह भूल जाते हैं।"[8]

नेलकटर की तरह माँ भी भौतिक रूप से अनुपस्थित हो गयीं हैं, पर कथावाचक की स्मृति और रचना संसार में पूरी गहराई के साथ मौजूद हैं। माँ का ज़िक्र आते ही उदय प्रकाश संवेदना और भावावेग से भर जाते हैं–

"हर पाँचवें सेकेंड पर इसी पृथ्वी पर जन्म लेता है एक और
बच्चा
और इसी भाषा में भरता है किलकारी
और
कहता है–माँ।"[9]

"माँ महज़ एक शब्द नहीं बल्कि एक शाश्वत रिश्ता है। 'माँ' कविता में उदय प्रकाश लिखते हैं–

अचरज यह कि दुनिया की सभी भाषाओं के सभी शब्दकोशों में
मौजूद था वह शब्द
लेकिन किसी भी व्याकरण ने उसे
एक समूचे वाक्य का दर्ज़ा नहीं दिया था।"[10]

आशय यह कि जीवन देने वाली जननी को अपना जीवन अभी तक नहीं मिला है। 'माँ' शब्द भी है और वाक्य भी। ऐसा वाक्य जिसमें अन्य किसी शब्द की ज़रूरत नहीं। 'माँ' स्वयं ही सम्पूर्ण है।

माँ जीवन को क्षण–क्षण पल्लवित–पोषित करने वाली संजीवनी है तो पिता संबल हैं। कवि को माँ की तरह 'पिता' के न रहने की रिक्तता का बोध भी है। 'पिता' कविता में वे लिखते हैं–

"पिता
झाड़–झँखाड़, घाटियों और पत्थरों से भरे/
चटियल मैदान थे
पिता सागौन, शीशम, बबूल, तेन्दुओं और हिरनों से भरे
बीहड़ थे
* * *
पिता पहाड़ की तरह
चलते भीड़ के बीच
उनके कन्धों पर मैं जंगली तोते की तरह बैठा रहता
बाद में पिता
गायब हो गये
कहते हैं खेत, कुदाल
बैल, इमारतें, ईंट, दरवाज़े, बाज़ार
उन्हें पचा गये
मुझे लगता है
उस चटियल मैदान
के भीतर (जो पिता थे)
ज़मीन की दूसरी–तीसरी परतों
सरकता हुआ कोई
नम सोता भी था
जो मेहनत करते
पिता की देह के अलावा
कभी–कभी मेरी आँखों
रिसने लगता था"।[11]

उक्त काव्य पंक्तियों की सापेक्षता में पिता पर लिखी गयी 'दरियाई घोड़ा', 'सहायक' जैसी कहानियाँ मार्मिक, प्रभावशाली और नये भावबोध की हैं।

'छतरियाँ' एक प्रेम कहानी है। यह काव्योचित प्रेम है। यह किशोरवय के लड़के–लड़की की प्रेम कथा है। प्रेम का निश्छल सहज–स्वछन्द छन्द यहाँ मौजूद है। जंगल में मिट्टी की ढूह के नीचे छतरियाँ दिखाने और चिरौंजी खाने दोनों आये थे।

"लड़के ने जिस छतरी को निकाला था, वह सबसे बड़ी और सबसे सुन्दर थी। उसके ऊपर काले और कत्थई रंग की चित्तियाँ थीं...आश्चर्य था कि इन चित्तियों का कोई पैटर्न नहीं था। वे स्वतन्त्र थीं। उनकी कोई संगति, कोई तर्क नहीं था। फिर भी वे उस छतरी को एक साथ मिलकर बहुत सुन्दर बना रही थीं। लड़का हँसा। अगर सारी चीज़ें स्वतन्त्र हों और उनमें कोई तर्क न बचे, तो यह दुनिया कितनी सुन्दर हो जाये[12]

प्रेम अपनी प्रकृति में स्वच्छन्द होता है। वयः सन्धि का पहला प्रेम उमंग से भरपूर विरल अनुभूति लिए होता है। कहानी में–

"वह (लड़का) जंगल में ख़ुश था। उसके भीतर उमंग या उछाह जैसी चीज़ थी, जो सीने के भीतर बार–बार मचलने लगती थी।"[13]

लड़की भी मई–जून की उस तपती दोपहरी में सिहरन–सी महसूस करती है।

"एक ऐसा अनुभव, जो बिल्कुल नया था। उसकी पूरी चेतना और पूरी देह में वह अनुभव व्याप्त था।"[14]

यह सहज प्रेमिल अनुभव है। यह सहज निश्छल प्रेम है। यह प्रेम कविता में पसरा हुआ है–

"तुम मिसरी की डली बन जाओ
मैं दूध बन जाता हूँ
तुम मुझमें
घुल जाओ
* * *
गेहूँ का दाना बन जाता हूँ मैं
तुम धूप बन जाओ
मिट्टी हवा पानी बनकर
मुझे उगाओ
मेरे भीतर के रिक्त कोषों में
लुका छिपी खेलो या कोंपल होकर
मेरी किसी भी गाँठ से
कहीं से भी
तुरत फूट जाओ।"[15]

प्रेम पूरी तरह 'सूधो' होता है, इसमें किसी तरह का 'सयानापन' नहीं होता।

'पीली छतरी वाली लड़की' में राहुल और अंजली का प्रेम बहुस्तरीय रूपक है। वैयक्तिकता से आगे, एक प्रकार का सांस्कृतिक और जातीय रूपक। प्रेम के गहनतम क्षणों में राहुल को लगता है–

> *"वह उस जहाज़ के डेक पर निश्चिन्तता और सुरक्षित सो रहा है, जो किसी टाइटेनिक जैसी दुर्घटना से बाल–बाल बचकर निकल आया है और अब रात भर की निर्विघ्न यात्रा में, किसी शान्त और निरुद्विग्न समुद्र के अथाह वत्सल जल में बढ़ता चला जा रहा है। आकाश में शरद की पूर्णिमा का जो चाँद है, वह और कुछ नहीं अंजली की ही उपस्थिति है। और वह अपनी किरणों से उसके माथे पर चुपचाप एक नयी जीवन कथा लिख रही है।"*

प्रेम को अनुभूत करते राहुल को 'लोर्का' की पंक्तियाँ याद आती हैं–

> *"मेरे माथे पर/चन्द्रमा की अमरता है/मैं सोना चाहता हूँ एक पल,/एक घण्टा, एक रात या एक सप्ताह, एक वर्ष/या शायद एक पूरी शताब्दी/मैं बहुत थक गया हूँ।"*

यह अनायास नहीं कि उदय प्रकाश एक सच्चे कवि की तुलना चन्द्रमा से करते हैं–

मैं तो कहता हूँ
वही है सच्चा कवि जिसका शरीर रात में चमकता है
चन्द्रमा की तरह
जो जानता है समुद्र के बुखार के बारे में
बजाता है संसार के सारे घण्टा घरों को
नियमपूर्वक
जीवन भर
लगातार"[17]

चन्द्रमा उदय प्रकाश की रचनाओं में अनेक रूपों में, अनेक स्तरों पर दिखता है। 'साइकिल' कहानी का कवि बालगोपाल अजोरिया चाँदनी रात में अपनी साइकिल पर घुमाता आनन्दित होता है। उदय प्रकाश द्वारा कवि की तुलना चन्द्रमा से करने पर कवि नरेश सक्सेना कहते हैं–

"दरअसल चन्द्रमा वह जादूगर है जो धूप को चाँदनी में बदलकर पृथ्वी को सौंप देता है। ...पृथ्वी के उस हिस्से को, जो अन्धकार में धूप से वंचित है। कवि भी ठीक यही काम करता है यानी अपने सृजनात्मक कौशल और संवेदना से जीवन यथार्थ को कायान्तरित कर पाठकों को सौंप देने और उनके अनुभव को सम्पन्न कराने का काम। ...कवि की देह उसके हाथ पाँव से नहीं उसकी रचनाओं से निर्मित होती है। इस देह के चमकने से आशय उसकी रचनाओं के आलोक से है।"[18]

एक सच्चे कवि के यहाँ जीवन और कविता, डर और प्रेम, दुख और हँसी दोनों होते हैं। इन सबके मिलने से एक कवि–कथा बनती है। उदय प्रकाश लिखते हैं–

दफ़्तर से निकलता
अपने शरीर को झुलाता, अपने होने को बजाता
अपने जीवन को लिए हुए चला आ रहा कवि है
कवि के जीवन में होती है
इतनी कविता–इतनी कविता
कि दिखाई नहीं पड़ता जीवन
कवि की कविता में होता है
इतना जीवन–इतना जीवन कि
दिखाई नहीं देती कविता
कवि के डर में होता है
इतना डर–इतना डर
कि दूसरों को आ जाती है हँसी
कवि के प्रेम में होता है
इतना प्रेम–इतना प्रेम
कि घबड़ाती है लड़की
कवि के दुख में होता है
इतना दुख–इतना दुख
कि बनते हैं चुटकुले।"[19]

एक सच्चे कवि में अपने समय के सच को कहने का साहस होता है। उदय प्रकाश में यह साहसिकता शिद्दत से मौजूद है।

'और अन्त में प्रार्थना' के डॉ. वाकणकर में भी सत्ता से टकराने की जीवटता–साहसिकता है। उनकी डायरी में एक संवेदनशील कवि बोलता है–

> *"मैं बहुत अकेला महसूस करता हूँ। साथी कहते हैं मैं व्यावहारिक नहीं हूँ। आदर्शवादी हूँ। लेकिन सचमुच मुझे अपने कामकाज में कहीं आदर्शवाद नहीं दिखायी देता। मैं सिर्फ़ यह कर रहा हूँ कि ज़िन्दा और निर्दोष लोगों को नक़ली और घातक दवाइयाँ नहीं दे रहा हूँ। सरकारी नौकरी में रहते हुए लोगों से निजी फ़ीस नहीं वसूल रहा हूं और मन लगा कर अपनी ड्यूटी निभा रहा हूँ...मैं यह समझना चाहता हूँ कि क्या जो बेईमान नहीं, वह व्यावहारिक नहीं हो सकता?"*[20]

आज के समय में हर ईमानदार, कर्त्तव्यनिष्ठ व्यक्ति 'मिसफिट' है। क्योंकि किसी भी सूरत में बेईमानी, अनैतिकता का समर्थन नहीं करने वाले ईमानदार व्यक्ति को सत्ता का तन्त्र अक्सर परेशान करता है। आज सत्ता क्रूर, बर्बर और निर्मम हो गयी है। सत्ताधारी और सत्ताकांक्षी का चरित्र 'बहेलिये' जैसा हो गया है। बक़ौल उदय प्रकाश–

> *"वे बहेलिये हैं*
> *एक न एक दिन*
> *जब पहली बारिश की उमस के बाद*
> *पौधे बढ़ने चाहेंगे चिड़िया चहचहाना*
> *बच्चे हँसना नदी बहना*
> *लड़की जब लम्बे प्यार के बाद*
> *ऊब कर ब्याह करना चाहेगी*
> *वे अपने दाँत निकालकर*
> *गुर्राना शुरू कर देंगे*
> *आख़िरकार*
> *बहेलिये हैं वे।"*[21]

सत्ता का एक महत्त्वपूर्ण अंग नौकरशाही है। नौकरशाही अपना चरित्र और अपनी वफ़ादारी बदलने में माहिरहै। अँग्रेज़ों के ज़माने से लेकर अब तक इसकी अवसरवादिता जगज़ाहिर है। 'गेम सेंक्चुअरी' कविता नौकरशाही के चरित्र को उजागर करती है। विलासिता और ऐयाशी में डूबे अफ़सरों को देखकर बूढा नौकर सोचता है–

"सैंतालीस के पहले जैसी ही हैं
इन नौजवान अफ़सरों की आँखें
वही सब कुछ खोजते हैं।
और मेमें तो वैसी ही हैं हूबहू
बस जरा साँवला गयी हैं
* * *
नशे में हैं अफ़सर
नशे में हैं मेमें।"[22]

अफ़सरों पर नशा सत्ता और मादकता का है तथा मेमों पर सत्ता–संगिनी होने का। ग़रीबों पर रोब–हुक्म गाँठती नौकरशाही अपनी आन्तरिक बनावट में राजनेताओं की चापलूस है। ऐसी नौकरशाही पर उदय प्रकाश की कहानियों और कविताओं में तीख़ा व्यंग्य है। उदय प्रकाश की 'खेल' कविता में –

"जो लड़का / सिपाही बना था / उससे दूसरे लड़के ने / अकड़कर कहा– / 'अबे राजा की पूँछ के बाल / मैं चोर नहीं हूँ' / और खेल / बिगड़ गया।"[23]

सिपाही नौकरशाही का प्रतीक है। इस नौकरशाही के प्रति समाज में वितृष्णा बढ़ रही है।

इधर नौकरशाही में एक प्रवृत्ति उभरी है कि वे सत्ता और क्षमता के दम पर साहित्यकार बन रहे हैं। 'साइकिल' कहानी में पुलिस अधिकारी भूधर महोदय सत्ता का इस्तेमाल कर साहित्यकार बन जाते हैं, जबकि सीधा–ईमानदार कवि बालगोपाल राजोरिया उनकी महफिल में उपहास का पात्र बनता है। भूधर द्वारा प्रायोजित कार्यक्रम का विवरण बाल–गोपाल के शब्दों में–

"मेरी तो हवा वहाँ खिसक गयी हो गयी यार सारे के सारे पुलिस वाले, आबकारी वाले, तहसील और दूसरे सहकारी महकमों के अफ़सर, वहाँ कविताएँ पढ़ रहे थे। जो बड़ा सा हाल था, उसमें उन्हीं के परिवार और सरकारी डिपार्टमेंट के लोग भरे हुए। अजब बात थी यार। हर जगह निजीकरण हो रहा था, साहित्य को सरकारी सेक्टर में ले आया गया था। वहाँ भूधर जी ने भी अपनी कविताओं का पाठ किया। ...अगर मुझे थोड़ा भी अन्दाज़ा होता

कि साहित्य का असली संसार कौन–सा होता है तो मैं क़सम खाता हूँ कि कभी कविता न लिखता। मैं तो सोचता था कि साइकिल चलाने में जो सुख और आनन्द मिलता है, उसमें बैठ कर जैसे मैं किसी दूसरी दुनिया में, नदी के तलघर में, दूर–दूर तक फैली चन्द्रमा की रोशनी में डूबी रेत की कछार में, जहाँ चन्द्रमा साइकिल के हैंडल में सोने की तरह जलता है या मेकल पर्वत की चोटी पर पहुँच जाता है, कविता भी उसी तरह है। लेकिन यार यहाँ तो मैं कहीं और में पहुँच गया था। वे लोग तो वहाँ पी–पीकर धुत थे, उनसे खड़ा नहीं हुआ जा रहा था, लेकिन सब के सब साहित्य और समाज को बदल डालना चाहते थे।"[24]

नौकरशाही साहित्य पर क़ब्ज़ा करने के लिए किस तरह आमादा है, उसका यह एक नमूना भर है।

'पॉल गोमरा का स्कूटर' भी नये दौर में, रामगोपाल सक्सेना से पॉल गोमरा बनने वाले कवि की कथा है। पूँजी और बाज़ार के वर्चस्ववादी अनैतिक दौर में हताशा–निराशा के बीच "पॉल गोमरा को लगता बड़ी–बड़ी संस्थाओं, उद्योग समूहों, सरकारी विभागों ने सब कुछ अधिगृहीत कर लिया है और अब उन जैसे कवि के सामने फ्लीट पीने या गले में फंदा लगाने के अलावा दूसरा कोई विकल्प नहीं है।"[25] इस दौर में किसी भी ईमानदार कवि इनसान का यही हाल और हश्र होता है। साहित्य भी सत्ता की चाटुकारिता का माध्यम बन गया है। सत्ता के चापलूस, अधिकारी–अध्यापक यहाँ भी अपना तन्त्र फैला चुके हैं। एक मन्त्रालय द्वारा आयोजित साहित्यिक कार्यक्रम में बेबाक़ी के कारण पॉल गोमरा के साथ दुर्व्यवहार होता है। स्कूटर दुर्घटना में विक्षिप्त हुए पॉल गोमरा के स्कूटर से जो डायरी निकली, उसमे 15 अगस्त, 1995 को लिखी एक कविता का अंश है–

"जो प्रजातियाँ लुप्त हो रही हैं
यथार्थ मिटा रहा है जिनका अस्तित्व
हो सके तो उनकी हत्या में न हो
शामिल
और सम्भव हो तो सँभालकर रख लें
उनके चित्र...
ये चित्र अतीत के स्मृति चिह्न हैं।"[26]

विलुप्त होती प्रजातियों में पशु–पक्षी, पेड़–पौधों के साथ इन्सानियत भी है। आज के भयावह निर्मम दौर में संवेदनशीलता, ईमानदारी, सच्चाई, विश्वास जैसे मूल्य निरन्तर क्षरित हो रहे हैं। एक सच्चा कवि इन्हें बचाना चाहता है। कवि–कथाकार उदय प्रकाश की रचना दृष्टि हाशिये पर धकेले जा रहे मूल्यों के साथ प्रतिबद्ध है।

कवि उदय प्रकाश की 'पीड़ित खुफिया आँखें' 'राज्य सत्ता' का चरित्र देखती–दिखाती हैं–

"राज्य सत्ता
प्रजातन्त्र का प्रजापति है
और 'प्रजा' अगर 'तन्त्र' से
टकराती है कभी
तो तन्त्र की हिफ़ाज़त में तैनात
बन्दूक की नाल से
बोलती है राज्य सत्ता–
कि सुनो मेरी प्यारी प्रजा
तुम्हें तन्त्र के भीतर ही
प्रजा होने का हक़ है
पुलिस और फ़ौज
सचिवालय और न्यायालय
कर्फ़्यू और गोली
प्रजा और तन्त्रों के सम्बन्धों की
संवैधानिक व्याख्याएँ हैं।

* * *

राज्य सत्ता
अस्सी प्रतिशत लोगों की आँख में
बूट और बारूद की सत्ता है,
पाँच प्रतिशत लोगों के हाथ में
मनमाना राज्य
और बाक़ी हम जैसों के दिमाग़ में
राज्य सत्ता।"[27]

आज के दौर में सत्ता नव साम्राज्यवादी शक्ति का विस्तार है। देश के हाशिये पर पड़ी बहुसंख्य जनता से इसका कोई सरोकार नहीं है। सत्ता का निर्मम, बर्बर और क्रूर चरित्र उदय प्रकाश की कविताओं से लेकर कहानियों तक में उजागर हुआ है।

'मैंगोसिल' कहानी में सूरी डायरी और कविताएँ लिखता है। सत्ता तन्त्र की एक–एक चाल को समझता है। सूरी की डायरी की टीप है–

"उन्होंने रबर से मेरे शब्द हर जगह से मिटा दिये हैं–
और अब तो मैं बिल्कुल मर ही चुका हूँ
मेरा ख़ूब बड़ा सिर है, जिसके अन्दर तेज दर्द है,
जिसकी कोई दवा कहीं नहीं है,
चारों ओर गोलियों और ख़ून के निशान हैं,
चारों ओर लोग खा रहे हैं और हँस रहे हैं,
क्या उन तक डरावनी ख़बरें नहीं पहुँची हैं
या वे लोग ख़ुद अपराध में शामिल हैं?
वे लोग कैमरे के सामने और पीछे लगातार नोट गिन रहे हैं,
मैं सोचता हूँ मेरा सिर हिन्दुस्तान है
जो धीरे–धीरे मर रहा है...?"[28]

यह कमज़ोर, निरीह, ग़रीब के अस्तित्व को मिटाने की यथार्थ कथा है। उनके अधिकार–अस्मिता को सत्ता हड़प रही है। सत्ता–से पीड़ित–प्रताड़ित होते हाशिये के लोगों के पास कोई विकल्प नहीं है। अनैतिक लूट–खसोट में सत्ता लिप्त है। पश्चिम के अन्धानुकरण में संस्कृति, परम्पराएँ, मूल्य नष्ट हो रहे हैं। इस दौर में ईमानदार, सच्चा, मेहनती नागरिक अवांछित, अपमानित और आरोपित है।

इस दौर में ऐसे लोग आगे हैं जो सत्य के बजाय सत्ता के साथ हैं। उदय प्रकाश ने 'चंकी पाण्डे मुकर गया है' कविता में सिनेमा के एक अवसरवादी व्यक्ति के ज़रिये ऐसे लोगों का पर्दाफ़ाश किया है। ऐसे लोग जन–सामान्य के ख़िलाफ़ हैं। लेकिन सच्चा कवि जनता की मुख़ालफ़त करने वाले ऐसे लोगों का निरन्तर प्रतिरोध करता है–

"साथियों यह, एक लूटेरा अपराधी समय है
जो जितना लूटेरा है वह उतना ही चमक रहा है और गूँज रहा है

हमारे पास अपनी आत्मा की आँच है, और थोड़ा सा नागरिक
अन्धकार
कुछ शब्द हैं जो अभी तक जीवन का विश्वास दिलाते हैं...
हम इन्हीं शब्दों से फिर शुरू करेंगे अपनी नयी यात्रा...।"[29]

उदय प्रकाश की आत्मा में आँच है और बल भी। इसी आत्मबल के ज़रिये वे हाशिये पर पड़े लहूलुहान लोगों की कथा कहने का साहस और हुनर रखते हैं।

'बिरजित ख़ान' एक गड़ेरिया था, जो अफ़ग़ानिस्तान में अमेरिकी बमबारी के दौरान अपनी भेड़ों के साथ घायल हुआ था। घायलावस्था में भी वह अपने मेमनों–भेड़ों के लिए चीख़ रहा था–

"हिन्दी में हम
जैसे बिरजित ख़ान कन्धार के मैदान में
* * *
लहूलुहान माथा, टूटी हुई बाँह, चिथड़ी हुई आत्मा
अब सिर्फ़ एक कबन्ध भर है
बिरजित ख़ान
ख़ून में नहाए मेमने
जैसे गोधूली की अन्तिम किरणों में रंगी हुई
बदद्लों की लाल लाल लाल गठरियाँ
मेमनों और भेड़ों की शवों के बीच
चीख़ता है बिरजित ख़ान
जैसे चीख़ते हैं हम
अपनी ही भाषा के भीतर
* * *
अपनी ही भाषा के भूगोल में
हम सब बिरजित ख़ान"[30]

'बिरजित ख़ान' प्रतीक है उस सच्चे, ईमानदार, प्रतिबद्ध कवि–रचनाकार का, जो सत्ता द्वारा लहूलुहान होकर भी अपनी भाषा और लोगों के प्रति प्रतिबद्ध है। खुद के बजाय जन–सामान्य की चिन्ताओं से अधिक चिन्तित–दुखित है।

उदय प्रकाश समसामयिक साहित्यकारों की बाल–श्रम, स्त्री–शोषण, सड़क पर रहने वाले भिखमंगे, ग़रीब–बेसहारा, अनाथ लोगों पर रणनीतिक चुप्पी से चिन्तित हैं। वे 'सफल चुप्पी' में लिखते हैं–

लेकिन हमें फ़िलहाल कविता की
सफलता के बारे में सोचना है,

जिसका रहस्य ऐसी जगहों की ख़ामोशी पर ही मुनहसर है।"[31]

सच को व्यक्त करने के अनेक जोख़िम होते हैं–

"कोई विश्वास होता है हर बार, जिसका घाट होता है हर बार
सब लोग यह सब जानते हैं पर कमोशी ही लाज़िमी है
जो यथार्थ को व्यक्त करता है
वह मर दिया जाता है अफ़वाहों से।"[32]

इसीलिए अधिकतर रचनाकार सच से क़तराकर निकल जाते हैं। उदय प्रकाश की चिन्ता वाज़िब है कि कविता में मानवीयता को किसी तरह बचाया जाये 'एक जल्दबाज़ बुरी कविता में आँकड़े' में वे कहते हैं–

"कविता के एक वाक्य लिखने में दो मिनट लगते हैं
इतनी देर में चालीस हज़ार बच्चे मर चुके होते हैं
ज़्यादातर तीसरी दुनिया के
भूख और रोग से

* * *

कविता अच्छी हो इतनी कि कवि और आलोचक
उसे कविता कहना पसन्द न करें या उसके कई हज़ार ड्राफ्ट तैयार हों
तो तब तक कई करोड़ बच्चे, कई हज़ार या लाख औरतें और नागरिक
मर चुके होते हैं निरपराध इस विश्व तन्त्र में।"[33]

भूमण्डलीकरण के दौर में ग़रीब देशों की स्थिति और भी ख़राब है। पूरे विश्व में ग़रीब निरन्तर ग़रीब हो रहे हैं। बच्चे रोग और कुपोषण से मर रहे हैं। नये दौर का यही सच है। उदय प्रकाश इसे अपनी रचनाओं में बारीकी और विश्वसनीयता से उभारते हैं।

उदय प्रकाश की आकांक्षा है कि हर विलुप्त होती अच्छी चीज़ों और अच्छाइयों को संजोया जाये। ज़रूर पड़े तो संविधान में संशोधन करके भी। चर्चित कविता 'बचाओ' में वे लिखते हैं–

"बचाना ही है तो बचाये जाने चाहिए
गाँव में खेत, जंगल में पेड़, शहर में हवा,
पेड़ों में घोंसले, अख़बारों में सच्चाई, राजनीति में
नैतिकता, प्रशासन में मनुष्यता, दाल में हल्दी
क्या कुम्हार धर्मनिरपेक्षता और
एक–दूसरे पर भरोसे को बचने के लिए
नहीं किया जा सकता संविधान में संशोधन

* * *

इधर मैं एक बार फिर करता हूँ प्रयत्न
कि बच सके तो बचे जाये हिन्दी में समकालीन कविता।"[34]

समकालीन कविता को बचाने का आशय कविता मनुष्यता, संवेदनशीलता, सच्चाई, साहसिकता और प्रतिबद्धता को बचाना है। ऐसी कविताएँ ही एक सच्चे कवि का साक्ष्य होती हैं।

उदय प्रकाश स्वयं को मूलतः कवि मानते हैं। अतएव उदय प्रकाश की कथाएँ एक कवि की कथाएँ हैं। ऐसा कवि जिसका रचना–संसार 'मृत्यु–स्मृति–मनुष्यता–ईमानदारी और प्रेम' के ताने–बाने से बुना गया है। यह कवि आज के हिंस्र–भयावह समय में हाशिये पर पड़े बहुसंख्य लोगों की कथा को केन्द्र में लाकर अपनी सम्पूर्ण रचनात्मक ऊर्जा से रचता है।

सन्दर्भ

1. उदय प्रकाश, अपनी उनकी बात, वाणी प्रकाशन, नयी दिल्ली, संस्करण 2008, पृ. 130–131
2. उदय प्रकाश, अरेबा–परेबा, पेंगुइन बुक्स, नयी दिल्ली, संस्करण 2006, पृ. भूमिका–VII
3. उदय प्रकाश, अपनी उनकी बात, वाणी प्रकाशन, नयी दिल्ली, संस्करण 2008, पृ. 36
4. उपर्युक्त, पृ. 46
5. उदय प्रकाश, रात में हारमोनियम, वाणी प्रकाशन, नयी दिल्ली, संस्करण 2009, पृ. ब्लर्ब
6. उदय प्रकाश, तिरिछ, वाणी प्रकाशन, नयी दिल्ली, संस्करण 2008, पृ. 12
7. उपर्युक्त, पृ. 13
8. उपर्युक्त, पृ. 14
9. उदय प्रकाश, एक भाषा हुआ करती है, किताब घर प्रकाशन, नयी दिल्ली, संस्करण 2009, पृ. 94

10. उपर्युक्त, पृ. 96
11. उदय प्रकाश, सुनो कारीगर, वाणी प्रकाशन, नयी दिल्ली, संस्करण 2007, पृ. 15–17
12. उदय प्रकाश, पॉल गोमरा का स्कूटर, वाणी प्रकाशन, नयी दिल्ली, संस्करण 2006, पृ. 15
13. उपर्युक्त, पृ. 12
14. उपर्युक्त, पृ. 24
15. उदय प्रकाश, अबूतर कबूतर, वाणी प्रकाशन, नयी दिल्ली, संस्करण 2006, पृ. 11–12
16. उदय प्रकाश, पीली छतरी वाली लड़की, वाणी प्रकाशन, नयी दिल्ली, संस्करण 2009, पृ. 118
17. उदय प्रकाश, रात में हारमोनियम, वाणी प्रकाशन, नयी दिल्ली, संस्करण 2009, पृ. 25
18. सक्सेना, नरेश, और अन्त में क्षमा प्रार्थना (लेख), शीतल वाणी, सम्पादक–वीरेन्द्र आज़म पृ. 19
19. उदय प्रकाश, रात में हारमोनियम, वाणी प्रकाशन, नयी दिल्ली, संस्करण 2009, पृ. 141
20. उदय प्रकाश, और अन्त में प्रार्थना, वाणी प्रकाशन, नयी दिल्ली, संस्करण 2006, पृ. 114
21. उदय प्रकाश, सुनो कारीगर, वाणी प्रकाशन, नयी दिल्ली, संस्करण 2007, पृ. 54
22. उपर्युक्त, पृ. 46, 48
23. उदय प्रकाश, अबूतर कबूतर, वाणी प्रकाशन, नयी दिल्ली, संस्करण 2005, पृ. 78
24. उदय प्रकाश, दत्तात्रेय के दुख, वाणी प्रकाशन, नयी दिल्ली, संस्करण 2006, पृ. 113
25. उदय प्रकाश, पॉल गोमरा का स्कूटर, वाणी प्रकाशन, नयी दिल्ली, संस्करण 2006, पृ. 62
26. उपर्युक्त, पृ. 76
27. उदय प्रकाश, अबूतर कबूतर, वाणी प्रकाशन, नयी दिल्ली, संस्करण 2005, पृ. 71–72
28. उदय प्रकाश, मैंगोसिल, पेंगुइन बुक्स, नयी दिल्ली, संस्करण 2006, पृ. 163–164
29. उदय प्रकाश, एक भाषा हुआ करती है, किताबघर प्रकाशन, नयी दिल्ली, संस्करण 2009, पृ. 32
30. उपर्युक्त, पृ. 98
31. उपर्युक्त, पृ. 26
32. उदय प्रकाश, रात में हारमोनियम, वाणी प्रकाशन, नयी दिल्ली, संस्करण 2009, पृ. 50
33. उदय प्रकाश, एक भाषा हुआ करती है, किताबघर प्रकाशन, नयी दिल्ली, संस्करण 2009, पृ. 28
34. उदय प्रकाश, रात में हारमोनियम, वाणी प्रकाशन, नयी दिल्ली, संस्करण 2009, पृ. 22

हाशिये की कहानी केन्द्र में

कबीर जदि का माइ जनमिया कहूँ न पाया सुख,
डाली डाली मैं फिरा पातौ पातौ दुख। –कबीर

उदय प्रकाश की कथा–सृष्टि के केन्द्र में समकालीन समय और समाज के हाशिये पर पड़े साधारण लोगों का जीवन है। ये लोग सत्ता और व्यवस्था के केन्द्र से दूर हाशिये पर या उससे भी बाहर फेंक दिये गये इन लोगों के जीवन का एकमात्र सच दुख है। यह दुख निर्गुण है और सगुण भी, 'अर्न्तरगत' है और 'बाहिरगत' भी उदय प्रकाश की कथा–संवेदना अपने समय के सबसे अशक्त, कमज़ोर और सामाजिक अन्यायों और दबावों से घिरे लोगों से गहराई और आत्मीयता से जुड़ी है। उदय प्रकाश की कथा के केन्द्रीय पात्र अधिकांशतः साधारण लोग हैं, जो किसी सत्ता, व्यवस्था, संस्थान या संगठन के हिस्से नहीं हैं और ज़िन्दगी के सुख दुख, रोग–शोक, राग–विराग के बीच बसर कर रहे हैं। हाशिये के ये लोग असुरक्षा, डर और विवशता से घिरे हैं। यह हाशिया केन्द्र से बड़ा और व्यापक है। इस हाशिये पर ही बहुसंख्य आबादी निवास करती है। उदय प्रकाश की लोकप्रियता और सृजनात्मक ऊर्जा का आधार यही हाशिया है। वे कहते हैं–

> *"मैं स्वयं और मेरी रचनाओं के ज़्यादातर पाठक अपने समय, समाज और यथार्थ के हाशिये के लोग हैं। समय और समाज की जो केन्द्रीय सत्ताएँ हैं, यानी इस व्यवस्था की जो धुरी है, उसकी परिधि और उसके भी बाहर के लोग–बाग। एक तरह के 'सबाल्टर्न' जीवन और अनुभव के लोग।"*

हाशिये के ये लोग समकालीन भयावह परिस्थितियों के बीच न्यायाकांक्षा की आस में अन्याय से जूझते मरते हैं। उदय प्रकाश की रचना का केन्द्र यह हाशिया–श्रमिकों, कामगारों, युवाओं, उपेक्षित बुज़ुर्गों, स्त्रियों, दलितों, आदिवासियों, संघर्षरत सामाजिक कार्यकर्ताओं, संस्कृतिकर्मियों तथा प्रतिबद्ध साहित्यकारों से भरा है।

उदय प्रकाश की कविताओं–कहानियों के जीवन्त श्रमशील पात्र हाशिये के लोग हैं। इनकी कहानियों में 'पुतला' का किसनू, 'हीरालाल का भूत' का हीरालाल, 'टेपचू' का टेपचू, 'दिल्ली की दीवार' का रामनिवास, 'मैंगोसिल' का चन्द्रकान्त थोराट श्रमशील निम्नवर्गीय प्रतिनिधि चरित्र हैं। 'इमारत', 'कारीगर', 'अनुकपुर जंक्शन', 'गेम सेंक्चुअरी' जैसी कविताओं में इन श्रमिक जनों की जीवन स्थितियों की मार्मिक–संवेदनशील अभिव्यक्ति हुई है।

'पुतला' कहानी का किसनू पासी एक हुनरमन्द कलाकार है। उसे चौधरी भीखमदास की प्रताड़ना से विवश होकर दशहरे के दिन के लिए रावण, कुम्भकर्ण और मेघनाद का पुतला बनाना पड़ता है। एवज में पारिश्रमिक मिलना तो दूर उसे भोजन भी नहीं मिलता और बेवजह अपमानित भी किया जाता है। यह किशनू अपनी कला से ही अपने अपमान का प्रतिशोध लेता है। रावण का पुतला एकदम भीखमदास की तरह है।

> *"जनता में कानाफूसी शुरू हो गया–"अरे देखो, यह तो चौधरी भीखमदास का पुतला मालूम होता है। कमाल बनाया है किशनू पासी ने।"*[2]

किशनू की तरह 'टेपचू' की कथा भी हाशिये की ही कथा है। टेपचू अपना हक़ और पक्ष जानता है। वह कहता है–

> *"दस हज़ारों मज़दूरों को भुक्खड़ बनाकर ढ़ोरों की माफिक हाँक देना हँसी–ठट्ठा नहीं है। छंटनी ऊपर की तरफ़ से होनी चाहिए। जो पचास मज़दूरों के बराबर पगार लेता हो निकालो सबसे पहले उसे छाँटो आज़मानी साहब को पहले।"*[3]

हाशिये पर पड़े ये लोग साहसी, ईमानदार और श्रमशील हैं। सभ्यता के विकास में हाशिये की महत्त्वपूर्ण भूमिका होती है। 'इमारत' में श्रमिक का श्रम और पसीना मिला हुआ है। इस कविता में उदय प्रकाश लिखते हैं–

> *"कारीगर नहीं हैं/लेकिन इमारत में/कारीगर का चेहरा पसीने में/लथपथ है।*

* * *

नहीं जानता इंजीनियर/या जानता है/कि इमारत हिल रही है/ज़ोर जोर से/तीन सौ मील दूर/
गाँव में अपनी झिलंगी खटिया पर/पड़ा हुआ कारीगर/ख़ाँस रहा है ज़ोर–ज़ोर से।"[4]

इन मेहनतकशों की जी तोड़ मेहनत के बावजूद जीवन जीने के लिए बुनियादी सुविधाएँ नहीं मिल पातीं।

"दिल्ली की दीवार' का रामनिवास एक अस्थायी सफ़ाई कर्मचारी है। एक दिन जिम सेंटर की सफ़ाई के दौरान उसे दीवाल की खोखल में अनगिनत नोटों के बण्डल दिखते हैं।

> *"कालाधन–कालाधन...काला, काला, उसके कानों में जैसे कोई फुसफुसा रहा रहा था। उसका रोयाँ–रोयाँ सिहर रहा था। जिस चीज़ के बारे में वह सिर्फ़ सुना करता था, इस समय वह उसकी आँख के ठीक सामने, साँस भर की दूरी पर, साक्षात् मौजूद था। यह न कोई सपना था, न कोई किस्सा। यह एक सच्चाई थी जो संयोग से उसकी आँखों के सामने इस वक़्त मौजूद थी।"[5]*

इसके बाद रामनिवास की ज़िन्दगी में थोड़ी रौनक आती है। पर ज्यों ही इसकी भनक सत्ता तन्त्र और प्रशासन को लगती है, झूठा केस बनाकर रामनिवास को एनकाउण्टर में मार दिया जाता है। इस दौर का यही यथार्थ है की काला धन जुटाने वालों पर कोई कार्रवाई नहीं होती, जबकि रामनिवास जैसा ग़रीब, हाशिये के व्यक्ति को बलि का बकरा बनाया जाता है। कथावाचक कहता है कि कोरोनेशन पार्क के पास नुक्कड़ पर दिखने वाले लोगों में से कोई भी अचानक ग़ायब हो सकता है।

> *"जिन्नातों और दौलतमन्दों के इस शहर दिल्ली से ऐसे ही ग़ायब होते हैं दरवेश, ग़रीब, बीमार, मामूली लोग। फिर वे कभी नहीं लौटते। वे कहीं नहीं लौटते। इस शहर में उनकी स्मृतियाँ तक बाक़ी नहीं रहतीं...यहाँ एक अलग तरह की नागरिकता का निवास होता है। यहाँ के हादसों और घटनाओं की कोई ख़बर अख़बारों में नहीं छपती।"[6]*

ऐसी घटनाएँ जो सत्ता के लिए कोई मायने नहीं रखतीं, उदय प्रकाश की रचानाओं में गम्भीरता से उपस्थित होती है।

हाशिये के ये लोग भयावह ग़रीबी और प्रदूषित परिवेश में रहने को विवश हैं। 'मैंगोसिल' कहानी में चन्द्रकान्त थोराट ऐसा ही जीवन जीता है। चन्द्रकान्त थोराट दिल्ली की जहाँगीरपुरी में एक मियानी में रहता है। जहाँगीरपुरी दिल्ली का कचड़ा है। भयावह ग़रीबी का मॉडल मुहल्ला है। बेसंध मकानों की कतारें, संकरी गलियाँ, बिजली–पानी की सर्वाधिक कटौती, अफ़वाहें, यौन रोग, दंगे, जादू–टोना, अपराध, बीमारियाँ, प्रदूषित पर्यावरण इस मोहल्ले की पहचान है। इसी परिवेश में सूर्यकान्त का जन्म होता है, जो मैंगोसिल का मरीज़ है। पर उसका मस्तिष्क सजग–सचेत है। वह समाज में हाशिये पर पड़े लोगों की प्रताड़ना, वंचना तथा सामाजिक–आर्थिक विषमता के कारणों को जानता है। वह कहता है–

> *"अब तीसरी दुनिया नहीं है दो ही दुनिया हैं। और वो हर जगह है। एक दुनिया वो जिसमें अन्याय करने वाले लोग रहते और दूसरी दुनिया वो जिसमें बाक़ी वे सारे लोग रहते हैं जो अन्याय सहते हैं।"*[6]

उदय प्रकाश की रचनात्मक प्रतिबद्धता अन्याय सहने वाली दुनिया के साथ है। यह दुनिया हताशावादी–निराशावादी न होकर मुसीबतों–संकटों के बीच भी जीवट और जीवन्त है। उदय प्रकाश के अनुसार–

> *"ऐसी जिजीविषा,जो करोड़ो अन्याय सहने वाले और कठिन ज़िन्दगी जीने वाले लोगों में अक्सर पायी जाती है।"*[8]

'मोहन दास' का मोहन दास नव साम्राज्यवादी दौर में मोहन दास करमचन्द का ही रूप है। उस मोहन दास करमचन्द ने अपनी ईमानदारी और सत्यनिष्ठा के दम पर ब्रिटिश साम्राज्यवाद के ख़िलाफ़ लड़ी लड़ाई, जबकि नये दौर में यह ईमानदार, मेहनती सत्यनिष्ठ मोहन दास सत्ता के कुचक्र में तिल–तिल कर पिसने को बाध्य है। यह सत्ता तन्त्र मोहन दास का हक़, पक्ष, अस्मिता और अस्तित्व तक हड़प लेता है। विरोध और मुक़दमा करने पर मोहन दास को इतना प्रताड़ित किया जाता है कि वह भयानक डर और दहशत में जीने लगता है। हिंसकता और क्रूरता की हद को झेलता वह बार बार कहता है–

> *"हमारा नाम मोहन दास नहीं है। ...हम अदालत में हलफ़नामा देने को तैयार हैं। जिसे बनाना हो बन जाय मोहन दास।*

आप लोग हमें किसी तरह बचा लीजिए। ...हम आप सबके आगे हाथ जोड़ते हैं।"[9]

मोहन दास की इस दारुण यथार्थ कथा को पढ़–सुनकर हर संवेदनशील सिहर उठता है। यह यथार्थ ही उदय प्रकाश की कथा का केन्द्र है।

'मौसाजी' कहानी में मयाप्रसाद 'हितैषी' अर्थात् मौसाजी अतीत की उलझी स्मृतियों में डूबे असहायता और एकाकीपन को झेलते उपेक्षित बुज़ुर्ग हैं। मौसाजी में पागलपन या विक्षिप्तता का कोई लक्षण नहीं है। ऐसा लगता है–

"मौसाजी अपने साथ एक कारुणिक मज़ाक कर रहे हैं। उन्होंने अपने इर्द–गिर्द एक झूठा संसार निर्मित कर लिया है, जिस वे अन्तिम सच के रूप में मान बैठे हैं।[10]

असलियत में मौसाजी एक सामान्य, सीधे–सादे ग़रीब बुज़ुर्ग हैं, जिनके पास मेहनत की आख़िरी पूँजी भी नहीं बची है।

'छप्पन तोले का करधन' में दादी की कथा निरन्तर छीजते पारिवारिक सम्बन्धों के बीच उपेक्षित बुज़ुर्गों की कथा है। जादू–टोना और अन्धविश्वास से भरे परिवार का दादी से यातनादायक व्यवहार जगज़ाहिर है–

"गाँव की औरतें कहतीं की बुढ़िया को उसके बेटे–बेटी और बहुओं ने रौरव नरक में डाल रखा है। भगवान् किसी को ऐसा बुढ़ापा दिखाने के पहले ही उठा ले।"[11]

दादी के प्रति भयावह अवांछित व्यवहार को देख घर के पिताजी (दादी के बड़े पुत्र) भी कभी–कभी सिहर उठते हैं–

"मुझे तो डर लगता है कि अगर मैं भी बूढ़ा और बीमार हो गया तो इस घर में मेरे साथ क्या किया जायेगा। मैं अभी से बता दूँ कि मेरे पास नहीं हैं कोई धन। अपना ख़ून बेचकर मैं तुम सबको पाल रहा हूँ।[12]

उपेक्षित बुढ़ापे को उदय प्रकाश पूरी संवेदनशीलता और आत्मीयता से अपनी रचनाओं में अभिव्यक्त करते हैं।

हिंसा, बर्बरता और क्रूरता की शिकार ईमानदार–श्रमशील स्त्रियाँ उदय प्रकाश की रचानाओं में प्रमुखता से उपस्थित हैं। नये साभ्यतिक

दौर में पुरुष प्रभुत्व और प्रताड़ना के भाव से भरा है। 'पीली छतरी वाली लड़की' में राहुल के अनुसार–

> *"लड़कियाँ दरअसल चोट, पीड़ा–हिंसा और ताक़त को प्यार करती हैं। वे मूर्ख बनाया जाना, उत्पीड़ित होना और निर्ममता से भोग लिए जाने को ज़्यादा पसन्द करती हैं।"*[13]

कथाकार की राहुल के प्रति पूरी सहानुभूति और संवेदना के बावजूद उपर्युक्त विचार पुंसवादी हैं। स्त्रियों के साथ सत्ता, प्रशासन और पूँजीपति अक्सर दर्दनाक दरिन्दगी भरा खेल खेलते हैं। 'मैंगोसिल' कहानी में शोभा रोज़ सारणी में सामूहिक बलात्कार और शारीरिक हिंसा का शिकार होती थी–दारोगा,बिल्डर और ब्याहता पति रमाकान्त द्वारा। सारणी में रमाकान्त के घर के आसपास लोग उसके घर में चलने वाली वीभत्स ख़ूनी और वहशी हिंसा को देखने के लिए रात भर जागते थे। असहनीय दर्द के बीच बेहोशी टूटने पर–

> *"शोभा जब कराहती हुई अपनी देह से अपना ख़ून और दारोगा, बिल्डर और अपने पति रमाकान्त का थूक, लार और वीर्य धो रही थी, तब उसे एहसास हुआ कि चार बजे के उस धुँधलके में गली के उस पार से कई मर्द आँखें उसे घूर रही हैं।"*[14]

ये आँखें पुरुषों की हैं, स्त्रियों की नहीं।

उदय प्रकाश की रचनाओं में अक्सर अनपढ़, अशिक्षित, विपन्न, कमज़ोर स्त्रियाँ आती हैं। जिनका ज़िक्र किसी 'पंचनामे में दर्ज नहीं हैं'। उदय प्रकाश लिखते हैं–

> *"वे मदर टेरेसा और मेधा पाटकर को नहीं जानती थीं/ अँगरेज़ी बोलने वाली सम्पन्न औरतें जो उन्हें उनके अधिकारों के बारे में/सचते करतीं थीं/उन्हें वे मेमें मानती थीं, सिगरेट पीने वाली/पति बदलने वाली/उन पर वे ताज्जुब से हँसती थीं उन्हें कोसती थीं।*
>
> *वे तो बहुत पुरानी लकड़ी के किवाड़ में लगी कुण्डियाँ थी/ रोज़ रोज़ अमचूर, नीबू और राख से चमकाई जाने वाली/पीतल की कड़ाहियाँ थीं।/वे पिता द्वारा वहाँ गमले रोप दी गयीं तुलसी*

का पौधा थीं...
वे किसी जर्जर नाव की सड़ी–गली पतवारें थीं
जिन्हें कोई स्वार्थी और क्रूर मल्लाह/समुद्र में पीटता था

यह तथ्य पंचनामे में पुलिस दर्ज नहीं करती/लेकिन हर कोई
इसे देख सकता है/कि ठीक मृत्यु के बाद ध्एक बहुत सघन/
एक बहुत स्वतन्त्र सी हँसी उनके होठों पर आ जाती है।"[15]

भारत में बहुसंख्य स्त्रियों का यही जीवन है। श्रमशील कामगार स्त्रियाँ हर जगह शोषण की शिकार हैं।

शारीरिक शोषण और उत्पीड़न की शिकार स्त्रियाँ परिवार, समाज, थाना, अदालत, मीडिया में अक्सर निरूपाय, असहाय और अकेली पड़ जाती हैं। स्त्रियों पर बर्बरता और हिंसकता का दायरा कम्पनियों, दफ़्तरों, संस्थानों तक फैला है। आज वैज्ञानिक तकनीक स्त्री का पता गर्भ में ही लगा लेती है। 'औरतें' कविता में उदय प्रकाश लिखते हैं :

"एक पोंचा लगा रही है
एक बर्तन माँज रही है
एक कपड़े पछीट रही है
एक बच्चे को बोरे पर सुला कर रोड़े बिछा रही है
एक फ़र्श धो रही है और देख रही है राष्ट्रीय चैनल पर फ़ैशन परेड
एक पढ़ रही है न्यूज़ की संसद में बढ़ायी जायेगी उनकी तादाद

* * *

हज़ारों–लाखों छुपती हैं गर्भ के अँधेरे में
इस दुनिया में जन्म लेने से इनकार करती हुई
वहाँ भी खोज लेती हैं उन्हें भेदिया ध्वनि तरंगें
वहाँ भी भ्रूण में उतरती है हत्यारी कटार।"[16]

यही स्त्री जीवन का सच है। उसे अक्सर हर मोड़ और प्रत्येक कोण पर शोषित होने के लिए विवश होना पड़ता है।

भारत की बहुसंख्यक आबादी गाँवों में रहती है, और कृषि कार्य पर निर्भर है। गाँवों का स्वरूप और संरचना निरन्तर बदल रही है। भारत के अधिकांश गाँव विकास की तमाम नीतियों के बावजूद बदहाल होकर हाशिये

पर चले गये हैं। गाँवों की पहचान समाप्त होती जा रही है। 'मैंगोसिल' में उदय प्रकाश लिखते हैं–

> *"जहाँगीरपुरी, मंगोलपुरी, लोनी, नजफ़गढ़, हरिनगर, जियासराय, बेरसराय, कड़कड़डूमा, प्रहलादगढ़ी, जैसे गाँवों का अस्तित्व ही मिट गया। जहाँ–जहाँ वे हुआ करते थे, वहाँ शॉपिंग मॉल, मल्टीप्लेक्स, होटल बाज़ार, पार्क, दुकानें, हाउसिंग सोसाइटीज, बैंक, पेट्रोल–पम्प वग़ैरह खुल गये। एक महीना भी न गुज़रने पाता कि एक पूरे इलाक़े का चेहरा इतना बदल जाता कि अपनी स्मृति पर ही सन्देह होने लगता।"[17]*

उदय प्रकाश के भीतर गाँव के नष्ट होने का गहरा दुख है। उनका नैसर्गिक हरे–भरे गाँव से गहरा लगाव है। 'और अन्त में प्रार्थना' में ढींगर गाँव एक आदिवासी ग्रामीण क्षेत्र है।

> *"ढींगर गाँव सतपुड़ा की पर्वत श्रेणियों में से एक की चोटी से लेकर तलहटी तक बसा हुआ एक चित्रात्मक सा कस्बा था। ...ढींगर गाँव में तरोई, अमरुद, कुम्हड़ा,लौकी, पालक, जैसी तमाम सब्जियाँ ख़ूब ताज़ा मिलती थीं। दूध और घी महँगा था लेकिन शुद्ध होता था। चावल की तमाम किस्में थीं और भात बहुत स्वादिष्ट बनता था। अपराध वहाँ ग्रामीण इलाक़े में नहीं के बराबर थे। एक ख़ास तरह की सुस्त, शान्त और बहुत नैसर्गिक जीवन की गति थी।"[18]*

इस क्षेत्र में प्रधानमन्त्री द्वारा कागज़ के कारख़ाने के शिलान्यास से प्राकृतिक संसाधनों के नष्ट होने तथा पर्यावरण के प्रदूषित होने का ख़तरा बढ़ गया।

विकास की ऐसी भीमकाय परियोजनाएँ ग्रामीण लोगों को अपनी जड़ और ज़मीन से बेदखल कर रही हैं। लोग शहर की ओर पलायन करने को बाध्य हो रहे हैं। 'साइकिल' कहानी में उदय प्रकाश लिखते हैं–

> *गाँव में कुछ नहीं बचा था। सारी नकदी शहरों में ही सिमट गयी थी। रोज़गार भी वहीं था। कहीं फ्लाईओवर बन रहा होता, कहीं होटल, कहीं कई–कई मंज़िला ऊँचा रिहायशी कॉम्प्लेक्स, कहीं मेट्रो रेल। गाँव में चोर तक नहीं झाँकते थे।*

सेंध मारते तो उन्हें भात के तबेले और कैथ–करौन्दे के देशी अचार की हँड़िया के अलावा कुछ न मिलता। स्कूल की इमारत ढह गयी थी और बच्चे पेड़ के नीचे पढ़ने जाते थे। सरकारी अस्पताल में ढोर–डंगर सोते थे।[19]

'आवरण' कहानी में लिखा है–

"हर ग़रीब और कमज़ोर आदमी अपने घर और ज़मीन से बेदख़ल हो रहा था। गाँव में जहाँ किसान और खेतिहर रहते थे, वहाँ विधवाओं की संख्या बढ़ गयी थी। गाँव छोड़–छोड़ कर लोग पता नहीं कहाँ भाग रहे थे।"[20]

गाँव की रौनक ग़ायब हो गयी है। गाँव निराश–उदास दिखने लगे हैं। उदय प्रकाश की रचनाओं में गाँव की उपस्थिति मार्मिक और प्रभावशाली ढंग से मौजूद है।

उदय प्रकाश की रचना–सृष्टि का एक केन्द्र शिक्षित–मेधावी बेरोज़गार युवा, जिन्हें उचित हक़ नहीं मिला है। उपेक्षित, हाशिये पर पड़े ये वो बेरोज़गार युवा हैं–

"जिनकी संख्या करोड़ों में थी। उनमें कोई भी शारीरिक और मानसिक खामी नहीं थी। वे अपार क्षमताओं, सम्भावनाओं और श्रम से भरपूर नौजवान थे। चिन्ताओं ने उनकी गाल की हड्डियों को उभार दिया था। उनकी आँखों के नीचे झाँई पैदाकर दी थी।"[21]

'मोहन दास' कहानी का मोहन दास ईमानदार परिश्रमी, मेधावी किन्तु ग़रीब है। उसे वाज़िब हक़ नहीं मिलता है। सत्ता तक पहुँच रखने वाला बिसनाथ मोहन दास की नौकरी, पहचान, अस्मिता, अस्तित्व तक हथिया लेता है। ऐसे बेरोज़गार युवक कई बार आत्महत्या की हद तक चले जाते हैं। 'मोहन दास' का केस लड़ने वाले हर्षवर्धन का भाई–

"श्रीवर्धन सोनी ने बी.ई. परीक्षा में टॉप किया था और इंजीनियरिंग की डिग्री के बावजूद छह वर्षों तक खींची बेरोज़गारी से हताश होकर, पाँच साल पहले, एक रात अपने कमरे के सीलिंग फैन में रस्सी का फँदा लगाकर आत्महत्या कर ली थी।"[22]

'आचार्य की रजाई' के विनायक दत्तात्रेय भी मेधावी, ईमानदार, बहुविध प्रतिभा से सम्पन्न संकोची शोध छात्र हैं, लेकिन उन्हें नौकरी नहीं मिलती।

> *"जैसा कि सब जानते हैं ,सुप्रसिद्ध नाटककार और चित्रकार विनायक दत्तात्रेय ने मूँगफली बेच ली, सेकेंड हैंड स्कूटर बेचने का धन्धा किया, अख़बार में कॉलम और टी.वी. में सीरियल आदि सब लिखे पर नौकरी के लिए अपनी नाक नहीं रगड़ी।"*[23]

ये स्वाभिमानी बेरोज़गार युवक विकट अभावों में भी चापलूसी नहीं करते हैं।

उदय प्रकाश की रचनाओं में हाशिये पर पड़े प्रवीण किन्तु उपेक्षित कलाकार और संस्कृतिकर्मी भी प्रमुखता से आये हैं। सांस्कृतिक उपादानों से उदय प्रकाश की रचनाशीलता ऊर्जस्वित होती है। 'वारेन हेस्टिंग्स का साँड़' नव औपनिवेशवादी दौर में सांस्कृतिक प्रतिरोध की गझिनौर संश्लिष्ट कहानी है। इस नये दौर में जब सांस्कृतिक संकट बढ़ रहा है, संस्कृति और परम्परा की गहरी चिन्ता ज़रूरी है। यह अनायास नहीं कि बुन्तू के मधुर, जादूभरे, उन्माद से छलकते गीत सुनकर वारेन हेस्टिंग्स विभोर हो उठता है।

> *"बुन्तू जिस भाषा में गाता था वह मैथिली थी। लगता जैसे किसी झरने के पियानो से पानी के छोटे–छोटे बुलबुल उठ रहे हों और एक एक फूटते हुए ऐसे शब्दों और ध्वनियों को हवा में जन्म दे रहे हों, जिनके अबूझे अर्थ धीरे–धीरे ह्दय के भीतर अपने संकेतों को संगीत के साथ जिसे जादू भरी लय में खोल रहे हों।"*[24]

आज पाश्चात्य संस्कृति पूरे देश और समाज में फैल चुकी है। देसी संस्कृतिकर्मियों का जीवन दूभर होता जा रहा है। 'अभिनय' कहानी के फ़कीर मोहन सेन को अभिनय की कलात्मकता, ऊँचाई और लोकप्रियता का शिखर छूने के बावजूद आजीविका हेतु मसखरे का काम करना पड़ा। फ़कीर मोहन सेन के दाहिने पैर के तलवे पर एक नासूर था।

> *"जैसे ही अपना दाहिना पाँव ज़मीन पर रखते, उनके शरीर का बोझ उस पर पड़ता लगता जैसे कई लाख बिच्छुओं ने एक साथ डँक मार दिया है। बहुत कठिन अभ्यास के बाद उन्होंने अपने चहरे को निर्विकार और बाद में प्रसन्न रखना सीख लिया था।"*[25]

प्रतिभावान कलाकार की यह दुखद परिणति है।

उदय प्रकाश की चरम लोकप्रियता और ऊर्जा का आधार हाशिये के लोग ही हैं। समसामयिक यथार्थ की अनगिनत छवियाँ–प्रतिछवियाँ, स्वप्न–दुःस्वप्न, उदय प्रकाश की रचनाओं में सहजता से अंकित हैं। यही उनका हुनर और कौशल है।

सन्दर्भ

1. उदय प्रकाश, अरेबा–परेबा, पेंगुइन बुक्स, नयी दिल्ली, संस्करण 2006, पृ. भूमिका–VIII
2. उदय प्रकाश, दरियाई घोड़ा, वाणी प्रकाशन, नयी दिल्ली, संस्करण 2006, पृ. 83
3. उपर्युक्त, पृ. 46
4. उदय प्रकाश, सुनो कारीगर, वाणी प्रकाशन, नयी दिल्ली, संस्करण 2007, पृ. 18–19
5. उदय प्रकाश, दत्तात्रेय के दुख, वाणी प्रकाशन, नयी दिल्ली संस्करण 2006, पृ. 70
6. उपर्युक्त, पृ. 13
7. उदय प्रकाश, मैंगोसिल, पेंगुइन बुक्स, नयी दिल्ली संस्करण 2006, पृ. 163
8. उपर्युक्त, पृ. 165
9. उदय प्रकाश, मोहन दास, वाणी प्रकाशन, नयी दिल्ली, संस्करण 2009, पृ. 10
10. उदय प्रकाश, दरियाई घोड़ा, वाणी प्रकाशन, नयी दिल्ली, संस्करण 2006, पृ. 44
11. उदय प्रकाश, तिरिछ, वाणी प्रकाशन, नयी दिल्ली, संस्करण 2009, पृ. 61
12. उपर्युक्त, पृ. 60
13. उदय प्रकाश, पीली छतरी वाली लड़की, वाणी प्रकाशन, नयी दिल्ली, संस्करण 2009, पृ. 9
14. उदय प्रकाश, मैंगोसिल, पेंगुइन बुक्स, नयी दिल्ली, संस्करण 2006, पृ. 92
15. उदय प्रकाश, रात में हारमोनियम, वाणी प्रकाशन, नयी दिल्ली, संस्करण 2009, पृ. 48
16. उपर्युक्त, पृ. 33
17. उदय प्रकाश, मैंगोसिल, पेंगुइन बुक्स, नयी दिल्ली, संस्करण 2006, पृ. 149
18. उदय प्रकाश, और अन्त में प्रार्थना, वाणी प्रकाशन, नयी दिल्ली, संस्करण 2006, पृ. 132–134
19. उदय प्रकाश, दत्तात्रेय के दुख, वाणी प्रकाशन, नयी दिल्ली, संस्करण 2006, पृ. 98–99
20. उदय प्रकाश की कहानी 'आवरण', पूर्वाग्रह, अप्रैल–जून 2009, सम्पादक–प्रभाकर श्रोत्रिय, पृ. 24
21. उदय प्रकाश, पीली छतरी वाली लड़की, वाणी प्रकाशन, नयी दिल्ली, संस्करण 2009, पृ. 94
22. उदय प्रकाश, मोहन दास, वाणी प्रकाशन, नयी दिल्ली, संस्करण 2009, पृ. 64

23. उदय प्रकाश, दत्तात्रेय के दुख, वाणी प्रकाशन, नयी दिल्ली, संस्करण 2006, पृ. 51
24 उदय प्रकाश, पॉल गोमरा का स्कूटर, वाणी प्रकाशन, नयी दिल्ली, संस्करण 2006, पृ. 112
25. उदय प्रकाश, दत्तात्रेय के दुख, वाणी प्रकाशन, नयी दिल्ली, संस्करण 2006, पृ. 75

मृत्यु का जन्म

जीवन के रथ पर चढ़कर/सदा मृत्यु पथ पर बढ़ कर –निराला

उदय प्रकाश के रचनाकर्म में मृत्यु की सान्द्र–सघन बोधमय अवस्थिति है। मृत्यु परम सत्य है, कहा जाय तो 'सत्य की आत्मा' है। यह अनादि और अमर्त्य विचार है, स्मृतियों का उपजीव्य है। 'शाश्वतता, अमरता या अनश्वरता की अवधारणा' का अंकुरण मृत्यु के गर्भ से, उसकी सापेक्षता में होता है। मृत्यु को उदय प्रकाश के रचना जगत् का 'नाभिकीय' शब्द भी माना गया है। उदय प्रकाश के यहाँ मृत्यु की अवधारणा या व्याख्या भर ही नहीं है, बल्कि उसका प्रशान्त और गम्भीर प्रभाव इनकी कथा–सृष्टि में उभरता है।

उदय प्रकाश के यहाँ मृत्यु का विविध और व्यापक परिदृश्य है। इनकी रचना सृष्टि में 'मृत्यु' का दायरा मनुष्य के जीवन तक ही नहीं है, बल्कि यह संस्कृतियों, परम्पराओं, स्मृतियों, सम्बन्धों और मूल्यों के निरन्तर क्षरित होकर नष्ट होने का भी आख्यान है।

'मृत्यु' उदय प्रकाश की रचना की पहली शर्त है। वे लिखते हैं–

> *"मृत्यु रचना की पूर्व शर्त है। मृत्यु के बाद ही रचना सम्भव हो पाती है। ...अगर मिथुनरत क्रौंच युग्म के वध के साथ ही उस करुणा के आघात से वाल्मीकि मरें न होते तो संसार की किसी भी भाषा में कविता सम्भव ही न होती।"*[1]

उदय प्रकाश की श्रेष्ठ और महत्त्वपूर्ण रचनाओं में मृत्यु की उपस्थिति मौजूद है। 'हंस' में प्रकाशित उनका 'आत्मकथ्य', प्रकारान्तर से, गौतम सान्याल के शब्दों में 'मृत्युकथ्य' ही है।

आत्मकथात्मक कहानी 'नेलकटर' कैंसरग्रस्त माँ की मृत्यु की स्मृति का काव्यपरक आख्यान है। उदय प्रकाश देखते हैं कि माँ की उँगलियाँ निरन्तर पतली, रक्तहीन, निर्जीव वस्तुओं की तरह ठण्डी होती जा रही हैं। हाथ का भार हल्का होता जा रहा है। उदय प्रकाश को लगता है कि

> *"वह भार शायद जीवन का होता है, जिसे पृथ्वी अपने चुम्बक से अपनी ओर खींचा करती है। जो अब माँ के पास बहुत कम बचा था। उन्हें पृथ्वी खींचना छोड़ रही थी।"*[2]

माँ को धीमी गति में मरते देखना उदय प्रकाश के लिए बेहद यन्त्रणादायक था। एक साक्षात्कार में वे कहते हैं–

> *"मेरी माँ को मौत धीरे–धीरे खींच रही थी, जैसे जेठ की धूप तालाब के जल को खींचती है।"*[3]

माँ की मृत्यु के बाद एक ख़ास क़िस्म का खालीपन और सन्नाटा पूरे परिवार और कथावाचक के भीतर फैल गया। माँ की अनुपस्थिति का दुख चमकती हुई धूप के समान स्पष्ट और सर्वत्र है। माँ पूरे परिवार की धुरी या केन्द्र होती है। धागा के समान घर के मोतियों जैसे सदस्यों को गूँथकर एक साथ रखती है। 'मूँगा, धागा और आम का बौर' कहानी में उदय प्रकाश कहते हैं–

> *"अगर माँ होती तब भी क्या घर में ऐसा सन्नाटा होता। तब भी क्या हम इतने ही अलग–अलग होते...सब लोग धागा टूटते ही मूँगों की तरह अलग–अलग छिटक गये। हम मूँगे थे। माँ धागा थीं। जो टूट गयीं।"*[4]

'दरियाई घोड़ा' माँ के बाद मृत्यु की ओर निरन्तर अग्रसरित होते कैंसरग्रस्त पिता का टीसता हुआ आख्यान है। 'सहायक' में पिता गाँव के लोगों को बाढ़ से बचाते–बचाते स्वयं उसी बाढ़ में लगभग डूब ही जाते हैं। घर के लोग उस भयावह घड़ी में विक्षिप्त होकर पागलों की तरह रो रहे थे। उसी समय लेखक ने

> *"जाना कि हम सब दूसरे के गहन संकट के सिर्फ़ दर्शक हैं।"*[5]

मृत्यु जीवन पर गहराने वाला सबसे बड़ा और अन्तिम संकट होता है।

'तिरिछ' कहानी में पिता की मृत्यु अमानवीय, असंवेदनशील परिवेश के बीच होती है। असहाय और अकेले पड़ते, प्यास से तड़पते, पिता की

खौफ़नाक मृत्यु का खोजी पत्रकारिता जैसी शैली में वर्णन अत्यन्त मार्मिक है। संजीव कुमार लिखते हैं–

> *"शक्कीपन से ग्रस्त एक संवेदनहीन वातावरण में असहाय पिता का मौत की ओर एक–एक क़दम बढ़ाना वाचक तक सूचनाओं के रूप में पहुँचता है, पर इस पूरी अवधि में पिता अपने भीतर किन स्थितियों से गुजर रहे थे, यह तो अनुमान का ही विषय है। और यह अनुमान वाचक ही लगा सकता है, 'क्योंकि वह पिता के स्वभाव को बहुत बारीकी से जानता है...। आगे के हर 'शायद' और 'हो सकता है' का कहानी में पुख़्ता औचित्य है जो हर सूचना को एक टीस में बदल देता है।"*[6]

'तिरिछ' के पिता की मृत्यु दर्दनाक पीड़ादायक प्रक्रिया में जन्म लेती है। मृत्यु की ऐसी आख्यानात्मक अभिव्यक्ति उदय प्रकाश की उपलब्धियों में एक है। उदय प्रकाश के अनुसार–

> *"जिस मृत्यु की बात हम इतनी सहजता से कर रहे हैं, तिरिछ के उस अंश को जितनी सहजता से आप पढ़ पाते हैं, उसे रचना मेरे लिए इतना आसान नहीं था।"*[7]

मृत्यु का क़रीबी एहसास एक बार उदय प्रकाश को भी हुआ है। बचपन में सोन नदी में तैरते हुए उदय प्रकाश लगभग डूब ही गये थे। अपने आत्मकथ्य में वे लिखते हैं–

> *"सोन नदी के जल में मेरी वह अन्तिम छटपटाहट अमर हो जाती। मृत्यु के बाद। लेकिन नदी के घाट पर कपड़े धो रही धनपुरहाइन नाम की स्त्री ने...नदी की धार में तैरकर, खोजकर, मुझे निकाला और जब मैं उसके परिश्रम के बाद दुबारा ज़िन्दा हुआ तो उसे इतना आश्चर्य हुआ कि वह रोने लगी। तब से मैं स्त्रियों को बहुत चाहता हूँ। सिर्फ़ स्त्रियाँ जानती हैं कि किसी जीवन को जन्म या पुनर्जन्म कैसे दिया जाता है।"*[8]

मृत्यु उदय प्रकाश की चेतना के एकदम क़रीब तक उपस्थित है। इनकी रचनाओं का स्रोत मौत को अतिक्रमित करने की आकांक्षा से गहरे जुड़ा है। उदय प्रकाश की रचनाओं में मृत्यु की कई बार रूपकात्मक अभिव्यक्ति हुई है।

'वारेन हेस्टिंग्स का साँड़' कहानी में वारेन हेस्टिंग्स के हिन्दुस्तानी साँड़ को इंग्लैण्ड में "रात नौ बजे इम्पीरियल आर्मी की टुकड़ी ने...गोली मार दी।" क्योंकि "वह छुट्टा हिन्दुस्तानी पागल साँड़ इंग्लैंड के लिए एक ख़तरा बन गया था।"[9] किन्तु दिल्ली में शरणार्थी के रूप में रहने वाले तिब्बत के उस बूढ़े लामा का कहना है कि ढाई सौ साल बाद भी "वह साँड़ अभी मरा नहीं है।"[10] वह साँड़ नव साम्राज्यवादी–नव औपनिवेशिक दौर में भारत के सांस्कृतिक प्रतिरोध का प्रतीक है। ढाई सौ साल बाद भी साँड़ का बचे रहना, यह संकेत करता है कि उत्तर औपनिवेशिक समय में भारतीय प्रतिरोध की सचेतनता अभी भी जीवित है, बरकरार है। 'टेपचू' कहानी में टेपचू भी मर–मर कर जीवित हो उठता है। टेपचू जैसे मज़दूर के जीवन की हैरतअंगेज़ घटनाओं को बताते हुए कथावाचक आख़िर में कहते हैं–

> *"हमारे गाँव मंडर के अलावा जितने भी लोग टेपचू को जानते हैं वे यह मानते हैं कि टेपचू कभी मरेगा नहीं–साला जिन्न है।"*

इसके बाद कथावाचक का दावा–"आपको अब भी विश्वास न होता हो जहाँ, जब, जिस वक़्त आप चाहें मैं आपको टेपचू से मिलवा सकता हूँ।"[11] इसी बिन्दु पर टेपचू एक व्यक्ति न होकर निम्नवर्गीय सामान्य सर्वहारा वर्ग का प्रतीक बन जाता है। ऐसा श्रमिक मज़दूर वर्ग समाज में सभी जगह और सब समय मौजूद है। सत्ता द्वारा बार–बार सताये जाने, रौंद दिये जाने के बावजूद टेपचू में अदम्य जिजीविषा और कर्मठता है। उसे सत्ता– परिस्थितियाँ परेशान, जख्मी और लहुलूहान कर सकती हैं लेकिन नष्ट नहीं कर सकतीं। वह सत्ता की चाल और अपना अधिकार बख़ूबी जानता है। 'टेपचू' निरन्तर संघर्षरत और श्रमरत श्रमिक के मिट–मिट कर जी उठने का आख्यान है। भय, निराशा को भेद कर निडरता, उत्साह और आशा का आख्यान है।

अत्यन्त संश्लिष्ट और गझिन कहानी 'मैंगोसिल' का सूरी मैंगोसिल का मरीज़ है, जो चिकित्सा विज्ञान और डॉक्टरों की भविष्यवाणी को झुठलाता हुआ जीवित है। उसका

> *"सिर ही आकार और भार में बड़ा नहीं हो रहा था, बल्कि उसका दिमाग़ भी अपनी उम्र के बच्चों से कई साल बड़ा हो गया था। लगता वह लगातार कुछ सोचता रहता है। अपनी चुप्पी में डूबा हुआ। किसी रहस्य के भीतर के अँधेरे में अकेला।"[12]*

सूरी के सिर के लगातार बड़े होने का कारण उसके मस्तिष्क की सक्रियता है। सूरी स्वयं कहता है–

"वह बहुत–सी ऐसी बातें जानता जा रहा है जिसे छोटे सिर वाले या तो जानते नहीं या फिर जानना नहीं चाहते। अगर वे भी उन सारी बातों को जानने की कोशिश करें तो उनका भी सिर मेरे जैसा बड़ा हो जायेगा।"[13]

वह यह भी जान गया है कि मैंगोसिल का वायरस 'गरीबी' है। लेकिन चौंकानी वाली बात है

"उस रोग से निश्चित ही उसकी मृत्यु नहीं हुई थी। उसने अपने जीवन का अन्त ख़ुद ही चुना था।"[14]

'मैंगोसिल' कोई रोग नहीं बल्कि निम्नवर्गीय वैचारिक सचेतनता है, जो सामाजिक–आर्थिक असन्तुलन का परिणाम है। सूरी द्वारा अपने जीवन का अन्त खुद ही चुना जाना संकेत करता है कि यह वैचारिकी किसी अमानवीय, बर्बर, क्रूर और दबंग सत्ता से परेशान हो सकती है पराजित नहीं। फलस्वरूप विश्व स्वास्थ्य संगठन की रिपोर्ट के अनुसार, सूरी के मरने के बाद मैंगोसिलग्रस्त बच्चों की एक बहुत बड़ी संख्या जन्म ले रही है। ऐसे बच्चों की पहचान है–

"वे ग़रीब घरों में गन्दगी और कुपोषण के बीच पैदा हुए हैं। उनकी आँखें चींटियों की तरह लाल हैं। और उन्हें नींद लगभग नहीं आती...और शायद वे सब कुछ जानते हैं।"[15]

कथा में सूरी के जीवन का अन्त भले हो जाता है, उसकी वैचारिकता आज भी जीवित है। इसमें शताब्दियों की स्मृतियाँ संचित हैं। इस सचेतनता की जड़ें गहरी हैं। इसको मिटाया नहीं जा सकता।

'अरेबा–परेबा' कहानी में नर्म, भूरे–कत्थई रोओं और चिरायन्ध गन्ध वाले खरगोश के दो छौनों–अरेबा–परेबा को, एक वनौला, हिंसक आवारा वन–बिलाड़, जिसे घर में बग्घा कहा जाता था, काट डालता है। उनकी हत्या कर देता है। बचपन की उस घटना के वर्षों बाद कथावाचक को 21वीं सदी के आरम्भिक दौर में भी लगा–

"अब तो बग्घों की संख्या भी बहुत ज़्यादा हो चुकी है। वे अकेले नहीं, अब तो झुण्ड और गिरोहों में रहते हैं। मैंने उन्हें बड़ी–बड़ी

इमारतों के भीतर कुर्सियों पर भी बैठे देखा है। संसार का हर कोमल, पवित्र, निष्कवच और सुन्दर जीवन इस समय गहरे ख़तरे के बीच है।"[16]

ये बग्घे आज के समय के क्रूर, निर्मम, बर्बर और षड्यन्त्रकारी, सत्ताधारी, पैसाधारी हैं। ये ईमानदार, श्रमशील, सत्ताहीन भोले–भाले लोगों के हक़ और पक्ष को निगल जाते हैं, उनकी हत्या कर देते हैं। यह हत्या ईमानदारी, संवेदनशीलता और मानवीयता की हत्या है। यह सत्ता तन्त्र, डॉ. वाकणकर जैसे ईमानदार, कर्त्तव्यनिष्ठ, प्रतिबद्ध, संवेदनशील डॉक्टर पर, तौफीक अहमद की अनुकूल पोस्टमार्टम रिपोर्ट लिखने के लिए इस क़दर दबाव बनाता है कि डॉ. वाकणकर भी मृत्यु के एकदम नज़दीक कोमा में चले जाते हैं। 'पॉल गोमरा का स्कूटर' में पॉल गोमरा का पागल होकर सड़क पर दिशाहीन भटकने में इसी सत्ता तन्त्र की भूमिका है। पॉल गोमरा का पागल होना, प्रकारान्तर से एक ईमानदार, श्रमशील, संवेदनशील, भावुक कवि–नागरिक के भरे–पूरे, जीवन का नष्ट होना है।

'दिल्ली की दीवार' कहानी में अस्थायी सफ़ाई कर्मचारी रामनिवास की हत्या इसी सत्ता तन्त्र द्वारा झूठा केस बनाकर पुलिस एनकाउंटर में की जाती है। सफ़ाई के दौरान जिम सेंटर की दीवार की खोखल में राम निवास ने अथाह रुपयों की जो गड्डियाँ देख ली थीं,

> *"वह सारा रुपया सी.बी.आई. के छापों और इनकम टैक्स से बचने के लिए वहाँ छुपाया गया था। यानी वह सारी दौलत ऐसी थी, जिनका कोई आलेख कहीं नहीं होता। अन–अकाउंटेड मनी। इसी को कालाधन कहते हैं।"*[17]

यह कालाधन बड़े नेताओं, आला अफ़सरों, पत्रकारों के पास है। एक अत्यन्त ग़रीब और साधारण दलित सफ़ाई कर्मचारी, राम निवास को इस काले धन का सुराग पा जाने के कारण यही तन्त्र मार डालता है। कथावाचक के अनुसार सत्ता के ये लोग–

> *"मिलजुल कर एक–दूसरे को ब्राण्ड में बदल चुके हैं। अगर आप कविता–कहानी पढ़ते हों, तो आपने महसूस किया होगा कि आजकल उनके भीतर शराब की बेतहाशा गंध आ रही है और उनके वाक्यों के नीचे मुर्गों, बकरों और निर्दोष मनुष्यों की हड्डियों का ढेर दिखायी दे रहा है।"*[18]

निर्दोष की हत्या आज के दौर का कटु यथार्थ है। उदय प्रकाश की कथा–सृष्टि में निर्दोष जीवन की अमानवीय, बर्बर और क्रूर हत्या को बहुकोण–विस्तृत तरीक़े से उभारा गया है।

'हीरालाल का भूत' कहानी में ठाकुर घराने में निरन्तर सेवारत हीरालाल की यातना भरी ज़िन्दगी और मौत के बाद लोगों को लगता है कि हीरालाल के भूत ने ही हवेली और वहाँ के लोगों को बर्बाद कर दिया। मौत के बाद भूत बनने की किंवदन्तियाँ कई जगह सुनी जाती हैं। लेकिन कहानी में लेखक की तार्किक–सटीक टिप्पणी है–

> *"पता नहीं पूरी घटना में सच्चाई कितनी है। कुछ लोगों का कहना है कि यह सारी कारस्तानी गाँव के हरिजनों–मोचियों, भूमिहीनों के लड़कों की है। हीरालाल की मौत के बाद घृणा, गुस्से और बदले की भावना में भरकर उन्होंने ही यह सारा प्रेतों का नाटक खेला है और हवेली को बर्बाद कर डाला। ये लड़के शहर घूम आये हैं थोड़ा–बहुत पढ़ लिख गये हैं और पार्टीबाज़ी करने लगे हैं।"*[19]

मृतात्मा का भूत में रूपान्तरण एक युक्ति है। हाशिये पर पड़े निम्नवर्ग की जागरूकता है, अन्याय–अत्याचार के प्रतिरोध–प्रतिशोध का तरीक़ा है।

वर्ष 2007 में 'वाक्' के प्रवेशांक में छपी उदय प्रकाश की कहानी 'आचार्य का कुत्ता' में आचार्य के परिवार द्वारा निर्दोष कुत्ते की हत्या होती है। आचार्य उच्च शिक्षण संस्थान में भ्रष्ट–आचरण और पतनशीलता के प्रतीक हैं। आचार्य के स्वामीभक्त कुत्ते की दुख भरी हत्या की कथा, आचार्य का ही एक निचली जाति का ग़रीब, देहाती, मेधावी शोध छात्र मुन्ना कहता है। कुत्ते के मरने पर

> *"मुन्ना ने बाद में अपनी डायरी, 'आचार्य लोक में मुन्ना' में यह वाक्य लिखा–"पापी और अपराधी वे होते हैं, जो कुत्ते से भी दगा करते हैं।"*[20]

वफ़ादार, स्वामीभक्त, मूक प्राणी से दगा, संवेदनहीनता, क्रूरता और बर्बरता की निशानी है।

'छप्पन तोले का करधन' कहानी में परिवार के सदस्य चाहते हैं कि दादी जल्दी से जल्दी मर जाये, ताकि सोने का करधन मिल सके।

कहानी में संकेत है कि करधन की बात गढ़ण्त है। परिवार द्वारा यातनादायक और अपमानजनक व्यवहार के बावजूद दादी करधन की बात नकारती नहीं है। दादी रोते हुए कहती है–

> *"अभी तो बेटा, बहू दाल–भात ड्योढ़ी पर रख जाती है, करधन मैंने दे दिया तो फिर कौन सी आस रह जायेगी? करधन हो कि न हो, वह मेरे लिए और तुम सबकी आस के लिए ज़रूरी है बेटा।"*[21]

यह सन्दिग्ध आशा ही बूढ़ी दादी के जीवन का आधार है। परिवार के इस व्यवहार को देखते हुए–

> *"गाँव की औरतें कहतीं कि बुढ़िया को उसके बेटे–बेटी और बहुओं ने रौरव नरक में डाल रखा है। भगवान् किसी को ऐसा बुढ़ापा दिखाने के पहले ही उठा लें।"*[22]

बूढ़ी दादी के प्रति किया गया यह व्यवहार, एक बुज़ुर्ग सदस्य के प्रति अन्य पारिवारिक सदस्यों की आत्मीयता की मृत्यु है, संवेदनशीलता तथा न्यूनतम मानवीय व्यवहार की मृत्यु है।

अप्रैल–जून, 2009, के 'पूर्वग्रह' में प्रकाशित 'आवरण' कहानी नष्ट–मृत हो रहे प्राकृतिक परिवेश और मानवीय संवेदनाओं, का गझिन–गुंफित आख्यान है। कथावाचक की आकांक्षा है कि मृत हो रहे इन उपादानों को स्मृतियों में संजो कर रख दिया जाये या कि इनकी स्मृतियों को ही बचाया जाये किंडूरी की पहाड़ियों में संक्रामक रोग से मर रहे एक पौधे की ओर इशारा कर कथावाचक का चित्रकार दोस्त कहता है–

> *"ऐसा कोई दूसरा पौधा इस इलाक़े में कहीं नहीं है। अपनी नस्ल का यह अब अकेला यहाँ बचा है। अन्तिम...एकदम आख़िरी। ...पिछले हफ़्ते मैं इसकी कुछ पत्तियाँ तोड़कर ले गया था और अपने स्टुडियो में एक काँच के गिलास में पानी डालकर रख दिया था...मैंने सोचा था कि जो पौधा अब हमारी धरती से विलुप्त होने वाला है, कम से कम उसका रंग बचाकर मैं अपनी किसी पेंटिंग में इस्तेमाल कर लूँगा। अब इसी तरीक़े से हम चीज़ों को बचा सकते हैं। असल में जब इतनी चीज़ें ख़त्म हो रही हैं, किसी तरह हम उनकी स्मृतियाँ बचा सकें तो बहुत है।"*[23]

वास्तव में कैंसर जैसा संक्रामक रोग केवल इस पौधे की जड़ को ही नहीं, बल्कि पूरी ज़मीन की मिट्टी को अपनी गिरफ़्त में ले चुका है और निरन्तर फैल रहा है।

चित्रकार मित्र, कथावाचक को उसके कविता–संग्रह के आवरण के लिए एक स्केच देता है जो एक बच्चे का है, वह भी भयावह रोग से ग्रस्त है। आवरण के रूप में इस्तेमाल के बाद, अनेक कोशिशों के बावजूद प्रकाशक द्वारा न लौटाये जाने पर, चित्रकार को गहरा आघात लगता है, क्योंकि उस स्केच में उसके प्राण बसते थे। अन्ततः वह चित्रकार 'ब्रेन हेमरेज' के आघात से कोमा में चला जाता है। वेंटिलेटर पर उसकी उपस्थिति अनुपस्थिति के समान है। उसका रहना, रहना नहीं, चले जाना है। कथावाचक सोचता है–

> *"मेरे साथ भी यह हो सकता है। कभी भी। इसीलिए मैं भी यहाँ से चल देना चाहता हूँ। मैं माइग्रेशन के लिए संसार के तमाम देशों में प्रार्थना पत्र भेजूँगा। लेकिन मेरा यहाँ से जाना वैसा नहीं होगा, जैसा किसी एन.आर.आई. या किसी कॉल सेंटर या किसी एम.एन.सी. का जाना होता है। यह जाना वैसा भी नहीं होगा जैसा विजय माल्या आई.पी.एल. की क्रिकेट टीम लेकर दक्षिण अफ़्रीका या इंग्लैंड चला जाता है। यह जाना वैसा होगा जैसे कोई अश्वत्थ वृक्ष–पीपल, प्लास या बरगद धरती में दूर–दूर तक दसों दिशाओं में फैली अपनी जड़ें समेट लें और कहीं चल दे...या जैसे गंगा या यमुना, अपने उद्गम से अपना सारा जल और सारे स्रोत समेट लें और जीवित रहने के लिए कहीं और चल दें।"*[24]

यह नष्ट हो रहे, विलुप्त हो रहे, मृत्यु की ओर बढ़ रहे प्राकृतिक परिवेश को, समाज को, मूल्यों को बचाने का प्रयास है, आकांक्षा है। यदि पूरा सम्भव न हो तो उसे अवशेष, चिह्न, संकेत, स्मृति के रूप में ही बचाने की हसरत उदय प्रकाश कथा–सृष्टि की विशेषता भर नहीं, बल्कि महत्त्वाकांक्षा है।

मृत्यु जीवन से विस्थापन है, वह जीवन का निर्वासन है। यह वैयक्तिक, एकांतिक अनुभवों के अस्तित्व का समापन है। जीवन का अनुभव रचना में आकर लगभग अक्षुण्ण हो जाता है। हर महान् और महत्त्वपूर्ण रचनाकार, कलाकार मृत्यु को जीतने के उद्देश्य से जो रचता है, वही सृजनात्मकता है।

इस सृजनात्मकता में मृत्यु और उसके पहले की स्मृति बची रहती है, उसे जीवन मिल जाता है। कहा जाये तो मृत्यु का जन्म या पुनर्जन्म रचना में हो जाता है।

सन्दर्भ

1. उदय प्रकाश, और अन्त में प्रार्थना, वाणी प्रकाशन, नयी दिल्ली, संस्करण 2006, पृ. 18
2. उदय प्रकाश, तिरिछ, वाणी प्रकाशन, नयी दिल्ली, संस्करण 2008, पृ. 13
3. उदय प्रकाश, अपनी उनकी बात, वाणी प्रकाशन, नयी दिल्ली, संस्करण 2008, पृ. 17–18
4. उदय प्रकाश, दरियाई घोड़ा, वाणी प्रकाशन, नयी दिल्ली, संस्करण 2006, पृ. 16–17
5. उदय प्रकाश, और अन्त में प्रार्थना, वाणी प्रकाशन, नयी दिल्ली, संस्करण 2006, पृ. 38
6. कुमार, संजीव, कहानी में न अंटनेवाला कहानीकार (लेख), सृजनात्मकता के आयाम–उदय प्रकाश पर एकाग्र, सं.–ज्योतिष जोशी, नयी किताब, दिल्ली, संस्करण 2013, पृ. 109
7. उदय प्रकाश, अपनी उनकी बात, वाणी प्रकाशन, नयी दिल्ली, संस्करण 2008, पृ. 45
8. उदय प्रकाश, और अन्त में प्रार्थना, वाणी प्रकाशन, नयी दिल्ली, संस्करण 2006, पृ. 11
9. उदय प्रकाश, पॉल गोमरा का स्कूटर, वाणी प्रकाशन, नयी दिल्ली, संस्करण 2006, पृ. 158
10. उपर्युक्त, पृ. 160
11. उदय प्रकाश, दरियाई घोड़ा, वाणी प्रकाशन, नयी दिल्ली, संस्करण 2006, पृ. 115
12. उदय प्रकाश, मैंगोसिल, पेंगुइन बुक्स, नयी दिल्ली, संस्करण 2006, पृ. 131
13. उपर्युक्त, पृ. 154
14. उपर्युक्त, पृ. 175
15. उपर्युक्त, पृ. 177
16. उदय प्रकाश, दत्तात्रेय के दुख, वाणी प्रकाशन, नयी दिल्ली, संस्करण 2006, पृ. 144
17. उपर्युक्त, पृ. 87
18. उपर्युक्त, पृ. 89
19. उदय प्रकाश, तिरिछ, वाणी प्रकाशन, नयी दिल्ली, संस्करण 2008, पृ. 142
20. वाक्, जनवरी–मार्च 2007, सं.–सुधीश पचौरी, में प्रकाशित उदय प्रकाश की कहानी 'आचार्य का कुत्ता', पृ. 189

21. उदय प्रकाश, तिरिछ, वाणी प्रकाशन, नयी दिल्ली, संस्करण 2008, पृ. 59
22. उपर्युक्त, पृ. 61
23. पूर्वग्रह–अप्रैल–जून 2009, सं.–प्रभाकर श्रोत्रिय, में प्रकाशित, उदय प्रकाश की कहानी 'आवरण', पृ. 19
24. उपर्युक्त, पृ. 25

कहानी के नये प्रतिमान

लिखना/असल में दिखना है/समूची दुनिया को

—केदारनाथ सिंह

कहानी की यह एक प्रमुख कसौटी है कि कोई कथा—सृष्टि अपने समय के सच को किस तरह देखती और दिखाती हुई पाठकों के मन और मस्तिष्क को किस ढंग से और किस मात्रा में संवेदित और उद्वेलित करती है। संवेदित और उद्वेलित करने की सहज और साहसिक प्रक्रिया ही रचना की लोकप्रियता का ठोस आधार बनती है। समसामयिक हिन्दी कहानी में उदय प्रकाश की कहानियाँ सफलता, सार्थकता और लोकप्रियता के मानक रचती हैं। इनकी कहानियाँ कहानी के नये प्रतिमान की माँग करती हैं।

उदय प्रकाश की कथा—संरचना हिन्दी की परम्परागत कथा—संरचना से अनेक स्तरों पर भिन्न और नवीन है। समकालीन हिन्दी कहानी में उदय प्रकाश एक नये शिल्प के साथ प्रवेश करते हैं। वे बदलती सामाजिक संरचना के समानान्तर परम्परागत कथा—संरचना को बदलने के विशेष आग्रही हैं। इनकी कहानियाँ, आकारगत संरचना में कुछ वाक्यों से लेकर सैकड़ों पृष्ठों तक की होने के बावजूद अपनी आवयविक बनावट में कथा—रस बनाये रहती हैं।

समकालीन हिन्दी कहानी में उदय प्रकाश की कथा—सृष्टि बेजोड़ है। इनकी कहानियों में विचार प्रबलता के साथ 'कथा—रस' भी है। ये कहानियाँ आद्योपान्त रोचक बनी रहती हैं, अरुचिकर, ऊबाऊ, बोझिल नहीं लगती हैं। 'टेपचू', 'मौसाजी', 'दिरियाई घोड़ा', 'तिरिछ', 'और अन्त में प्रार्थना', 'थर्ड डिग्री', 'पॉल गोमरा का स्कूटर', 'वारेन हेस्टिंग्स का साँड़', 'दत्तात्रेय के दुख', 'पिली छतरी वाली लड़की', 'मोहन दास', 'मैंगोसिल', 'मठाधीश', नीरस जीवन में कथा—रस का संचार करती हैं।

समसामयिक हिंसकता–अमानवीयता की तपती लू में यह कथा–रस सरस बूँदों के समान है। कथा युक्तियाँ, विचार, तथ्य, कल्पना, फ़ैंटेसी इस कथा रस को घटाते नहीं, बल्कि बढ़ाते हैं। उदय प्रकाश के कथा–लेखन सम्बन्धी नवोन्मेष में 'कथा–रस' अक्षुण्ण है।

'कहन कौशल' को कहानी का दूसरा प्रमुख प्रतिमान माना जा सकता है। कहानी के पढ़ने और परखने का एक मुख्य पैमाना यह है कि कहानी किस तरह से कही गयी है। कहानी में आद्योपान्त यह 'कहन कौशल', कहानी की सफलता की कसौटी है। उदय प्रकाश के पास ऐसा 'कहन कौशल' है कि पाठक पूरी तरह से उस कथा में लीन हो जाता है। इस 'कहन कौशल' को प्रभावी और संवेद्य बनाने में, उदय प्रकाश विविध कथा–युक्तियों और शैलियों का सहजता से प्रयोग करते हैं। छोटी–बड़ी घटनाओं, प्रसंगों और विचार को कहानी में बुनते हुए उनका यह 'कहन कौशल' देखा जा सकता है। 'कहन कौशल' का प्रभाव लिखित शब्दों के सहारे भाषा की बारीकियों, संवाद, दृश्यांकन, सम्बोधन शैली, कथावाचक या सूत्रधार की भंगिमा पर निर्भर करता है।

उदय प्रकाश की कहानियों में 'कहन कौशल' अपने उत्कृष्ट रूप में मौजूद है। यह उदय प्रकाश की सहजात प्रतिभा है। इसी 'कहन कौशल' के सहारे उदय प्रकाश की कहानियाँ पाठकों को अपने प्रभाव और प्रवाह में ले लेती हैं। इनकी कहानियाँ अत्यन्त तेज़ गति से चलती हैं, जिसमें पाठक स्वयं को पूरी तरह तल्लीन पाता है। कहानी और पाठक का यह सहज सम्बन्ध 'कहन कौशल' के कारण ही बनता है। हाँ, इस 'कहन कौशल' के दौरान उदय प्रकाश कई बार भावावेगमय हो जाते हैं। इस भावावेगमयता के कारण कुछ–एक लम्बी कहानियों में घटनाओं का दुहराव, एक ही पात्र के नाम–उम्र आदि में असंगति भले दिखती है, लेकिन कहानी का प्रभाव क़ायम रहता है, असंगतियाँ ओझल हो जाती हैं। यही उदय प्रकाश के कहन कौशल की, प्रकारान्तर से हिन्दी कहानी की भी उपलब्धि है। उनकी चिन्तना का केन्द्र पाठक है कोई सिद्धान्त या वाद नहीं। 'थर्ड डिग्री' कहानी में उदय प्रकाश कहते हैं–

> *"इस कहानी में प्रगट होने वाली घटना से कहानी के मूल पाठ का उतना ही सम्बन्ध है,जितना आटे की लोई और आटे से हाथ का होता है। आप मान जाये कि जब आप रोटी खाते हैं तो हाथ*

को नहीं खाते या जब आप कहानी पढ़ते है, तो यथार्थवाद का कोई दूसरा सिद्धान्त नहीं खाते।"[1]

इसी के सहारे कहा जाये तो कहानी और कहन कौशल का वही सम्बन्ध है जो आटे और लोई का। कहानीकार अपनी कहन कौशल की प्रतिभा के बल पर कथानक को इस प्रकार गूँथता है कि कहानी सुन्दर और कथा–रस से भरपूर हो उठती है।

'कथा सन्तुलन' उदय प्रकाश की कहानियों के लिए तीसरा प्रतिमान हो सकता है। घटना, विचार और भाव के समुचित सन्तुलन से कथा रस का प्रवाह बना रहता है। उदय प्रकाश की कहानियों में यह सन्तुलन विशिष्ट कारीगरी से बनता है। मुख्य घटना से अन्य घटनाएँ जुड़कर भावावेगमयता के साथ सुदृढ़ विचारों की पारदर्शी अभिव्यक्ति करती हैं। उदाहरण के लिए, 'वारेन हेस्टिंग्स का साँड़' कहानी को देखा जा सकता है। इस कहानी में मुख्य घटना अठारहवीं सदी के उत्तरार्द्ध में गर्वनर जनरल वारेन हेस्टिंग्स के दौर की है। इतिहास की इस घटना के माध्यम से बीसवीं सदी के आख़िरी दौर की नयी, राजनीतिक–सांस्कृतिक–आर्थिक–ग़ुलामी की पहचान ही इस कहानी का प्रमुख विचार है। साँड़ का आवेशमय क्रोध (नव) साम्राज्यवादी अन्याय और अनैतिकपूर्ण कारनामों का प्रतिकार है। यह गहरे अर्थों में एक भारतीय के 'क्रोध, दुख, पीड़ा और घृणा की ज्वालामुखी' है, एक राष्ट्रवादी का राष्ट्र–प्रेम है। (नव) औपनिवेशिक दौर के यथार्थ की प्रभावशाली अभिव्यक्ति के लिए इतिहास का रंगमंच चुना गया है। ढाई सौ साल पहले की घटना से समसामयिक घटना का जुड़ाव अनेक बिन्दुओं पर भाव–विचार के बारीक सन्तुलन के साथ दिखता है। इस तरह 18वीं सदी की कहानी (प्रकारान्तर से) आज की कहानी बनती है। कहानी में मदारी के लड़के द्वारा की गयी भविष्यवाणी में आज का भारत दिखता है।

> *'सौ साल बाद जब अँग्रेज़ मालामाल होकर वापस अपने वतन इंग्लैण्ड लौटेंगे तब भी इण्डिया में उनके जैसे ही नेटिवों का राज होगा। वे लोग वही खायेंगे, जो अँग्रेज़ खाते हैं। वही पियेंगे जो अँग्रेज़ पीते हैं। वे वही भाषा बोलेंगे, जो अँग्रेज़ बोलते हैं। उनके कपड़े, विचार, स्वप्न, आकांक्षाएँ अँग्रेज़ होंगी; वे हर इण्डियन चीज़ से घृणा करेंगे। वे इण्डिया को उससे भी ज़्यादा लूटेंगे, जितना विदेशी कम्पनियों ने लूटा है।'*[2]

'मदारी के खेल' में उदय प्रकाश के भाव और विचार की स्पष्ट गूँज सुनी जा सकती है।

इसी कहानी में मोहिनी ठाकुर के परिवार का प्रसंग सत्ताकामी, चापलूस अभिजनों का है।

> *'ये वे लोग थे जो हिन्दुस्तान की लूट में अँग्रेज़ों के साथ हिस्सेदारी चाहते थे। उन्हें सिर्फ़ ऐश्वर्य, मज़ा, सुख और दौलत चाहिए थी।'*[3]

ऐसे ही लोगों को देखकर तथा निर्मल ताज़े हवाओं भरे अभूतपूर्व प्राकृतिक दृश्य से स्फुरित होकर हेस्टिंग्स के मन में सवाल उठता है

> *"क्या ये नेटिव शासक इण्डिया को लूटने और बेचने के साथ–साथ इस हवा को भी बेच डालेंगे?'*[4]

यह महज़ सवाल नहीं, बल्कि आज का निर्मम यथार्थ है।

इस कहानी में छोटे–छोटे घटना–प्रसंगों के बीच भी प्रबल भावावेगों और पुष्ट विचारों का सधा–सन्तुलन दिखता है। विशेष घटना या परिस्थिति के सहारे किसी कालखण्ड में प्रवेश कर उस दौर की बारीक पड़ताल उदय प्रकाश की कथा–सृष्टि की पहचान है। घटना, विचार और भाव के सन्तुलन के साथ उदय प्रकाश की कथा में अक्सर समय के तीनों आयामों 'अद्यतन' निवर्तमान यथार्थ या वर्तमान, मिथक या इतिहास या अतीत और कल्पना या स्वप्न या भविष्य का भी यथोचित सन्तुलन हुआ है।

'विजन' उदय प्रकाश की कहानी को जाँचने का चौथा प्रतिमान है। इनकी कथा–सृष्टि बड़े विजन से अनुस्यूत है। यह विजन उदय प्रकाश की वैचारिकी को पाठकों तक सम्प्रेषित करता है। लोकतन्त्र, आर्थिक नीतियाँ, साम्प्रदायिक–जातिगत–लैंगिक तथा पर्यावरण जैसे मुद्दे उदय प्रकाश के विजन में शामिल हैं। छोटी घटना, छोटे चरित्र या छोटी जगह से शुरू होने वाली कहानियाँ बड़ी 'घटनाओं से जुड़कर बड़ा अर्थ दे जाती हैं। मसलन 'टेपचू' कहानी में जब कथावाचक कहता है–

> *"जीवन की वास्तविकता किसी भी काल्पनिक साहिकत्यिक कहानी से ज़्यादा हैरतअंगेज़ होती है और फिर ऐसी वास्तविकता जो किसी मज़दूर के जीवन से जुड़ी हुई हो। ...आपको अब भी विश्वास न होता हो जहाँ, जब, जिस वक़्त आप चाहें मैं आपको टेपचू से मिलवा सकता हूँ।'*[5]

तब यह कहानी कथावाचक के गाँव के लड़के टेपचू की कहानी मात्र नहीं रह जाती, बल्कि टेपचू 'मर मर कर जी उठने वाले' सामान्य सर्वहारा श्रमिकों का प्रतीक पात्र बन जाता है। 'तिरिछ' कहानी में पिताजी को तिरिछ के काटने की घटना के सहारे व्यापक स्तर पर समाज में बढ़ रही अत्यधिक असंवेदनशीलता, दरकते एवं क्षरित होते मानवीय मूल्यों की विकराल भयावहता को व्यक्त किया गया है। समसामयिक दौर में लोकतान्त्रिक सरकारें आज़ादी के दशकों बाद भी अपनी जनता के लिए स्वास्थ्य, शिक्षा, रोज़गार, आवास और परिवहन जैसी बुनियादी सुविधाएँ सुनिश्चित नहीं करा पायी हैं। कहानियों में व्यक्त उदय प्रकाश के विचारों से उनका 'विजन' स्पष्ट होता है। ये लोकतान्त्रिक सरकारों की नीतियों को उजागर करते हैं। 'मोहन दास' कहानी में उदय प्रकाश लिखते हैं–

> *"एक के बाद दूसरी सरकारों की वह आर्थिक नीति जो देश के महानगरों को अमेरिका बना रही थी वही देश के गाँवों और पिछड़े इलाक़ों को कंगाल बनाकर वहाँ असंख्य इथियोपिया, रवांडा और घाना पैदा कर रही थी।"*[6]

उदय प्रकाश की कथा–दृष्टि चमकते महानगरों के बदहाल बेहाल कचड़े सदृश मुहल्लों को देखती–दिखाती है। 'मैंगोसिल' कहानी में जहाँगीरपुरी "दिल्ली जैसे समृद्ध और चमकदार महानगर के बेशक़ीमत स्थापत्य का कचरा" है। इसी तरह–

> *"हिन्दुस्तान के नक़्शे में, दिल्ली, बेंगलुरू, हैदराबाद, बम्बई जैसे शहर, समूचे उपमहाद्वीप की भयावह ग़रीबी के दलदल और कीचड़ के बीच चमकते हुए संगमरमर के बेशक़ीमत अनमोल टुकड़े।"*[7]

कहा जा सकता है कि विश्व के अधिकांश ग़रीब, अविकसित देश, अमेरिका, इंग्लैण्ड जैसे विकसित देशों के कचरे हैं।

उदय प्रकाश राजनीतिक, साम्प्रदायिक मंसूबे भाँप लेते हैं। 'और अन्त में प्रार्थना' में उदय प्रकाश लिखते हैं–

> *"ये वे दिन थे जब मध्य प्रदेश ही नहीं देश के अन्य तीन राज्यों में भारतीय जनता पार्टी की सरकार बन गयी थी। डीज़ल से चलने वाले ट्रक के ऊपर रखे गये रथ के मॉडल के साथ एक बूढ़े राजनीतिक हिन्दू नेता ने देश भर में रथ यात्रा की थी।*

अयोध्या में मन्दिर–मस्जिद विवाद से एक आतंकी, अमानवीय, डरावना, ध्रुवीकरण पैदा हो रहा था।''[8]

कहना न होगा उदय प्रकाश का डर सच हुआ और दिसम्बर 1992 में मस्जिद ध्वंस के बाद देश भर में साम्प्रदायिक तनाव अनेक दिनों तक कायम रहा। गौर करने वाली बात है कि यह कहानी इस दुर्घटना के पहले 'हंस' पत्रिका के अगस्त–सितम्बर 1992 के अंक में छप चुकी थी।

आज के बदलते दौर में स्त्री स्वच्छन्दता के नाम पर उदय प्रकाश देखते हैं–

"जिस अनुपात में ब्यूटी–कांटेस्ट और फ़ैशन परेड बढ़ रहे थे, उसी अनुपात में औरतों की ख़रीद–फ़रोख़्त और उन पर ज़ुल्म भी बढ़ रहे थे।''[9]

इस दौर में "पावर ही दरअसल जेंडर को परिभाषित कर रहा था।'' फलस्वरूप जिसके पास जितनी मात्रा में सत्ता थी, वह विलोमानुपात के नियम से, उतना ही निरंकुश, हिंसक, बर्बर, अनैतिक और शैतान हो चुका था। और यह बात राष्ट्रों, राजनीतिक दलों, जातियों, धार्मिक समुदायों और व्यक्तियों तक एक जैसी लागू होती थी।''[10] उदय प्रकाश के 'विज़न' में हताशा या निराशा नहीं बल्कि संघर्षरत सचेतनता मौजूद है।

'ज्ञानात्मक संवेदना' उदय प्रकाश की कहानियों के लिए पाँचवाँ प्रतिमान हो सकता है। ज्ञान और विचार से समृद्ध इनकी संवेदनशीलता पारदर्शिता के साथ प्रकट होती है। इनका ज्ञान संवेदना को सघन और जनप्रतिबद्ध करता है। इनकी रचना प्रक्रिया संवेदनशील रचनात्मक अवबोध से शुरू होती है। यहाँ ज्ञान संवेदना के आड़े नहीं आता। इनकी कथा–सृष्टि में यह संवेदना हाशिये पर पड़े कमज़ोर, बेबस, ग़रीब किन्तु ईमानदार–श्रमशील लोगों के साथ पूरी शिद्दत से जुड़ी है। इनकी ज्ञानात्मक संवेदना का एक केन्द्र भिखमंगों, पागलों, कोढ़ियों, लूले–लंगड़ों, लावारिस मनुष्यों की दुनिया भी है। इनका ज्ञान हाशिये की दुनिया की गहरी समझ से सिक्त है। 'दिल्ली की दीवार' में कोरोनेशन पार्क को देखकर वे लिखते हैं–

"यहाँ एक अलग तरह की नागरिकता का निवास होता है। यहाँ के हादसों और घटनाओं की ख़बर अख़बारों में नहीं छपती।''[11]

जिस जीवन–संसार के लिए मीडिया में कोई जगह नहीं, वही जीवन उदय प्रकाश की कहानियों में महत्त्वपूर्ण स्थान घेरता है। इनकी ज्ञानात्मक संवेदना जनसामान्य के प्रति है। उदय प्रकाश कहते हैं–

> *"लेखकों को, रचनाकारों को अपने समय के सबसे अशक्त, सबसे कमज़ोर, सबसे अधिक सामाजिक अन्याय और दबावों से घिरे हुए वंचित मनुष्यों के प्रति प्रतिबद्ध होना चाहिए, किसी विचार के प्रति नहीं।"*[12]

संवेदनात्मक ज्ञान, ज्ञानात्मक संवेदना का दूसरा पहलू है। संवेदनात्मक ज्ञान उदय प्रकाश की कहानी का छठा प्रतिमान हो सकता है। निरन्तर विकसित सभ्यता के सन्दर्भ में समय और समाज की प्रभावशाली अभिव्यक्ति के लिए रचनाकार का बहुविध ज्ञान से समृद्ध होना आवश्यक होता है। ज्ञान के सहारे ही समसामयिक दौर की विश्वसनीय, संवेदनशील अभिव्यक्ति हो सकती है। उदय प्रकाश की कथा–सृष्टि में ज्ञान का विविध और विस्तृत आयाम मौजूद है। इतिहास, भूगोल, राजनीति, अर्थशास्त्र, समाजशास्त्र, दर्शनशास्त्र, विज्ञान, चिकित्सा विज्ञान, कृषि विज्ञान, पर्यावरण, संस्कृति, साहित्य, चित्रकला, संगीत, ज्योतिष, क़ानून, समसामयिक राष्ट्रीय–अन्तरराष्ट्रीय समाचार जैसे ज्ञान के विविध अनुशासनों का इन्होंने सृजनात्मक इस्तेमाल किया है। इन्होंने ज्ञान का उपयोग इस कुशलता से किया है कि सामान्य तथ्यपरक सूचनाएँ भी कथा–रस देती हैं।

'कल्पना' उदय प्रकाश की कहानी का सातवाँ प्रतिमान है। समसामयिक यथार्थ को कहानी का रूप देने में कल्पना की महत्त्वपूर्ण भूमिका है। कल्पना द्वारा अनेक अनकहे पहलू भी प्रकट हो जाते हैं। साहित्य में कल्पना आवश्यक है। कवि केदारनाथ सिंह कहते हैं–

> *"गहरे पैठ कर देखें तो कल्पना के बिना रचनात्मक साहित्य का कहीं अस्तित्व ही नहीं है उससे रहित होकर वह कोरा–का कोरा अनुकरण रह जाता है।"*[13]

साहित्य अनुकरण या नक़ल मात्र नहीं है। कल्पना अनुकरण या नक़ल का विलोम है। उदय प्रकाश की कथा में कल्पना एक सहारा है, एक आड़ है, एक ओट है' मोहन दास' कहानी में उदय प्रकाश कहते हैं–

"सच तो यह है कि यह किस्सा भी नहीं है। क्योंकि हमेशा की ही तरह कहानी की आड़ में, आपको फिर से अपने समय और समाज की एक असल ज़िन्दगी का ब्योरा देने बैठा हूँ। मैंने सच्चाई में हमेशा की तरह इस बार भी थोड़ा–बहुत हेर–फेर किया है। लेकिन यह हेर–फेर वैसा ही है, जैसे कोई हाथी को छुपाने के लिए डेढ़ हाथ का अंगौछा बिछा दे।"[14]

सच हाथी है, जिस पर कल्पना का अंगौछा है। अंगौछे की भूमिका समसामयिक यथार्थ को उभारने में बेहद महत्त्वपूर्ण है। कहानी में कल्पना सत्य का संपूरक है, जिससे यथार्थ का सृजन होता है। 'वारेन हेस्टिंग्स का साँड़' में उदय प्रकाश कहते हैं–

"इस कहानी में इतिहास उतना ही है जितना दाल में नमक होता है। अगर आप इसमें इतिहास खोजने की कोशिश करेंगे तो आपके हाथ में रेत की ढूह या कनेर की टहनी भर आयेगी। ...असल में जब इतिहास में स्वप्न, यथार्थ में कल्पना, तथ्य में फ़ैंटेसी और अतीत में भविष्य को मिलाया जाता है तो आख्यान में लीला शुरू होती है..."[15]

आख्यान में कल्पना, सपना और फ़ैंटेसी महत्त्वपूर्ण अवयव हैं। इस कहानी में इतिहास से तथ्य लेकर कल्पना के सहारे समसामयिक दौर के संश्लिष्ट यथार्थ को मार्मिकता से उभारा गया है।

'कल्पना' से अनदेखी, अप्रत्यक्ष घटनाएँ कथा में प्रत्यक्ष हो जाती हैं। 'तिरिछ' और 'पॉल गोमरा का स्कूटर' कहानी में जिस अनुमानवाचक शैली का प्रयोग किया गया है, वह कल्पना की देन है। 'तिरिछ' का कथावाचक (पिता के साथ) शहर में मौजूद नहीं है। और चूँकि वह अपने पिता के स्वभाव को गहराई से जानता है, इसलिए उसका अनुमान विश्वसनीय लगता है। यह कहानी अपनी शैली से ज़बरदस्त प्रभाव छोड़ती है। 'पॉल गोमरा का स्कूटर' कहानी में दिल्ली के इण्डिया इंटरनेशनल सेंटर की घटना का ब्योरा अनुमानवाचक शैली में ही है। उदय प्रकाश कहते हैं–

"अगर थोड़ी कल्पना, अटकल और फ़ैंटेसी का सहारा लिया जाये तो बाद की घटना इस प्रकार बनती है।"[16]

यहाँ कल्पना का सहारा इसलिए लिया गया है–

"क्योंकि एक तो ऐसे कार्यक्रमों में जो लोग सम्मिलित होते हैं उन तक पहुँचना और उनसे मिलना मुश्किल होता है, फिर पूछताछ के मामले में अक्सर वे चुप ही रहते हैं।"[17]

कथावाचक की कल्पना सत्य के उस पहलू को रोचक ढंग से उद्घाटित करती है, जिस पर सम्भ्रान्त लोग चुप रहते हैं। 'कल्पना' उदय प्रकाश की कथा–संरचना का महत्त्वपूर्ण अंश है। यह इनकी रचनात्मकता को विशिष्ट और प्रभावशाली बनाती है। इसके ज़रिये वे यथार्थ के अनेक गोचर–अगोचर पहलुओं को उद्घाटित करते हैं।

'विस्तृत सन्दर्भ प्रसारता' उदय प्रकाश की कहानी का आठवाँ प्रतिमान है। उदय प्रकाश की कथा–सृष्टि समय और समाज के विस्तृत फलक को कहानी जैसी विधा में समेटने का हुनर रखती है। एक चरित्र या घटना का वर्णन करते हुए वे आसपास के पूरे सन्दर्भ का ऐतिहासिक, भौगोलिक, राजनीतिक, सामाजिक कोणों से विवरण देते हैं। पसरी हुई ज़िन्दगियाँ इनकी कहानियों में मिलती हैं। इनकी कथा–सृष्टि में सामयिक जीवन की तमाम घटनाएँ गुँथी होती हैं। एक सामान्य जीवन की सूक्ष्म कहानी कहते हुए वे बताते चलते हैं कि उस समय दुनिया में किस तरह के बदलाव आ रहे थे। राष्ट्रीय–अन्तरराष्ट्रीय घटना क्रम कैसे बदल रहा था। सरकारों की आर्थिक नीतियाँ कैसी थीं? तकनीक और विज्ञान की दुनिया में क्या हो रहा था? जब कहानी चल रही है, ठीक उस समय साहित्य की दुनिया में क्या घटित हो रहा था? इस प्रकार के अनेक बहुआयामी, विस्तृत और कई बार विरोधाभासी सन्दर्भ इनकी कहानियों में सहजता से प्रकट होते हैं। यह प्रसार कथा–सृष्टि को बोझिल या ऊबाऊ नहीं बनाता है। कहानियों में मौजूद छोटी–छोटी तथ्यपरक सूचनाएँ भी कथा रस का आनन्द देती है। यही उदय प्रकाश की कहानियों की नवीनता है, संरचनागत नवोन्मेष है।

कहानी में 'विविध विधाओं का समुचित प्रयोग' कहानी का एक नवाँ प्रतिमान है। इधर साहित्यिक विधाओं में आपसी मेल–जोल लगातार बढ़ रहा है। विधाएँ अपनी सीमाएँ लाँघकर दूसरी विधाओं के क्षेत्र में विचरती दिख रही है। पत्रकारिता, रिपोर्ताज, डायरी, संस्मरण, कविता के बीच काफ़ी विनिमय हुआ है। कहानी पर चर्चा करते हुए सुप्रसिद्ध कथाकार निर्मल वर्मा लक्षित करते हैं–

"जहाँ तक गद्य का प्रश्न है, हम उत्तरोतर एक ऐसी स्थिति में पहुँच गये हैं जहाँ साहित्यिक विधाएँ अपनी संकीर्ण लक्ष्मण रेखाओं से उठकर खुली हवा में एक–दूसरे के साथ मिलने–जुलने लगी हैं।"[18]

सवाल यह है कि आज के दौर में कोई साहित्यिक विधा 'अखण्डित रूप से शुद्ध हो सकती है?' या क्या उसे शुद्ध होना चाहिए? विविध विधाओं का यह समुचित मेल–विशेषकर लम्बी कहानी में–कहानी की सम्प्रेषणीयता और कथारस को बनाने और बचाने में सहायक होता है। उदय प्रकाश की कहानियों में विविध विधाओं के मेल की सहजता देखी जा सकती है। रिपोर्ताज का प्रयोग 'पाल गोमरा का स्कूटर', 'दिल्ली की दीवार', 'तिरिछ', 'मैंगोसिल' आदि में है। डायरी शैली का प्रयोग 'और अन्त में प्रार्थना' के वाकणकर तथा 'मैंगोसिल' के सूरी द्वारा किया गया है। संस्मरण का प्रयोग 'छप्पन तोले का करघन', 'दिल्ली की दीवार', 'साइकिल' जैसी कहानियों में एकाधिक जगह हुआ है। कविताओं की मौजूदगी भी 'पीली छतरी वाली लड़की', 'पाल गोमरा का स्कूटर', 'मैंगोसिल' आदि में दिखती है। साहित्यिक विधाओं का मिश्रण , समसामयिक दौर की सार्थक अभिव्यक्ति के लिए कथाकार की परिपक्वता और रचनात्मक विवेकशीलता का उदाहरण है।

'सम्प्रेषणीयता' को कहानी का अन्तिम महत्त्वपूर्ण प्रतिमान माना जा सकता है। कहानी के मूल्यांकन के सन्दर्भ में यह एक प्रधान मुद्दा है कि कहानीकार जो कहना चाह रहा है, वह पाठकों तक किस रूप में सम्प्रेषित हो रहा है। उदय प्रकाश की कहानियाँ सम्प्रेषणीयता की कसौटी पर सफल और सार्थक दिखती हैं। आज के दौर में सम्प्रेषणीयता कहानीकारों का एक बड़ी समस्या है। अपने विचारों को व्यक्त करने के लिए कहानीकार कहानी में सांकेतिकता, प्रतीक, रूपक आदि का प्रयोग करते हैं। कई बार इन सूत्रों–संकेतों को अतिरिक्त विस्तार देने या अन्य कथात्मक युक्तियों के प्रयोग के कारण कहानी की सम्प्रेषणीयता बाधित होती है। उदय प्रकाश की कहानियों में भी अनेक संकेतों, प्रतीकों, एकाधिक समापन सम्बन्धी युक्तियों आदि का प्रयोग है, जो सम्प्रेषणीयता को प्रभावशाली बनाता है। 'पीली छतरी वाली लड़की', 'मैंगोसिल' जैसी कहानियों का आदर्शवादी समापन सकारात्मक आशावादिता है। भविष्य की उम्मीद है। 'और अन्त में प्रार्थना' में वाकणकर अपनी जान की क़ीमत पर, 'पाल गोमरा का स्कूटर' में कवि पाल गोमरा दुर्घटना में विक्षिप्त होकर, तथा 'मोहन दास' का मर्मांतक करुण रुदन पूरे तन्त्र की पोल खोलता है। प्रेमचन्द कहानी में लक्ष्य को महत्त्वपूर्ण मानते हैं। यह लक्ष्य प्रकारान्तर से कहानी में अनुस्यूत विचारों और मनोभावों की सम्प्रेषणीयता ही है।

उपर्युक्त दसों प्रतिमानों की सापेक्षता में उदय प्रकाश की कहानियाँ सफल हैं और सार्थक भी। ये प्रतिमान कहानीपन को बनाते, बचाते और सँवारते हैं। कहन–कौशल, भाव–विचार–घटना का समुचित सन्तुलन, विजन, ज्ञानात्मक संवेदना, संवेदनात्मक ज्ञान, विविध विधाओं का मेल, विस्तृत जीवन फलक और से लैस इनकी कथा–सृष्टि कथा रस से सराबोर है। यही उदय प्रकाश की लोकप्रियता का रहस्य है।

सन्दर्भ

1. उदय प्रकाश, और अन्त में प्रार्थना, वाणी प्रकाशन, नयी दिल्ली, संस्करण 2006, पृ. 173
2. उदय प्रकाश, पॉल गोमरा का स्कूटर, वाणी प्रकाशन, नयी दिल्ली, संस्करण 2006, पृ. 109
3. उपर्युक्त, पृ. 122
4. उपर्युक्त, पृ. 116
5. उदय प्रकाश, दरियाई घोड़ा, वाणी प्रकाशन, नयी दिल्ली, संस्करण 2006, पृ. 115
6. उदय प्रकाश, मोहन दास, वाणी प्रकाशन, नयी दिल्ली, संस्करण 2009, पृ. 65
7. उदय प्रकाश, मैंगोसिल, पेंगुइन बुक्स, नई दिल्ली, संस्करण 2006, पृ. 85–86
8. उदय प्रकाश, और अन्त में प्रार्थना, वाणी प्रकाशन, नयी दिल्ली, संस्करण 2006, पृ. 173
9. उदय प्रकाश, पीली छतरी वाली लड़की, नयी दिल्ली, संस्करण 2009, पृ. 132
10. उदय प्रकाश, मोहन दास, वाणी प्रकाशन, नयी दिल्ली, संस्करण 2009, पृ. 37
11. उदय प्रकाश, दत्तात्रेय के दुख, वाणी प्रकाशन, नयी दिल्ली, संस्करण 2006, पृ. 60
12. उदय प्रकाश, अपनी उनकी बात, वाणी प्रकाशन, नयी दिल्ली, संस्करण 2008, पृ. 58
13. सिंह, केदारनाथ, कल्पना और छायावाद, वाणी प्रकाशन, नयी दिल्ली, संस्करण 1996, पृ. 11
14. उदय प्रकाश, मोहन दास, वाणी प्रकाशन, नयी दिल्ली, संस्करण 2009, पृ. 12
15. उदय प्रकाश, पॉल गोमरा का स्कूटर, वाणी प्रकाशन, नयी दिल्ली, संस्करण 2006, पृ. 103
16. उपर्युक्त, पृ. 71
17. उपर्युक्त, पृ. 68
18. वर्मा, निर्मल : ढ़लान से उतरते हुए, राजकमल प्रकाशन, नयी दिल्ली, संस्करण 1988 पृ. 29

बीसवीं सदी का अन्त और नये शिल्प का उदय

उठो मेरे टूटे हुए धागों/उठो/कि बुनने का समय हो रहा है
—केदारनाथ सिंह

उदय प्रकाश अपनी कहानियों में समय और समाज के बिखरे, उलझे और टूटे धागों के ताने—बाने को सधी कौशलता और संवेदनशीलता के साथ बुनते हैं। ये उपलब्ध हिन्दी कथा—शिल्प के बरअक्स एक नयी शिल्प प्रविधि गढ़ते हैं। इनके हाथों हिन्दी कहानी का स्थापत्य एक नया आकार ग्रहण करता है। यह स्थापत्य हिन्दी कहानी को एक नयी ऊँचाई प्रदान करता है। उदय प्रकाश की कहानियाँ नये शिल्प में अभिव्यक्त होती हैं। शिल्पगत नवीनता उदय प्रकाश की ख़ास विशेषता है। परम्परा से रस—ऊर्जा ग्रहण करने के बावजूद इस नये शिल्प का तेवर—कलेवर भिन्न और विशिष्ट है। उदय प्रकाश के नये शिल्प में वैविध्य है।

उदय प्रकाश क़िस्सागोई की नवोन्मेषित राह पर चलते हुए पाठकों के साथ सीधा, सहज और गहरा अपनापन बना लेते हैं। अपने गल्प में समसामयिक यथार्थ का शल्य सन्धान करने के लिए ताज़ी, टटकी युक्तियों का प्रयोग करते हैं। ये कथात्मक युक्तियाँ महज़ चमत्कार या दिखावा भर नहीं, बल्कि इनके ज़रिये ही कथ्य या विषय की सशक्त और प्रभावशाली अभिव्यक्ति होती है।

उदय प्रकाश की कथा—सृष्टि में शिल्पगत नवीनता के कई आयाम हैं। प्रथम पुरुष अर्थात् 'मैं' शैली में पाठकों को सीधे सम्बोधित करना, कथावाचक 'मैं' का सूत्रधार की तरह बोलते जाना, 'मैं' का कथा के बीच—बीच में हस्तक्षेप करना, कहानी के आरम्भ में—बीच में या आख़िर में एक भूमिका देना या टिप्पणी करना, आत्मनिस्तार करना, 'मैं' का अक्सर उदय प्रकाश के रूप में आना, लम्बी कहानियाँ में उप—शीर्षकों का प्रयोग, कहानी के भीतर

विषय और विषयान्तर–कथा और कथान्तर का तालमेल, घटित घटना को बताने के लिए खोजी पत्रकारिता वाली शैली का उपयोग, चित्राधारित कथा, कहानी में कविता, इतिहास–पुराण की घटनाओं का सृजनात्मक इस्तेमाल, प्रतीकों–रूपकों को गढ़ना, समसामयिक सूचनाओं–समाचारों–विवरणों का अनेक रूपों में उपयोग, बहुविकल्पी समापन या निष्कर्ष, कथा–स्थितियों के अनुरूप अर्थ–विस्तार का पर्याप्त अवकाश तथा कथा–सूत्र जैसी युक्तियों का प्रयोग करने वाले उदय प्रकाश का हिन्दी कहानी में उदय बीसवीं सदी के आठवें दशक के आसपास होता है।

पाठकों को सम्बोधित सीधे संवाद की शैली में 'टेपचू', 'थर्ड डिग्री', 'पॉल गोमरा का स्कूटर', 'दिल्ली की दीवार', 'मोहन दास', 'मैंगोसिल', 'आवरण' जैसी कहानियाँ हैं। 'टेपचू' कहानी के आरम्भ में कहा गया है–

> *"यहाँ जो कुछ लिखा हुआ है, वह कहानी नहीं है। कभी–कभी सच्चाई कहानी से भी ज़्यादा हैरतअंगेज़ होती है। टेपचू के बारे में सब कुछ जान लेने के बाद आपको भी ऐसा ही लगेगा।"*[1]

फिर कहानी के आख़िरी अंश में कथावाचक पाठकों से सीधे संवाद की मुद्रा में कहता है–

> *"मैंने पहले भी अर्ज़ किया था कि यह कहानी नहीं है, सच्चाई है। आप स्वीकार क्यों नहीं कर लेते कि जीवन की वास्तविकता किसी भी काल्पनिक साहित्यिक कहानी से ज़्यादा हैरतअंगेज़ होती है। और फिर ऐसी वास्तविकता जो किसी मज़दूर के जीवन से जुड़ी हुई हो। ...आपको अब भी विश्वास नहीं होता हो तो जहाँ, जब, जिस वक़्त आप चाहें मैं आपको टेपचू से मिलवा सकता हूँ।"*[2]

यह शिल्प का अभिनव प्रयोग है। इसके ज़रिये पाठकों से आत्मीय सम्बन्ध बनता है। 'थर्ड डिग्री' कहानी में भी पाठकों को सीधे सम्बोधित किया गया है। यहाँ कथावाचक का 'मैं' बहुत मुखर है।

> *"मैं सबसे पहले स्पष्ट कर दूँ कि इस कहानी का मूल घटना तत्त्व ही नहीं, बल्कि समूची घटना कहानी के मूल पाठ के बाहर घटित हुई है। ...इस कहानी में प्रगट होने वाली घटना से कहानी के मूल पाठ का उतना ही सम्बन्ध है, जितना आटे की लोई और आटे से हाथ का सम्बन्ध होता है। आप मान जाइए कि जब आप*

रोटी खाते हैं तो हाथ को नहीं खाते या जब आप कहानी पढ़ते हैं तो यथार्थवाद का कोई दूसरा सिद्धान्त नहीं खाते। आलोचकों को हाथ खाने दीजिए।"[3]

समकालीन हिन्दी कहानी में यह अपने ढंग का एक विशिष्ट शिल्प है। यह चौंकाने वाला शिल्प है। इसके ज़रिये कहानी सम्बन्धी अनेक सूत्र मिलते हैं। कहानी का अर्थ विस्तार होता है। उदय प्रकाश की कथा–सृष्टि के केन्द्र में पाठक हैं, आलोचक नहीं। इनकी प्रतिबद्धता साधारण सामान्य लोगों के प्रति है, किसी सिद्धान्त के प्रति नहीं।

'पॉल गोमरा का स्कूटर' में कथावाचक कथा के बीच में हस्तक्षेप करते हुए कहता है–

> *"अब तक आप सब हिन्दी कवि की इस कहानी से काफ़ी ऊब चुके होंगे। वर्णन में दोहराव, अनावश्यक विस्तार और बीच–बीच के अवान्तर प्रसंगों, उप प्रसंगों से खीज भी गये होंगे, इसलिए इस क़िस्से को अब जल्दी से समेट लिया जाये वैसे भी अब जो कुछ बचा है, वह उपसंहार जैसा ही है।"*[4]

यह क़िस्सागोई का एक अनूठा तरीक़ा है। 'दिल्ली की दीवार' कहानी का कथावाचक 'मैं' शैली में कहानी कहते हुए बार–बार हस्तक्षेप करता है। इससे निरन्तर एहसास होता है कि कथावाचक कहानी में उपस्थित है–

> *"अगर आप यह कहानी पढ़ लें तो सब्बल और कुदाल लेकर फौरन दिल्ली की ओर रवाना हो लें। करोड़पति होने और छप्पर फाड़ कर आने वाली दौलत पाने का यही एक रास्ता अब बचा है। मेहनत, ईमानदारी, प्रतिभा, निष्ठा, लगन वग़ैरह के रास्ते पर चलकर अगर आप जीना चाहेंगे, तो भूखों मर जायेंगे और पुलिस वाले आपके पीछे पड़ जायेंगे।"*[5]

यह शिल्प कथा को मार्मिक और प्रभावशाली बनाता है। दीवार की खोखल में रखा काला धन देखने की वजह से राम निवास की फ़र्ज़ी एनकाउंटर में हत्या की पूरी कहानी पढ़कर लगता है कि सीधा–सादा जीवन जीना बहुत कठिन होता जा रहा है। आज का सत्ता तन्त्र अपराधियों का एक संगठित गिरोह बन गया है। उदय प्रकाश का कथा–शिल्प इस यथार्थ को पूरी संजीदगी और संवेदनशीलता से उजागर करता है।

'मैंगोसिल' में उदय प्रकाश का किस्सागोई 'मैं' अक्सर हस्तक्षेप करता है। इसका संकेत कहानी के शुरू में है, जहाँ कथावाचक 'मैं' कहता है–

> *"यह क़िस्सा चन्द्रकान्त थोराट का है। और मेरा भी है। ...चन्द्रकान्त थोराट मेरा दोस्त है। इस क़िस्से का वह एक पात्र है। मेरा जीवन उसके जीवन के साथ किसी नियति की तरह जुड़ा हुआ है। मैं अगर नहीं भी चाहूँ तब भी।"*[6]

चन्द्रकान्त की तरह 'मैं' भी इस कहानी का एक पात्र है, जो अक्सर कहानी में उपस्थित हो जाता है। कथावाचक 'मैं' सीधे बातचीत की शैली में समसामयिक सामाजिक–राजनीतिक–आर्थिक–साहित्यिक घटनाओं पर टिप्पणी के लिए जगह बना लेता है। यह शैली लेखक को 'प्रतिपक्षीय वैचारिकता का आख्यान' रचने में पुरज़ोर मदद करती है।

उदय प्रकाश के कथा–शिल्प की दूसरी विशेषता–'आत्मनिस्तार' या डिसऑन करना है। उदय प्रकाश कई कहानियों में कहते हैं कि यह कहानी मेरी नहीं बल्कि किसी और की है; या कि, यह कहानी नहीं सच्चाई है। 'आउट लुक' पत्रिका के अक्टूबर, 2009 अंक के 'पाठक साहित्य सर्वे' में उदय प्रकाश सर्वाधिक लोकप्रिय कथाकार माने गये हैं। इसी अंक में उनकी कहानी 'मठाधीश' छपी है। इसकी शुरुआत ही वे इस टिप्पणी से करते हैं–

> *"यह कहानी मेरी नहीं है। मैं उसे पहली बार नहीं लिख रहा हूँ। किसी और कथाकार की कहानी का या लोक कथा का यह पुनर्लेखन है। पुनर्पाठ या पुनराख्यान।"*[7]

यह आत्मनिस्तार भी है और मौलिकता का नकार भी। उदय प्रकाश साहित्य में मौलिकता की अवधारणा को ख़ारिज़ करते हैं। उनका मानना है कि 'मौलिक वही होता है, जिसकी कोई स्मृति नहीं होती।' 'वारेन हेस्टिंग्स का साँड़' कहानी में भी उदय प्रकाश किसी के हवाले से कहते हैं–

> *"सारे संसार में अनादिकाल से आज तक बस एक ही कहानी रची गयी है और वही बार–बार दोहराई जाती है। उसका रूप, उसका कलेवर बदल सकता है, पर मूल कथा वही है।"*[8]

उक्त कथन में लेखक पूरी परम्परा से ख़ुद के जुड़े होने की बात करता है। 'आत्म निस्तार' करना अपने दायित्व से पल्ला झाड़ना नहीं है। इस रोचक शैली का इस्तेमाल प्रख्यात रचनाकार हजारीप्रसाद द्विवेदी ने

अपने उपन्यासों में किया है। उदय प्रकाश ने यह शिल्प द्विवेदी जी से ग्रहण किया है और ऋण स्वीकार भी किया है।

'और अन्त में प्रार्थना' में उदय प्रकाश कहते हैं–

"अब इसका क्या किया जाये कि डॉक्टर दिनेश मनोहर वाकणकर किसी कहानी या उपन्यास के पात्र नहीं हैं। उन्हें किसी कहानीकार की कल्पना ने नहीं पैदा किया है। डॉ. वाकणकर किसी कहानीकार या रचना के होने या न होने के बावजूद हैं। कुछ–कुछ उसी तरह जैसे हम और आप हैं। क्या हमें होने के लिए किसी लेखक या किसी रचना की ज़रूरत है?[9]

डॉ. वाकणकर एक ईमानदार, कर्त्तव्यनिष्ठ, श्रमशील सामान्य व्यक्ति हैं। इन्हीं युग–प्रतिकूल विशेषताओं के चलते भ्रष्ट सत्ता–तन्त्र उन्हें तरह–तरह से पीड़ित–दण्डित करता है। यह आज की सच्चाई है। कल्पना नहीं यथार्थ है। रचना के होने या न होने के बावजूद ऐसे लोग समाज में दिखते रहते हैं। 'मोहन दास' में भी लेखक का कहना है–

"मैं हमेशा की तरह कहानी की आड़ में, आपको फिर से अपने समय और समाज की एक असली ज़िन्दगी का ब्यौरा देने बैठा हूँ। मोहन दास वास्तव में एक जीता जागता असली आदमी है और उसकी ज़िन्दगी इस समय दरअसल संकट में है।...मोहन दास एक असलियत है। इसकी पुष्टि आप चाहें तो हमारे गाँव ही नहीं, इस देश के किसी भी गाँव के किसी भी वांशिदे से पूछ कर कर सकते हैं।"[10]

यहाँ स्पष्ट उद्घोष है कि सच्चाई का ही बयान किया जा रहा है। ईमानदार, श्रमशील, मेधावी किन्तु कमज़ोर, असहाय, ग़रीब के हक़ को हड़प जाना कोई गप्प नहीं, बल्कि हक़ीक़त है।

कहानियों में कथावाचक 'मैं' का स्वयं उदय प्रकाश के रूप में उपस्थित होना, इनके कथा–शिल्प की तीसरी विशेषता है। 'दरियाई घोड़ा', 'मूँगा', 'धागा' और 'आम का बौर' जैसी कहानियों में कथावाचक 'मैं' स्वयं उदय प्रकाश हैं। 'दत्तात्रेय के दुख' के विनायक दत्तात्रेय उदय प्रकाश ही हैं। 'ख़राब क़लम' नामक लघु कथा में दर्ज है–

"उन दिनों विनायक दत्तात्रेय हिन्दी में कविताएँ लिखते थे। विनायक दत्तात्रेय जब कविता लिखते तो उनकी क़लम से निकलने वाली 'किर्र–किर्र' की आवाज़ से दिल्ली का कोई कवि न ठीक से कविता लिख पाता न चैन से सो पाता। ...आख़िर सबने मिलकर एक दिन उन्हें समझाया और विनायक दत्तात्रेय, ने कविता लिखनी छोड़ दी। सुनते हैं, इधर वे कहानियाँ लिख रहे हैं।"[11]

उदय प्रकाश स्वयं को मूलतः कवि मानते हैं, जबकि इनकी ख्याति और लोकप्रियता में कहानी की महती भूमिका है।

'दिल्ली की दीवार' का कथावाचक विनायक उदय प्रकाश हैं। इस कहानी में वे कहते हैं–

"मैं ख़ुद भी उन्हीं (कोरोनेशन पार्क की) मूर्तियों की तरह खण्डित हूँ। रीढ़ की हड्डी गल चुकी है और अस्थि यक्ष्मा का रोग मुझे लग चुका है।"[12]

'मैंगोसिल' कहानी में 'मैं' यह कहता है–

"इसी बीच मुझे बोन ट्यूबरक्यूलोसिस हो गया और मेरी रीढ़ की कुछ हड्डियाँ गल गयीं। दस महीने के लिए मैं बिस्तर से लग गया और इलाज में बहुत रुपये ख़र्च हो गये।"[13]

ऐसी कई सूचनाएँ कहानियों में मिलती हैं। ये सूचनाएँ उदय प्रकाश के जीवन की घटनाओं के मेल में हैं। भारतीय साहित्य परम्परा में आख्यानात्मक शैली महत्त्वपूर्ण रही है। वाल्मीकि 'रामायण' में महर्षि वाल्मीकि एक पात्र भी हैं। भारतीय काव्य शास्त्र के अनुसार देखे, भोगे यथार्थ की अभिव्यक्ति आख्यायिका का एक लक्षण है।

इस प्रसंग में यह उल्लेखनीय है कि उदय प्रकाश की 'नेलकटर', 'डिबिया', 'अपराध' जैसी आत्मकथाएँ 'तिरिछ' कहानी संग्रह में तथा 'फ़िल्म', 'सहायक', 'खण्डित स्त्रियाँ', 'नेहरूजी' और 'अस्ता चल', 'दोपहर' जैसी आत्मकथाएँ 'और अन्त में प्रार्थना' कहानी–संग्रह में संकलित हैं। हंस में प्रकाशित उदय प्रकाश का 'आत्मतर्पण', 'आत्मकथ्य' के नाम से 'और अन्त में प्रार्थना' कहानी–संग्रह के शुरू में ही दिया गया है। 'उदय प्रकाश' और 'मैं' की अभिन्नता इस कथा–शिल्प की विशिष्टता है, जिसे उदय प्रकाश ने अस्वीकार नहीं किया है।

उदय प्रकाश की कथा–संरचना की चौथी विशेषता कहानी के आरम्भ में भूमिका या प्रस्तावना है। इन भूमिकाओं में कहानी सम्बन्धी कई सूत्र होते हैं। कहानी सम्बन्धी एक पूर्व अवधारणा निर्मित होती है। 'वारेन हेस्टिंग्स का साँड़' कहानी की भूमिका में लिखा गया है–

> *"इस कहानी में इतिहास उतना ही है जितना दाल में नमक होता है। अगर आप इसमें इतिहास खोजने की कोशिश करेंगे तो आपके हाथ में रेत की ढूह या कनेर की टहनी भर आयेगी। ...असल में जब इतिहास में स्वप्न, यथार्थ में कल्पना, तथ्य में फैंटेसी और अतीत में भविष्य को मिलाया जाता है तो आख्यान में लीला शुरू होती है और एक ऐसी माया का जन्म होता है, जिसका साक्षात्कार सत्य की खोज की ओर एक यात्रा ही है। इसीलिए हर लीला और प्रत्येक माया उतनी ही सच होती है, जितना स्वयं इतिहास।"*[14]

यह भूमिका कथा–संरचना को बारीकी से स्पष्ट करती है। कथा को रुचिकर बनाने के लिए इतिहास का सृजनात्मक इस्तेमाल किया गया है। तथ्य, स्वप्न, कल्पना, यथार्थ और अतीत के ज़रिये निर्मित कथा भी जीवन संसार का सत्य है। 'दिल्ली की दीवार' की भूमिका में तिरछे शब्दों में दर्ज है–

> *"यह कहानी दरअसल ओट है, जिसके पीछे छिपा हुआ मैं एक रहस्य के बारे में आपको बताना चाहता हूँ। क्योंकि जैसी स्थितियाँ है उसमें अफ़वाहें ही सूचनाओं की शक्ल में आप तक पहुँच रही हैं और स्थितियाँ ऐसी भी हैं कि पता नहीं कब मैं अपने समय में अचानक अनुपस्थित हो जाऊँ।"*[15]

कहानी के सहारे समसामयिक हिंसकता–भयावहता और सत्ता के षड्यन्त्रों को उजागर करने का स्पष्ट संकेत है।

'मोहन दास' कहानी शुरू होने के कुछ ही पृष्ठ बाद कोष्ठक के तिरछे अक्षरों में कही कई अधोलिखित बातें भूमिका या हस्तक्षेप जैसी हैं–

> *"यहाँ पर रुक जाइए। ...कहीं आपको यह तो नहीं लगने लगा कि मैं आपको कोई प्रतीकवादी कूटकथा सुनाने बैठ गया? इस कहानी के मुख्य पात्र का नाम मोहन दास, पत्नी का नाम कस्तूरी बाई,*

> *माँ का नाम पुतली बाई और बेटे का नाम देव दास...अगर आप मोहन दास का हुलिया और शारीरिक ढाँचा देखें तो आपको फिर वही इतिहास घेर लेगा। अन्तर बस इतना है कि वह ऐसा मोहन दास दिखाई पड़ता है, जिसे पोरबन्दर, काठियावाड़, राजकोट, विलायत, दक्षिण अफ्रीका या बजाज–बिड़ला भवन में नहीं छत्तीसगढ़ और विंध्यप्रदेश के जंगल–पतेरा, खाई–खोह, खेत–बगार में धूप–भूख, रोग–पसीना और अन्याय–अपमान की आँच में पाला–पोसा गया हो। ...बाक़ी एकदम वही... ।"*[16]

यहाँ भी मोहन दास करमचन्द गाँधी का रूपान्तरण ईमानदार, अहिंसक, सत्यनिष्ठ, ग़रीब, श्रमशील भारतीय जन के प्रतिनिधि चरित्र के नये रूप में है। मोहन दास करमचन्द गाँधी भारत को ब्रिटिश साम्राज्यवादी शिकंजे से बाहर निकालने में सफल रहे। किन्तु इस कहानी में मोहन दास, गाँधी जी की तरह ही ईमानदार, सत्यनिष्ठ, श्रमशील होने के बावजूद सत्ता–तन्त्र की बर्बरता और जालसाज़ी के चक्रव्यूह में अपनी अस्मिता और अस्तित्व तक गँवा देने को विवश है।

'मैंगोसिल' कहानी की भूमिका का शीर्षक है–'प्रलय का प्राक्कथन'। कथावाचक की यह शर्त भी दर्ज है कि 'कहानी के पहले इसे पढ़ना अनिवार्य है।' कहानी का यह पूर्व कथन समसामयिक यथार्थ के बारे में कथावाचक का भावावेगपूर्ण ज़बरदस्त आलाप है। 'मठाधीश' और 'आचार्य का कुत्ता' में भी भूमिका है। प्रश्न है कि इन भूमिकाओं की कहानी में क्या भूमिका है? क्या ये महज़ एक आरोपित युक्ति भर हैं? उदय प्रकाश की कहानियों में मौजूद भूमिकाएँ कथा सम्बन्धी अनेक सूत्र देते हुए कथा–समझ को विकसित करती है। भूमिका कहानी का अनिवार्य हिस्सा है। कहानी में 'भूमिका' की चर्चा उदय प्रकाश 'थर्ड डिग्री' में करते हैं–

> *"आप भारतीय कथा परम्परा या आख्यान परम्परा से भी परिचित होंगे, जिसमें मूल कथा की पूर्व पीठिका या भूमिका या प्रस्तावना कथा का ही एक अंग होती है।"*[17]

यह युक्ति उदय प्रकाश ने भारतीय परम्परा से ली है।

उदय प्रकाश के कथा–शिल्प की पाँचवीं विशेषता उपशीर्षकों का प्रयोग है। 'और अन्त में प्रार्थना', 'दिल्ली की दीवार', और 'मैंगोसिल' में उपशीर्षकों का प्रयोग हुआ है। 'और अन्त में प्रार्थना' के उपशीर्षक हैं–

"'डॉ. दिनेश मनोहर वाकणकर; एक परिचय', 'डॉ. वाकणकर के अन्य फुटकर विचार', 'उनका बचपन और ज्योत्सना की चड्डी', 'उच्च शिक्षा', 'नौकरी और व्यक्तित्व निर्माण'; 'पुनर्जागरण के प्रयत्न', 'सामाजिक अलगाव और रेइफिकेशन', 'हरवंश पण्डित ऊर्फ़ थुकरा महाराज से मुलाक़ात', 'उलझन और दुविधा', 'हरवंश पण्डित ऊर्फ़ थुकरा महाराज की मृत्यु अर्थात् हत्या', 'स्थानान्तरण के आदेश', 'काले पानी का दण्ड द्वीप', 'प्रधानमन्त्री की यात्रा की घोषणा', 'महामारी और ज़िलाधीश', 'प्रधानमन्त्री की फूड टेस्टिंग और चरणामृत', 'कोतमा : एक नया शहर', 'आह! उस दोपहर के तीन घण्टे', 'जूता, दंगा और पोस्टमार्टम' तथा 'लाश, धर्म और गहन चिकित्सा कक्ष'। 'दिल्ली की दीवार' में 'पान की दुकान से खुलती सुरंग की नागरिकता', 'फ़कीर के आँसू और थूक', 'इतिहास की खण्डित मूर्तियाँ और कोरोनेशन पार्क से निकलता विशाल झुण्ड' 'रामनिवास से भेंट और रहस्य की शुरुआत', 'झाड़ू की मूठ, कोठी का जिम सेंटर और गुरु को घूरता मंगल', 'स्वप्न में ऑटोरिक्शा और मज़ेदारी का अनोखा पेड़', 'ताजमहल में प्यार', ए.सी. रूम बाज की आँखें और पुलिस', 'बुद्ध जयन्ती पार्क', 'बिना नम्बर की एस्टीम' और 'आखिरी बीड़ी', तथा 'रहस्योद्घाटन, शब्बल, कुदाल और औलिया की दरगाह' कुल आठ उपशीर्षक हैं। 'मैंगोसिल' में जहाँगीरपुरी की गली–नम्बर सात, शोभा भगाकर लायी गयी थी, मियानी में शोभा, पखेरुओं का घोंसला और अण्डे; अभंग, खुसरो की दरगाह और पहला जीवित बच्चा, एक लगातार बड़ा होता सिर; पत्थर, कपड़े, मिट्टी और धातु का जीवित पुतला, स्थगित मृत्यु और मियानी में जीवन, अन्धकार में फूटते रंग और गलीचे का जादू, मैंगोसिल का वायरस और चींटा; फेरीवाला, छत पर धूप, कूकर की लम्बी सीटी और चीनी पिस्तौलय अन्त में डब्ल्यू. एच.ओ. का सर्वेक्षण, सूर्यकान्त की डायरी का एक पन्ना और पेंटागन, कुल बारह उपशीर्षक हैं। ये उपशीर्षक अपने में स्वतन्त्र होकर भी पूरी कहानी को एकसूत्रबद्ध करते हैं। इस युक्ति से एक गल्प, गल्प–गुच्छ में समाविष्ट हो जाता है।

उदय प्रकाश के शिल्प की छठी विशेषता है कथा के भीतर अन्तर्कथा। इनकी कहानियों में मुख्य कथा के समानान्तर अवान्तर कथाएँ भी चलती रहती हैं। ये कथाएँ मुख्य कथा को नया अर्थ देती हैं तथा इतर रहकर भी इनका विशेष अर्थ ध्वनित होता है। 'छप्पन तोले का करधन' कहानी में मुख्य कथा दादी के प्रति परिवार का करधन की मिथ्याधारणा के कारण

यातनादायक व्यवहार है। "लालटेन की रोशनी में जब भी सोने के करधन का ज़िक्र होता, दादा जी की भी कहानी शुरू हो जाती।"[18] दादा जी का प्रकृति, पशु, पक्षियों के प्रति गहरा लगाव और देश प्रेम से जुड़ा है। अँग्रेज़ अफ़सर द्वारा चिड़ियों के मारने पर दादा जी उसे ललकारते हैं, जबकि–

> *"अँग्रेज़ उस वक़्त सारे हिन्दुस्तान के राजा थे और यहाँ एक बत्तख मारने पर दादा की आवाज़ खिलाफ़त में उठ रही थी।"*[19]

किन्तु भारत को आज़ादी मिलने के बाद 'सब कुछ बदल गया'। आज़ादी दिलाने वालों के प्रति वांछित–अपेक्षित व्यवहार नहीं हुआ।

'और अन्त में प्रार्थना' में थुकरा महाराज की मृत्यु की कथा अवान्तर कथा है। यह दुखद प्रसंग सरकारी स्वास्थ्य विभाग में फैले भ्रष्टचार को उजागर करता है जबकि प्रधानमन्त्री का ढींगर गाँव यात्रा–प्रसंग नौकरशाहों की चापलूसी और जनता के प्रति अमानवीयता राजनेता–प्रशासन एवं कॉर्पोरेट की साँठ–गाँठ तथा पर्यावरण–विनाश को मार्मिकता से व्यक्त करता है। 'साइकिल' कहानी में भालू का ग्रामीण दृश्य के प्रति सम्मोहन तथा नये दौर में गाँव के असंगतपूर्ण विकास की अन्तर्कथा मुख्य कथा को प्रभावशाली बनाता है।

'पॉल गोमरा का स्कूटर' में पॉल गोमरा के नामकरण की कथा मुख्य कथा का एक अंश है, तो असली जन्मजात नाम के सन्दर्भ में संस्कृत अध्यापक 'श्रीकृष्ण प्रपन्न शास्त्री' की कथा भी रोचक और विशिष्ट है। इस कहानी में कई अवान्तर प्रसंग मौजूद हैं। 'वारेन हेस्टिंग्स का साँड़' में बुंतू, चोखी, खानसामे क़ादिर भारतीय मेहनतकशों और जन–सामान्य की कथा है, जो भारतीय संस्कृति के उच्चतर मूल्यों के वाहक हैं, जबकि मोहिनी ठाकुर के परिवार की कथा उच्छविष्ट–निकृष्ट मूल्यों की है।

'भाई का सत्याग्रह' में बचपन से युवावस्था तक की मासूमियत, स्नेह, प्रेम तथा चालाकी की अनेक दृश्य छवियाँ हैं इस कहानी का एक बहुस्तरीय पाठ रचती हैं। 'पीली छतरी वाली लड़की', 'दिल्ली की दीवार', 'मोहन दास', 'मैंगोसिल' में कथा और कथान्तर का, विषय और विषयान्तर का अद्‌भुत तालमेल है। इस युक्ति से एक मुकम्मल कथा कहने की पुख्ता ज़मीन तैयार होती है, ताकि समसामयिक यथार्थ के बहुविध पहलुओं को रुचिकर ढंग से कई कोणों से समझा जा सके।

'अनुमान वाचक' शैली उदय प्रकाश के कथा–शिल्प की सातवीं विशेषता है। परिस्थिति अनुसार इस शैली का प्रयोग कहानी को अत्यन्त मार्मिक और प्रभावशाली बनाता है। खोजी पत्रकारिता वाली इस शैली का प्रयोग 'तिरिछ' तथा 'पॉल गोमरा का स्कूटर' में विशेष रूप से हुआ है। 'तिरिछ' कहानी में पिता के शहर पहुँचने के बाद घटी घटनाओं को अनुमान शैली में प्रस्तुत किया गया है। चूँकि कथावाचक वहाँ उपस्थित नहीं है, इसलिए वह सिर्फ़ अनुमान ही लगा सकता है। इस सन्दर्भ में संजीव कुमार लिखते हैं–

> *"यह 'शायद' शैली इसलिए भी बहुत प्रभावशाली है कि यह अपने आत्मीय की यातना को, अनुमान रूप में, अपने भीतर दुबारा जीने का उपक्रम रचती है। शक्कीपन से ग्रस्त एक संवेदनहीन वातावरण में असहाय पिता का मौत की ओर एक–एक क़दम बढ़ाना वाचक तक सूचनाओं के रूप में पहुँचता है, पर इस पूरी अवधि में पिता अपने भीतर किन स्थितियों से गुज़रे थे यह तो अनुमान का ही विषय है। और यह अनुमान वाचक ही लगा सकता है, क्योंकि वह पिता के स्वभाव को बारीकी से जानता है।"[20]*

'पॉल गोमरा का स्कूटर' में 'इण्डिया इंटरनेशनल सेंटर' के कार्यक्रम और उसके बाद की घटनाओं तथा स्कूटर दुर्घटना की पूरी कहानी अनुमान के सहारे ही कही गयी है।

> *"उस रात कार्यक्रम में क्या–क्या हुआ इसका पूरा ब्योरा हासिल कर पाना तो सम्भव नहीं है, क्योंकि एक तो ऐसे कार्यक्रमों में जो लोग सम्मिलित होते उन तक पहुँचना और उनसे मिलना मुश्किल होता है, फिर पूछताछ के मामले में अक्सर वे चुप ही रहते हैं।"*

इसीलिए कल्पना, अनुमान और फ़ैंटेसी के सहारे ही घटना को खोजी पत्रकारिता शैली में व्यक्त किया गया है। इस शैली में भी कहानियों की मार्मिकता और प्रभावान्विति उल्लेखनीय है।

चित्र आधारित कहानी गढ़ना उदय प्रकाश के कथा–शिल्प की आठवीं विशेषता है। 'वारेन हेस्टिंग्स का साँड़' में दो चित्रों को अद्‌भुत तरीक़े से कहानी में रूपान्तरित किया गया है। 1783 ई. में अँग्रेज़ चित्रकार जॉन जोफेनी द्वारा बनाया गया वारेन हेस्टिंग्स का चित्र, कहानी में देते हुए उदय प्रकाश इसकी विशिष्ट–बारीक व्याख्या करते हैं। वे कहते हैं–

"यह चित्र आपके सामने अपने सारे अर्थ संकेतों को खोलने लगेगा और आप जान जायेंगे कि चित्रकार जॉन जोफ़ेनी ने यह चित्र वारेन हेस्टिंग्स और उस साँवली नेटिव लड़की के बीच के सम्बन्धों को व्यक्त करने के लिए ही बनाया था लेकिन वे दोनों अपने–अपने हाथ में रखे हैट से उसे लगातार ढाँपने की कोशिश कर रहे हैं।"[21]

'आवरण' कहानी भी एक कविता पुस्तक के आवरण चित्र पर मूलतः आधारित है। चित्रकला के आधार पर कथा गढ़ने का कौशल समकालीन हिन्दी कहानी में सिर्फ़ उदय प्रकाश के पास है।

समसामयिक घटनाओं और समाचारों का उपयोग उदय प्रकाश के कथा–शिल्प की नवीं विशेषता है। ये घटनाएँ–समाचार कहानी में कभी पात्र के सहारे कभी प्रसंगवश तो कभी अलग से भी दर्ज हैं। 'पॉल गोमरा का स्कूटर' में समसामयिक आर्थिक–राजनीतिक–सामाजिक–तकनीकी परिवर्तन को पॉल गोमरा की नज़र से देखने–दिखाने का प्रयत्न किया गया है। कई सूचनाएँ, सन्दर्भ और प्रसंगों के अनुकूल आती हैं। जैसे–

"मुजफ़्फ़रनगर के गेहूँ के खेतों में 2 अक्तूबर, 1994 को जिन पचीसों उत्तराखण्डी महिलाओं को भारतवर्ष की पुलिस ने खदेड़–खदेड़ कर रेप किया, वह सिर्फ़ एक सूचना है। फिलीपीन के शहर मनीला में दिल्ली के वसन्त कुंज इलाक़े में रहने वाली लड़की सुस्मिता सेन के मिस यूनिवर्स चुने जाने के मुक़ाबले निहायत एक फटीचर सूचना, क्योंकि भारत अब भूमण्डलीकरण के कारण अन्तरराष्ट्रीय अर्थतन्त्र का एक उभरता हुआ खुला मालगोदाम और विशाल उपभोक्ता बाज़ार बन गया है।...2 अक्तूबर की तारीख़ अब कोई भी प्रतीक बनने की पुरानी क्षमता खो चुकी है, क्योंकि ईश्वर अब मर चुका है।"[22]

मुजफ़्फ़रनगर समाचार अख़बारों के लिए भले महज़ सूचना हो, उदय प्रकाश के लिए अहिंसा के दिन घटी भयानक हिंसक घटना है। गाँधी के जन्मदिन पर एक तरफ़ मुजफ़्फ़रनगर में औरतों से बलात्कार और दूसरी तरफ़ मनीला में औरतों का देह प्रदर्शन। अख़बार अस्मत को दरकिनार कर अश्लीलता को चुन रहे हैं। 'पीली छतरी वाली लड़की' 'दिल्ली की दीवार', 'मैंगोसिल', 'आवरण' में समसामयिक घटनाओं का

सफल–सार्थक प्रयोग हुआ है। 'मोहन दास' में समसामयिक समाचार और घटनाएँ तिरछे अक्षरों में लेखक की स्वतन्त्र टिप्पणी के रूप में आते हैं।

नये 'रूपक' और 'प्रतीक' की रचना उदय प्रकाश के कथा–शिल्प की दसवीं विशेषता है। इन रूपकों–प्रतीकों का सूत्र कथा में मौजूद रहता है। 'टेपचू' कहानी में लेखक बार–बार कहता है कि 'टेपचू' कहानी नहीं, जीवन की वास्तविकता है; ऐसी वास्तविकता जो मज़दूर के जीवन से जुड़ी हुई है। फिर कहानी के अन्त में लेखक कहता है कि "आपको अब भी विश्वास न होता हो तो जहाँ, जब, जिस वक्त आप चाहें मैं आपको टेपचू से मिलवा सकता हूँ।"[23] यह सूत्र टेपचू को सामान्य सर्वहारा मज़दूर का प्रतीक बना देता है।

'अरेबा–परेबा' कहानी में खरगोश के दो नन्हे, कोमल छौने प्रकारान्तर से साधारण, ईमानदार, गरीब जन के रूपक हैं और उनका गला काट कर हत्या करने वाला बग्घड़ बिल्ला सत्ता तन्त्र के क्रूर, अमानवीय, बर्बर लोग हैं। लेखक की टिप्पणी है–

> *"अब तो बग्घड़ों की संख्या भी ज़्यादा हो चुकी है। वे अकेले नहीं, अब तो झुण्ड और गिरोहों में रहते हैं। मैंने उन्हें बड़ी–बड़ी इमारतों के भीतर, कुर्सियों पर भी बैठे देखा है। संसार का हर कोमल पवित्र, निष्कवच और सुन्दर जीवन इस समय गहरे ख़तरे के बीच है।"*[24]

रूपक स्पष्टतः खुल गया।

'वारेन हेस्टिंग्स का साँड़' में साँड़ ब्रिटिश साम्राज्यवाद के विरुद्ध भारतीयों के सशक्त प्रतिरोध का प्रतीक है। 'गाय' सांस्कृतिक अस्मिता की प्रतीक है। 'आचार्य का कुत्ता' में कुत्ता ईमानदार–वफ़ादार जन का प्रतीक है। वहीं आचार्य सीरीज की कहानियों जैसे 'आचार्य की कराह', 'आचार्य की रजाई', 'आचार्यलोक के मुन्ना' आदि में आचार्य शिक्षण संस्थानों में फैले भ्रष्टचार और पतन के साक्षात् प्रतीक हैं।

'मैंगोसिल' बिमारी कहानी में एक रूपक है। इस बिमारी के लक्षणों से नब्बे दशक के आर्थिक–राजनीतिक–सामाजिक परिवर्तनों का मेटाफर रचा गया है। 'मैंगोसिल' से ग्रस्त सूरी का जीवन उसकी शारीरिक बनावट और उसके विचार रूपक को खोलते हैं। सूरी का सिर–

"इसलिए बड़ा होता जा रहा है, क्योंकि वह बहुत–सी ऐसी बातें जानता जा रहा है, जिसे छोटे सिर वाले या तो जानते नहीं या फिर जानना नहीं चाहते। अगर वे भी उन सारी बातों को जानने की कोशिश करें, तो उनका भी सिर मेरे जैसा बड़ा हो जायेगा।"[25]

यह रोग 'ग़रीबी' नामक वायरस से पैदा होता है। स्पष्टतः 'मैंगोसिल' न्यूरालॉजिकल–डिसआर्डर से उत्पन्न रोग नहीं बल्कि 'निम्नवर्गीय वैचारिकता' है जो सोशियो–इकॉनॉमिक डिसआर्डर के कारण जन्मी है। मैंगोसिल ग्रस्त मस्तिष्क इस सामाजिक–आर्थिक–असन्तुलन के एक–एक वायरस को जानता है और इसी में उसकी ऊर्जा और सक्रियता ख़र्च होती है। इस वैचारिकता का आग्रह है कि समाज का एक समान समुचित विकास हो, ताकि सन्तुलन स्थापित हो सके। इस रोग से छुटकारा तभी मिलेगा 'जब सूरज जितनी साइज़ का टैबलेट' मिले। वह औषधि, विचार, समाज आम–ख़ास में भेद किये बिना सर्वहितकारी हो। सूरज की तरह सबके जीवन में प्रकाश–संश्लेषित करे।

कहानियों की आकारगत विविधता उदय प्रकाश के कथा–शिल्प की अन्तिम महत्त्वपूर्ण विशेषता मानी जा सकती है। 'डर', 'दत्तात्रेय के दुख', 'सिर' जैसी कहानियाँ कुछ वाक्यों में ही समाप्त हो जाती हैं, जबकि 'और अन्त में प्रार्थना', 'वारेन हेस्टिंग्स का साँड़', 'पीली छतरी वाली लड़की', 'मोहन दास', 'मैंगोसिल' जैसी लम्बी कहानियाँ प्रचलित कहानियों से कई गुना बड़ी है। 'मोहन दास' का विजन औपन्यासिक है।

बीसवीं सदी के अन्तिम दौर से उदय प्रकाश के कथा–शिल्प का सीधा समानुपाती सम्बन्ध हैं। विगत दशकों में हमारा यथार्थ अत्यन्त जटिल और भयावह हुआ है। इस यथार्थ को व्यक्त करने में कहानी का परम्परागत शिल्प पूरी तरह समर्थ नहीं है। इसीलिए उदय प्रकाश नये कथा–शिल्प की ओर उन्मुख होते हैं। इनका नया कथा–शिल्प समसामयिक दौर में बदले और बदलते यथार्थ के विविध आयामों को अपने कथाख्यानों में समेटता भारतीय समाज का आत्मीय, बारीक, संवेदनशील और विश्वसनीय तस्वीर प्रस्तुत करने में सफल और समर्थ है।

कथा–शिल्प के उपर्युक्त लक्षणों से समावेशित उदय प्रकाश की कथा–सृष्टि समकालीन हिन्दी कहानी में नये शिल्प के उदय का पुख़्ता प्रमाण प्रस्तुत करती है। यह नयी कथा–संरचना आस्वाद में सहज–रुचिकर है तो प्रभाव में विशिष्ट और संश्लिष्ट। पाठकों में सर्वाधिक लोकप्रिय समकालीन हिन्दी कथाकार उदय प्रकाश अभिनव शिल्प के कारीगर हैं।

सन्दर्भ

1. उदय प्रकाश, दरियाई घोड़ा, वाणी प्रकाशन, नयी दिल्ली, संस्करण 2006, पृ. 97
2. उपर्युक्त, पृ. 115
3. उदय प्रकाश, और अन्त में प्रार्थना, वाणी प्रकाशन, नयी दिल्ली, संस्करण 2006, पृ. 78, 81
4. उदय प्रकाश, पॉल गोमरा का स्कूटर, वाणी प्रकाशन, नयी दिल्ली, संस्करण 2006, पृ. 67
5. उदय प्रकाश, दत्तात्रेय के दुख, वाणी प्रकाशन, नयी दिल्ली, संस्करण 2006, पृ. 90
6. उदय प्रकाश, मैंगोसिल, पेंगुइन बुक्स, नयी दिल्ली, संस्करण 2006, पृ. 78–79
7. उदय प्रकाश, मठाधीश, आउटलुक, अक्तूबर, 2009, सम्पादक–नीलाभ मिश्र, पृ. 32
8. उदय प्रकाश, पॉल गोमरा का स्कूटर, वाणी प्रकाशन, नयी दिल्ली, संस्करण 2006, पृ. 104–105
9. उदय प्रकाश, और अन्त में प्रार्थना, वाणी प्रकाशन, नयी दिल्ली, संस्करण 2006, पृ. 102
10. उदय प्रकाश, मोहन दास, वाणी प्रकाशन, नयी दिल्ली, संस्करण 2009, पृ. 12
11. उदय प्रकाश, दत्तात्रेय के दुख, वाणी प्रकाशन, नयी दिल्ली, संस्करण 2006, पृ. 45
12. उपर्युक्त, पृ. 90
13. उदय प्रकाश, मैंगोसिल, पेंगुइन बुक्स, नयी दिल्ली, संस्करण 2006, पृ. 150
14. उदय प्रकाश, पॉल गोमरा का स्कूटर, वाणी प्रकाशन, नयी दिल्ली, संस्करण 2006, पृ. 103
15. उदय प्रकाश, दत्तात्रेय के दुख, वाणी प्रकाशन, नयी दिल्ली, संस्करण 2006, पृ. 55
16. उदय प्रकाश, मोहन दास, वाणी प्रकाशन, नयी दिल्ली, संस्करण 2009, पृ. 12
17. उदय प्रकाश, और अन्त में प्रार्थना, वाणी प्रकाशन, नयी दिल्ली, संस्करण 2006, पृ. 80
18. उदय प्रकाश, तिरिछ, वाणी प्रकाशन, नयी दिल्ली, संस्करण 2008, पृ. 55
19. उपर्युक्त, पृ. 57
20. संजीव कुमार, कहानी में न अंटने वाला कहानीकार (लेख), सृजनात्मकता के आयाम, सं.–ज्योतिष जोशी, नयी किताब, दिल्ली, संस्करण 2013, पृ. 109

21. उदय प्रकाश, पॉल गोमरा का स्कूटर, वाणी प्रकाशन, नयी दिल्ली, संस्करण 2006, पृ. 128
22. उपर्युक्त, पृ. 64
23. उदय प्रकाश, दरियाई घोड़ा, वाणी प्रकाशन, नयी दिल्ली, संस्करण 2006, पृ. 115
24. उदय प्रकाश, दत्तात्रेय के दुख, वाणी प्रकाशन, नयी दिल्ली, संस्करण 2006, पृ. 144
25. उदय प्रकाश, मैंगोसिल, पेंगुइन बुक्स, नयी दिल्ली, संस्करण 2006, पृ. 154

बदलती सामाजिक संरचना : बदलती कथा संरचना

किसी का सत्य था,
मैंने सन्दर्भ में जोड़ दिया –अज्ञेय

समसामयिक दौर में संसार–समाज–सम्बन्ध और परिवेश अत्यन्त तेज़ गति से बदला है। सामाजिक यथार्थ के परम्परागत स्वरूप की जगह कई नयी संरचनाएँ सामने आयी हैं। बदलती सामाजिक संरचना के समानान्तर साहित्य के पारम्परिक स्वरूप और संरचना में भी बदलाव ज़रूरी है। लेकिन हमारे साहित्य में ऐसा वांछनीय परिवर्तन बहुत ही कम हुआ है। उदय प्रकाश ने नयी सामाजिक संरचना को व्यक्त करने के लिए नयी कथा–संरचना ईज़ाद की है। उदय प्रकाश की कथा–संरचना, एक ऐसी टेकनीक के रूप में उभरी है, जिसके ज़रिये नये 'सन्दर्भों' में सत्य और यथार्थ का शल्य–सन्धान किया जाता है, उसकी पुनर्रचना की जाती है।

द्रुतगति से बदलते समाज के कई स्तर और आयाम हैं। इनसे जन–सामान्य का जीवन अनेक रूपों में प्रभावित–परिवर्तित हुआ है। यह परिवर्तन उदय प्रकाश की कथा–सृष्टि में नये ढंग से रूपायित हुआ है। उदय प्रकाश ने सामाजिक परिवर्तनों को अपनी कथा–सृष्टि में कई तरह से चित्रित किया है। समसामयिक सामाजिक यथार्थ उदय प्रकाश की कथा–सृष्टि में गुँथकर आज के सन्दर्भ का विशिष्ट सांस्कृतिक उत्पाद बन जाता है। इस प्रक्रिया में इनका कथा–शिल्प एक ख़ास क़िस्म की ताज़गी और नयेपन से भरपूर दिखता है।

यह वह दौर है जब कई रूपों और स्तरों पर भ्रष्टचार बढ़ रहा है तथा मूल्यों का निरन्तर क्षरण हो रहा है। ऐसे समय में प्रतिरोधी भूमिका निभाने वाले साहित्य का अधिकांश परम्परागत ढाँचे में जकड़ा है। यह उदय प्रकाश की चिन्ता का कारण है। सामाजिक संरचना के समानान्तर

साहित्य की यथास्थिति और जड़बद्धता पर चिन्तित होते हुए 'थर्ड डिग्री' कहानी में वे लिखते हैं–

> *"मेरी चिन्ता यह है कि इस व्यवस्था में,जहाँ एक रिक्शेवाला चोरी करता है और सोना क़ानून मन्त्री के घर में गलता है, वह व्यवस्था अपने ढाँचे में कैसी है? ...और क्या यह हमारी सबकी पराजय नहीं है कि हम न तो कहानी का ही ढाँचा बदल पा रहे हैं और न ही इस व्यवस्था को। क्या यही सच है कि दोनों ही अपरिवर्तनीय हैं?"*

उदय प्रकाश महज़ शाब्दिक चिन्ता नहीं करते, बल्कि अपने रचना–कर्म में इस चुनौती को स्वीकार कर बदलती सामाजिक संरचना के अनुरूप सार्थक–सफल कथा–संरचना का सृजन करते हैं। पिछले तीन दशकों में घटित परिवर्तनों का सृजनात्मक आविष्कार उदय प्रकाश की विशेषता है। उदय प्रकाश इन परिवर्तनों को कभी कहानी में सीधे बुन देते हैं, तो कभी पात्रों के ज़रिये इसे दिखाते हैं। कई बार यह कथावाचक 'मैं' की टिप्पणी में दर्ज होता है, तो कई बार कहानीकार उदय प्रकाश के कथन में। कुछ कहानियों में बदली सामाजिक संरचना और उसका प्रभाव रूपक के ज़रिये व्यक्त हुआ है तो कई में प्रतीक के ज़रिये। कई बार अख़बारों के समाचार, सरकारी–ग़ैर–सरकारी आँकड़े, सर्वेक्षण, दैनन्दिन की चिरपरिचित घटनाएँ और अद्यतन सूचनाएँ इनकी कहानियों में अभिन्न अंश के रूप में हैं। कथाख्यानों में ये अंश प्रक्षिप्त या क्षेपक की तरह प्रतीत नहीं होते हैं। बल्कि ये कथा के सहज और स्वाभाविक अंश लगते हैं, जिनसे कथा की रोचकता, मार्मिकता बढ़ती है।

इस दौर में तकनीकी विकास की एक महत्त्वपूर्ण भूमिका है। तकनीक ने हमारी समझ के पारम्परिक उपकरणों को बदला है। प्रिंट मीडिया के साथ ही इलेक्ट्रॉनिक संचार माध्यमों, कम्प्यूटर, इण्टरनेट आदि के ज़रिये हमारी समझ और सूचना के कोष में आमूल परिवर्तन हुआ है। संसार और ब्रह्माण्ड की अनेक विशेषताएँ उद्‌घाटित हुई हैं। तकनीकी क्रान्ति के दौर में सामान्य व्यक्ति अक्सर हतप्रभ और भौचक रह जाता है। 'पॉल गोमरा का स्कूटर' के पॉल गोमरा का हाल कुछ ऐसा है कि–

> *"वर्तमान उनकी समझ में नहीं आता था। बहुत प्रयत्नपूर्वक एकाग्रचित्त होकर वे कभी–कभार वर्तमान को समझने का प्रयत्न*

करते, तब तक वह बदल जाता था। ख़ासतौर पर पिछले दस साल में तो देखते–देखते पूरी दुनिया ही बदल गयी थी। उनका अख़बार मोनोप्रिंटिंग के इतिहास से निकलकर फ़ोटो कंपोजिंग से होता हुआ अब पूरी तरह कम्प्यूटराइज़्ड हो चुका था। सेटेलाइट प्रक्षेपण से पृष्ठ के पृष्ठ पलक झपकते दिल्ली से बम्बई और अहमदाबाद पहुँच जाते। ...उनकी जगह अब स्कूटर और लेजर प्रिंटर पर बैठनेवाले जींस–बीयर वाले फ़ोर फ़िगर सैलरी के उत्तर–आधुनिक कंपोजीटर्स आ चुके थे।'[2]

पॉल गोमरा महज़ एक व्यक्ति नहीं बल्कि ऐसे बहुसंख्य लोगों के प्रतीक हैं जो अत्याधुनिक तकनीकी विकास के दौर में अपने को मिसफ़िट पाते हैं। वहीं ऐसे लोग भी हैं, विशेषकर युवा जिन्हें तकनीक आतंकित नहीं करती बल्कि उनकी समझ का विस्तार करती है। 'मैंगोसिल' कहानी का सूरी

"अख़बार पढ़ता, टीवी देखता, रेडियो सुनता, ...पास के... 'जुपिटर नेटवर्क' नामक साइबर कैफ़े में जाने लगा था। ...सूरी ने बहुत जल्दी वहाँ कम्प्यूटर में फोटोशॉप, ब्लाग बनाना और ग्राफ़िक डिजाइनिंग सीख लिया था।'[3]

कम्प्यूटर सम्बन्धी बुनियादी जानकारी से ही किसी को निश्चित आजीविका नहीं मिलती। गहरी विपत्तियों से घिरा 'मोहन दास' आजीविका चलाने हेतु 'स्टार कम्प्यूटर सेंटर' जाकर कम्प्यूटर सीखता है। वहाँ का मालिक कहता है–

"अगर टाइपिंग, कंपोजिंग और प्रिंट निकालने का काम सीख लिया तो महीने में छह सौ से ऊपर दूँगा।'[4]

आज के दौर में बहुसंख्य लोग कम्प्यूटर पर लगातार 12–14 घण्टे काम करने पर भी जीविका चलाने भर का पारिश्रमिक नहीं पाते हैं।

चकाचौंध विकास में हर नगर और महानगरों में बड़ी–बड़ी बिल्डिंगें, शॉपिंग मॉल, मल्टीप्लेक्स, फ़्लाईओवर्स, मेट्रो रेल, अनेक क़िस्म की कारों की बहुलता तेज़ी से बढ़ रही हैं। 'मैंगोसिल' में

"दिल्ली की सड़कें चौड़ी होती गयीं। छोटी–छोटी गलियाँ और लेन ग़ायब होते गये। इतने फ्लाईओवर्स बने कि उनको गिनना

मुश्किल था। तरह–तरह के मॉडल और आकार की लाखों कारें तमाम सड़कों पर छा गयीं। हर तरफ, पहिए, हार्न और धुआँ और रफ़्तार। कहीं पैदल चलना मुश्किल था।'[5]

सूरी ही नहीं दिल्ली शहर भी अब 'मैंगोसिल' से ग्रस्त है, जिसकी रिपोर्ट उदय प्रकाश जैसे सृजनशील रिपोर्टर ने इस कहानी में लिखी है। 'मैंगोसिल' से पीड़ित सूरी और उसके परिवार का ग़रीबी और अभाव के बीच बदलती दिल्ली का यह आँकड़ा असन्तुलित विकास की भयावह विकरालता को ही बताता है। 'पॉल गोमरा' के स्कूटर ख़रीदने का कारण है कि–

बढ़ती आबादी के बीच...लोग बस के भीतर ही नहीं, दरवाजों, छत, पायदान, पीछे की जाली और डंफर पर भी लटके रहते थे। दिनोंदिन अधेड़ावस्था से बुढ़ापे की ओर खिसकते हिन्दी के असफल, नगण्य और बहिष्कृत कवि पॉल गोमरा की थकान, उम्र, स्मृतियों, चिन्ताओं और रोगों से भरे बीमार और ग़रीब शरीर लिए बस की यह लम्बी यात्रा दुःसाध्य होती जा रही थी।'[6]

यह भारतीय परिवहन व्यवस्था का एक सामान्य दृश्य है। बदलते संसार और बदली सामाजिक परिस्थितियों में एक अधेड़, चिन्तित अभावग्रस्त कवि की अवस्थिति कथा–संरचना को संश्लिष्ट बनाती है। यह उदय प्रकाश की कथा–संरचना की विशेषता है।

1991 ई. में भारत सरकार ने नयी आर्थिक नीति की घोषणा की। इस नयी अर्थव्यवस्था में कोटा–परमिट प्रणाली की जगह खुला–विनिवेश, खुली बाज़ार व्यवस्था और बहुराष्ट्रीय कम्पनियों का आगमन हुआ। विश्व बैंक और अन्तरराष्ट्रीय मुद्रा कोष जैसी संस्थाओं के पहल और दबाव में भारत जैसे विकासशील ग़रीब देशों को विकसित देशों की अर्थव्यवस्था से जोड़ने के लिए भूमण्डलीकरण और आर्थिक उदारीकरण का ताना–बाना बुना गय़ा। ऐसी परिस्थितियों में कार्पोरेट सेक्टर, शेयर मार्केट का बहुत विस्तार हुआ। नये वर्गों–उपवर्गों का विकास हुआ। समाज की वर्गीय संरचना बदलने लगी। मध्य वर्ग का विकास हुआ और उसके भीतर से सर्विस क्लास नामक नया वर्ग बना।

'वारेन हेस्टिंग्स का साँड़' कहानी नब्बे के दशक की भारतीय अर्थनीति और राजनीति के साथ समूची सामाजिक संरचना में बदलाव को केन्द्र में रखती है। 18वीं सदी के भारत में भ्रष्टाचार, लूट–खसोट, ठगी–जालसाज़ी,

घूसखोरी, बेईमानी से भरे सर्वव्यापक अराजक दृश्य को 'लार्ड क्लाइव' की टिप्पणी के हवाले से दर्ज करने के बाद उदय प्रकाश लिखते हैं–

> *"यही है वह बिन्दु जहाँ ढ़ाई सौ साल पहले की कहानी आज की कहानी बनती है। इतिहास फिर से निरन्तरता हासिल करता है।'*[7]

नयी अर्थव्यवस्था की उदार नीति के कारण आने वाली विदेशी कम्पनियाँ प्रकारान्तर से नये रूप और कलेवर में 17वीं सदी में आने वाली कम्पनियों की तरह ही हैं। 17वीं सदी में आनेवाली कम्पनियों का उद्देश्य राजनीतिक और आर्थिक वर्चस्व क़ायम करना था। तो नयी विदेशी कम्पनियाँ राजनीतिक–आर्थिक वर्चस्व के साथ ही सांस्कृतिक वर्चस्व भी क़ायम करना चाहती हैं। यह कहानी भ्रष्ट राजनीति और पतनशील संस्कृति का प्रतिरोध करती है। इसकी कथा–संरचना में मिथक और यथार्थ, इतिहास और कल्पना के वितान के ज़रिये नव औपनिवेशिकता की प्रक्रिया और उसके भयावह परिणाम को समझने का गम्भीर प्रयास है, ताकि नयी गुलामी की पहचान और प्रतिरोध हो सके।

नयी आर्थिक नीति से सामाजिक असन्तुलन बढ़ता जा रहा है। इस आर्थिक नीति की वास्तविकता की सृजनात्मक और प्रतीकात्मक अभिव्यक्ति उदय प्रकाश 'मैंगोसिल' में करते हैं। बेढंगे, अननुपातिक, सिरवाला सूर्यकान्त 'मैंगोसिल' का मरीज़ है, फिर भी

> *"किसी गुप्तचर की तरह उसकी आँखें सामने वाले के मस्तिष्क में प्रवेश करते और कुछ ही पलों में वह सब कुछ जान जाता। क्या यह सचमुच किसी रोग का लक्षण था...जिसके कारण सूरी का जीवन ख़तरे में था? या फिर यह कोई और ही चीज़ थी।'*[8]

दरअसल मैंगोसिल न्योरोलॉजिकल डिसआर्डर से पैदा हुआ शारीरिक रोग नहीं, बल्कि सोशियो–इकॉनामिक डिसआर्डर से जन्मा सामाजिक–आर्थिक रोग है। 'मैंगोसिल' की कथा–संरचना बहुपरतीय है, जो समाज के बहुविध कलेवरों के समायोजन में समर्थ है। आज के दौर में पूँजी सबसे बड़ी ताक़त है। पूँजी ही सब कुछ नियन्त्रित करती है। 'पीली छतरी वाली लड़की' में सत्ता और व्यवस्था को नियन्त्रित करने वाला निखलाणी कहता है–

"पावर, आई. टी., फूड, हेल्थ, एजुकेशन, सबको प्राइवेटाइज करो...पब्लिक सेक्टर का शेयर बेचो...डिसएन्वेस्ट करो...। हमको सब ख़रीदना है।"[9]

यह महज़ एक पात्र का प्रलाप नहीं है, बल्कि इस दौर का तथ्य और यथार्थ है कि देशी–विदेशी कार्पोरेट पूँजीपति सरकारी नीतियों को आसानी से अपने अनुकूल तय करवा लेते हैं। यह भी सत्य है कि लोक–कल्याणकारी क्षेत्र मुनाफ़े हेतु निजी हाथों में सौंपे जा रहे हैं। बदलती सामाजिक संरचना उदय प्रकाश की कथा–सृष्टि में उत्कीर्ण हो जाती है। एक रात 'पॉल गोमरा' देखते हैं कि–

"देश के सभी बैंकों का रुपया निकालकर एक विशाल सूटकेस में भर दिया गया था, जो समूचे आकाश पर टँगा था। सूरज भविष्य के साथ उस सूटकेस के पीछे ढँक गया था और लोग अँधेरे में एक–दूसरे को टटोलते, रास्ता पूछते गड्ढों और खाइयों में गिर रहे थे।एक भयावह रेखा थी, जिसके नीचे पहले हर सौ में छत्तीस लोग गिरे हुए थे। अब यह संख्या बढ़कर बयालीस हो गयी थी।"[10]

यह भयावह रेखा ग़रीबी की है। नयी अर्थव्यवस्था में ग़रीबी रेखा के नीचे रहने वाले लोगों की संख्या छत्तीस प्रतिशत से बढ़कर बयालीस प्रतिशत हो गयी है। यह नयी पूँजी का प्रभाव है कि सामान्य लोगों का भविष्य अँधेरे में लटका है। सूरज का पैसे के सूटकेस के पीछे छिपना लोगों के जीवन से प्रकाश, ऊर्जा छीनकर अँधेरगर्दी क़ायम करना है। इस व्यवस्था से लोग जड़, ज़मीन और जंगल से बेदख़ल किये जा रहे हैं। अब पीने का पानी ख़रीदने पर बन्द बोतलों में मिलता है। हवा विषाक्त हो चुकी है। शहरों में पर्याप्त रोशनी का अभाव है।

आज कुछ लोगों ने अनैतिक तरीक़े से बेहिसाब धन एकत्रित कर लिया है, जो काला धन है। उदय प्रकाश ने 'दिल्ली की दीवार' कहानी में इसी मुद्दे को रोचक ढंग से उठाया है। इस काले धन के मुद्दे पर देश की एक सरकार गिरती और दूसरी सरकार बनती है। विडम्बना है कि इस सम्बन्ध में सच कम अफ़वाहें ज़्यादा फैलाई जाती हैं। कहानी के आरम्भ में ही तिरछे अक्षरों में उदय प्रकाश लिखते हैं–

"यह कहानी दरअसल एक ओट है, जिसके पीछे छुपा हुआ मैं एक रहस्य के बारे में आपको बताना चाहता हूँ। क्योंकि जैसी स्थितियाँ हैं, उसमें अफ़वाहें ही सूचनाओं की शक्ल में आप तक पहुँच रही हैं।''[11]

इस दौर की लोकतान्त्रिक राजनीति में बहुत गिरावट आयी है। तरह–तरह के माफ़ियाओं का अवैध शिकंजा राजनीति, प्रशासन और दैनिक नागरिक जीवन पर कसता गया है। इनमें सन्दिग्ध क़िस्म के बिल्डर और ठेकेदार हैं, छोटे–बड़े उद्यमी और उद्योगपति हैं, सटोरिये और प्रॉपर्टी का धन्धा करने वाले दलाल हैं। यही लोग राजनेताओं के चहेते हैं। ये अनैतिकता, बर्बरता और हिंसकता की किसी भी सीमा को लाँघ सकते हैं। राजनीति का अपराधीकरण और भ्रष्टचार लोकतन्त्र की विशेषता बन गया है। भारत की स्वतन्त्रता को अपहृत कर लिया गया है। 'पीली छतरी वाली लड़की' में राहुल कहता है–

"कौन है इण्डियन? क्या दिल्ली, यू.पी. और बिहार के पॉलिटिशियंस, व्यापारी, दलाल करप्ट ब्यूरोक्रेट्स, क्रिमिनल्स और चीटर्स ही इण्डियन हैं? ...इन्होंने आज़ादी को हाईजैक कर लिया है।''[12]

हमारा लोकतन्त्र अपने लोगों के लिए स्वतन्त्रता, समता और जीवनगत मूलभूत अधिकारों को सुनिश्चित करने की बजाय उनके दमन और यातना में ही सक्रिय रहता है। 'और अन्त में प्रार्थना' के डॉ. वाकणकर अपनी डायरी में लिखते हैं–

"कहीं हमारे देश में लोकतन्त्र का असली अर्थ शत्रु व्यवस्था का चुनाव तो नहीं हैं?''[13]

लोकतान्त्रिक व्यवस्था पर ऐसी वाज़िब टिप्पणियाँ उदय प्रकाश की कथा–सृष्टि की विशेषता है। इनकी कथा–संरचना में कथा, आख्यान और विचार घुले–मिले हैं, एक–दूसरे में निरन्तर आवाजाही करते हैं।

यह लोकतन्त्र एक तरह से भ्रष्ट सत्ता–तन्त्र बन गया है। इसके प्रायः हर ईमानदार, निष्ठावान कर्त्तव्यपरायण व्यक्ति को शक़ की निगाह से देखा जाता है। 'असत्य का भौतिक प्रभाण' नामक रोचक कथा में विनायक दत्तात्रेय इस विडम्बना पर कहते हैं कि–

"इस सच को प्रमाणित करने के लिए मेरे पास कोई प्रमाण नहीं है। ...लेकिन इस झूठ का भौतिक प्रमाण मौजूद है और वह सरकार के संस्कृति विभाग के उस भ्रष्ट अधिकारी की मेज़ की दराज़ में फ़िलहाल बन्द है।"[14]

यह सत्ता–तन्त्र डॉ. वाकणकर जैसे ईमानदार, जन–प्रतिबद्ध, लगनशील, कर्त्तव्यनिष्ठ व्यक्ति को बार–बार परेशान, पीड़ित और प्रताड़ित करता है और उनकी पेशेगत ईमानदारी पर इस क़दर क्रूर–अनैतिक दबाव बनाता है कि वे ब्रेन हेमरेज के आघात से कोमा में चले जाते हैं। समाज में वाकणकर, मोहन दास और विनायक दत्तात्रेय जैसे ईमानदार लोग हमेशा हाशिये पर पड़े रहते हैं। इन्हें ईमानदारी का दण्ड भोगना पड़ता है। समाज में मौजूद ऐसे लोग उदय प्रकाश की कथा–संरचना में आकर कालजयी चरित्र बन जाते हैं।

भारतीय सामाजिक संरचना का यथार्थ एकआयामी नहीं है, बल्कि भिन्न और जटिल है। शहरी संरचना ग्रामीण संरचना से अलग है। ग्रामीण संरचना भी वैविध्यपूर्ण है। किसी एक को मानक नहीं बनाया जा सकता। उत्तर–पूर्व भारत के अनेक गाँव प्राक् कृषि अवस्था में हैं तो पंजाब हरियाणा के गाँवों में कृषि का व्यवसायीकरण हो चुका है।

गाँवों का शहरीकरण हो रहा है। फिर भी गाँव के लोग रोज़गार की तलाश में शहर की ओर पलायन कर रहे हैं। शहरों का विकास भी हो रहा है। उदय प्रकाश 'और अन्त में प्रार्थना' में आदिवासी ग्रामीण समाज का, 'भाई का सत्याग्रह', 'साइकिल', 'मोहन दास' में गाँव की संरचना का, 'पीली छतरी वाली लड़की' में पूर्वोत्तर भारत के गाँव का जीवन्त बिम्ब देते हैं। 'पॉल गोमरा का स्कूटर' और 'मैंगोसिल' में द्रुत गति से बदलते महानगर की संरचना का उद्घाटन है। महानगरीय संरचना में जीने वाले सामान्य ग़रीब लोगों का जीवन स्तर निरन्तर बदहाल और बेहाल हुआ है। 'साइकिल' कहानी में उदय प्रकाश लिखते हैं–

"गाँव भी पहले वाला, मिट्टी के कच्चे घरों, और खपरैलों वाला गाँव नहीं रह गया था। वहाँ कई पक्के मकान बन गये थे। चार–पाँच घरों में टी.वी. के डिश एंटिना लग गये थे। जुताई के लिए ट्रैक्टर आ गये थे। ...भूमिहीन लोग बड़ी संख्या में गाँव छोड़कर शहर चले गये थे। वहाँ वे रिक्शा चलाते या कंस्ट्रक्शन के काम में

मज़दूरी करते। कुछ सड़क की पटरियों पर रेहड़ी–ठेला लगाते। गाँव में कुछ नहीं बचा था। सारी नक़दी शहरों में सिमट गयी थी। रोज़गार भी वहीं था। ...गाँव में चोर तक नहीं झाँकते थे। ...एम.एल.ए. त्रिपाठी अब लोक–निर्माण मन्त्री बन गये थे। सरपंच ठेकेदार बन गया था और उसके घर में टाटा 407, कमांडर जीप और एस्कॉर्ट का ट्रैक्टर खड़े हो गये थे। हाँ, स्कूल की इमारत ढ़ह गयी थी और बच्चे पेड़ के नीचे पढ़ने जाते थे। सरकारी अस्पताल में ढोर–डांगर सोते थे।''[15]

बदलती सामाजिक संरचना का सटीक ब्योरा उदय प्रकाश की विशेषता है।

मीडिया और विज्ञापन इस दौर में बेहद अनैतिक, अमानवीय, उत्तरदायित्वहीन तथा पूँजी केन्द्रित होते जा रहे हैं। विज्ञापन में स्त्रियों के अश्लील ऐन्द्रिक दृश्यों का प्रयोग धड़ल्ले से हो रहा है। 'पॉल गोमरा का स्कूटर' में विज्ञापन से सनसनी पैदा करने वाली सुनीला और आशा जैसी मॉडल हैं। जिसमें एक का हश्र एच.आई.वी. पॉजिटिव में होता है तो दूसरे को पर्यटन विभाग के बाश्विक्यू में भून डाला जाता है। स्त्रियों का शोषण कई स्तरों और कई रूपों में हो रहा है। उभरते अमीर वर्ग में भोग–विलास की प्रवृत्ति बढ़ी है। आनन्द, कामुकता और लालच ही उसके जीवन की लय है। 'पीली छतरी वाली लड़की' में उदय प्रकाश लिखते हैं–

"जिस अनुपात में ब्यूटी–कांटेस्ट और फ़ैशन परेड बढ़ रहे थे, उसी अनुपात में औरतों की ख़रीद–फ़रोख़्त और उन पर ज़ुल्म भी बढ़ रहे थे।''[16]

आज पाश्चात्य संस्कृति का प्रभाव बढ़ रहा है। इसके केन्द्र में व्यवसायिकता है। उदय प्रकाश लिखते हैं–

"यह वह उत्तर आधुनिक समय है, जब छोटे–छोटे शहरों में वेलेंटाइन डे मनाया जा रहा है और न्यू.ईयर इव के लिए भुच्च पिछड़े कस्बों में भी टीवी विज्ञापनों की बदौलत केक और आर्चिज के कार्ड की बिक्री बढ़ गयी है।''[17]

यह विडम्बना है कि आज बहुत कम भारतीयों को पता है कि भारत का नव वर्ष किस दिन शुरू होता है। भारतीय त्यौहारों में भी स्थानिक

विशेषता की जगह व्यवसायिकता बढ़ गयी है। खान–पान में भी यह परिवर्तन देखा जा सकता है। परम्परागत खान–पान की जगह नूडल्स, पिज़्ज़ा, बर्गर, फ्राइड चिकेन मंचूरियन, पेप्सी, कोक जैसी खाने–पीने की चीज़ें हर जगह आ गयी हैं। 'आवरण' कहानी का 'मैं' प्रकाशक में यह परिवर्तन लक्षित करता है।

> *अब वह ब्रेड पकौड़ा, पुदीने की चटनी या बीकानेरी समोसा खाते नहीं मिलता था। कभी वह डोमिनो का पिज़्ज़ा, कभी केंटुकी चिकेन, कभी कोई मैक्सिकन या इटालियन व्यंजन खाता दिखता।"*[18]

'साइकिल' कहानी में–

> *"कच्ची सड़क...अब विश्व बैंक की मदद से पक्के हाईवे में तब्दील हो चुकी थी। ...सड़क के दोनों ओर ढाबे खुल चुके थे। शाही पनीर, छोले मसाला, मलाई कोफ़्ता, तन्दूरी चिकन दाल, दाल मखनी, बटर चिकन, दाल फ्राई, बिरयानी और जाने क्या–क्या वहाँ हर पल तैयार मिलता।"*[19]

पारम्परिक व्यंजन ग़ायब होते जा रहे हैं। हर ढाबे, होटल या रेस्तरां में एक जैसे व्यंजन मिल रहे हैं।

आज घर के बड़े–बुज़ुर्गों का सम्मान और महत्त्व निरन्तर घटता जा रहा है। वृद्धा–श्रमों की संख्या बढ़ रही है। जो पहले घर का मुखिया होता था, अब जर्जर बुढ़ापे में घर की सबसे गन्दी कोठरी में रहने को विवश होता है। 'छप्पन तोले का करधन' कहानी में वृद्धा दादी के प्रति कठोर, असंवेदन व्यवहार आँखें खोलने वाला है। समाज में बढ़ती अमानवीयता, दरकते मानवीय मूल्य और क्रूरता का खौफ़नाक बेचैनी–भरा आख्यान 'तिरिछ' है। सामाजिक कुप्रवृत्तियाँ हत्या की हद तक क्रूर हो जाती हैं। 'तिरिछ' के पिता, 'और अन्त में प्रार्थना' के डॉ. वाकणकर, 'पॉल गोमरा का स्कूटर' के पॉल गोमरा, 'भाई का सत्याग्रह' के बड़े भाई, दत्तात्रेय सीरीज़ के विनायक दत्तात्रेय, 'मोहन दास' का मोहन दास जैसे ईमानदार पात्र अमानवीयता और साज़िश के शिकार हो जाते हैं। सभ्य समाज की अमानवीयता और साज़िश के शिकार लोग कई बार आतंकी, हिंसक और असामाजिक तत्त्व बन जाते हैं। उदय प्रकाश अपनी कथा में इस पक्ष को सांकेतिकता से व्यक्त करते हैं–

"मोहन दास का बारह साल का बेटा देव दास दस दिन से घर नहीं लौटा है। कोई कहता है उसे बिसनाथ ने ग़ायब करा दिया है, कोई कहता है वह डरकर मुम्बई भाग गया है...और कोई यह भी कहता कि उसे परसों बस्तर के जंगलों में देखा गया है।'[20]

बस्तर नक्सल प्रभावित क्षेत्र है, जहाँ अक्सर नक्सलियों और प्रशासन के बीच हिंसक वारदातें होती रहती है। नक्सलवाद भारत की सबसे बड़ी आन्तरिक समस्या माना जाता है।

उदय प्रकाश के कथाख्यान, अनेकानेक सन्दर्भों–मुद्दों को समायोजित करते हुए, बदलती सामाजिक संरचना का मार्मिक, रोचक भाष्य प्रस्तुत करते हैं। इनकी कथा–संरचना में समसामयिक बदलते सामाजिक यथार्थ का रचनात्मक रूपान्तरण हुआ है। तेज़ गति से बदल रहे समाज और जीवन की जटिलता नये शिल्प में ही कथात्मक अभिव्यक्त पाती है। अर्चना वर्मा ने ठीक लक्षित किया है,

"उदय प्रकाश ने आरम्भ से ही कथानुभूति की नयी संरचनाओं के आविष्कार से अपने रचनाकर्म को परिभाषित किया है।'[21]

उदय प्रकाश बदलती सामाजिक संरचना को संश्लिष्टता से अपनी कथा में बुन देते हैं। बदलते सामाजिक स्वरूप की सार्थक अभिव्यक्ति के लिए दैनन्दिन जीवन की घटनाओं, समाचार पत्रों से प्राप्त सूचनाओं, आँकड़ों, सर्वेक्षणों तथा दस्तावेज़ों का इस्तेमाल करते हैं। उदय प्रकाश की कथा–संरचना विगत तीन दशकों में होने वाले तकनीकी, आर्थिक, राजनीतिक, सामाजिक, सांस्कृतिक परिवर्तनों के फलस्वरूप शहरीकरण, बाज़ारीकरण, पूँजी की ताक़त, बेरोज़गारी, विस्थापन, असमानता, अमानवीयता और अन्याय तथा अपर्याप्त अधिरचना संरचना का जन–जीवन पर पड़ने वाले प्रभाव के समानान्तर निरन्तर बनती और विकसित होती है।

सन्दर्भ

1. उदय प्रकाश, और अन्त में प्रार्थना, वाणी प्रकाशन, नयी दिल्ली, संस्करण 2006, पृ. 101
2. उदय प्रकाश, पॉल गोमरा का स्कूटर, वाणी प्रकाशन, नयी दिल्ली, संस्करण 2006, पृ. 36
3. उदय प्रकाश, मैंगोसिल, पेंगुइन बुक्स, नयी दिल्ली, संस्करण 2006, पृ. 161

4. उदय प्रकाश, मोहन दास, वाणी प्रकाशन, नयी दिल्ली, संस्करण 2009, पृ. 10
5. उदय प्रकाश, मैंगोसिल, पेंगुइन बुक्स, नयी दिल्ली, संस्करण 2006, पृ. 148–149
6. उदय प्रकाश, पॉल गोमरा का स्कूटर, वाणी प्रकाशन, नयी दिल्ली, संस्करण 2006, पृ. 36
7. उपर्युक्त, पृ. 104
8. उदय प्रकाश, मैंगोसिल, पेंगुइन बुक्स, नयी दिल्ली, संस्करण 2006, पृ. 136
9. उदय प्रकाश, पीली छतरी वाली लड़की, वाणी प्रकाशन, नयी दिल्ली, संस्करण 2009, पृ. 13
10. उदय प्रकाश, पॉल गोमरा का स्कूटर, वाणी प्रकाशन, नयी दिल्ली, संस्करण 2006, पृ. 55
11. उदय प्रकाश, दत्तात्रेय के दुख, वाणी प्रकाशन, नयी दिल्ली, संस्करण 2006, पृ. 55
12. उदय प्रकाश, पीली छतरी वाली लड़की, वाणी प्रकाशन, नयी दिल्ली, संस्करण 2009, पृ. 63
13. उदय प्रकाश, और अन्त में प्रार्थना, वाणी प्रकाशन, नयी दिल्ली, संस्करण 2006, पृ. 141
14. उदय प्रकाश, दत्तात्रेय के दुख, वाणी प्रकाशन, नयी दिल्ली, संस्करण 2006, पृ. 19
15. उपर्युक्त, पृ. 98–99
16. उदय प्रकाश, पीली छतरी वाली लड़की, वाणी प्रकाशन, नयी दिल्ली, संस्करण 2009, पृ. 132
17. उपर्युक्त, पृ. 22
18. उदय प्रकाश, आवरण, पूर्वग्रह, अप्रैल–जून, 2009, सं.–प्रभाकर श्रोत्रिय, पृ. 23
19. उदय प्रकाश, दत्तात्रेय के दुख, वाणी प्रकाशन, नयी दिल्ली, संस्करण 2006, पृ. 99
20. उदय प्रकाश, मोहन दास, वाणी प्रकाशन, नयी दिल्ली, संस्करण 2009, पृ. 86
21. वर्मा, अर्चना, विकास का दुःस्वप्नलोक (लेख), संवेद–सितम्बर, 2008, सम्पादक–किशन कालजयी, पृ. 15

कहानी : लम्बी कहानी

भेद खोलेगी बात ही –शमशेर

उदय प्रकाश की कहानियाँ 'बतकहिया' ढंग से बातों से बातें निकालते हुए बातों में ही अपने समय के कई भेदों को आहिस्ते से उजागर कर देते हैं। इनकी कहानियाँ एक संवेदनशील और विवेकशील रचनाकार के ज्ञानानुभव और जीवनानुभव की भाषिक अभिव्यक्ति हैं। इनकी कथा–सृष्टि का एक महत्त्वपूर्ण लक्षण कहानियों की आकारगत विशेषता विविधता है, जो समकालीन हिन्दी कहानी में विरल है। इनकी विविध आकार की लम्बी–छोटी कहानियों में नवीन कथा–युक्तियों–शैलियों का सुचिन्तित समावेश हुआ है, जिनमें समसामयिक जीवन–संसार की अर्थवान प्रतिध्वनियाँ पूरी मार्मिकता से व्यक्त होती हैं।

लम्बी कहानियाँ प्रचलित कहानी के स्वरूप से काफ़ी आगे बढ़ी होती हैं, लेकिन उपन्यास के क़रीब होते हुए भी उपन्यास नहीं हो पातीं। अपने मौलिक और आन्तरिक अन्विति में वे कहानी ही रहती हैं। लम्बी कहानियाँ छोटी कहानियों की तरह न तो गझिन और गुम्फित होती हैं न ही उपन्यासों की तरह फैली हुई। लम्बी कहानियों पर चर्चा करते हुए निर्मल वर्मा कहते हैं–

> *"जबसे मैंने कहानियाँ लिखना शुरू किया, लम्बी कहानियों की यह दुनिया मुझे बहुत आत्मीय लगती रही है–न तो छोटी कहानियों की तरह बहुत कसी हुई न ही उपन्यासों की तरह बहुत फैली हुई...संयम और उन्मुक्तता के इस अद्भुत मिश्रण से एक तरह का लिरिकल सौन्दर्य उत्पन्न होता है,जहाँ शब्द अपना स्पेस निर्धारित करते हैं... जो बाहर की तरफ़ न जाती हुई अपनी भीतर की तहों को खोलती है।"[1]*

यहाँ सवाल उठ सकता है कि क्या कोई लेखक जान–बूझकर लम्बी कहानियाँ लिख सकता है? इस सन्दर्भ में यही कहना उचित जान पड़ता है कि कोई कहानी स्वतःस्फूर्त ढंग से लम्बी हो जाती हैं, लेखक की मनमर्जी से नहीं।

रचनाकार साहित्यिक विधा का चयन मनमाने ढंग से नहीं कर सकता। कोई भी रचनाकार अपने अनुभव को एक विधा से दूसरी विधा में स्वेच्छाचारी ढंग से स्थानान्तरित नहीं कर सकता। ऐसा करने से 'अनुभव का जीवन्त स्फुरण नष्ट' हो जायेगा। रचनाकार अपने अनुभव को प्रकट करने के लिए साहित्यिक विधा नहीं चुनता बल्कि अनुभव एक ख़ास साहित्यिक विधा के साथ लेखक के भीतर उदित होता है। कहानी का कथ्य छोटा या बड़ा किया जा सकता है लेकिन उसके विधागत स्वरूप या फ़ार्म में किसी भी बदलाव की गुंजाइश नहीं है।

> *"इसलिए हम यह नहीं कह सकते कि किसी अनुभव को कहानी में पकड़ा गया है–कला में पकड़ा कुछ भी नहीं जाता–यह ज़्यादा सही होगा कि अमुक अनुभव केवल कहानी में, कहानी के फ़ार्म में ही रूपायित हो सकता था–अन्य किसी फ़ार्म में नहीं।"*[2]

यही बात लम्बी कहानी की विधा के सम्बन्ध में उचित लगती है।

उदय प्रकाश रचना को एक सचेत प्रक्रियात्मक कर्म मानते हैं जिसमें रचनाकार की अन्तर्दृष्टि और संज्ञान रचना के सम्भावित स्वरूप और दिशा को तय करते हैं। इनकी कहानियों की आकारगत विविधता की यही बुनियाद है। इनका कहानियाँ कुछ वाक्यों से लेकर सैकड़ों पृष्ठों तक फैली हुई हैं। 'डर', 'मिलना–जुलना', 'दत्तात्रेय के दुख', 'ख़राब क़लम' जैसी कहानियाँ कुछ वाक्यों में तथा 'सही उत्तर', 'सिर', 'घर', 'चित्र', 'शान्ति', 'पूँछ में पटाखा', 'इतिहास और समाजशास्त्र', 'उत्तर आधुनिक उपभोक्तावाद' जैसी कुछ कहानियाँ अनुच्छेदों में रची गयी हैं। जबकि, 'और अन्त में प्रार्थना', 'पीली छतरी वाली लड़की', 'मोहन दास', 'मैंगोसिल' जैसी कहानियाँ लगभग सौ या उससे अधिक पृष्ठों में तथा 'पॉल गोमरा का स्कूटर', 'वारेन हेस्टिंग्स का साँड़' आदि लगभग पचास पृष्ठों में रची गयी कहानियाँ हैं। उदय प्रकाश की कई कहानियाँ प्रचलित कहानी के आकार और प्रकार की हैं। उदय प्रकाश की आकांक्षा है कि कोई कहानी ऐसी भी हो जो एक वाक्य के पहले ही पूरी हो जायें वे लिखते हैं–

"मैं कुछ ऐसी कहानियाँ लिखने के भी फेर में हूँ जो एक वाक्य के पूरा होने के पहले ही पूरी होकर समाप्त हो जायें लेकिन तब भी उसमें अपने समय के जीवन की मार्मिक और अर्थपूर्ण अनुगूँज हो।"[3]

उदय प्रकाश की लम्बी कहानियाँ अपने आकार–प्रकार में उपन्यास की सीमा को स्पर्श करने के बावजूद कहानी ही हैं, लघु उपन्यास या उपन्यासिका नहीं। इन लम्बी कहानियों का मूल स्थापत्य कहानी का ही है। उदय प्रकाश कहानी में समय के विस्तृत सन्दर्भ को समेटने की हसरत रखते हैं इसलिए इनकी कहानियाँ अक्सर लम्बी हो जाती हैं। समसामयिक यथार्थ इतना संश्लिष्ट, गतिशील और बहुपरतीय है कि कहानी का आकार स्वतः स्फूर्त ढंग से बड़ा हो जाता है। इनकी कहानियाँ परम्परागत कथा–संरचना के बरअक्स एक नयी संरचना में प्रकट होती हैं। कथा के रहस्य, रोमांच, कौतूहल, फ़ैंटेसी के बीच–

"कहानीकार कुशल क़िस्सागो की तरह कड़ी से कड़ी जोड़ता, कहानी को आगे बढ़ता, पाठकों को अपना सहयात्री बनाकर आगे लिए चलता है।"[4]

इनकी कहानियों में 'कथा–रस' की मार्मिक अनुभूति होती है।

उदय प्रकाश की लम्बी कहानियों में मुख्य घटना के साथ कई समानान्तर–अवान्तर घटना प्रसंग भी चलते रहते हैं। ये घटना प्रसंग मुख्य कथा से जुड़कर उसे विशिष्ट अर्थ प्रदान करते हैं। इनकी कहानियों की प्रसारता का कारण घटनाओं की अधिकता नहीं, बल्कि पात्रों की जीवन स्थितियों का विश्लेषण है। इन जीवन स्थितियों को उदय प्रकाश समाचार पत्रों, सर्वेक्षणों, दस्तावेज़ों, तथ्यपरक सूचनाओं, वैचारिकताओं, दार्शनिक सिद्धान्तों आदि के प्रकाश में देखते–दिखाते हैं। इनके कथा–कौशल से जीवन का बड़ा फलक कहानी जैसी विधा में सहज ही व्यक्त हो जाता है।

लम्बी कहनियों के बीच–बीच में अवान्तर प्रसंग, घटनाक्रमों के विपर्यय या बिखराव के बावजूद एक ऐसा कथ्य–बिन्दु होता है, जिसकी ओर सारा वर्णन संकेत करता है। यह कहानी का वह केन्द्रक है जहाँ पर सारी बातें निकलती है या उसमें निहित होती हैं। यह एक अच्छी कहानी की संश्लिष्टता पर भी निर्भर करता है। 'और अन्त में प्रार्थना', 'पॉल गोमरा का स्कूटर' जैसी कहानियाँ इसका अच्छा उदाहरण हैं। जहाँ विविध अवान्तर

प्रसंगों और घटना विपर्यय के होते हुए भी कहानी का आन्तरिक समवाय अर्थपूर्ण और प्रभावोत्पादक है।

'और अन्त में प्रार्थना' उदय प्रकाश की पहली लम्बी कहानी है। इसकी मुख्य कथा ईमानदार, कर्त्तव्यनिष्ठ, जनप्रतिबद्ध डॉ. दिनेश मनोहर वाकणकर की है, जो बार–बार सत्ता के षड्यन्त्र के शिकार होते हैं। इस कहानी में थुकरा महाराज, प्रधानमन्त्री की ढींगर गाँव यात्रा, राष्ट्रीय स्वयं सेवक संघ, कोतमा शहर में दंगा, पुलिस की गोली से तौफ़ीक़ अहमद की हत्या जैसे कई पात्र और प्रसंग भी हैं जो कहानी को विस्तार देते हैं एवं सत्ता की क्रूरता और बर्बरता को उजागर करते हैं। सत्ता तन्त्र प्रशासनिक अधिकारियों, नेताओं, पूँजीपति, व्यापारियों एवं इनके चापलूसों से बनता है। कहानी में दरबारी माहौल प्रधानमन्त्री के ज़िलाधीश खरे के तथा मुख्य चिकित्साधिकारी डॉ. डी.एन. मिश्रा के आसपास दिखता है। ये लोग लोकतान्त्रिक सत्ता, विकास और विस्तार के नाम पर प्रकृति और पर्यावरण के अन्धाधुन्ध दोहन को बढ़ावा देते हैं। इस कहानी में सरकारी स्वास्थ्य केन्द्रों की बदहाल स्थिति, महामारी से मरती जनता के प्रति प्रशासन की लापरवाही, राजनीतिक अवसरवाद, साम्प्रदायिक वैमनस्य और ध्रुवीकरण, संगठन और सत्ता का अपने लाभ और लोभ के लिए इस्तेमाल तथा इन चिन्तनीय क्षणों पर डॉ. वाकणकर की डायरी में उनके विचार कहानी को विस्तार देते हैं। किन्तु आवयिक बनावट में इनका प्रभाव कहानी जैसा ही है।

'पीली छतरी वाली लड़की' कहानी राहुल और अंजली की सिर्फ़ एक अन्तरजातीय प्रेम कहानी भर नहीं है। इस प्रेमकथा के ज़रिये समय के व्यापक यथार्थ की विस्तृत पड़ताल की गयी है। इस कहानी में अनेकानेक मुद्दों का मसलन, जातिवाद, बाज़ारवाद, भूमण्डलीकरण, निजीकरण, विज्ञापन उद्योग, पूर्वोत्तर राज्यों की उपेक्षा, दलित–स्त्री–आदिवासी जीवन–प्रसंगों को समेटने के बावजूद कहानी की मूल संरचना बिखरती नहीं है। इस कहानी के सन्दर्भ में उदय प्रकाश लिखते हैं–

> *"याद रखें यह लम्बी कहानी है, उपन्यास नहीं। इतने सारे पृष्ठों के बावजूद इसमें से जो चीज़ उनुपस्थित है, वह है 'औपन्यासिकता' या 'एपिकैलिटी'। यह तो इस समय इसी यथार्थ में अभी भी जिये जा रहे जीवन का एक ब्योरा भर है। एक अनिर्णीत आख्यान का एक टुकड़ा।"*[5]

इस जीवन का ब्योरा देने के क्रम में छोटी–छोटी घटनाओं और भावों की कड़ी से कड़ी जुड़ती चली जाती है।

'पॉल गोमरा का स्कूटर', 'वारेन हेस्टिंग्स का साँड़', 'मोहन दास' और 'मैंगोसिल' जैसी लम्बी कहानियाँ भी समसामयिक यथार्थ के बहुविध विस्तार को गझिनता और गहराई से व्यक्त करती हैं। इन कहानियों में तथ्यपरक सूचनाएँ एवं प्रसंगानुकूल विचारों की बहुलता कहानी में विधागत बाधा उत्पन्न नहीं करते, बल्कि कथा रस में नया आस्वाद भरते हैं। अपनी लम्बी कहानियों की आकारगत संरचना के बारे में उदय प्रकाश की राय है–

> *"मैं यह अच्छी तरह जानता हूँ कि इन रचनाओं का गठन, इनका विन्यास और इनकी आन्तरिक संरचना उपन्यास की तरह नहीं हैं। साधारण प्रचलित कहानियों के मुक़ाबले कई बार लगभग दस गुना लम्बी ये कहानियाँ इतने पृष्ठों के विस्तार के बावजूद अपनी गति और आवयिक बनावट में अन्ततः कहानियाँ ही हैं, लघु या दीर्घ उपन्यास नहीं।"*[6]

इन लम्बी कहानियों में अलग–अलग दृश्यों, प्रसंगों को समंजित करने का सफल प्रयास है। सूचनाओं और तथ्यों की बहुलता, जो आज के दौर में सच है, के बीच कहानी का लम्बा हो जाना स्वाभाविक और प्रत्याशित है। इसी उपक्रम में उदय प्रकाश कहानी के परम्परागत नियमों, रूढ़ियों और सीमाओं को लाँघते चलते हैं।

उदय प्रकाश की कुछ वाक्यों या अनुच्छेदों में रची गयी छोटी कहानियाँ भी जीवन के किसी महत्त्वपूर्ण प्रसंग, प्रसंग खंड या विचार को अर्थपूर्ण मार्मिकता के साथ अभिव्यक्त करने में समर्थ हैं। ये कहानियाँ कई बार किसी चरित्र विशेष को चाक्षुष बिम्ब की तरह व्यक्त करती हैं। 'उत्तर आधुनिक उपभोक्तावाद' कहानी में दीवाली की रात एक बदहवास–लोलुप कुत्ते की पूंछ में बंधे पटाखे के फूटने और सामने पड़ी हड्डी के चबाने का मार्मिक–व्यंग्यात्मक चित्र है।

> *"एक तरफ़ लालच में कुत्ता हड्डी चबा रहा था, दूसरी तरफ़ पूंछ में बंधे पटाखे के फूटने की वजह से चीख़–पुकार भी मचा रहा था। एक तरफ़ कुत्ते के मुँह से लार बह रही थी, दूसरी तरफ़ उसके गले से चीख़ निकल रही थी।*
> *एक अद्भुत ट्रैजिक–कॉमिक दृश्य था।*

विनायक दत्तात्रेय हँसे।

लोगों ने पूछा "आप क्यों हँस रहे हैं? तो उन्होंने जवाब दिया : देखो इस कुत्ते को। यह बिल्कुल तीसरी दुनिया का उपभोक्तावादी मनुष्य लग रहा है। उत्तर आधुनिक उपभोक्तावाद का दुर्दान्त दृष्टान्त।"[7]

कुछ ही वाक्यों में उपभोक्तावादी मनुष्य का चरित्र अचूक तरीक़े से उजागर हो गया है।

समसामयिक दौर में ऊँचे पदों के सम्मुख चापलूसी, जी–हुजुरी की प्रवृत्ति बढ़ती जा रही है। उदय जी की 'सिर' कहानी इस प्रवृत्ति को रोचकता से रेखांकित करती है।

"एक सिर सचिव के हर वक्तव्य, हर वाक्य और हर मौन पर हिलता था। सचिव बोल रहा था और सिर हिल रहा था। दोनों में–यानी सचिव और सिर के बीच गहरा तालमेल था। एक युगल संगीत संगत। ...धीरे–धीरे लोग भूल गये कि उस भाषण का विषय क्या था। वे यह भी भूल गये कि वहाँ कोई भाषण चल रहा था। मंच पर सिर्फ़ तबला बजता सुनायी दे रहा था और अगली पंक्ति में एक सिर लगातार हिलता जाता था। शेष सब कुछ धुँधला हो गया था।"[8]

इस छोटी–सी कहानी में चाटुकारिता का जीवन्त बिम्ब देखने लायक़ है।

उदय प्रकाश की छोटी–छोटी आत्मकथात्मक कहानियों में अनोखी विशिष्टता मिलती है। इनके पास एक साधारण–सी बात या घटना के ज़रिये बड़े महत्त्वपूर्ण प्रश्न को छोटी कहानी में व्यक्त करने का अद्‌भुत कौशल मौजूद है। 'डिबिया' कहानी में कथावाचक का बचपन में धूप के एक टुकड़े को डिबिया में बन्द करने का एक मासूम अनुभव है। इस बाल–निश्छल, निष्कलुष अनुभव पर कथावाचक का विश्वास अब भी क़ायम है। यह अनुभव मूल्यवान है। लेकिन कथावाचक इसे प्रमाणित करने के लिए डिबिया का ढक्कन खोलने को एक जोख़िम भरा दाँव मानता है।

"क्या इस डिबिया का ढक्कन हटाकर उसे खो देने का इतना बड़ा ख़तरा मैं सिर्फ़ इसलिए मोल लूँ कि इससे उन लोगों को मेरे इस अनुभव पर विश्वास हो जायेगा। वर्ना मैं उनका विश्वास कभी हासिल नहीं कर सकूँगा। लेकिन जो नहीं है, उनके लिए, जो है, उसे दाँव पर लगाना क्या कोई समझदारी है!"[9]

आज के समय–समाज में बढ़ रही अतिरिक्त, अविश्वसनीय अत्यधिक समझदारी के समानान्तर यह एक सौम्य नादान अनुभव है। बढ़ती अविश्वसनीयता के बरअक्स विश्वसनीयता को बचाने की कोशिश है। 'डिबिया' अपनी संरचना में एक संक्षिप्त काव्याख्यान है।

उदय प्रकाश छोटी–छोटी कहानियों में जीवनानुभव के कई महत्त्वपूर्ण यथार्थ पूरी रोचकता से प्रस्तुत किये हैं। छोटे–छोटे प्रसंग, विचार आदि में कहानी की भरपूर क्षमता का प्रमाण हैं ये कहानियाँ। इनमें जीवन यथार्थ के बहुविध स्तरों को सहजता से व्यक्त किया गया है।

उदय प्रकाश की छोटी कहानियों में महत्त्वपूर्ण विचार, अनुभव, प्रवृत्ति के सूत्र मौजूद हैं। ये कहानियाँ संक्षिप्त और छोटी होकर 'लघुकथा',' पैरेबल्स' या 'फ़ेबल्स' नहीं हैं। इनकी संरचना, बुनावट और अन्तिम प्रभाव कहानी जैसा है। 'शायद किसी गद्य में लिखे गये रूपक–काव्य के क़रीब' हैं ये कहानियाँ। एक साक्षात्कार में उदय प्रकाश कहते हैं–

"मैं ज़ोर देकर कहना चाहूँगा कि मेरी उन छोटी कहानियों का उस चीज़ से कोई लेना–देना नहीं है, जिसे लघुकथा कहते हैं। ये छोटी कहानियाँ भी वास्तव में मेरी बड़ी कहानियों की ही संक्षिप्ति हैं। सम्भवतः यही कारण है कि इन्हें पढ़ते हुए पाठकों को वही सघन और तीव्र अनुभव का बोध होता है।"[10]

उदय प्रकाश की लम्बी कहानियाँ समकालीन हिन्दी कहानी में जीवन संसार के विस्तृत फलक को पूरी प्रभावान्विति से व्यक्त करने का साहसिक सार्थक प्रयास है। जबकि इनकी छोटी कहानियाँ भाव–विचार और चरित्र को सूत्र या संकेत रूप में, न्यूनतम शब्दों में अधिकतम व्यक्त करनेवाली, सजीव काव्य बिम्ब के समान प्रभाव डालनेवाली सफल कहानियाँ हैं।

सन्दर्भ

1. वर्मा, निर्मल, ग्यारह लम्बी कहानियाँ, भारतीय ज्ञानपीठ, नयी दिल्ली, संस्करण 2008, पृ. ब्लर्ब
2. वर्मा, निर्मल, उदय प्रकाश, ढलान से उतरते हुए, राजकमल प्रकाशन, नयी दिल्ली, संस्करण 1988, पृ. 30
3. उदय प्रकाश, अरेबा–परेबा, पेंगुइन बुक्स, नयी दिल्ली, संस्करण 2006, पृ. भूमिका
4. सेठी, रेखा, यथार्थ का प्रतिपक्ष (लेख), सृजनात्मकता के आयाम, सं. ज्योतिष जोशी, नयी किताब, नयी दिल्ली, संस्करण 2013, पृ. 69
5. उदय प्रकाश, पीली छतरी वाली लड़की, नयी दिल्ली, संस्करण 2009, पृ. ब्लर्ब
6. उदय प्रकाश, अरेबा–परेबा, पेंगुइन बुक्स, नयी दिल्ली, संस्करण 2006, पृ. भूमिका
7. उदय प्रकाश, और दत्तात्रेय के दुख, वाणी प्रकाशन, नयी दिल्ली, संस्करण 2006, पृ. 42
8. उदय प्रकाश, और अन्त में प्रार्थना, वाणी प्रकाशन, नयी दिल्ली, संस्करण 2006, पृ. 52
9. उदय प्रकाश, तिरिछ, वाणी प्रकाशन, नयी दिल्ली, संस्करण 2008, पृ. 18
10. उदय प्रकाश, अपनी उनकी बात, वाणी प्रकाशन, नयी दिल्ली, संस्करण 2008, पृ. 103

समसामयिक रचनात्मकता के अन्तः आवरण का आख्यान

(उदय प्रकाश की कहानी 'आवरण' को पढ़ते हुए)

चित्राधारित कथा रचने का कौशल समकालीन हिन्दी कहानी में उदय प्रकाश की अपनी निजी विशेषता है। इनकी 'आवरण' कहानी (प्रभाकर श्रोत्रिय के सम्पादन में, पूर्वग्रह–125 के अप्रैल–जून 2009,में प्रकाशित) एक चित्र का संवेदनसिक्त आख्यान है। यह कहानी 'एक कविता पुस्तक के आवरण चित्र' के बज़रिये अपने समय के परिवेश, परिस्थिति और रचनात्मकता की श्लेषात्मक–बहुकोणिक वास्तविक यथार्थ की विश्वसनीय अभिव्यक्ति में सफल और सार्थक मानी जा सकती है।

'आवरण' कहानी में कथावाचक प्रकाशित होनेवाली अपनी पहली कविता पुस्तक के आवरण चित्र के लिए अपने चित्रकार मित्र से एक चित्र माँगता है। चित्रकार मित्र अपने जीवन का सबसे क़ीमती और सबसे अलग चित्र वापस करने के मार्मिक अनुरोध के साथ कथावाचक को देता है। वह चित्र–

> *"कलर पेंटिंग नहीं क़लम से बनाया गया स्केच था। वह स्केच लकड़ी के फ़्रेम के भीतर था। उसमें सैट–आठ साल का एक बच्चा था, जिसकी आँखों में अजीब–सा भय और निरीहता थी।"*
>
> (पृ. 20, **पूर्वग्रह**–125 अप्रैल–जून 2009)

यह एक चित्र का संवेदनशील और बारीक विवरण है। दो चित्रों का **बारीक** विवरण 'वारेन हेस्टिंग्स का साँड़ कहानी' में भी है। हाँ, 'आवरण' कहानी में कोई चित्र नहीं दिया गया है। लेकिन यदि उदय प्रकाश की रचना पुस्तकों को गौर से देखा जाये तो सम्भवतः यह 'तिरिछ' कहानी संग्रह का आवरण चित्र प्रतीत होता है। इस आवरण चित्र का 'रेखांकन

प्रदत्त सूचना' के अनुसार प्रसिद्ध चित्रकार मनजीत बावा ने किया है। आवरण कहानी में अनेक प्रयास के बावजूद चित्र के वापस न मिलने के कारण चित्रकार 'ब्रेन हेमरेज' के कारण 'कोमा' में चला जाता है। ध्यान देने की बात है कि मनजीत बावा भी तीन साल तक 'कोमा' में रहे और वर्ष 2008 में उनकी मृत्यु हुई।

कविता पुस्तक के आवरण चित्र के लिए चित्रकार द्वारा जो चित्र या स्केच दिया गया, वह चित्रकार का प्राण है। कथावाचक को लगता है कि–

> *"मुझे उस चित्र को सौंपते हुए वह (चित्रकार मित्र) मुझसे अपने प्राणों की भीख माँग रहा है।" (वही, पृ. 21)।*

यह चित्र चित्रकार के लिए जीवन है, संजीवनी है, सृजन की शक्ति है, चित्र बनाने की उत्प्रेरणा है, प्रेरक उद्दीपन है। कथावाचक भी चित्रकार की इस वैचारिक मनोभावना को शिद्दत से महसूस करता है। कथावाचक बख़ूबी जनता है कि यह चित्र चित्रकार के लिए अनमोल है, वहीं प्रकाशक के लिए महज़ एक रद्दी का टुकड़ा–भर है, मूल्यहीन है।

साल–दर–साल बिताते जाने पर भी वह स्केच नहीं मिलता है। प्रकाशक अक्सर बहाने बनाकर कथावाचक को टालता रहता है। उस 'स्केच' के अभाव में चित्रकार वांछित और इच्छित चित्र नहीं बना पाता।

> *"मेरी दिक़्क़त यह है कि मैं उस स्केच के बिना वैसी पेंटिंग्स नहीं कर पाता, जैसी मैं चाहता हूँ।" (वही, पृ. 24)।*

यह 'स्केच' या चित्र चित्रकार की रचनात्मकता और जीवन–दोनों को बनाये एवं बचाये रखने के लिए नितान्त अनिवार्य और अपरिहार्य है। चित्रकार ने कहा था–

> *"यह चित्र मेरे बेटे का है जो मेरे मरने के बाद किसी को कुछ बता नहीं पाएगा। मैं उसी के लिए जीना चाहता हूँ।"*
>
> *(वही, पृ. 20)।*

इस चित्र के ज़रिये ही चित्रकार अन्य चित्र बनाने में सक्षम होगा। बेबस निरीह बेटे की स्थिति–परिस्थिति को संसार के सामने उजागर कर सकेगा, दूसरा कोई नहीं। स्वयं बीटा भी नहीं। यहीं लगता है कि बच्चा और उसका स्केच ग़रीब–बेबस सामान्य जन हैं, जिनकी व्यथा कथा को रेखांकित करने के लिए ही, चित्रकार दुःसह मानसिक–आर्थिक प्रताड़नाओं

के बीच भी जीना चाहता है। चित्रकार जैसी वत्सल–आत्मीयता एक सच्चे रचनाकार की ही हो सकती है। वह रचनाकार जो दुख और दरिद्रता के बीच जी रहे जन–सामान्य की तरफ़ से बोलता है जिनकी तरफ़दारी में कोई आवाज़ सुनायी नहीं देती। ये जन–सामान्य इतने लाचार और असहाय हैं कि अपनी लाचारी के कारकों को स्वयं कह नहीं सकते। इनका जीवन रचना में या चित्र में संवेदनशील रचनात्मक लोगों द्वारा ही अभिव्यक्त हो सकता है।

कहानी में एक पौधे के 'स्केच' की भी व्यथित कर देने वाली कथा है। चित्रकार की डायरी में 'जल जमनी' नामक वनौषधि पौधे का एक 'स्केच' है।

> *"उस स्केच में वह पौधा अपनी मृत्यु के बिलकुल क़रीब लग रहा था। उसका जीवन लगभग बुझने के अन्तिम पल में था।" (वही, पृ. 20)*

यह कैंसर जैसे संक्रामक रोगग्रस्त पौधे का 'स्केच' है, जिसे चित्रकार किंडूरी की पहाड़ियों पर जाकर रोज़ देखा करता था, और वह बेहद दुखी होता था। चित्रकार उस पौधे को बचाने की हर सम्भव कोशिश करता है। वह चाहता है कि पौधे की जड़ों में कोई अच्छा डि–इन्फेक्टीसाइड देकर उसे बचा लिया जाय। लेकिन एहसास हो जाता है कि यह पौधा अब बच नहीं सकता। कारण कि–

> *"असल में कैंसर या कोई दूसरी संक्रामक बीमारी इस पौधे की जड़ों को नहीं, ज़मीं की मिट्टी को लग चुकी है और यह तेज़ी से फैलती रही है।" (वही, पृ. 20)।*

यही चित्रकार के लिए सबसे बड़े डर, दुख और दहशत की बात है। क्योंकि सवाल केवल एक–दो या कुछेक पौधों का मरणात्मक बीमारी की ज़द में आने का नहीं है, बल्कि भयावह संक्रामकता की चपेट में पूरी ज़मीन ही है। गहरे अर्थों में यह पौधा, आज की नयी रचनात्मक पौध है। ऐसी प्रतिभावान और सर्जनशील तथा ईमानदार पौध को पनपने के लिए उचित पोषण और अनुकूल परिस्थितियाँ लगभग नहीं हैं। इसका कारण आज का क्रूर, निर्मम, बर्बर, समयसेवी और चापलूस–पसन्द होता जा रहा समय और समाज है, जहाँ नयी रचनात्मकता लगभग दम तोड़ रही है या अपनी अन्तरात्मा और

सिद्धान्तों से समझौता कर समयसेवी और चापलूस बन रही है। यह आज का सत्य और यथार्थ है। इसे उदय प्रकाश की गहरी दूरदृष्टि से सहजता से देखा जा सकता है।

चित्रकार हताशा और निराशा के बीच भी लुप्त, गुम और नष्ट हो रहे भाव, जीवन, परिवेश और रचनात्मकता को बचने आख़िरी क्षण तक कोशिश करता है। 'जल जमनी' के बीमार पौधे को देख वह कहता है–

> *"मैंने सोचा था कि जो पौधा अब हमारी धरती से विलुप्त होने वाला है, कम से कम उसका रंग बचाकर मैं अपनी किसी पेंटिंग में इस्तेमाल कर लूँगा। अब इसी तरीक़े से हम चीज़ों को बचा सकते हैं। असल में, जब इतनी चीज़ें ख़त्म हो रही हैं, किसी तरह हम उनकी स्मृतियाँ ही बचा सकें तो बहुत है।" (वही, पृ. 19)।*

संवेदना का ऐसा आत्मीय और मार्मिक बोध ही चित्रकार या किसी रचनाकार को महत्त्वपूर्ण और महान बनाता है। प्रसिद्धि या विस्तृत लोकप्रियता उसकी संवेदना और जन–प्रतिबद्धता को और भी सघन बनाती है।

> *'आवरण' कहानी में चित्रकार के चित्रों की इण्टरनेशनल मार्केट रेटिंग के बावजूद भी, वह उस 'स्केच' के लिए बेहद चिन्तित और व्याकुल है। कथावाचक के अनेक प्रयत्नों–यहाँ तक कि प्रकाशक के प्रति हिंसक होने के बावजूद **भी**–वह 'स्केच' नहीं मिलता। चित्रकार एक फिर दुबारा जब उस बच्चे का वही स्केच बनाने की कोशिश करता है, तब ही उसे 'ब्रेन हेमरेज' का आघात होता है और वह 'कोमा' में चला जाता है। अगले दिन 'आदिवर्ण' कलादीर्घा में चित्रकार की एकल चित्र प्रदर्शनी, जो पूर्व निर्धारित थी, का सफल आयोजन होता है। उस चित्र प्रदर्शनी में दीवार के ठीक बीचों–बीच एक चौकोर–सी जगह डरावने ढंग से ख़ाली छोड़ दी गयी थी। नीचे शीर्षक के साथ काग़ज़ कि पट्टी पर लिखा हुआ था–'चाइल्ड एंड हिज पोस्थ्युमस फ़्यूचर' 'पेंटिंग मिसिंग' "(वही, पृ. 25)*

'शिशु और उसका मरणासन्न भविष्य' शीर्षक वाला गुम हुआ या न बन सकने वाला चित्र भयावह भविष्य के संकट का संकेत है।

'असामयिक मृत्यु की ओर अग्रसरित भविष्य' उस चित्र की, प्रकारान्तर से इस कहानी की भी महत्त्वपूर्ण नब्ज़ है। दूषित होते प्राकृतिक परिवेश और मूल्यहीन तथा संवेदनहीन होते समसामयिक समाज में पनपने वाली नयी रचनात्मकता के मरणासन्न भविष्य का विषादपूर्ण मार्मिक संकेत है।

संवेदनशील रचनाकार ही नयी रचनात्मक पीढी के प्रति बेहद चिन्तित और दुखित रहते हैं। मरणासन्न संकटग्रस्त भविष्य इन्हें हमेशा निराश और परेशान करता रहता है।

यह चित्र–प्रकारान्तर से यह कथा या आख्यान–नयी रचनात्मक पौध, सम्पूर्ण प्रकृति तथा निरीह साधारण जन की कथा है। यही जीवन सच्चे, ईमानदार और संवेदनशील रचनाकार की रचना का प्राण होता है। उनके रचनात्मक ज़मीन की उर्वरा शक्ति होती है। चित्र का ग़ायब होना ग़रीब–बेबस सामान्य जन के जीवन को साहित्य से बेदख़ल करने की सज़िश मानी जानी चाहिए। हर संवेदनशील और सच्चा रचनाकार इस जीवन के बग़ैर रचना कर ही नहीं सकता। उस जीवन को रचना में व्यक्त करने के लिए विकल रहता है। यही कारण है कि चित्रकार और कथावाचक दोनों उस चित्र को पाने के लिए विकल हैं। इस समय की विडम्बना यही है कि रचना की दुनिया में बहुसंख्य लोग सत्ता के दम पर दाख़िल हो रहे हैं, रचना की गुणवत्ता या संवेदनशीलता के बल पर नहीं। ऐसे लोग रचना के नाम पर लफ़्फ़ाज़ी करते हैं। अपनी रचना में और जीवन में भी ढकोसला, चाटुकारिता तथा अर्थहीन प्रशंसात्मकता के लिए शब्दों और वाक्यों का निरर्थक अम्बार लगते हैं। इन्हीं परिस्थितियों में घिरा कथावाचक कहता है–

> *"जिस भाषा में मैं लिखता था, उसमें ऐसे लेखक बहुत बड़ी संख्या में आ गये थे, जिनकी कारों में लाल–पीली बत्तियाँ लगीं होती थीं। वे सरकार द्वारा सत्तावान बना दिये गये थे।" (वही, पृ. 24)।*

कालजयी रचना की उपादेयता सर्वसाधारण के जीवन–संसार–समाज–परिवेश से सम्भव होती है। यही धीरे–धीरे गुम और नष्ट होती जा रही है। इस कहानी का महत्त्वपूर्ण इशारा इसी ओर है।

कहानी में जनजीवन और पर्यावरण पर छाया संकट सामान्य नहीं है,वह लगभग समापन या मृत्यु के क़रीब है। कहानी में असामयिक मृत्यु,

हत्या और संक्रामक जानलेवा रोग से ग्रस्त अनेक प्राकृतिक और सामाजिक उपादान हैं। परिस्थितियां, परिवेश और पर्यावरण अत्यन्त दूषित होकर गम्भीर संक्रामकता की चपेट में इस क़दर आ चुके हैं, जहाँ से बचना सम्भव नहीं लग रहा है। इसका एहसास हर संवेदनशील और सच्चे रचनाकार को होता है। कहानी में चित्रकार बेटे और पौधे दोनों के जीवन को देख बेहद हताश, निराश और परेशान है। जैसा परिवेश,परिस्थितियाँ और समाज बन रहा है, उसमे हर साधारण, बेबस, सत्ताहीन जीवन घनघोर संकट में है। इसी स्थिति के मद्देनज़र चित्रकार कथावाचक से कहता है–

> *"क्या तुम्हें नहीं लगता कि जिस समय में हम लोग जी रहें हैं, उसमें हम लोग घटनाओं और चीज़ों को सिर्फ़ देख भर सकते हैं? कुछ कर नहीं सकते?" (पृ. 20)*

इस कथन में इस दौर की मार्मिक भयावहता और एक ख़ास क़िस्म की असहायता को सुना समझा और महसूस किया जा सकता है।

कहानी में एक कवि की एक ठेकेदार द्वारा दिन–दहाड़े सरेआम हत्या की जाती है।

> *"उस शहर के सात हज़ार लोग कवि की हत्या को किसी बॉलीवुड की फ़िल्म या टी.वी. सीरियल की शूटिंग की तरह देख रहे थे।" (वही, पृ. 16)*

इस घटना में आज के समय की वीभत्स, दहशतनाक, हिंसक तथा समाज में फैल रही संवेदनहीनता और सामूहिक प्रतिरोध के अभाव की गूँज सुनी जा सकती है। यह संवेदना का सिकुड़ते जाना है,नष्ट होना है। यह कथा–मात्र नहीं आज का कटु सत्य भी है। इसी घटना के बाद शहर का एक विद्वान ठेकेदार की कार में बैठ एक आयोजन जाते हुए कहता है–"मरने वाले के साथ कोई मर नहीं जाता।" (वही, पृ. 16) यह संवेदनशून्यता की पराकाष्ठा है, अतिशय चाटुकारिता है, व्यक्ति के अर्न्तमन में ईमानदारी, निर्भीकता और बेबाक़ी का मरना है।

यह कवि ही कथावाचक को एक प्रकाशक से मिलवाता है। तीस वर्ष पहले उजाड़–सा दिखने वाला प्रकाशक आज एक बड़ा व्यापारी तथा साहित्यिक दुनिया की बड़ी हस्ती बन गया है। इसी कहानी में एक और दूसरा प्रकाशक भी है, जिसने कथावाचक के पहले कविता संग्रह का प्रकाशन किया था। और उसी ने उस महत्त्वपूर्ण चित्र को–जो कथावाचक

के चित्रकार मित्र का प्राण–सा था, लापरवाही से गुम कर दिया था। इन तीस वर्षों में प्रकाशक तो निरन्तर धनवान होते गये लेकिन विडम्बना यह कि सत्ताहीन, प्रतिभावान, ईमानदार और जन–प्रतिबद्ध रचनाकार के हालात बदतर ही हुए हैं। कथावाचक की स्थिति भी ठीक नहीं है। प्रकाशक भी ऐसे लोगों की बजाय उन सत्ताधारियों को ही तवज्जो देते हैं। कहानी में प्रकाशक द्वारा एक पुलिस अफ़सर की जो साधारण–सी कविता की पुस्तक छपती है, उसकी छह हज़ार प्रतियाँ जा चुकी हैं। प्रकाशक कहता है–

> *"चार बार प्रिंट का ऑर्डर देना पड़ा। राजभाषा विभाग, ग्रन्थ अकादेमी, तेरह केन्द्रीय विश्वविद्यालय, रेलवे बोर्ड, अड़तालीस लाइब्रेरीज...। चार भाषाओं में उसका अनुवाद हो रहा है। होम मिनिस्टर और गवर्नर ने विमोचन किया। कोई अख़बार नहीं जहाँ उसकी रिव्यू नहीं आयी।" (वही, पृ. 22)*

ध्यान रहे यह रचना की लोकप्रियता नहीं, बल्कि सत्ता की शक्ति का प्रभाव है। प्रतिभावान रचनाकार को महत्त्व न देना प्रकाशकीय दुनिया के एक बड़े भाग के अन्तःआवरण का सत्य है। नयी रचनात्मक पौध के लिए ज़मीन की संक्रामकता इसे ही माना जाना चाहिए।

'आवरण' कहानी पर 'मोहन दास', 'मैंगोसिल', जैसी महत्त्वपूर्ण कहानियों के शिल्प का गहरा प्रभाव मौजूद है। कथाकार उदय प्रकाश कथावाचक के रूप में कहानी के एक पात्र हैं। साहित्यिक, राष्ट्रीय और वैश्विक सूचनाएँ कई सांकेतिक रूप में तथा कई बार सीधे–सीधे व्यक्त हुई हैं, जो बदले और बदलते समय की स्पष्ट व्याख्या करती हैं। कहानी जगह–जगह इटैलिक अर्थात् तिरछे अक्षरों में हो जाती है। अक्षरों के टेढ़े–मेढे होने का सम्बन्ध रचनाकार के अन्तर्मन की बेचैनी और अकुलाहट से है। उसकी स्मृति से है।

> *"स्मृति का मतलब ही होता है, समय में पीछे की ओर लौटना। उलटी दिशा में लौटना। ऐसे में जैसे लिपियाँ तिरछी हो जाती हैं, वैसे हमारे अपने चेहरे भी टेढ़े–मेढे हो जाते हैं। लेखन तो वैसे भी एक ऐसा पेशा है जिसमें लगातार और बार–बार स्मृतियों में रहना और आना–जाना पड़ता है। इसीलिए आपने ज़्यादातर पाया होगा कि लेखकों और कवियों के चेहरे टेढ़े–मेढ़े होते हैं।" (वही, पृ. 18–19)*

सच्चे रचनाकार की रचना में दम होता है चेहरा चाहे जैसा हो। 'जेई मुख देखा तेई हँसा, सुना ते आये आँसु'। (जायसी) इस कहानी में चित्रकार उस बच्चे के चित्र को दुबारा बनाने का प्रयास करता है।

> *"और ऐसा करते हुए वह तिरछा और टेढ़ा–मेढ़ा होने लगा होगा। वह इटैलिक्स में बदलने लगा होगा उसके शरीर के हर अंग तिरछे होने लगे होंगे। उसके गुर्दे, लीवर...उसकी शिराएँ और धमनियाँ, उसका हृदय...और बहता हुआ रक्त। फिर अन्त में, उसका मस्तिष्क और वहाँ मौजूद सारी स्मृतियाँ...अचानक उसका चेहरा किसी कमज़ोर नाज़ुक आईने कई टुकड़ों में तिड़क गया होगा।" (वही, पृ. 25)*

इसके बाद वह मृत्यु के क़रीब 'कोमा' में चला जाता है। यह चित्र, चित्रकार या रचनाकार की संवेदना है, भाव है, भावना है,सहानुभूति है, अनुभूति है और अनुभव भी है। चित्र को ग़ायब करना, एक तरह से ईमानदार, सृजनशील रचनाकार के लेखन को हो नहीं उसके मन–मस्तिष्क पर सेंसर लगाना है, प्रतिबन्धित करना है।

निरन्तर विषाक्त, संक्रमित और मृत्यु की ओर अग्रसरित भविष्य को देख कथावाचक चिन्तित और दुखित तो ज़रूर होता है, लेकिन आख़िरी उम्मीद और सम्भावनाओं की खोज में है। कथावाचक संक्रमित जीव, जीवन, परिवेश और रचनात्मकता को बचा लेने के लिए कहीं चले जाना चाहता है, एक तरह से 'माइग्रेट' कर जाना चाहता है। कथावाचक कहता है–

> *"मेरा यहाँ से जाना वैसा नहीं होगा, जैसे किसी एन.आर.आई. या कॉल सेंटर या किसी एम.एन.सी. का जाना होता है। यह जाना वैसा भी नहीं होगा जैसा विजय माल्या आई.पी.एल. की क्रिकेट टीम लेकर दक्षिण अफ़्रीका या इंग्लैंड चला जाता है। यह जाना वैसा होगा जैसे कोई अश्वत्थ वृक्ष, पीपल पलाश या बरगद धरती में दूर–दूर तक दसों दिशाओं में फैली अपनी जड़ें समेत ले और कहीं और चल दे...। या जैसे गंगा या यमुना अपने उद्गम से सारा जल स्रोत समेट ले और जीवित रहने के लिए कहीं और चल दे।" (वही, पृ. 25)*

यह एक नये प्रकार के निर्वासन की योजना है, आकांक्षा है, गहराई से देखें तो बाध्यता भी। यह प्रतिभा, संवेदना और रचनात्मकता का पलायन या गहरे अर्थों में निर्वासन है।

(नव) पूँजीवाद के दौर में जहाँ प्रकृति से लेकर साधारण मनुष्य का जीवन और रचनात्मकता भी भीषण ख़तरे में है। इसी प्रकार के निर्वासन से ही जीवन बच सकता है। पूरे पारिस्थितिक तन्त्र, समाज और रचनात्मकता को बचाये रखने के लिए परिवेश को बदलना होगा, मूल्यों की विश्वसनीयता क़ायम करनी होगी और संवेदनात्मकता को संजोये रखना होगा। विषम परिस्थितियों के बीच भी कथावाचक की उम्मीद क़ायम है। उसे उम्मीद है कि उसका चित्रकार मित्र 'कोमा' से वापस आ सकता है।

> *"वह खोया हुआ स्केच मिल जाय और मैं तीन साल से कोमा में पड़े अपने दोस्त के कान में फुसफुसाकर यह ख़बर दूँ, तो वह अब भी वापस जीवन में लौट सकता है। यही वह सम्भावना है जो हमारे जीवन में अब तक किसी क़दर बची हुई है।" (वही, पृ. 25)*

ऐसा इसलिए है क्योंकि उदय प्रकाश विषम, विषाक्त और संक्रमित होते परिवेश, समाज और रचनात्मकता के अन्तःआवरण को पूरे शिद्दत से रेखांकित करते हुए भी निराशा या हताशा के नहीं सम्भावनाओं के रचनाकार हैं।

मैंगोसिल : प्रतिपक्षीय वैचारिकता का आख्यान

विविध उपशीर्षकों में बँटी उदय प्रकाश की कहानी "मैंगोसिल "ज्ञान के विविध अनुशासनों, समाजशास्त्र, राजनीतिशास्त्र, अर्थशास्त्र, दर्शनशास्त्र, इतिहास, पर्यावरण, विज्ञान और साहित्य आदि के ताने–बाने बुनी हुई है। इसमें विचार और आख्यान की गझिन और गहन बुनावट और बनावट है। यहाँ विचार से आख्यान निकलता है और आख्यान से विचार। केन्द्रीय कथा चन्द्रकान्त थोराट–कुछ विशेष अर्थों में उसके बेटे सूर्यकान्त या सूरी की है। साथ ही कई समानान्तर और अवान्तर कथाएँ हैं, जो केन्द्रीय कथा को विशेष अर्थ देती हैं। इतर रहकर भी उनका ख़ासा अर्थ ध्वनित होता है।

नब्बे के दशक से शुरू किये गये आर्थिक परिवर्तन के फलस्वरूप ग़रीबी, सामाजिक–आर्थिक असमानता और अन्याय, बढ़ती बेरोज़गारी, विदेशी विनिवेश, विदेशी वस्तुओं का अत्यधिक आयात, प्राकृतिक संसाधनों का क्षरण, प्रदूषण, पर्याप्त आधारिक संरचना के अभाव का जनजीवन पर पड़ने वाले प्रभाव को समग्र जटिलता में व्यक्त करने वाली महत्त्वपूर्ण कहानी है।

चन्द्रकान्त थोराट, शोभा के साथ दिल्ली की जहाँगीरपुरी में एक मियानी में रहता है। जहाँगीरपुरी दिल्ली को कचड़ा है। भयावह ग़रीबी का मॉडल मुहल्ला। इसी परिवेश में शोभा सात बार गर्भवती होती है। हर परहेज़ के बावजूद 'हर बार बच्चा या तो सही समय के पहले गिर जाता या जन्म के दो चार महीने बाद किसी बीमारी से मर जाता।' (पृ. 71, पहल–82,सं.–श्री ज्ञानरंजन, जनवरी–फ़रवरी–मार्च,2006) चन्द्रकान्त और शोभा के बच्चों का मरना गहरे अर्थों में संकेत करता है कि कोई विचार है जिसे वे जन्म देना चाहते हैं। उस परिवेश में वह विचार न पनपता, न ही विकसित हो पाता। उन्हें लगता कि 'मियानी के ठीक सामने जो

नाली है, उसके कीटाणु और मच्छर ही उनके बच्चों को बीमार कर देते हैं।' (पृ. 71)ऐसे परिवेश में कोई विचार सहज और स्वतःस्फूर्त ढंग से विकसित नहीं हो सकता। उसे बार–बार कठिन और उत्सर्गजनित संघर्ष से गुजरना ही होगा।

आठवीं बार शोभा ने एक स्वस्थ से ज़्यादा स्वस्थ बच्चा, सूर्यकान्त या सूरी को जन्म दिया, पर हाय रे नसीब ! वह भी 'मैंगोसिल' का मरीज़ निकला। सूरी का सिर हर रोज,हर पल भारी और बड़ा होता जा रहा था।शोभा और चन्द्रकान्त को सूरी के सिर की पीड़ा और प्रताड़ना को अनुभूत करते हुए लगने लगा कि–

> *"उसका (सूरी का) सिर ही आकार और भार में बड़ा नहीं हो रहा था, बल्कि उसका दिमाग़ भी अपनी उम्र के बच्चों से कई साल बड़ा हो गया था। लगता वह लगातार कुछ सोचता रहता है। अपनी चुप्पी में डूबा हुआ। किसी रहस्य के भीतर अँधेरे में अकेला।" (पृ. 82)*

चन्द्रकान्त थोराट और शोभा के तीस साल के शारीरिक और मानसिक संघर्ष का परिणाम है सूरी–यह कोई सचेतन वैचारिकता है, सम्भवतः निम्नवर्गीय सचेतनता, जिसके निर्माण में चन्द्रकान्त और शोभा दोनों का बराबर योग है। सूरी का सिर लगातार बड़ा हो रहा है। यानी यह वैचारिकता अत्यन्त तेज़ी से बड़ी, विकसित और सक्रिय हो रही है।लेकिन धड़ वैसे ही निष्क्रिय,अविकसित और पूर्ववत है। अर्थात् इस वैचारिकता को वह आधार और समर्थन नहीं मिल पा रहा है जो इस विचार को सँभाल सके, इसे पोषित और सन्तुलित कर सके। इस सचेतनता के विकास में पीड़ा है, दुख है, दर्द है। इससे ख़ुद ही लड़ा जा रहा है, जूझा जा रहा है।

स्पष्ट है, मैंगोसिल न्यूरोलॉजिकल डिसॉआर्डर से पैदा हुआ रोग नहीं, बल्कि यह वह वैचारिकता है जो सोशियो–इकोनॉमिक डिसऑर्डर के कारण जन्मी है। 'मैंगोसिल' का मस्तिष्क इस सामाजिक–आर्थिक–वैचारिक असन्तुलन के एक–एक वायरस को जानता है। इसी में उसकी पूरी ऊर्जा, ताक़त और सक्रियता ख़र्च होती है। इस वैचारिकता का पूरा आयाम तैयार होता है, इस उम्मीद में कि समाज के समान और सन्तुलित विकास हो सके, सन्तुलन स्थापित हो सके। कारण के विचार को बाद ही कार्य सम्भव हो पाता है।

सूरी का पूरा जीवन–काल, उसकी शारीरिक बनावट और उसके विचार–'मैंगोसिल' के प्रतीकार्थ को स्पष्ट करते हैं। वह परिवेश और परिस्थितियाँ जिसमें चन्द्रकान्त और सूरी जैसे लोग रहने को विवश हैं, वहीं से वह रोग या विचार पनप सकता है। उसी दिल्ली के कचरे से (ही), समृद्ध चमकदार दिल्ली से नहीं। ऐसे ही प्रदूषित परिवेश और ग़रीबी से सूरी जैसा सचेतन 'जीनियस माइंड' जन्म ले सकता है। सूरी की इस चेतना में चिन्ता है, वेदना है। अपने अस्तित्व और पहचान के लिए, एक–एक साँस के लिए संघर्ष है, कसमसाहट है, मुठभेड़ है। इसी क्रम में सूरी के–

> *"सोने का समय लगातार कम होता जा रहा था। शायद वह सोने से बचना चाहता था, क्योंकि सोने के बाद ही उसके सिर के भीतर दर्द शुरू होता था और उसकी साँसें रुकने लगती थीं, इसीलिए वह जान–बूझकर नींद को टालने के लिए या तो कुछ पढ़ने लगता या टीवी देखने लगता।" (पृ. 95)*

यह वैचारिकता भी सूरी की तरह निरन्तर सक्रिय, सचेत और जाग्रत रहना चाहती है, जीवन्त दुख–दर्द और हलचल के साथ, यथावत, सुप्त या निष्क्रिय नहीं।

'मैंगोसिल' के दर्द से निजात पाने की दवा सूरी बताता है–

> *"मेरे सिर में इतना ज़्यादा दर्द होता है कि उसे ठीक करने के लिए सूरज जितनी साइज़ की टैबलेट चाहिए।" (पृ. 92)*

यानी वह औषधि या विचार या समाज– सूर्य की तरह ही–आम और ख़ास का भेद किये बग़ैर हर किसी को पोषित करे। हरेक के जीवन में रोशनी संश्लेषित करे।

सूरी के जन्म के बाद चन्द्रकान्त की स्थिति में मामूली सुधार दिखता है। साधारण, सामान्य और स्वस्थ बच्चा अमरकान्त का जन्म होता है। चन्द्रकान्त अशोक विहार में एक छोटा–सा जनता फ़्लैट लेता है। यह नयी अर्थव्यवस्था के बाद एकाध निम्नवर्गीय परिवार का तथाकथित निम्न मध्यवर्ग में रूपान्तरण है। ख़ुद की जमापूँजी से नहीं, क़र्ज़ और बैंक लोन द्वारा। अपनी अग्रिम मेहनत और कौशल को गिरवी रखकर। यह नयी आर्थिक नीति के बाद का परिवेश और परिस्थितियाँ हैं। अमर इसी आर्थिक नीति के गर्भ से जन्मा नया (निम्न) मध्यवर्ग है।

चन्द्रकान्त की सुधरी स्थिति का पूरा लाभ अमरकान्त को ही मिलता है। अमर स्कूल पढ़ने जाता है। उसके पास बैग, किताबें, कॉपियाँ,पेंसिल, इरेज़र, कलर बॉक्स, टिफ़िन बॉक्स, वॉटर बॉटल, स्कूल यूनीफार्म जैसी चीज़ें हैं। नवें दशक के नव उपनिवेशवादी दौर में पूँजी और सत्ता, सरकार और बहुराष्ट्रीय कम्पनियों के आकर्षण का केन्द्र यही उभरता नया (निम्न) मध्य वर्ग है, ग़रीब, वंचित, पीड़ित, किसान या मज़दूर नहीं। यह ग़रीब तो–सामाजिक, आर्थिक, राजनीतिक, साहित्यिक और संसदीय–सभी विमर्शों से लगभग ग़ायब है। सूरी इसी लुप्त होते जा रहे विमर्शों की धुरी है, आवाज है, सोच है।

सूरी की बजाय अमर पर विशेष ध्यान–नयी अर्थव्यवस्था के लाभ का विचलन है। यदि सूरी जैसे कमज़ोर आधार और पृष्ठभूमि वाले लोगों को इसका पूरा लाभ मिलता तो इस व्यवस्था का स्वरूप एकदम भिन्न होता। पर विडम्बना यह कि इससे कुछेक लोग ही लाभान्वित हुए। एक नया (निम्न) मध्यवर्ग पनपा है, जो अपनी ज़मीन और जड़ से कटकर नयी औपनिवेशक सत्ता का ग़ुलाम और चाटुकार होता जा रहा है। यह मेधावी और श्रमशील होते हुए भी अपने नये रूप में भोगवादी, अपव्ययी, आक्रामक, अपराधी और हिंसक नज़र आ रहा है।

शोभा और चन्द्रकान्त को लगता कि जब वे अमर पर ज़्यादा ध्यान देते तो सूरी की आँखों में ईर्ष्या और जलन का भाव पैदा होता। वैसे सूरी अमर को अक्सर प्यार करता था। सम्भव है, उसे अमर से काफ़ी उम्मीदें हों, कि वह सूरी को मैंगोसिल को दर्द से–छुटकारा दिलाएगा–उस अमानवीय सत्ता से संघर्ष करेगा। लेकिन ऐसा होता नहीं है। घर में अमर को जो विशेष सुविधा मिलती है, वह उसका समुचित सदुपयोग नहीं, अनुचित दुरुपयोग करता है। अमर हिंसा की राह क़ी ओर उन्मुख होता है। अकारण ही अनायास ही।

> *"अमर ने ज़िद करनी शुरू की–मैं चाइनीज पिस्तौल लूँगा और दुश्मन को मारूँगा" (पृ. 98)*

अमर का दुश्मन कौन है?

> *"अमर नीचे से पिस्तौल लेकर आया, उसमें उसने पहली गोली भरकर फायर किया, सूरी को साँस लेने में दिक्कत होने लगी।" (पृ. 100)*

सम्भव है, उसने गोली सूरी पर चलायी हो और उसने उसे दिल पर लिया। सम्भावना यह भी है कि गोली यूँ ही कहीं हवा में चलायी हो और सूरी अमर के आवेगात्मक अकारण हिंसा की राह से दुखित और निराश हुआ हो। और शायद इसीलिए "उसने अपनी दोनों हथेलियों से अपने सिर को पकड़ा और डगमगाता हुआ रेलिंग का ओर चला गया और फिर वहाँ से चुपचाप नीचे कूद गया।" (पृ. 100)

सूरी द्वारा अपने जीवन का अन्त ख़ुद ही चुना जाना इस बात का प्रमाण है कि यह वैचारिकता किसी भी चाटुकार, समयसेवी, और दबंग सत्ता से परेशान हो सकती है, पराजित नहीं। कथा में सूरी के जीवन का अन्त भले हो गया है, पर 'मैंगोसिल' की यह वैचारिकता आज भी जीवित है, जीवन्त है, अपराजेय है। इसमें शताब्दियों की स्मृतियाँ संचित हैं। चेतना की जड़े गहरी हैं।

'मैंगोसिल' से जुड़ी एक प्रमुख बात यह भी है कि वह भले ही चिकित्सा–विज्ञान के लिए असाध्य है, पर इसका इलाज एक अनलिखी किताब में मौजू ' है। उसे पाने की राह इस संसार की गलियों से होकर ही गुज़रती है। जैसा कि अमीर ख़ुसरो की दरगाह के पास मिले उस बूढ़े फ़क़ीर ने–जो स्वयं 'मैंगोसिल' से पीड़ित था–कहा था कि–

> *"तुम अपनी ज़िन्दगी को देखो और चारों ओर जो ज़िन्दगी फैली हुई है, उसे देखो। तुम अपने आप उस किताब तक पहुँच जाओगे।" (पृ. 62)*

चन्द्रकान्त थोराट और हिन्दी फ़्रीलांसर 'मैं' भी– प्रलय के प्राक्कथन के अनुसार–'मैंगोसिल' से पीड़ित हैं। दोनों ही अपने दर्द भरे सिर को लिये उस किताब की खोज में हैं। यह किताब एक उम्मीद है, कोई सपना है, शायद समाजवाद जैसा, कोई सपना जिससे इंसान के दुखों और बेसब्रियों को अन्त होगा। 'मैं' और फ़क़ीर स्वप्नस्रष्टा हैं जो सपने बुनते हैं, इसको साकार करने के लिए वैचारिक प्रस्ताव देते हैं लेकिन ऐसा करना अपने जीवन में मुसीबत मोल लेना है। अमीर ख़ुसरो की दरगाह के पास मिले बूढ़े फ़क़ीर के वाक्य–

> *"तबाही और विनाश है उन लोगों के लिए, जो अपने हाथों से नापाक किताबें लिखते हैं और कहते हैं यह अल्लाह की तरफ़*

से है...तबाही है उनके लिए जिनके हाथों ने ऐसा लिखा और तबाही है उनके लिए जिन्होंने उस लिखे से कमाया।" (पृ. 61)

यह यथार्थद्रष्टा हिन्दी फ्रीलांसर 'मैं' के भी जीवन का सच और यथार्थ है, जो अपनी रचनाओं में आज के अप्रत्याशित डरावने यथार्थ को शिद्दत से पिरोता है।

1995 की सर्दियों में, अपने–अपने जीवन के अँधेरे में घिरे चन्द्रकान्त और 'मैं' की मुलाक़ात और मित्रता होती है। चन्द्रकान्त ने 'मैं' को एक ऐसा आदमी समझा जो उसे उसके अन्धकार से बाहर निकाल सकता है। लेकिन भारतीय समाज में जो स्थिति चन्द्रकान्त की थी वही हाल हिन्दी लेखकीय समाज में 'मैं' का था।

जो हक़ और विरासत 'मैं' को मिलनी चाहिए, उसे दूसरों ने हड़प लिया ,उसके वारिस बन बैठे। इस हिन्दी समाज में 'लेखक' की शक्ल में दूसरे–दूसरे लोग आ गये थे और 'मैं' को नकलची, चोर, अमीर, फ़ासिस्ट, साम्प्रदायिक, सामन्ती, नक्सलवादी, दलित, ठाकुर तथा विक्षिप्त घोषित कर वहाँ से बाहर कर दिया गया था। फिर भी 'मैं' द्वारा उस अनलिखी किताब–या उस सपने को पाने की खोज, लेखकीय संघर्ष अनवरत जारी रहता है, अख़बारों से कॉलम, रुकवाये जाने और पारिश्रमिक रोके जाने के बाद भी।

एक महत्त्वपूर्ण बात यह भी है कि 'चन्द्रकान्त'–'शोभा ' से 'मैं' की मुलाक़ात के बाद ही सूर्यकान्त या सूरी का जन्म होता है। सूर्यकान्त शायद सूर्यकान्त त्रिपाठी 'निराला' हैं। निराला के क्रान्तिकारी, विद्रोही और बेबाक विचार और बातों की तरह ही कहानी में सूर्यकान्त की बातें भी सबको हतप्रभ और आश्चर्यचकित करती हैं। ऐसी असाधारण प्रतिभा समाज में सत्तासीन शक्तिशाली पुरोधाओं द्वारा लगातार उपेक्षित और अपमानित होती हुई अभावमय जीवन जीने के लिए विवश है। चाहे हिन्दी साहित्य में निराला हों, या इस कहानी में 'मैं' या सूरी (सूर्यकान्त) तीनों ही ईमानदार, प्रतिबद्ध और असाधारण प्रतिभा सम्पन्न हैं।

लेखकीय दुनिया का यथार्थ है कि ज़्यादातर लेखन सत्ता से नियन्त्रित होता है। इसीलिए ईमानदार और जनप्रतिबद्ध लेखक बदहाली से भरा जीवन जीने के लिए अभिशप्त होता है। (नव) पूँजीवाद के दौर में, लेखन में भी कई बार फ़ासीवाद नये रूप में पूँजी को ढकता, छुपाता उसकी

वकालत भी करता है। बीसवीं सदी के अन्त में, आर्थिक उदारीकरण के पहले दशक में 'मैं' का अनुभव है–

> *"जिस भाषा में मैं लिख रहा था उसमें अब हमारे जैसे लेखकों की कोई जगह नहीं बची हुई थी।" (पृ. 85)*

यह वह समय है जब हिन्दी समाज के अधिकतर लोग समाज में लेखक की भूमिका और आवश्यकता को विशेष अहमियत नहीं देते। यह समय पर,समाजपर, भाषा पर, और साहित्य पर छाये संकट की प्रतिध्वनि है।

निर्लज्ज भ्रष्टाचार, हिंसक जातिवाद और आक्रामक अनैतिकता के भयावह फ़ासीवादी पंजे और नाख़ून ही 'मैंगोसिल' का वायरस है जिसे 'मैं' अपने जीवन में महसूस करता है। हालाँकि, कहानी में इसकी आवृत्ति एकाधिक बार हुई है। ऐसा शायद भावावेशमयता के कारण हुआ है।

'प्रलय के प्राक्कथन के' अनुसार यह क़िस्सा 'चन्द्रकान्त थोराट' और 'मैं' के रूप में उपस्थित हिन्दी फ्रीलांसर का है। प्राक्कथन में शोभा का कोई ज़िक्र नहीं है, लेकिन शोभा इस कहानी की अहम् किरदार है। यदि चन्द्रकान्त थोराट का जीवन ग़रीब मेहनतकश, दलित का प्रतिनिधि चरित्र है, तो 'मैं' ईमानदार मध्यवर्गीय, बुद्धिजीवी है और शोभा को स्त्री–विशेषकर निम्नवर्गीय स्त्री–का प्रतीक पात्र माना जा सकता है। चन्द्रकान्त और 'मैं' की तरह शोभा भी बर्बर, निर्मम, लोलुप और अनैतिक सत्ता से पीड़ित है और अपने अस्तित्व के लिए संघर्षरत है।

जहाँगीरपुरी में –

> *"शोभा बाद में खाती है और देर रात तक खटर–पटर करती रहती है। जब वह सब काम से निपटकर चन्द्रकान्त की बगल में दरी पर लेटती है...तब तक चन्द्रकान्त की नाक बज रही होती है।" (पृ. 63)*

मुँह अँधेरे से देर रात तक किया जाने वाला श्रम–गृहकर्म भारतीय स्त्री के जीवन का सच है। यही नहीं घर–ख़र्च चलाने के लिए भी "शोभा आसपास के घरों में बड़ियाँ, अचार, मुरब्बा और खाना बनाने का काम करने लगी।" (पृ. 66)

लगभग तीस वर्षों के बाद चन्द्रकान्त–शोभा अम्बेडकर नगर में क़र्ज़ लेकर एक जनता फ़्लैट्स लेते हैं और उनका बेटा अमर 'ब्लू बेल्स' स्कूल

पढ़ने जाने लगता है। तब मकान की किस्त और अमर की फ़ीस का जुगाड़ करने के लिए–

> *"शोभा ने सिलाई मशीन ख़रीद ली थी और आस–पड़ोस के अलावा बाज़ार की दो तीन दुकानों से कपड़े लाकर सिलाई को कान करने लगी थी।" (पृ. 90)*

यह भारत में नयी आर्थिक नीति के बाद, ब्याज चुकाने के लिए, महानगरों–नगरों–उपनगरों के लोगों के श्रम और मज़दूरी का अतिरिक्त दोहन है, जो स्त्रियों के हिस्से ही ज़्यादातर पड़ा है।

इसी दौर में, "दीप्ति और शालिनी 'सी' ग्रेड मॉडल हैं और सस्ते साबुन, हेयर रिमूवर, अंडर गारमेंट्स के सस्ते विज्ञापनों के अलावा वे रात में होटलों या प्राइवेट पार्टियों में चलती हैं।" (पृ. 63) प्रदर्शन , पार्टी, सस्ते विज्ञापन की चकाचौंध में महानगरीय लड़कियों की एक बड़ी संख्या है जो इस ग्लैमर में गुम होने का लिए अभिशप्त है।

स्त्री के इन विविध रूपों के साथ पूँजी, सत्ता और प्रशासन के ताक़तवर लोग दर्दनाक दरिन्दगी का खेल खेलते हैं। यह शोभा ही थी जो सारणी में रोज़ सामूहिक बलात्कार और शारीरिक हिंसा का शिकार होती थी, बिल्डर, दरोगा और ब्याहता पति रमाशंकर द्वारा। बिल्डर पूँजीपति और दरोगा भ्रष्ट सत्ता से जुड़ा है। रमाशंकर वह निम्नवर्गीय चरित्र है जो किंचित् व्यक्तिगत स्वार्थों के लिए उस भ्रष्ट सत्ता का नौकर, दलाल और चापलूस बन गया है। लोगों में भी सामूहिक प्रतिरोध की उत्प्रेरणा नहीं है। सारणी में रमाशंकर के घर के आसपास के लोग उस 'घर में चलने वाले वीभत्स, ख़ूनी और वहशी हिंसा को देखने के लिए' रात भर जागते है। असहनीय दर्द के बीच बेहोशी टूटने पर कराहती हुई को एहसास होता है कि–'गली के उस पार से कई मर्द आँखें उसे घूर रही हैं।' (पृ. 65) ख़याल रहे ये आँखें पुरुषों की हैं स्त्रियों की नहीं।

आसानी से लक्षित किया जा सकता है कि 90 के दशक से भारतीय महानगरों और नगरों में भवन–निर्माण (बिल्डिंग प्रमोटिंग) बड़े पैमाने पर एक उद्योग का रूप ले चुका है। इन बिल्डरों के पास अचानक बेहिसाब धन इकट्ठा हो गया है। जिनकी बर्बरता और षड्यन्त्र को हादसा का रूप दिया जाने लगा। इस बिल्डर राज ने महानगरों और नगरों के आसपास के सैकड़ों गाँवों को निगल लिया।

> *"अगर दिल्ली की बात की जाये तो जहाँगीरपुरी, मंगोलपुरी, लोनी, नज़फ़गढ़, हरिनगर, जियासराय, बेरसराय,कड़कड़डूमा, प्रहलादगढ़ी जैसे अनेकों गाँवों का अस्तित्व ही मिट गया। जहाँ–जहाँ वे हुआ करते थे, वहाँ शॉपिंग मॉल,मल्टीप्लेक्स, होटल, बाज़ार, पार्क, दुकानें, हाउसिंग सोसाइटीज, बैंक, पेट्रोल–डीज़ल पम्प वग़ैरह खुल गये।" (पृ. 89)*

गाँवों का क्षरित होना, पूरे परिवेश का–पारिस्थितिक तन्त्र का–पूरे पर्यावरण का क्षरित होना है। गाँवों पर संपट प्रकारान्तर से पत्थरों और पाण्डुलिपियों में बसे हमारे मिथकों और इतिहास पर संकट है। हमारे काव्य, आख्यान, संगीत, सपना और कल्पना पर संकट है। और यही संकट शायद 'मैंगोसिल' है। "पुलिस, म्यूनिसिपैलिटी, आँसू गैस, बुल्डोजर्स, प्रशासन, राजनीति सब के सब बड़ी इमारतों और बाज़ारों को बनाने का पक्ष में थे।" (पृ. 89) गाँवो और ग़रीबों के पक्ष में सत्ता पक्ष का शायद ही कोई हो। 'मैंगोसिल' के मरीज़ गाँव और ग़रीब के पक्ष में डटकर खड़े हैं। सत्ता वर्ग के विरोध में, विपक्ष में।

वर्ष 1991 में भारतीय अर्थव्यवस्था में एक नया मोड़ आता है। उदारीकरण और निजीकरण की नीतियाँ अपनायी जाने लगी, और इन्हीं नीतियों का परिणाम वैश्वीकरण के रूप में दिखा इनसे मिली संवृद्धि का लाभ मुख्यतः भवन–निर्माण, दूरसंचार, सूचना प्रौद्योगिकी, वित्त, पर्यटन, जैसे क्षेत्रों को ही मिला। कृषि जैसा क्षेत्र–जो भारत के करोड़ों लोगों की जीविका का आधार है–का हाल बदतर ही हुआ। गाँव बदहाल और बेहाल होते चले गये। 'गाँव को छोड़–छोड़कर लोग शहर की ओर भाग रहे थे।' (पृ. 75) भारत में वैश्वीकरण का यथार्थ था कि लोग–

> *"जिन मकानों और घरों में रह रहे थे वे उनके अपने नहीं थे। निजी या विदेशी बैंकों या फ़ाइनेंस कम्पनियों के पास हर सम्पत्ति गिरवी रखी हुई थी। इतने सारे लोग दिन रात बन्धुआ मज़दूर की तरह ब्याज और क़र्ज़ की किस्तें चुकाने के लिए काम कर रहे थे।" (पृ. 90)*

नयी अर्थव्यवस्था में शिक्षा, स्वास्थ्य और पर्यावरण जैसे आधारभूत क्षेत्र उपेक्षित ही रहे। यदि ये सुविधाएँ थी भी तो अमीरों और पूँजीपतियों के लिए। इसे 'मैंगोसिल' का मस्तिष्क–सूरी जानता है–

"अस्पताल तो उनके लिए बनते हैं, जिनके लिए कारें, होटल, हवाई जहाज़ और बिल्डिंगें बनती हैं।" (पृ, 91)

वह स्कूल शिक्षा प्रणाली का सच जानता है कि–

"स्कूल तो नौकर तैयार करने की फैक्टरी होते हैं। दुनिया में हमेशा ताक़तवर,अमीर और खुशहाल लोग कम पढ़े–लिखे होते हैं।'

और यह भी कटु सत्य कि–

'बच्चे स्कूलों में जितना पढ़ते हैं, उससे ज़्यादा और अच्छा बिना स्कूलों के पढ़ सकते हैं। अपने बच्चों को वही लोग स्कूल भेजते हैं जो अपने बच्चों से छुटकारा पाना चाहते हैं।" (पृ. 91)

इस दौर में मीडिया का वर्चस्व बढ़ा है। उस पर अधिकार और नियन्त्रण इस नयी पूँजी का है, जो मीडिया का उपयोग अपने लाभ और लोभ के लिए करता है। वह मादक और उत्तेजक ख़बरों को कवरेज देता है, आम लोगों के दुख दर्द को नहीं। केबल टीवी और इण्टरनेट से समाज में एक विशेष बदलाव आया है। सूरी भी इंटरनेट पर घण्टों सर्फ़िंग करता है। देर तक टीवी देखता है–अधिकतर समाचार चैनल। इसीलिए वह बहुत–सी बातें जान गया है। अमेरिका जैसे विकसित नव साम्राज्यवादी देश की एक–एक चाल समझ गया है। वह अच्छी तरह जानता है कि–

"अमेरिका ने इराक़ पर हमला सिर्फ़ तेल के लिए किया है, लेकिन इस बात को छुपाने के लिए जितना रुपया ख़र्च किया है, उतने में अमेरिका वैसे भी वहाँ से तेल ख़रीद सकता था।"

'मैंगोसिल' का विलक्षण मस्तिष्क बेबाक तरीक़े से यह भी जानता है कि–

"अगर इण्डिया में भी उतना तेल निकल आये तो अमेरिका इण्डिया पर भी हमला कर देगा। ...वैसे एक दिन आयेगा जब दुनिया में या तो सिर्फ़ अमेरिका होगा या फिर अमेरिका नहीं होगा।" (पृ. 92)

सूरी की संवेदनशील आँखे कई बार लाल हो जाती हैं, जो उसके आक्रोश का संकेत है। आक्रोश है नयी व्यवस्था के प्रति, नयी सत्ता के प्रति। उसके विचार, उसका विश्लेशण, उसकी सोच नये विमर्श के लिए आमन्त्रित, उत्तेजित और प्रेरित करती है। जैसे वह कहता है–

"अब तीसरी दुनिया नहीं है। दो ही दुनिया है। और वो हर जगह है। एक दुनिया वो, जिसमें अन्याय करने वाले लोग रहते है और दूसरी दुनिया वो जिसमें बाक़ी वे सब लोग रहते हैं जो अन्याय सहते हैं।" (पृ. 95)

सूरी की चेतना और संवेदना इसी दूसरी दुनिया के साथ शिद्दत से जुड़ी है। अड़ी है। खड़ी है।

वैश्वीकरण को गति देने के लिए वर्ष 1995 में 'विश्व व्यापार संगठन' का गठन होता है। कथा में इसी वर्ष चन्द्रकान्त और शोभा से हिन्दी फ्रीलांसर 'मैं' की मुलाक़ात होती है। कथा के अनुसार–

"सूर्यकान्त सितम्बर, 1995 की किसी तारीख़ को जन्म लेता है। इसी नब्बे के दशक में भारतीय राजनीति में दलित नेतृत्व उभरने लगता है। हिन्दी में भी दलित–विमर्श और स्त्री–विमर्श जगह घेरने लगते हैं। विश्व में एकध्रुवीय सत्ता का वर्चस्व बढ़ता जाता है। विकसित देशों द्वारा ग़रीब विकसित देशों के बाज़ार को हथियाना इस बाज़ार प्रेरित वैश्वीकरण षड्यन्त्र है। इससे विभिन्न देशों और जन–समुदायों के बीच खाई और बढ़ी है। ग़रीब देशवासियों की पहचान भी ख़तरे में पड़ गयी है। इससे उबरने का कोई रास्ता महीं दिखता। हाँ, इस षड्यन्त्र को जानने और बूझने का विचार अभी भी सक्रिय, सचेत, और सतेज है। यही 'मैंगोसिल की भी विशेषता है।'

'मैंगोसिल' निम्नवर्गीय अस्मिता और अस्तित्व के निरन्तर जिबह की न मिटनेवाली टीस है। भयावह रक्तपात, हिंसा और लूट का अन्तहीन दर्द है।

क्या यह वैचारिकता धीरे–धीरे नष्ट हो रही है? क्या यह अल्पजीवी या दादुर बोल वाली मौसमी वैचारिकता है? इसका उत्तर निश्चित ही नकारात्मक ही है। यह 'मैंगोसिल' अचानक उत्पन्न नहीं हुआ है। इसके मरीज़ या कि यह वैचारिकता विगत इतिहास में भी मौजूद थी। कहानी में ख़ुसरो की मज़ार के पास मिला बूढ़ा फ़क़ीर शायद कबीर हों, या कबीर का परिवर्द्धित आधुनिक रूप–एक रचनाकार–एक स्वप्नद्रष्टा। उसकी आँखे लाल है, उनमें नींद नहीं। उसमें आक्रोश है,उसमें चिन्ता है। वह भी बहुत सारी बातें जानता है। अपनी बेबाक ज़बान की सज़ा पाता है। निरन्तर जागता और रोता है। हाँ, उम्मीद भी ऐसे ही किसी मसीहा से है जो इस

भयानक बर्बरता से निजात दिलायेगा। पीड़ित, वंचित, दलित और ग़रीब जनता को साथ लेकर, उनके साथ होकर अनैतिक सभ्यता का ध्वंस कर, समतामूलक समाज की ओर ले जायेगा।

'मैंगोसिल' की वैचारिकता उन करोड़ों अन्याय सहने वाले और कठिन ज़िन्दगी जीने वाले लोगों की जिजीविषापूर्ण वैचारिकता है। यह दलित, स्त्री, मेहनतकश, बेरोज़गार, भूखे, असन्तुष्ट और बेचैन लोगों की समवेत वैचारिकता है। मैंगोसिल से पनपी यह वैचारिकता हाशिये पर पड़ी, अन्य आवाज़ों को औरतों, अश्वेतों, औपनिवेशिकों और दलितों को आवाज़ देती है। यह ग़रीबी, गन्दगी और कुपोषण के बीच पनपती हुई तथाकथित समृद्धों और सम्पन्नों की अनैतिक संस्कृति के सामने एक चुनौती बनी है। दिल्ली में, भारत में, पूरे विश्व में।

शोभा के जीवन में व्यभिचार, दुराचार और दर्दनाक दरिन्दगी का जो खेल बिल्डर और दरोगा–पूँजी और सत्ता के लोग–खेलते हैं, वैसे ही दर्दनाक दरिन्दगी के खेल के शिकार हुए इराक़ और अफ़ग़ानिस्तान जैसे देश–पूँजी और सत्ता के सबसे ताक़तवर देश–अमेरिका द्वारा।

यदि जहाँगीरपुरी दिल्ली का कचरा है तो वहाँ बड़े–बड़े संस्थान,बैंक, संसद और न्यायालय समृद्ध चमकदार दिल्ली का बेशकीमती स्थापत्य हैं।

अगर भारत में दिल्ली, मुम्बई, बेंगलुरु, जैसे महानगर संगमरमर के अनमोल टुकड़े हैं तो शेष भारत उन महानगरों के कचरे हैं।

वैसे ही अमेरिका, ब्रिटेन जैसे देश विश्व के सम्पन्नों और समृद्धों के सौन्दर्य हैं तो शेष–ग़रीबी, गन्दगी, कुपोषण युक्त–संसार इन्हीं देशों का कचड़ा है। जहाँ से 'मैंगोसिल' विकसित होता है। जिससे सभी सत्ताओं को ख़तरा है, एक भय है।

'मैंगोसिल' कोई रोग नहीं एक वैचारिकता है। दलितों–वंचितों और पिछड़ों की वैचारिकता। भ्रष्ट, निर्मम और बर्बर सत्ता को अपोज और एक्सपोज करती तथा उसे चुनौती देती हुई वैचारिकता।

मोहन दास : सत्ता विमर्श का आख्यान

'मोहन दास' समसामयिक नृशंस बर्बर, क्रूर, हिंस्र और अमानवीय पाटों के तले कसमसा रहे आज के भारतीय समाज का प्रामाणिक दस्तावेज़ है। बहुआयामी और व्यापक मुद्दों से रू–ब–रू कराती, यह कहानी सत्ताहीन, कमज़ोर, बेबस, बेरोज़गार और बेचैन लेकिन ईमानदार और श्रमशील लोगों के जीवन को रौंद दिये जाने की सच्चाई का बयान है। इस कहानी में व्यापक कैनवस पर अनेकानेक सन्दर्भों, राजनीति की अनैतिकता, प्रशासन की अमानवीयता, आर्थिक नीतियों की दुरावस्था, न्यायिक तन्त्र में मिलावट, नौकरशाही का मनमानापन, (नयी) पूँजी की ताकत, शिक्षा व्यवस्था की बदहाली, साहित्यिक भ्रष्टाचार, पर्यावरण, गाँव, गँवई ज़िन्दगी, वहाँ के लोकाचार और लोक देवता...के साथ वैश्विक, राष्ट्रीय, क्षेत्रीय और स्थानीय व्यवस्था के सच को दृढ़ता से रेखंकित करने का सही और सार्थक प्रयास है।

'मोहन दास' ओरियंटल कोल माइंस में बिसनाथ द्वारा मोहन दास के नाम पर डिपो सुपरवाइजर की नौकरी को हड़पने की दर्दनाक त्रासदी है। ओरियंटल कोल माइंस एक प्रतीक है। यह आज को कोई भी संस्थान, मन्त्रालय, विश्वविद्यालय, महाविद्यालय या कोई अन्य कार्यालय भी हो सकता है। यह आज के समय का भयावह सच है कि जो योग्य और दावेदार हैं, उनको योग्यतानुसार नौकरी प्रायः कम मिलती है। उनके हक़ हड़प लिए जाते हैं। इस सच्चाई को हम अपने जीवन में आये दिन देखते, सुनते और महसूस करते हैं।

मोहन दास बी.ए. की परीक्षा प्रथम श्रेणी से मेरिट में दूसरा स्थान प्राप्त कर नौकरी की तलाश में निकलता है। हर जगह लिखित परीक्षा में सबसे ऊपर रहने के बावजूद मोहन दास इण्टरव्यू में ख़ारिज कर दिया जाता था। वह देखता कि उसकी जगह मीड़ियोकर क़िस्म के थर्ड डिवीजन वालों को बहाल कर दिया जाता है, जिनमें से

'हर कोई किसी न किसी अफ़सर, नेता या बड़े आदमी का दामाद, बेटा, भतीजा, भांजा या चापलूस या कर्मचारी वग़ैरह होता।' (मोहन दास, वाणी प्रकाशन, संस्करण 2009, पृ. 13)

मोहन दास सीधा, संकोची पर स्वाभिमानी है। मोहन दास को एहसास होने लगा कि असली ज़िन्दगी के खेल के मैदान में दूसरों को लँगड़ी मारने की ताक़त रखने वाला ही सफल होता है।

"और यह ताक़त सोर्स–सिफ़ारिश, जोड़–तोड़, रिश्वत–सम्पर्क, जालसाज़ी वग़ैरह तमाम ऐसी अवैध और अनैतिक चीज़ों से बनती है।" (पृ. 14)

यह अनैतिक सत्ता के सारे अवयव हैं, युक्तियाँ हैं–जो ईमानदार परिश्रमी और सत्ताहीन की पहुँच से बाहर है। मोहन दास भी ऐसे ही सत्ताहीन वर्ग का जीवंत, यथार्थवादी प्रतीक पात्र है।

प्रतिस्पर्धात्मक जज़्बा लिए, नौकरी पाने के लिए मेहनत करते हुए मोहन दास को पता चलता है कि नौकरियाँ बिकती हैं।

"अगर उसके बाप काबा दास के पास भी लाख–पचास हज़ार होते तो दो–तीन नौकरियाँ उसके हाथ से छूटीं, जिनमें वह घूस देकर बहाल हो गया होता।" (पृ. 13)

यह आज के दौर का कड़वा सच है, खुला रहस्य है। जहाँ हम पाते हैं कि हमारे बीच का कोई परिचित, रिश्तेदार या स्वयं हमने ही नौकरी को ख़रीदा है। और अब इसे सहज स्वीकार्य भी कर लिया गया है।

ओरियंटल कोल माइंस की लिखित और शारीरिक परीक्षा के परिणाम में "पहला नाम मोहन दास का ही था।" (पृ. 18) महीनों तक नियुक्ति पत्र न मिलने पर वह ओरियंटल कोल माइंस के भर्ती दफ़्तर के बाबू से मिला। बाबू ने कहा–

"असल में उस रोज़ कैंडिडेट को सेलेक्ट करने बिहार से जो कोल इण्डिया को अफ़सर आया उसने एक पोस्ट पर अपने दामाद को फ़िट कर दिया है। सब ऊपर वालों का खेल है।" (पृ. 21)

तब उसकी उम्मीद और आशा को 'दुर्भाग्य और भ्रष्टचार की लू ने झुलसा डाला।' अँधेरगर्दी के इस साम्राज्य ने मोहन दास द्वारा मेहनत

से प्राप्त किये गये मार्कशीट और सर्टिफ़िकेट के साथ उसकी अस्मिता, अस्तित्व और पहचान को भी हड़प लिया।

मोहन दास को अपने साढू गोपाल दास से पता चलता है कि बिछिया टोला का बिसनाथ पिछले चार साल से मोहन दास के नाम से डिपो सुपरवाइजरी की नौकरी कर रहा है। बिसनाथ ने–

> *"हर जगह मोहन दास की जगह अपनी फ़ोटो लगाकर अदालती हलफ़नामे से लेकर गजेटेड अफ़सर तक से उसने प्रमाणित करा लिया।" (पृ. 30)*

यह न्याय और सत्ता के विष में मिलावट है, जिसमें ऐसा हर व्यक्ति जिसके पास सोर्स–सिफ़ारिश, ऊँची रास, रसूख़ और पहुँच का तिकड़म नहीं है ,तिल–तिल कर घुलने और घुटने के लिए बाध्य बेबस और लाचार है।

मोहन दास निचली जाति का सत्ताहीन व्यक्ति है, जिसके अस्तित्व और पहचान को हड़पकर सत्ता तक पहुँच रखने वाला बिसनाथ आराम का जीवन बसर कर रहा है। लेनिन नगर में पहुँचे पुरबनरा के मोहन दास की विडम्बना यह है कि बिछिया टोला के बिसनाथ का पता पूछने के लिए अपने ही नाम का सहारा लेना पड़ रहा है। बिसनाथ और उसके मित्र पुलिस दरोगा विजय तिवारी के चेहरे पर लेनिन नगर में मोहन दास को देखकर शर्म, संकोच या हिचक की बजाय अजनबियत, हिंसा और गुस्सा दिखता है। इसका कारण मोहन दास का ग़रीब और नीची जाति का होना था। वह बेरोज़गार किन्तु मेहनती और ईमानदार था। सबसे बड़ी बात कि इन लोगों ने उसका हक़ मारा था और उसकी उपस्थिति उनकी आज़ादी में बाधक थी।

यह आज की सत्ता का वह रूप है जो डरा–धमकाकर हिंसकता और बर्बता के बूते अपना साम्राज्य क़ायम करना चाहती है और करती भी है।

मोहन दास की असहाय, निर्बल और पराजित स्थिति को देखकर गाँव के लोग चुहल और मज़ाक़ भी करते हैं। पर उसके प्रति गाँव के सभी लोग उदासीन या निरपेक्ष नहीं थे। ज़्यादातर लोग उसके लिए चिन्तित रहते थे पर ऐसे लोग ख़ुद अपनी ही आपदाओं से घिरे रहते और उनकी पहुँच भी ऊपर तक लगभग नहीं थी। घनश्याम ऐसा ही व्यक्ति था, जिसकी पहचान का एक ऐसा आदमी था जो ओरियंटल कोल माइंस के जनरल मैनेदर एस.के. सिंह को जानता था। जनरल मैनेजर मोहन दास की बात

सुनकर इस मामले इंक्वायरी का आदेश देते हैं, जिसे वेलफ़ेयर अफ़िसर ए.के. श्रीवास्तव सम्पन्न करते हैं।

इस तन्त्र में जाँच की हक़ीक़त से हम सभी वाक़िफ़ हैं। अक्सर जाँच के नाम पर फ़िज़ूल की ख़ाना–पूर्ति की जाती है। आज के दौर में किसी भी जाँच का सही और सार्थक परिणाम शायद ही आ पाता है।

इस इंक्वायरी के आदेश की एक–एक बात बिसनाथ जानता था। इसी के अनुरूप उसने अपनी पत्नी अमिता, जो मोहन दास की पत्नी कस्तूरी का नाम ओढ़कर ,लेनिन नगर में चिटफ़ंड चलाती थी, को टी.वी. पर चलने वाले फ़ैशन शो जैसी 'ज़िन्दा मॉडल औरत' के रूप में पेश किया। उसके ऐन्द्रिक लुभावने रूप का जाल सफल रहा। क्योंकि "इंक्वायरी अफ़सर की नज़र बार–बार अमिता की खुली नाभि पर अटक जाती थी।" (पृ. 49)

इस तरह शराब–कबाब के लुत्फ और नशे में सराबोर ऑफ़िसर ने इंक्वायरी पूरी की। इस इंक्वायरी रिपोर्ट के बाद मोहन दास पूरी तरह टूट जाता है। उसके ज़ख़्मी मन और मस्तिष्क में यही गूँजता रहता है कि–

> *"जितने भी लोग नौकरियों में हैं या ऊँची जगहों पर बैठे हुए हैं, कारों नें घूम रहे हैं, मौज–मस्ती कर रहे हैं–वे असल में कोई और हैं और उन्होंने जालसाज़ी करके किसी और का मुखौटा लगा रखा है।" (पृ. 53)*

यह सवाल मोहन दास के ज़रिये उन सभी का है जिनका हक़ हथियाकर दूसरा कोई मौज कर रहा है। इस तन्त्र की बुनियादी विशेषता बनती जा रही है कि असली हक़दार और दावेदार को उसका हक़ और दावा नहीं मिल पा रहा है।

मोहन दास कबीरपन्थी बंसहर–पलीहा जाति का है, यह जाति नीची जाति मानी जाती है, लेकिन उसकी जाति को आरक्षित जाति का दर्जा नहीं मिला। क्योंकि बंसहर–पलिहा "अनुसूचित जाति के हैं या आदिवासी या आदिम जनजाति, अभी तक सरकारी गजेट में यह स्पष्ट नहीं था।"... और दूसरी बात यह कि "उनकी बिरादरी का कोई आदमी पार्टी और सरकार में था नहीं।" (पृ. 45) यानी कि इस जाति का वोट बैंक नहीं है। यह जाति भले ही सामाजिक श्रेणी में नीची हो, ग़रीब हो लेकिन राजनीति में किसी पार्टी के काम की नहीं है। साथ ही यह भी देखा जाता है कि

जो लोग भारतीय संविधान के तहत आरक्षित श्रेणी के हैं उन्हें अपना सर्टीफ़िकेट बनाने में बेहद मशक़्क़त करनी पड़ती है। जबकि कई लोग जो आरक्षित श्रेणी से क़तई ताल्लुक़ नहीं रखते, तिकड़म के द्वारा इसे हासिल कर लेते हैं।

मोहन दास अपने दोस्तों–बीरन बैंगा, गोपाल आदि के साथ रास–रंग में कुछ पल के लिए दारुण दुख के यथार्थ काण्ड को भूल जाना चाहता है। महुआ के ठर्रे और गोश्त खाते हुए भी उसकी अन्तश्चेतना में विवेकशील सचेतनता स्पन्दित होती रहती है।

> *"मोहन दास अपने बचपन के संगियों को बताना चाहता था कि तुम लोग सरकारी दफ़्तरों में, शहर की ऊँची–ऊँची बिल्डिंगों और बँगलों कोठियों में कोयला खदानों–कारख़ानों में और लेनिन नगर, गाँधी नगर, शास्त्री नगर, अम्बेडकर नगर जैसी कॉलोनियों में जाकर पता लगाओ कि कहीं वहाँ तुम्हारे नाम, वल्दियत, पता ठिकाने का कोई दूसरा फ़र्ज़ी जालसाज़ तो नहीं बैठा हुआ है, जिसने तुम्हारा हक़ छीन लिया है।" (पृ. 56–57)*

मोहन दास को–

> *"लगने लगा कि ये सबके सब उसी की तरह ठगे गये असली लोग हैं। इन सबको धोखा दिया गया है। फ़र्क बस इतना है कि वह इस रहस्य को जान गया है और इनको अभी तक इसका पता नहीं चला है।" (पृ. 56)*

आज के समय की सबसे बड़ी समस्या यही है कि कैसे प्रमाणित किया जाये कि आप सही और असली हैं। यह सत्ता तन्त्र ठगों और जालसाज़ों को ही प्रश्रय देता है। यह ऐसा खुला रहस्य है जिस पर ग़रीब, सत्ताहीन और कमज़ोर व्यक्ति टिप्पणी करने की स्थिति में नहीं होता है।

मोहन दास के अस्तित्व, पहचान, प्रतिभा और परिश्रम को रगड़कर नष्ट करने को आतुर तन्त्र ने उसकी चेतना पर वह दर्दनाक चोट दी कि उस रास–रंग के बाद वह लगातार कई दिनों तक सोता रहा।

> *"लेकिन असल में मोहन दास न तो पागल हुआ था, न स्मृति में कोई खोट थी। उसकी चेतना पर जो घाव लगा था वह लगभग एक हफ़्ते की अखण्ड नींद मुर्च्छा या नशे के दौरान चुपचाप भर गया।" (पृ. 62)*

मोहन दास के जीवन में एक और हादसा होता है जब कठिना नदी–जिसके तट पर वह खीरा, ककड़ी, तरबूज़ आदि उपजाकर, अपनी जीविका चलाता था–पर बाँध बना और उसके जीवन का एकमात्र ज़रिया भी छिन गया। यह विकास परियोजनाओं के नाम पर ग़रीबों, आदिवासियों, मेहनतकशों को पूरे जीवन–संसार से बेकाल करने का, उनकी तनिक भी चिन्ता किये बग़ैर, आसान और विकल्पहीन तरीक़ा है। यह विकास के नाम पर पूरे पर्यावरण, पारिस्थितिक तन्त्र, दुर्लभ वन्य प्राणियों और वनस्पतियों को डुबो देना और नष्ट कर देना है। हर सरकार की विकास नीति का यही यथार्थ है।

बाँध बनने के बाद मोहन दास का बेटा देवदास 'दुर्गा ऑटो रिपेयरिंग वर्क्स' में हेल्पर का काम करने लगा और आठ साल की बेटी शारदा 'ऐश्वर्या ब्यूटी पार्लर में' नौकरी करने लगीं। (पृ. 63) यह बाल श्रमिकों द्वारा अपने जीवन को बचाने के लिए किया गया बाध्यतापूर्ण श्रम है।, जिसका कोई विकल्प बाल श्रम अधिनियम बनाने वाले तन्त्र के पास नहीं है।

मोहन दास की पत्नी कस्तूरी भी खेती–मज़दूरी और फ़सल की तकवानी का काम करती है। ख़ुद मोहन दास 'स्टार कम्प्यूटर सेंटर' में टाइपिंग, ज़ेरॉक्स का काम करता। वहीं उसकी मुलाक़ात हर्षवर्द्धन सोनी से होती है। मोहन दास के जीवन की दर्दनाक सच्चाई से वाक़िफ़ होने पर हर्षवर्द्धन जो ख़ुद अपनी समस्या और संघर्ष से परेशान था, अदालत जाने का फैसला करता है। अदालत में केस दाख़िल करने के लिए पाँच हज़ार की फ़ीस का जुगाड़ बड़ी मुश्किल से हो सका। मोहन दास का मामला गजानन माधव मुक्तिबोध, न्यायिक दण्डाधिकारी (प्रथम श्रेणी) की अदालत में दाख़िल होता है।

मामले के दाख़िल होते ही अदालत ने ओरियंटल कोल माइंस के महाप्रबन्धक एस.के. सिंह और वेलफ़ेयर ऑफ़िसर ए.के. श्रीवास्तव को तलब करते हुए यह प्रमाणित करने को कहा कि ओरियंटल कोल माइंस में मोहन दास के नाम से जूनियर डिपो ऑफ़िसर की नौकरी करने वाला व्यक्ति असल में बिछिया टोला का बिसनाथ वल्द नगेन्द्रनाथ क्यों और कैसे नहीं है? इसके बाद ज़िलाधिकारी को शासकीय जाँच के आदेश दिये।

मुक्तिबोध के आदेश और अदालत के सम्मनों से हड़कम्प मच गया। स्थानीय अख़बारों में इसकी ख़बरें छपीं–

"असली मोहन दास कौन?" तथाकथित सक्रिय मीडिया चैनलों के स्थानीय रिपोर्टरों ने मामले की बाइट दिल्ली भेजी। लेकिन "समाचार 'राष्ट्रीय स्तर' और अखिल भारतीय परिव्याप्ति का नहीं हो पाया, वजह यह कि इसमें दिल्ली–भोपाल–लखनऊ के किसी बड़े नेता या अफ़सर का नाम शामिल नहीं था।" (पृ. 66) लोकतन्त्र का चौथा स्तम्भ माने जाने वाली मीडिया भी अक्सर सत्ता से जुड़े व्यक्तियों को ही महत्त्वपूर्ण मानती है।

कोर्ट की अगली पेशी में मोहन दास के पक्ष के गवाहों को हाज़िर नहीं होने दिया गया। कुछ को ख़रीद लिया गया। यह बिकाऊ न्याय की दुरावस्था का प्रमाण है, जिससे हमारी मुठभेड़ अक्सर होती है। ज़िलाधीश की जाँच रिपोर्ट ने यही सिद्ध किया कि नक़ली मोहन दास ही मोहन दास है, विश्वनाथ नहीं। दरअसल डी.एम. जाँच का मतलब है–सम्बन्धित तहसील या परगना पटवारी द्वारा जाँच।

> *"अगर कोई अदालत किसी कलेक्टर को किसी जाँच का आदेश देती थी, तो कलेक्टर नोट लगाकर उस आदेश को अपने मातहत, सम्बन्धित इलाक़े के एस.डी.एम. को भेज देता था। एस.डी.एम. उसे तहसीलदार और तहसीलदार उसे नायब तहसीलदार को सुपुर्द कर देता था। इस तरह, रेवेन्यू इंसपेक्टर उर्फ़ आर.आई. उर्फ़ क़ानूनगो से होते हुए आख़िर में वह आदेश पटवारी के पास पहुँच जाता था। यानि अन्ततः पटवारी ही कलेक्टर की आँख–कान–नाक बन जाता था।" (पृ. 76)*

बिछिया टोला और पुरबनरा के पटवारी को बिसनाथ और विजय तिवारी ने दस हज़ार रुपये में ख़रीद लिया।

अदालत में सारी गवाहियों, सबूत, जाँच रिपोर्ट और ज़िलाधीशों की इंक्वायरी ने यह सिद्ध किया कि बिसनाथ ही मोहन दास है। "तो फिर, जो ग़रीब सा बदहाल आदमी मोहन दास होने का दावा कर रहा है, वह कौन है?" (पृ. 73) यह प्रश्न आज के उन करोड़ों ग़रीब, बेबस, लाचार, सत्ताहीन का है जिस पर हर सत्ता पक्ष मौन है, चुप है, और निर्विकार है।

इस प्रश्न से ही हर्षवर्द्धन सोनी जैसा संवेदनशील व्यक्ति परेशान होता है। वह जज मुक्तिबोध से मिलने का जोख़िम भरा निर्णय लेता है– वह भी विचाराधीन मामले में। हर्षवर्द्धन मुक्तिबोध की ईमानदारी और प्रतिबद्धता से पूरी तरह वाक़िफ़ है और इस बात से भी कि "उनका तबादला अक्सर

उन्हीं आदिवासी या पिछड़े इलाक़े में होता था जहाँ उनसे किसी को कोई नुक़सान न पहुँचे।" (पृ. 75) यह वह पारितोषिक है जो इस तन्त्र में हर ईमानदार और प्रतिबद्ध व्यक्ति को अक्सर मिला करता है।

न्यायिक दण्डाधिकारी मुक्तिबोध हर्षवर्द्धन के बताने से पहले ही पूरे मामले से वाक़िफ़ हैं। वे कहते हैं–

> *"मुझे पता है, वह बिसनाथ ही वल्द नगेन्द्रनाथ, जूनियर डिपो ऑफ़िसर ही है, जो ए बटा ग्यारह लेनिन नगर में अवैध ढंग से मोहन दास की आईडेंटिटी चुराकर रह रहा है।" (पृ. 76)*

मुक्तिबोध में ऐसा क्या है कि वह इस बात को जान जाते हैं। कहते हैं–

> *"इसे जानना तो बहुत आसान है, अगर आप में थोड़ी–सी संवेदना और विवेक हो।" (पृ. 76)*

आज के समय में निरन्तर छीजते और दरकते जा रहे मानवीय मूल्य और मानवीयता को सँजोने की दिशा में 'संवेदनात्मक विवेक' और 'विवेकात्मक संवेदना' ही सहायक हो सकेंगी। इसी के अभाव में "पूरी व्यवस्था ढ़ह चुकी है। ...अब प्रजा और ग़रीबों के सामने सिर्फ़ अराजकता और विनाश ही बचा है।" (पृ. 76) "अराजक (नव) साम्राज्यवादी दौर में पूँजी और सत्ता के व्यूह में फँसे आम आदमी की एक ही महत्त्वपूर्ण आकांक्षा होती है।" जो कभी भी किसी भी युग में किसी भी तरह की सत्ता द्वारा नहीं मिटाई जा सकती। और वह है न्याय की आकांक्षा। ...न्याय की आकांक्षा कालातीत है।" (पृ. 77) मुक्तिबोध के मार्फ़त कही गयी यह बात प्रकारान्तर से उदय प्रकाश की आवाज़ है। और यही आम आदमी की जिजीविषा है।

मुक्तिबोध जैसा ईमानदार और जन–प्रतिबद्ध व्यक्ति ही मोहन दास जैसे लोगों को न्याय दिलाने के लिए अपने विशेषाधिकार का प्रयोग कर सकता है। गोपनीय जाँच कर सकता है। यह आज के युग में एक स्वप्न जैसा है, एक दुर्लभ फ़ैंटेसी। मुक्तिबोध की इस न्यायिक जाँच के तहत बिसनाथ और उसके पिता नगेन्द्रनाथ को गिरफ़्तार कर किया गया। अदालत ने ओरियंटल कोल माइंस को आदेश दिया कि सम्बन्धित अधिकारियों और कर्मचारियों के विरुद्ध कार्रवाई शुरू की जायें इस जाँच में पब्लिक प्रॉसिक्यूटर हरिशंकर परसाई और एस.एस.पी. शमशेर बहादुर सिंह जैसे

कर्त्तव्यनिष्ठ और ईमानदार अधिकारियों ने मोहन दास की विशेष मदद की। ये हिन्दी के वे जन–प्रतिबद्ध रचनाकार हैं जिनकी ईमानदारी पर कोई शक–शुबहा हो ही नहीं सकता। आज के समय, आज के साहित्य और आज के समाज को ऐसे ही लोगों की बेहद ज़रूरत है।

नक़ली मोहन दास की गिरफ़्तारी से हड़कम्प मच गया।

> *"कई खदानों और सार्वजनिक उपक्रमों के अधिकारियों, यूनियन नेताओं और कर्मचारियों के होश उड़ गये। कई लम्बी छुट्टियों में चले गये। चारों ओर अफ़रा–तफ़री थी। लेनिन नगर, गाँधी नगर, अम्बेडकर नगर, जवाहर नगर, शास्त्री, नेहरू और तिलक नगर जैसी व्यवस्थित कॉलोनियों में हज़ारों बिसनाथ जैसे लोग थे, जो किसी दूसरे की पहचान, अधिकार, योग्यता, और क्षमता को चुराकर वर्षों से कुर्सियों पर बैठे हुए थे और हज़ारों की तनख़्वाहें ले रहे थे।" (पृ. 78)*

बिसनाथ जैसे लोगों की–दूसरों के हक़ और हिस्सों को हथियाने वाले लोलुप भ्रष्ट लोग–संख्या आज के दौर में निरन्तर बढ़ती जा रही है। परिणाम यह हुआ कि सफ़ेदपोशी की आड़ में बर्बर और क्रूर सत्ता का शिकंजा आम लोगों पर निरन्तर हावी होता जा रहा है।

असली मोहन दास की इस जीत से हर्षवर्द्धन और मोहन दास बेहद ख़ुश हुए। लगा कि उसके जीवन में उम्मीद की एक लौ झिलमिलायेगी, पर मोहन दास के जीवन की विडम्बना यह कि "उसके जीवन से जैसे आशा का अकेला स्रोत ही बुझ गया।" (पृ. 83) क्योंकि गजानन माधव मुक्तिबोध जैसे ईमानदार, जनप्रतिबद्ध और कर्त्तव्यनिष्ठ न्यायिक दण्डाधिकारी की ब्रेन हैमरेज से मृत्यु हो गयी।

महत्त्वपूर्ण बात यह कि अपराधी और आरोपी होने के बावजूद

> *"बिसनाथ ने अपनी पत्नी के साथ मिलकर कोयले की दलाली में बहुत पैसा कमा लिया है। विजय तिवारी के साथ उसकी बैठकी अब भी चलती है। वह इन दिनों खुलकर राजनीति में आ गया है और ज़िला जनपद अध्यक्ष का चुनाव लड़ रहा है।" (पृ. 83)*

सत्ता के त्रिभुज– नौकरशाही प्रशासन, राजनीति और पूँजी–का यह गठजोड़ ही मोहन दास की दर्दनाक दुर्गति का कारण है। यह आज की राजनीति का एक विशेष पहलू है कि जो अपराधी हैं वे अक्सर राजनीति

में दाख़िल होते हैं। अपराधी अपनी आपराधिक गरिमा और स्तर के अनुरूप ग्राम पंचायत, ज़िला जनपद, विधायक या सांसद का चुनाव लड़ता है। इस प्रशासन और राजनीति की एक ख़ूबी यह भी यह है कि जब तक आरोप सिद्ध नहीं होता है तब तक सम्बन्धित व्यक्ति आरोपी ही है, अपराधी नहीं।

आज की न्यायिक प्रणाली का सबसे बड़ा यथार्थ यही है कि किसी भी मामले में बड़े राजनीतिक, प्रशासनिक व्यक्तित्व या किसी पूँजीपति को निर्णयात्मक या वाज़िब सज़ा नहीं मिली है। बिसनाथ इसी वर्ग का एक प्रतीक और प्रतिनिधि पात्र है।

बिसनाथ की बिछायी गयी बिसात से मोहन दास का जीवन बर्बादी और तबाही के इस मंज़र पर आ पहुँचा है कि उसकी अपनी पहचान, अस्तित्व और अधिकार ही उसके जीवन का सबसे दर्दनाक संकट बन गया है। जीवन की पीड़ा और पराजय ने पैंतीस साल के मोहन दास को अस्सी–पचासी साल का बना दिया है। टूटे–बिखरे मोहन दास की भर्राई आवाज़ बार–बार गुहार लगाती है कि–

> *"जिसे बनना हो बन जाये मोहन दास। मैं नहीं हूँ मोहन दास। मैंने कभी कहीं से बी.ए. नहीं किया। कभी टॉप नहीं किया। मैं कभी किसी नौकरी के लायक़ नहीं रहा। बस मुझे चैन से ज़िन्दा रहने दिया जाये। अब हिंसा मत करो। जो भी लूटना हो, लूटो। अपने–अपने घर भरो। लेकिन हमें तो अपनी मेहनत पर जीने दो।" (पृ. 85–86)*

यह जीवन से पराजित और हताश मोहन दास के रूप में सत्ताहीन वर्ग की असहाय आवाज़ है। सत्ता की हिंसा से जिसका पुर्ज़ा–पुर्ज़ा, अंग–अंग टूटकर बिखर गया है। वस्तुतः वह एक प्रतीक पात्र है उत्पीड़ित का, कमज़ोर और बेबस का। वह एक व्यक्ति हो सकता है, एक समूह हो सकता है। समुदाय, वर्ग, नस्ल या राष्ट्र भी हो सकता है।

यदि मोहन दास की अस्मिता, पहचान और योग्यता को बिसनाथ जैसे तिकड़मी ताक़तवर ने हड़प लिया है। तो उसी प्रकार निम्नवर्गियों के हक़ को उच्चवर्गियों ने हड़प लिया है। उसी प्रकार संसाधन सम्पन्न गाँवों को नगर और महानगर अपदस्थ करते जा रहे हैं। वैसे ही प्राकृतिक संसाधन सम्पन्न राष्ट्रों को बड़े–बड़े विकसित राष्ट्र आर्थिक, सामाजिक, सांस्कृतिक स्तर पर अपहृत कर रहे हैं। मत्स्य–न्याय का यह सन्दर्भ अत्यधिक व्यापक है।

इसलिए इस कहानी को अस्मिता–विमर्श या दलित–विमर्श से सम्बद्ध करके नहीं देखा जा सकता है। इस कहानी में विमर्श है तो वह सत्ता विमर्श है, पावर डिसकोर्स है।

'मोहन दास' समसामयिक सत्ता के यथार्थ का बयान है।

> *"जिसमें जिसके पास जितनी मात्रा में सत्ता थी वह विलोमानुपात के नियम से उतना ही अधिक निरंकुश, हिंस्र, बर्बर, अनैतिक और शैतान हो चुका था...और यह बात राष्ट्रों, राजनीतिक दलों, जातियों, धार्मिक समुदायों और व्यक्तियों तक एक जैसी लागू होती है।" (पृ. 37)*

सत्ता का चाल, चलन,चेहरा और चरित्र एक तरह का ही दिख रहा है।

> *"जो भी सत्ता में है,उसमें पर कोई एक–दूसरे का क्लोन है... ग़ौर से देखिए उनकी त्वचा का रंग और उनकी भाषा एक है।" (पृ. 29)*

हर सत्ता मानसिकता, सोच, विचारधारा,कार्य सभी स्तरों पर एक जैसा वर्ताव और व्यवहार करती है।

'मोहन दास' उस दौर की कहानी है–

> *"जब संसार के हर देश की हर सरकार की अर्थनीति और राजनीति एक जैसी थी...ऐसा समय, जिसमें इस देश में जो भी ईमानदार था और अपने श्रम और प्रतिभा पर ज़िन्दा था, उसे मारने या कुचलने के लिए इक्कीसवीं सदी के उत्तर औद्योगिक लोकतन्त्र में एक अभूतपूर्व सर्वदलीय ऐतिहासिक सहमति थी...। राजनीति का कोई भी रूप सत्ता के ऐसे उपकरण में बदल चुका था जिसका इस्तेमाल प्रजा के दमन, उत्पीड़न और उसपर अन्याय के लिए हो रहा था।" (पृ. 43)*

यह अन्याय अमेरिका जैसा बड़ा देश करता है अविकसित ग़रीब राष्ट्रों पर कई स्तरों पर, कई रूपों में, कई बार। अक्सर अपने से कमज़ोर पर सशक्त व्यक्ति अन्याय करता है। कहानी में भी मोहन दास के पिता काबा दास की दाह–क्रिया के समय

> *"गोसाईं ने कस्तूरी से पाँच सौ रुपये झटके, पाँच सौ जंगल का फॉरेस्ट गार्ड ले गया। वह पतेरा से काबा की चिता के लिए सूखी लकड़ी भी नहीं बटोरने दे रहा था।" (पृ. 59)*

यह एक परिपाटी–सी बनती जा रही है कि जिसके पास भी थोड़ी–सी सत्ता है, मौक़ा है वह उसका इस्तेमाल अपने लाभ और लोभ के लिए ही करता है।

कहानी से गुज़रते हुए यही लगता है कि सत्ता के अन्यायसंगत स्वरूप का–कबीर की माया की तरह–सर्वव्यापक पसारा है, जो आज के दौर में सार्वभौम–सा हो गया है। यह सत्ता सबको नाच नचा रही है, परेशान कर रही है। किसी भी सरकार या सत्ता की योजनाओं के कार्यान्वयन में शुरू से आख़िर तक अन्याय और पक्षपात विद्यमान है।

> *मोहन दास देखता कि सरकार द्वारा ग्राम पंचायत के लिए हैंडपम्प स्वीकृत होते तो वे बड़े लोगों के घर के सामने लग जाते। शिक्षाकर्मी की नियुक्ति होती, महिलाओं के लिए आँगनबाड़ी और शिक्षिका का पद निकलता इन्दिरा आवास योजना में घर बनाने के लिए अनुदान मिलता, कुएँ और खेत की मरम्मत की लिए ग्रामीण विकास विभाग से रुपये आते, द नेहरू रोज़गार योजना में शिक्षित बेरोज़गारों के लिए कोई परियोजना आती तो वह सब उन्हीं लोगों के बीच बँट जाती। शारदा और देव दास बताते कि स्कूल में दोपहर में जो दलिया बँटती है उसमें भी भेदभाव होता है।" (पृ. 54)*

यह वह सच्चाई है जिससे हमारा सामना प्रायः होता रहता है। जहाँ इस तरह की योजनाओं के आवंटन में परिवार, रिश्तेदार, जाति–विरादरी या राजनीतिक पार्टियों को ही विशेष ध्यान में रखा जाता, योग्यता, मजबूरी या ज़रूरत को नहीं। विडम्बना यह कि "मोहन दास नीची जाति का था और किसी भी पार्टी का सदस्य नहीं था।" (पृ. 14)

'मोहन दास' उस दौर का बयान है जहाँ सत्ता अपनी नृशंसता और क्रूरता को सही साबित करती है, ताक़त के बल पर। कुतर्क के ज़रिये।

> *"अमेरिका और यूरोप के ईश्वर के अलावा बाक़ी सारे ईश्वरों के सामने प्रार्थना में झुके हुए लोग फ़ासिस्ट, आतंकवादी और साम्प्रदायिक मान लिए गये हैं।" (पृ. 29)*

सत्ता के तन्त्र का हर भागीदार एक ही तरह के दावे करते हैं। मसलन–

"वित्त मन्त्री और विश्व बैंक का दावा था कि सन् 1990 से जारी 5.8 प्रतिशत की आर्थिक विकास की मौजूदा दर अगर इतने ही साल तक और बनी रही तो इण्डिया अमेरिका बन जायेगा।" (पृ. 60–61)

भारत के अमेरिका बनाने की सोच, रणनीति और उपक्रम का यथार्थ यह है कि–

"एक के बाद दूसरी सरकारों की वह आर्थिक नीति, जो देश के महानगरों को अमेरिका बना रही थी, वहीं गाँवों और पिछड़े इलाक़ों को कंगाल बनाकर वहाँ असंख्य इथियोपिया, रवांडा और घाना पैदा कर रही थी।" (पृ. 65)

यह सत्ता ईमानदार, जनप्रतिबद्ध और संवेदनशील रचनाकारों के नाम को भुनाती है।

"प्रेमचन्द, नेरुदा, फ़ैज़ और नज़रुल–निराला को 'राज लेखक' बनाने के लिए सत्ताधारी राजनीतिक दलों के लोग लेखक का मुखौटा लगाकर कमेटियाँ बना रहे थे।" (पृ. 52)

संवेदनशील और वास्तविक लेखक इससे अलग–थलग ही कर दिये जाते हैं। आज का दुखद और हास्यास्पद यथार्थ है कि "हम सब हिन्दी के कथा–सम्राट मुंशी प्रेमचन्द की सवा सौवीं जयन्ती सत्ताधारियों को मनाते हुए देख रहे हैं।" (पृ. 87)

हिन्दी के सत्ता की भयावह विडम्बना यह कि–

"हिन्दी का एक बूढ़ा आलोचक एक अफ़सर को मुक्तिबोध और दूसरा खुर्राट दूसरे अफ़सर को प्रेमचन्द और फणीश्वरनाथ रेणु घोषित कर रहा था।" (पृ. 61)

'मोहन दास' की कहानी में समसामयिक यथार्थ को बहुकोणिक नज़रिये से व्यक्त किया गया है। यह किसी जाति विशेष के विमर्श का बनावटी गप्प नहीं इस दौर की वास्तविकता है। एक साक्षात्कार में उदय प्रकाश ने स्पष्ट कहा है कि–

"'मोहन दास' उपन्यास कल्पना नहीं, यह एक वास्तविक घटना पर आधारित है और ऐसी घटनाएँ बहुत हैं...यह पूरी व्यवस्था के

ख़त्म (ढ़हने) और न्याय न मिल पाने की पूरी कहानी है। यह कहानी सत्ता के लोग और सत्ताहीन लोगों की है, जिसे अपनी पहचान, अस्मिता तक बचा पाना मुश्किल लग रहा है और ये निचली जाति के भी हो सकते हैं या किसी और जाति के भी।" (संवेद–17, सितम्बर 2008, पृ. 87)

हाँ, यह सही है कि कहानी में मोहन दास निचली जाति का है और वह बेहद उत्पीड़ित है। भारतीय समाज व्यवस्था में निचली जातियाँ ही सबसे अधिक उत्पीड़ का शिकार हुई हैं। यह उत्पीड़न अधिकतर सवर्णों द्वारा हुआ है। लेकिन उत्पीड़क सत्ता हमेशा सवर्ण हो, ऐसा सीधा समीकरण नहीं है। कहानी में भी मोहन दास को न्याय दिलाने में हर्षवर्द्धन सोनी की ही सबसे बड़ी भूमिका है। और वह निचली जाति का नहीं है। एक बात यह भी कि हर्षवर्द्धन का बड़ा भाई श्रीवर्द्धन भी मोहन दास की तरह बेहद प्रतिभावान था।

"श्रीवर्द्धन सोनी बी.ई. की परीक्षा में टॉप किया था और इंजीनियरिंग की डिग्री के बावजूद छह वर्षों तक खिंची बेरोज़गारी से हताश होकर, पाँच साल पहले, एक रात अपने कमरे में सीलिंग फ़ैन में रस्सी का फँदा लगाकर आत्महत्या कर ली थी।" (पृ. 64)

मोहन दास की तरह श्री वर्द्धन को भी उसकी प्रतिभा और योग्यता का हक़ नहीं मिल सका। कारण एक ही है कि सत्ता के लोग अपने सम्बन्धियों को ही नौकरी देते हैं। गाँव में अस्थायी शिक्षाकर्मी की नियुक्ति से लेकर बड़े–बड़े विश्वविद्यालयों, संस्थानों, मन्त्रालयों तक प्रायः एक सा ही हाल है। कहानी में जो टिप्पणी दर्ज है उसकी सच्चाई पर तनिक भी सन्देह नहीं किया जा सकता है–

"लगातार पन्द्रह वर्षों से हिन्दी भाषा से सम्बन्धित पदों की चयन समिति का हर सदस्य रिक्त पदों पर अपने दामाद, बेटा, बेटी, समधी, चापलूस कारिन्दा को खुलेआम नियुक्त कर जाता था और उस पर न कोई सी.बी.आई. इंक्वायरी होती थी, न ही राज्यसभा या लोकसभा में कोई सवाल उठता था।..." (पृ. 67)

कहानी में वर्चस्वशील सत्ता के प्रतिरोध में फ़ैंटेसी कथायुक्ति के अन्तर्गत मुक्तिबोध, हरिशंकर परसाई और शमशेर बहादुर सिंह आते हैं।

स्पष्ट संकेत है कि समाज में कुछ ही ईमानदार और जन–प्रतिबद्ध लोग मौजूद हैं। उम्मीद भी इन्हीं लोगों से है, जो बर्बरता और अन्याय के बरअक्स न्याय के पक्ष में निरन्तर डटकर खड़े रहते हैं, अपनी अन्तिम साँस तक। कहानी में जिस प्रतिपक्ष का चुनाव किया गया है उनकी ईमानदारी और पारदर्शिता पर कोई सन्देह नहीं किया जा सकता है। व्यक्तिगत जीवन में भी और रचना–कर्म में भी।

'मोहन दास' छत्तीसगढ़ के गाँव के निचली जाति के एक ग़रीब परिवार की जीवनचर्या, उनका परिवेश, खान–पान, रहन-–सहन, वेशभूषा और मासूमियत का जीवन्त और प्रामाणिक कोलाज है। मोहन दास आस्था–विश्वास, शगुन–अपशगुन के ताने–बाने की संस्कृति के बीच जूझता और जीता है।

मोहन दास पिता बनता है। ओरियंटल कोल इण्डिया में डिपो सुपरवाइजर पद पर उसका चयन होता है। उसी समय अलोपी मैना उसके घर में घोंसला बनाती है और वहीं उसके दो छौनों का जन्म होता है, इससे पुतली बाई बेहद ख़ुश होती है। पुतली बाई की नज़र में यह सगुन है। प्रकारन्तर से यह संकेत उस उम्मीद का है जिसे हर सत्ताहीन व्यक्ति अपने मन में सँजोता है।

मोहन दास बाँस की चटाइयाँ, सूपा, टोपरी आदि बनाते हुए, कठिना नदी के किनारे ककड़ी, तरबूज, तरकारियाँ उगाते हुए कठिन ज़िन्दगी जीने के लिए विवश है। ईमानदारी से अत्यधिक परिश्रम करने के बावजूद। एक अति सामान्य जीवन जीने की उम्मीद में टकटकी लगाये मोहन दास की सहायता न तो मलईहा माई कर पाती है न ही कोई और देवी–देवता। इसी बीच मोहन दास के घर में अपशगुन घटता है–

> *"कस्तूरी की कोठरी में बिल्ली ने झपट्टा मारा और अलोपी मैना के जोड़े खा गयी। मादा मैना के पेट में नये अंडे आये थे। उनके नुचे पंख और ख़ून के दाग़ कोठरी के मिट्टी की फ़र्श पर बचे रह गये थे।" (पृ. 58)*

यह सत्ता के द्वारा हिंसा के रुख़ को अख़्तियार करने का संकेत है। सत्ता अपने वर्चस्व को स्थापित करने के लिए षड्यन्त्रपूर्वक निर्लज्ज तरीक़े से हिंसा की ओर उन्मुख हो रही है। इस हिंसा के ख़ून के धब्बे जीवन, सभ्यता और संस्कृति पर आसानी से परिलक्षित किये जा सकते हैं।

मोहन दास की पूरी कहानी यथार्थ ही है। इसमें कल्पना हाथी के ऊपर बिछाए गये अंगोछे के बराबर ही है। ख़याल रहे यह अंगोछा भी डेढ़ हाथ का ही है। यह अंगौछा नदी के किनारे पर मोहन दास–कस्तूरी का प्रेम है, बीरन बैंगा के घर पर का रास–रंग है, मुक्तिबोध की अदालत में मिली मोहन दास की जीत है।

ग़रीब और अन्याय के शिकार लोगों के जीवन में प्रसन्नता का अंगोछा एकाध पल के लिए ही आता है, कभी कभी नहीं भी।

> *"सत्ता और पूँजी से जुड़ी ताक़तें अचानक किसी बाज़ की तरह झपट्टा मारकर अलोपी मैना के घोंसलों को उजाड़ देती है और बाहर दिखाई देते हैं चिड़ियों के नन्हें छौनों के पंख और ख़ून के धब्बे। ये धब्बे किसी भी पार्टी या सरकार के मानव संसाधन मन्त्रालय द्वारा लिखवाये गये इतिहास की पाठ्य–पुस्तकों में कभी नहीं दिखाई देते। क्योंकि इतिहासकार का काम ही है अपने समय के दाग़ धब्बों को छिपाना।" (पृ. 82)*

यह धब्बा उजागर होता है अपने समय के साहित्य में, वह भी उस साहित्य में जिसे बेबाकी, ईमानदारी और प्रतिबद्धता से रचा गया हो। इसका सबसे प्रामाणिक उदाहरण है 'मोहन दास'। 'मोहन दास' में शायद ही किसी पक्ष को बख़्शा गया हो। यहाँ सत्ता के हमाम में शामिल सबका वर्ग एक है। यहाँ सत्ता के हर पक्ष पर तिलमिला देने वाला आलोचनात्मक, किन्तु यथार्थवादी प्रहार है।

'मोहन दास' में समसामयिक सूचनाओं को बीच–बीच में प्रसारित किया गया है। यह एक नयी कथा युक्ति है। समसामयिक वैश्विक–राष्ट्रीय–क्षेत्रिय–स्थानीय यथार्थ की प्रामाणिक अभिव्यक्ति के लिए यह एक कारगर युक्ति है।

डॉ. नामवर सिंह के अनुसार, "'मोहन दास' कालजयी कहानी है।" (पाखी, फ़रवरी 2011, पृ. 61) किसी भी रचना का अपने समय से जुड़ना, कालबद्ध होना उसकी सफलता है और अपने समय के बाणों से बिंधना, कालबिद्ध होना उसकी सार्थकता है। 'मोहन दास' कालबद्ध है और कालबिद्ध भी। यह कालजीवी है और कालजयी भी।

❑❑